폐기물 관리 법제에 관한 연구
- 폐기물의 개념 및 분류를 중심으로 -

폐기물 관리 법제에 관한 연구

-폐기물의 개념 및 분류를 중심으로-

황계영 지음

경인문화사

추 천 사

조홍식_서울대학교 법과대학 교수

우리나라에서는 매일 40만 톤에 가까운 폐기물이 발생하고 있다. 이러한 폐기물을 안전하게 처리하여 국민의 건강에 위해를 끼치지 않도록 하고 2차적인 환경오염이 발생하지 않도록 하는 것은 우리 환경정책의 중요한 부분이 되어 왔다. 이와 함께, 우리나라는 사용하는 전체 에너지의 약 96%를 수입에 의존할 정도로 자원과 에너지 빈국임에도 불구하고, 국토의 단위면적당 폐기물 발생량이 OECD 회원국 가운데 4번째로 많을 정도로 선진국들에 비해 에너지와 자원을 많이 소비하고 있다.

이에 따라 최근에는 전통적으로 중시되어 온 발생한 폐기물의 안전처리와 함께, 자원을 효율적으로 활용하여 폐기물의 발생 자체를 최소화하고, 발생한 폐기물은 최대한 순환이용 하는 것이 중요한 과제로 대두되고 있으며, 이와 같은 과제를 해결하기 위해 「자원순환사회 전환 촉진법」의 제정을 추진하는 등 다각적인 노력들이 활발하게 이루어지고 있다. 자연에서 채취한 자원과 에너지를 한번 쓰고 버리는 사회구조에서 벗어나서, 자원과 에너지를 최대한 효율적으로 사용하고, 발생한 폐기물은 매립에 의해 처분하는 양을 최소화하는 한편, 재활용을 극대화하여 자원과 에너지가 가능한 한 오랫동안 경제구조 내에서 순환되는 '자원순환사회'로 나아가는 것이 우리나라가 앞으로 지향해야 방향이라고 할 수 있다. 그렇게 함으로써 환경적으로뿐만 아니라 경제적으로도 기업의 경쟁력을 높일 수 있게 되고, 자원순환과 관련한 기술의 연구·개발 및 적용 등을 통해서 새로운 시장과 일자리를 창

출함으로써 결과적으로 우리의 후손들에게도 그 혜택이 미치게 되는 '지속가능한 발전'을 달성할 수 있을 것이다.

본서는 이와 같은 '자원순환사회'를 어떻게 우리사회에 구현할 것인가와 관련하여, 폐기물 관리에 관한 법제를 이해하는데 있어서 가장 기본적인 토대가 되면서도 법률 규정의 모호성 등으로 인해 실제 법적용에 있어 많은 분쟁이 발생하고 있는 폐기물의 개념을 중심으로 폭넓은 비교법적인 검토를 실시하고, 사법부와 행정부의 해석·적용 사례와 최근 입법동향 등을 종합적으로 분석하여 '자원순환사회'에 부합하는 '폐기물'의 정의와 그 구체적인 범위 등을 제시하고 있다.

본서의 저자는 폐기물을 비롯한 다양한 환경행정 분야에서 20여년 이상 쌓아온 풍부한 경험을 바탕으로 법률이 실제로 적용되고 있는 현장의 문제점을 명확하게 분석하고 이를 해결하기 위한 법제상의 대안까지 검토함으로써, 기존의 이론적 논의에 대한 분석과 비판에 머물지 않고 현실에 바탕을 둔 살아 있는 대안을 제시하고 있다는 점에서 중요한 의미를 가지는 것으로 생각된다.

본서가 주된 주제로 다루고 있는 폐기물의 개념과 분류는 환경적 측면에서뿐만 아니라 국민의 법적 안정성, 재산권 보장 등과 관련해서도 매우 중요한데, 폐기물의 '자원'으로서의 가치가 강조되면서 안전관리에 초점을 맞추어 온 전통적인 폐기물 관리 법제의 변화가 필요하다는 논의가 이루어지고 있다는 점에서도 본 연구가 가지는 의미는 크다고 본다. 본서가 앞으로 우리 사회를 '자원순환사회'로 전환하는데 있어 중요한 이론적 토대를 마련하는 선도적인 역할을 하고, 후속 연구를 이끄는 기폭제가 되기를 기대한다.

2015년 7월 1일

趙 弘 植

서 문

1970년대 이후 경제성장의 결실로 우리 사회는 이전에 경험하지 못했던 수준의 물질적인 풍요를 누리게 되었지만, 반면에 급격한 산업화와 도시화의 부수적인 결과로 여러 가지 새로운 도전에 마주하게 되었습니다. 그 가운데 하나가 바로 수많은 사업장과 가정에서 끝없이 쏟아져 나오는 '폐기물' 문제라고 할 수 있겠습니다. '폐기물'은 모든 사람의 일상생활과 경제활동에 밀접하게 관련되어 있고 누구도 그로부터 자유로울 수 없음에도 불구하고 '폐기물'의 개념과 그 구체적인 범위, 관리법제에 대한 심도 있는 논의는 그 동안 부족한 측면이 있었습니다.

저자는 1993년부터 줄곧 환경부에서 다양한 분야의 환경정책 수립과 집행에 참여해왔고, 특히 2001년부터 약 3년간 폐기물 관리정책의 수립, 「폐기물관리법」의 개정·운영 등의 업무를 담당하면서, 환경법령들 중에서도 특히 폐기물에 관한 법령이 규제의 대상이 되는 폐기물에 대한 불명확한 정의와 복잡하고 기술적인 규제내용으로 인해 현장에서 법적용을 함에 있어서 상당한 다툼이 있음을 알 수 있었습니다. 뿐만 아니라, EU 등 선진국에서 폐기물 관리정책의 초점이 폐기물의 안전한 처리를 통한 환경오염의 예방과 국민건강의 보호라는 전통적인 목표로부터, 폐기물의 발생 최소화, 발생한 폐기물의 순환 이용 등으로 옮겨 가고 있음도 인지할 수 있었습니다.

그 후 상당한 시간이 경과하였지만 아직도 '폐기물'의 개념과 범위에 대한 이견이 존재하고, 특히 최근에는 '자원순환'에 관한 법률의 제정방안이 활발히 논의되면서 우리사회를 '자원순환형 사회'로 전환해 나가기 위해 어떻게 폐기물 관련 법제를 정비할 것인가를 둘러싸고 다양한 견해들이 제시되고 있습니다.

2010년부터 모교인 서울대학교에서 다시 학업을 계속하면서 저자는 지도교수이신 조홍식 교수님을 비롯한 여러 교수님들의 강의를 통해 환경법의 이론적 측면과 외국의 입법례, 사법부의 입장 등을 심도 있게 이해할 수 있었고, 이를 바탕으로 그동안 오래된 숙제로 마음 한편에 남아 있던 '폐기물' 문제를 주제로 논문을 준비한 결과 "폐기물 관리 법제에 관한 연구"를 주제로 2015년 2월에 박사학위를 취득하였습니다. 이 책은 위의 박사논문을 토대로 일부 내용을 수정·보완한 것으로, 여러 가지로 부족하지만 지금까지의 저자의 실무 경험과 연구 결과가 맺은 작은 결실이라고 할 수 있겠습니다.

지금까지 저자를 이끌어주신 많은 분들의 귀중한 가르침과 지도가 없었다면 이 책이 세상에 모습을 드러내는 것은 불가능했을 것입니다. 지도교수이신 조홍식 교수님께서는 제가 다시 학업을 시작할 수 있도록 격려를 아끼지 않으셨고, 오랜 기간 익숙해진 환경행정 실무의 틀에 고착되지 않고 환경법 이론과 법정책적인 측면을 함께 바라볼 수 있도록 이끌어 주셨습니다. 또한 연구년 기간 중이셨음에도 불구하고 소중한 시간을 할애하시어 부족한 글을 박사논문으로 완성할 수 있도록 지도해 주셨습니다. 한양대학교 법학전문대학원의 김홍균 교수님께서는 환경법에 대한 폭넓은 식견을 바탕으로 관련 법령과 판례 등을 정확하게 이해하고 분석할 수 있도록 조언해 주셨고, 영남대학교 법학전문대학원의 김현준 교수님께서는 독일을 비롯한 EU와 일본의 환경법의 명확한 해석에서부터 전체적인 분석 틀을 다듬는 것에 이르기까지 상세한 조언으로 논문의 완성도를 높일 수 있도록 해주셨습니다. 그리고 서울대학교 법학전문대학원의 이재협 교수님과 허성욱 교수님께서는 논문의 전체적인 구성과 체계에 대해 귀중한 조언을 주시고 미비한 점들을 보완할 수 있도록 해주셨습니다.

이 책을 완성하는 데에는 존경하는 윤성규 환경부 장관님과 정연만 차관님께서 늘 베풀어 주시는 지도와 격려가 큰 힘이 되었습니다. 깊은 감사를 드립니다. 아울러 지금까지 환경부에서 제게 가르침을 주셨던 많은 선배님들과 동료들, 환경행정의 최일선에서 어려운 여건에도 불구하고 사명감과 책임감으로 맡은바 업무에 최선을 다하고 있는 우리 원주지방환경청의 직원 여러분들께도 깊은 감사를 드립니다. 특히, 게으른 제가 현실에 안주하지 않고 새로운 목표를 향해 나아갈 수 있도록 동기를 부여해 주고 힘을 불어넣어 주는 아내와 딸 지원, 아들 의현에게도 사랑하고 또 고맙다는 말을 전하면서 발간의 기쁨을 함께 하고 싶습니다. 마지막으로, 여러 가지로 부족한 점이 많은 저를 늘 사랑으로 이해해주시고 응원해주시는 부모님과 장인·장모님께도 감사의 말씀을 드립니다.

아무쪼록 졸저가 부족하나마 향후 폐기물 관련 법제에 대한 심도 있는 검토와 논의에 화두를 제시하여 주는 역할을 하고, 우리나라가 자원순환사회로 한걸음 더 나아가 지속가능한 발전을 성취하는데 작은 밑거름이 될 수 있기를 기대합니다.

2015년 7월
치악산 자락에서
황 계 영

요 약

자원의 효율적인 이용과 폐기물의 재활용 등을 통해서 자원 소비를 억제하고 환경에 대한 부하를 줄이는 자원순환형 사회체제를 확립하는 것이 오늘날 폐기물 정책의 핵심적인 방향으로 제시되고 있다. 이에 따라 폐기물에 대한 관리정책 또한 폐기물의 안전관리에서 자원의 순환이용으로의 변화가 요구되고 있으며, 이러한 정책적 변화를 견인할 수 있는 법적 기반의 마련이 필요하다는 주장이 제기되고 있다.

본 연구는, 이러한 관점에서, 폐기물 관리에 대한 법제의 기반이 되는 폐기물의 개념과 그 범위, 분류체계에 초점을 맞추어 현행 폐기물관리 법령에 대한 해석의 타당성을 검토하고, 법체계의 개선 방안과 구체적인 대안을 찾는 것을 목적으로 하였다. 이러한 연구목적을 달성하기 위해 먼저 폐기물관리 정책과 법령의 변천을 살펴보고, 폐기물 관리 법제의 특성 및 기본원칙에 대한 검토를 기초로 우리 폐기물 관련 법제의 향후 과제를 검토하였다. 그 다음은 폐기물의 개념을 현행법상의 정의 규정에 대한 행정기관의 해석과 사법부의 판례 등을 중심으로 검토하고, 외국의 입법례에 대한 비교법적 검토를 바탕으로 입법론적인 대안을 제시 해보았다. 세 번째로 폐기물의 범위와 관련 하여 특히 실무에서 많이 다툼이 발생하고 있는 쟁점들을 폐기물과 재활용가능자원의 구별, 부산물의 폐기물 해당 여부, 토양의 폐기물 해당 여부 및 '폐기물 종료'의 인정 여부 등을 중심으로 검토하고 폐기물의 분류체계를 살펴보았다. 마지막으로 자원순환사회로의 전환을 촉진하기 위한 폐기물 관련 법률체계의 개선 방안을 (가칭) 「자원순환사회 전환 촉진법」의 제정에 대한 논의를 중심으로 살펴보았다. 이와 같은 논점들을 중심으로, 이 논문은 다음과 같은 내용으로 논지를 전개하였다.

첫째, 현행 「폐기물관리법」 상의 '폐기물'에 대한 정의 규정의 해석과 관련하여, 환경부와 법원의 입장에 따르면, 일정한 물질 또는 물건이 폐기물인지를 결정함에 있어서는, 해당 물질 또는 물건의 점유자의 의도와 해당 물질 또는 물건의 상태가 동시에 고려되어야 한다고 본다.

「폐기물관리법」을 비롯하여 폐기물 관련 법체계가 제대로 기능하기 위해서는 폐기물의 개념이 명확하게 정의되어야만 하며, 자원의 효율적인 이용을 촉진하고 폐기물로 인한 위해로부터 환경과 국민의 건강을 보호한다는 폐기물 관리 법제의 기본적인 목적을 달성하기 위해서는 폐기물의 개념이 제한적으로 해석되어서는 안 된다. 이러한 관점에서 우선 현행 정의 규정의 '필요성' 여부를 판단함에 있어서는 1차적으로는 해당 물질이나 물건의 소유자 또는 점유자의 주관적인 의사를 고려하되, 그것이 명확하지 않거나, 소유자 또는 점유자의 명시적 의사에도 불구하고 객관적으로 해당 물질 또는 물건이 더 이상 그 본래 용도로 사용되거나 다른 유용한 용도로 사용될 가능성이 없다고 판단될 때에는 폐기물에 해당하는 것으로 해석하는 것이 타당하다. 즉 어떤 물질이나 물건이 폐기물에 해당하는지 여부에 대한 결정은 개별적인 경우에 관련된 모든 상황을 고려하여 이루어져야 하며, 폐기물 관련 법령의 목적을 달성하고 그 효율성을 확보하여야 하는 필요성 또한 고려되어야 한다.

입법론적으로는 현행 폐기물의 정의 규정이 지나치게 모호한 점을 보완하여, 그 요건 또는 개념표지들을 법률에서 명확하게 제시하도록 개정하는 것이 필요하다. 이 경우 EU와 독일, 영국, 프랑스 등 다수의 국가들에서 '주관적 폐기물 개념'과 '객관적 폐기물 개념'을 모두 채택하고 있는 사실 등을 종합적으로 고려하여, 이들 개념들을 우리 법률의 정의 규정에 모두 포함하여 폐기물의 법적 의미와 범위를 명확히 하는 것이 필요하다.

둘째, 폐기물에 포함되는 물질의 구체적인 범위와 분류체계 또한 실무에 있어서 매우 중요한 의미를 가지는바, 폐기물에는 경제적인 재이용이 가능한 물질과 물건, 상업적인 가치가 있고 재활용 또는 재사용을 위해 수집되는 물질과 물건도 모두 포함되며, 원칙적으로 산업부산물과 기타 생산 공정에서 발생하는 여러 물질들도 모두 포함되는 것으로 해석하여야 한다. 그러나 산업공정에서 친연자원을 대체하는 원료물질로 재이용되는 것이 확실한 경우 등 일정한 요건을 충족하는 경우에는 해당 물질을 폐기물의 범주에서 제외하는 예외를 인정할 필요가 있다. 또한 자원순환사회를 촉진하기 위한 폐기물 관리정책의 변화와 폐기물의 재활용 및 재사용 기술의 발전 등에 맞추어 '폐기물 종료'라는 새로운 법적 개념을 도입할 필요가 있으며, 폐기물의 분류체계 또한 이에 부합하도록 개정될 필요가 있다.

셋째, 폐기물 관련 법제에 대한 근본적인 발전방안으로, 독일, 일본 및 중국 등의 입법례와 최근 우리나라에서 논의되고 있는 입법안 등에 대한 면밀한 검토를 통하여, 자원순환을 촉진하기 위한 법률을 제정하고 이와 함께 기존의 폐기물 관련 법령들을 정비하는 방안을 검토할 필요가 있다.

요컨대, 폐기물 관련 법제에서는, 국민의 건강과 환경의 보호라는 공익과 더불어 사업자와 일반 국민 개개인의 사익이 함께 고려되어야 하며, 이를 통해 폐기물로 인한 위해의 예방이라는 측면과 자원의 효율적인 활용의 촉진이라는 측면이 조화되어야 하는바, 이러한 관점에서 현행 폐기물 정의 규정과 분류체계의 개편 및 (가칭)「자원순환사회 전환 촉진법」의 제정 방안이 검토되어야 한다.

차 례

추천사
서문
요약

제 1 장
서 론

원래부터 쓰레기인 물건은 없다. 일상생활과 가정 살림의 양상이 시대에
따라 변해 왔듯이, 쓰레기의 종류와 양, 그리고 무엇이 쓰레기인지에 대한
판단도 시대에 따라 달라져 왔다.*

---

* 수전 스트레서, 『낭비와 욕망 - 쓰레기의 사회사』(1999), 김승진 옮김(이후, 2010),
14쪽

제1절 연구배경 및 목적

인간이 기본적인 일상생활을 영위하고 경제활동을 하면서 사회와 문화를 유지·발전시키기 위해서는 물과 화석연료, 광물 등을 비롯한 다양한 천연자원들과 이를 활용해서 생산되는 제품들이 필요하다. 이러한 자원과 제품들은 사용되고 난 후 더 이상 본래의 용도 또는 또 다른 용도로 사용될 수 없는 경우에는 '쓰레기' 또는 '폐기물'로 처리되어야만 하는 것이며, '폐기물'을 버리는 행위는, 바꾸어서 표현하면, 본래 환경으로부터 채취되었던 물질들을 다시 그것들이 유래한 환경으로 돌려보내는 것이라고도 할 수 있다.[1]

따라서 폐기물과 관련된 문제는 시대와 지역을 불문하고 인류가 살아가고 사회를 발전시키기 위해서는 반드시 수반될 수밖에 없는 것이라고 할 수 있으며, 폐기물의 관리는 공적인 영역과 사적인 영역 모두에 걸쳐 영향을 미치는 중요한 사회적, 환경적, 경제적 과제라고 할 것이다.[2]

폐기물 또는 쓰레기는 일반적으로 '인간이 생활하고 활동하는 문명사회로부터 배출되는 폐물질(廢物質) 중에서 고체 형태로 버려지는 것'이라고 할

---

1) C. Campbell-Mohn, B. Breen & J.W. Futrell, *Sustainable Environmental Law*, (Environmental Law Institute, 1993), 84쪽 (Stephen Tromans, "EC Waste Law-A Complete Mess?", *Journal of Environmental Law* 13(2): 133-156 (2001), 133쪽에서 재인용)

2) Paulin Deutz & Lynne Fronstick, "Reconciling policy, practice, and theorisations of waste management", *The Geographical Journal* 175:4 (2009), 247쪽

수 있다.[3] 현행 「폐기물관리법」 제2조에서는 폐기물을 "쓰레기, 연소재(燃燒滓), 오니, 폐유, 폐산, 폐알카리 및 동물의 사체 등으로서 사람의 생활이나 사업 활동에 필요하지 아니하게 된 물질"로 정의하면서 폐기물과 쓰레기를 구분하고 폐기물을 쓰레기를 포괄하는 더 넓은 개념으로 사용하고 있지만, 쓰레기가 무엇인지에 대해서는 별도의 정의 규정을 두고 있지 않다.[4] '쓰레기'는 어원상으로는 '쓸다(掃)'와 관련이 있는 말로, '청소하여 쓸어낸 먼지나 티끌 또는 쓰다가 망가져 못쓰게 된 것'을 이르게 된 것인데, 사전적으로는 '쓸모없게 되어 버려야 될 것들을 통틀어 이르는 말'[5] 또는 '비로 쓸어 낸 먼지나 티끌, 또는 못 쓰게 되어 내버릴 물건을 통틀어 이르는 말'[6]로 정의되고 있다. 따라서 '쓰레기'는 본래 일상생활에서 발생되어 버려지는 것들을 지칭하는 것이었다고 볼 수 있을 것이나, 일반인들의 통념에서는 일상생활에서 발생하는 것인지 여부에 관계없이 버려지는 것들은 모두 쓰레기 또는 폐기물이라고 하여 양자를 구별하지 않고 사용하는 경우가 대부분이라고 할 것이다.[7]

---

3) 네이버 두산백과(http://terms.naver.com/entry.nhn?docId=1120194&ref=y&cid=40942&categoryId=31637)

4) 전재경, 『쓰레기 관리법제』(연구보고 95-8), (한국법제연구원, 1995), 59쪽에서는 "폐기물-재활용품=쓰레기"라고 하면서 폐기물이 쓰레기보다 포괄적인 개념이라고 설명하고 있다.

5) 다음 국어사전(http://dic.daum.net/word/view.do?wordid=kkw000163398&q=%EC%93%B0%EB%A0%88%EA%B8%B0)

6) 『동아 새국어사전』(제5판 10쇄), (두산동아(주), 2014), 1494쪽

7) 이와 같은 경향은 환경부 홈페이지에서도 확인할 수 있는데, 가령 '음식물류 폐기물'이라는 용어와 '음식물쓰레기'라는 용어를 혼용하여 사용하고 있다.(www.me.go. kr, 2013. 8.17일 방문); 「과천시 폐기물 관리에 관한 조례」(2006.10. 9 일부개정)는 '쓰레기'라는 용어를 사용하고 있는데, 동 조례 제2조 제1호에서는 "가정쓰레기"를 '폐기물관리법 제2조 제2호의 규정에 따른 생활폐기물로서 단독주택 또는 공동주택에서 배출하는 생활폐기물에서 연탄재, 재활용가능폐기물, 대형폐기물을 제외한 생활폐기물'로 정의하고 있고, 동조 제2호에서는 "사업장쓰레기"를 '인적·물적 설비를 갖추고 영리 또는 비영리행위를 하는 사업장에서 배출하는 폐기물 중

과거 전통 농경사회에서는 '쓰레기' 이외에 특별히 버려야 할 것이 없었
으므로 이처럼 쓰레기와 폐기물이 동일한 것을 지칭하는 것으로 볼 수 있었
을 것이나, 오늘날에는 「폐기물관리법」의 정의 규정에서 볼 수 있듯이 '쓰
레기'는 대체로 가정이나 사무실 등 국민들의 일상생활에서 발생하는 음식
물 찌꺼기나 폐지, 고철, 폐유리 등 특별한 유해성이 없는 생활폐기물과 범
주가 일치하는 반면, '폐기물'은 이와 함께 공장의 생산 활동 등에서 대량으
로 발생하는 물질들과 유해성이 있는 물질들까지 포괄하는 것으로 이해하
는 것이 일반적이라고 할 것이다.[8] 한편 문화적, 심리적인 측면에서 폐기물
은 '깨끗하고 이로운 것'과 '더럽고 해로운 것'을 가르는 경계가 되기도 한
다.[9] 폐기물에 대한 이러한 인식은 폐기물을 원료로 재활용해서 생산된 제
품의 품질 등에 대한 부정적 인식으로 연결되기도 하며, 폐기물의 재활용을
촉진하기 위해서는 재활용되는 폐기물을 폐기물에서 제외하고 폐자원 또는
순환자원으로 별도로 분류해야 한다는 주장의 근거가 되기도 한다.

우리 법체계에서 폐기물이 무엇인지, 그리고 폐기물을 법적으로 어떻게
규율할 것인지를 정하기 위해서는 먼저 우리가 어떤 것들을 버리고 있는가
를 살펴볼 필요가 있다. 우선 시대와 문화를 막론하고 더 이상 본래의 용도
에 사용할 수 없게 된, 즉 못 쓰게 된 물건들을 버리는 것은, 쓸 수 있느냐
없느냐의 구체적인 기준은 변화하겠지만, 기본적으로 공통된다고 할 수 있

에서 연탄재, 재활용가능폐기물, 대형폐기물을 제외한 생활폐기물'로 정의하면서
다만 법 제24조, 시행령 제2조, 시행규칙 제10조의 규정에 따라 사업장폐기물 배출
자로 신고한 사람 또는 법인이 배출하는 폐기물은 제외한다고 규정하고 있는바, 동
조례에서 "쓰레기"는 「폐기물관리법」상 '폐기물'에서 연탄재와 재활용폐기물, 대
형폐기물을 제외한 것으로 양적인 차이만 있을 뿐 거의 동일한 개념으로 볼 수 있
다.(정훈, "폐기물법상 폐기물의 개념에 관한 고찰", 『법률행정논총』제21집 제2호,
353-382 (2001), 368쪽~369쪽 참고)

8) 유정수, 『쓰레기로 보는 세상 - 자원 재활용의 허와 실』, (삼성경제연구소, 2006),
20쪽
9) 헤더 로저스, 『사라진 내일』(2005), 이수영 옮김, (삼인, 2009), 12쪽

다. 또한 너무 많아서 남아도는 것들도, 보관방법과 공간의 확보 여하에 따라 그 정도가 달라지기는 하겠지만, 결국 버려지게 될 가능성이 높다고 할 것이다. 그런데 현대 문명사회에서는 또 다른 이유로 엄청난 양의 물건이 버려지고 있는데, 그것은 바로 "이제 이건 쓰기 싫어졌어." 또는 단지 "더 이상 원하지 않는다."는 이유만으로 전례 없이 많은 물건이 버려지고 있고, 포장재나 일회용품처럼 처음부터 짧은 기간만 사용하고 버리도록 고안된 물건들을 구입해서 사용한 후 버리고 있는 것이다.[10] 대표적인 사례로, 오늘날에는 스마트폰이나 태블릿PC 등을 비롯한 수많은 개인용 전자기기들이 기술과 디자인의 변화가 너무나도 빠르게 이루어짐에 따라 불과 몇 개월 전에 출시된 제품들도 신제품이 개발되고 시판되면 끊임없이 시장에서 도태되고 버려지고 있다. 의류의 경우에도 최신 유행을 즉각 반영한 디자인, 저렴한 가격과 빠른 상품 회전율 등으로 승부하는 '패스트 패션(Fast Fashion)'이라는 개념이 세계적인 트렌드로 등장[11]하는 등 유행이 지난 기기나 옷 등을 버리는 경향이 일종의 문화처럼 확산되면서, 오늘날 전국의 폐기물처리 시설들은 단순히 싫증이 났다거나 최신 모델, 최신 스타일이 아니라는 이유만으로 버려진 '멀쩡한 물건들'로 넘쳐나게 되었다.

이처럼 폐기물의 개념과 범위는 현대 사회에서는 과거와는 달리 물건의 쓰임새나 기능, 시장에서의 교환가치와 같은 객관적인 측면뿐만 아니라 개인적인 기호나 취향에 따라 더욱 확대되어 왔고, 이것을 더욱 조장하는 대량생산 시스템·대량소비 문화는 폐기물의 양을 지속적으로 증가시키는 원인이 되고 있다. 이에 따라 오늘날의 폐기물은 과거와 다른 의미를 가지게 되었다고 할 수 있다. 즉, 일상생활에서 발생하는 폐기물은 과거에 비해 재사용이나 재활용 될 수 있는 가능성이 더욱 높아졌으며, 사업장에서 발생하

---

10) 수전 스트레서, 『낭비와 욕망 - 쓰레기의 사회사』(1999), 김승진 옮김(이후, 2010), 12쪽~13쪽
11) 엘리자베스 L. 클라인, 『나는 왜 패스트 패션에 열광했는가』, 윤미나 옮김, (세종서적, 2013) 참고

는 폐기물도 재활용기술의 발전과 함께 처녀원료물질(virgin material)의 희소성과 가격이 상승함에 따라 이를 재활용할 수 있는 가능성은 더 높아졌다고 할 수 있다.

한편, 현재 전 세계 인구가 사용하는 자원과 배출하는 폐기물들을 감당하려면 지금보다 1.4배나 큰 규모의 지구가 필요하다는 분석[12]이 나올 정도로 우리 인류는 지구상의 생물다양성과 숲, 해양자원, 물과 토양 등을 빠르게 사라지게 하고 있으며, 이로 인해 미래 세대의 지속가능한 발전을 크게 위협하고 있다. 소비자들은 다 만들어져 판매되는 제품들을 시장에서 선택할 뿐이고, 그러한 제품들을 생산하기 위해 필요한 자원의 개발에 부수되어 발생하는 광산 폐기물이나 벌목된 숲, 제품의 생산과 폐기에서 비롯되어 공기와 물을 오염시키는 각종 물질들은 보지 못한다.[13] 따라서 소비자들은 폐기물의 발생에 무감각하거나 발생된 폐기물들이 잘 관리되고 있다고 쉽게 믿어버리는 경향이 있지만, 소비주의의 확산은 소비자들이 보지 못하는 곳에서 자원 고갈과 함께 폐기물의 급격한 증가를 가져오고 결국 지구의 지속가능성을 심각하게 위협하고 있는 것이다.[14] 반면 자원의 과도한 개발과 에너지에 대한 수요 급증으로 인류의 지속가능한 발전이 위협받고 있다는 인식 또한 확산되고 있으며, 이에 따라 기존의 일방적인 개발 위주의 경제성장전략에서 탈피하여 사회 구조와 발전의 패러다임을 자원이 효율적으로 활용되고 최대한 순환되는 사회, 폐기물 발생이 최소화되는 사회로 전환하기 위한 노력이 선진국을 중심으로 활발히 이루어지고 있다.[15] 생산활동에 투

---

12) 클라우스 보셀만, 『법에 갇힌 자연 vs 정치에 갇힌 인간』(1995), 진재운·박선영 옮김, (도요새, 2011), 7쪽
13) 헤더 로저스, 앞의 글 9, 291쪽
14) 제프 페럴, 『도시의 쓰레기 탐색자 - 소비문화의 풍요의 뒷모습, 쓰레기에 관한 인문학적 고찰』(2006), 김영배 옮김, (시대의창, 2013), 21쪽
15) 일상생활에서 폐기물을 최소화하기 위한 노력에 대해서는, 비 존슨, 『나는 쓰레기 없이 산다』, 박미영 옮김, (청림Life, 2013) 참고

입되는 원자재와 에너지의 대부분을 수입에 의존하는 우리 경제가 지속가
능한 성장을 하기 위해서는 폐기물 관리 법제도를 이러한 측면에서 개선·발
전시키고, 자원이용의 효율성을 높이기 위한 노력이 더욱 요구되고 있다.[16]

따라서 이 연구에서는 이러한 문제인식을 바탕으로, 환경보전과 국민 건
강의 보호라는 전통적인 폐기물 관리의 목적뿐만 아니라, 폐기물의 발생 자
체를 예방하고 발생한 폐기물의 재활용 등을 촉진함으로써 자원순환사회로
의 전환을 촉진하기 위해 요구되는 법제도적 개선 방안을 폐기물의 개념과
그 범위, 분류체계 등을 중심으로 검토하고 제시하는 것을 목적으로 한다.
즉, 오늘날 다수의 선진국들은 폐기물을 전체적인 물질순환의 구조 안에서
파악하면서 재활용할 수 있는 것은 최대한 재활용 하고 재활용이 불가능한
경우에만 최종적인 처리의 대상으로 하는 자원순환사회로의 전환을 지향하
고 있는바, 우리나라의 폐기물법제에 대해서도 이와 같은 측면에서 폐기물
의 개념과 그 범위, 분류체계 등 관련 법체계의 기본적이고 핵심적인 요소
들을 중심으로 현행 규정의 해석상의 쟁점들과 개선 방안을 검토할 필요가
있다고 할 것이다.

---

16) 김광임 외, 『국내 자원순환지표 변화 추이』, (한국환경정책·평가연구원, 2010), 1쪽

제2절 연구범위·내용 및 방법

세계적으로 자원의 효율적인 이용과 폐자원의 재활용 등을 통한 자원순환형 사회체제의 확립이 중요한 과제로 대두됨에 따라, 생산에서부터 유통, 소비, 폐기에 이르기까지 물질의 효율적 이용과 재활용을 촉진하고, 폐기물의 발생을 최소화하며, 그럼으로써 무분별한 자원의 소비를 억제하고 환경에 대한 부하를 줄이고자 하는 것이 오늘날 폐기물 정책의 핵심적인 방향으로 제시되고 있다.[1]

우리나라에서도 이러한 새로운 폐기물 정책으로의 전환과 이를 뒷받침하는 법적인 기반을 확립하기 위한 노력이 여러 측면에서 시도되어 왔으며, 특히 2000년대 들어 「자원순환형경제사회형성촉진기본법」 또는 이와 유사한 제명을 가진 법률(안)들이 수차례 국회에 제출되었으나 입법화되는 데는 실패한바 있고, 「폐기물관리법」과 「자원의 절약과 재활용촉진에 관한 법률」, 「폐기물처리시설 설치촉진 및 주변지역 지원 등에 관한 법률」 등의 현행 폐기물 관련 법률들은 '자원순환사회의 구축'이라는 정책목표를 달성하기에는 아직 미흡한 점이 많은 것이 사실이다.[2]

---

1) 함태성, "독일과 일본의 폐기물법제 비교·검토를 통한 한국의 폐기물법제의 체계 재정립방안 연구", 한국토지공법학회, 『토지공법연구』 제30집, 453-475 (2006), 455쪽
2) 기존의 자원순환 관련 법률의 제정 추진 경과 및 상세한 내용에 대해서는, 후술하는 제5장 제2절 참고

　　따라서 폐기물의 안전 관리에서 자원의 순환이용으로 폐기물 정책의 변화가 요구되고 있음에도 불구하고, 아직 우리 폐기물 관련 법제는 전통적인 폐기물 관리의 개념에서 벗어나지 못하고 있어, 이러한 정책적 변화를 견인할 수 있는 법적인 기반의 마련이 필요한 시점이다. 그러나 자원의 순환이용도 국민 건강 및 환경의 보호와 조화를 이루어야 한다는 점 역시 절대로 소홀히 다루어져서는 안 될 것인바, 본 논문에서는 먼저 우리나라의 폐기물 관련 법체계의 단초라고 할 수 있는 '폐기물'의 개념과 범위, 분류체계 등과 관련하여 제기되고 있는 문제점들과 EU, 미국, 일본 등 외국의 입법례들을 고찰하고, 이를 바탕으로 우리나라의 폐기물 법제가 '자원순환사회'로의 전환을 촉진하는데 기여할 수 있도록 하기 위하여 필요로 하는 개선 또는 재정립 방안을 제시하고자 하였다.

　　이러한 검토에 있어서 우선적으로는 우리나라의 폐기물 발생 현황과 그 관리에 있어서 제기되어 온 문제점, 그간의 폐기물 관리정책의 변화 과정과 관련 법령들을 검토하고, 이를 바탕으로 향후 개선의 필요성과 구체적인 개선 방안 등을 도출하고자 하였다. 특히 폐기물의 개념과 관련해서는 기존에 상당히 많은 선행연구가 이루어져 왔으나, 대부분의 연구가 현행 실정법의 규정에 대한 해석론과 입법론적인 주장을 명확하게 구분하지 않은 채 논의를 전개함으로써 오히려 혼란을 야기한 측면이 있었다고 생각되는바, 본 연구에서는 이를 명확히 구분하여 우선 「폐기물관리법」 등 관련 법률의 제·개정 연혁과 행정부의 질의회신, 사법부의 관련 판례 및 기존에 제시되어 왔던 다양한 학설들에 대한 검토 등을 바탕으로 현행 정의 규정의 해석에 있어서 고려해야 할 요소들을 검토하고 타당한 결론을 도출하고자 하였으며, 특히 구체적인 사안에 대한 법 적용에 있어서 많이 문제가 되고 있는 재활용가능자원과 부산물, 토양 등에 대해서는 별도로 심도 있게 검토를 하였다. 또한 이와는 별도로 외국의 입법례와 최근 우리 사회의 변화된 폐기물 관리 여건 및 정책방향 등에 대한 검토를 바탕으로 우리 폐기물 법제가 취해야 할 바람직한 폐기물의 개념에 대한 대안을 제시하고자 하였다.

또한 현 세대뿐만 아니라 미래 세대의 지속가능한 발전을 보장하기 위한 방안으로 '자원순환사회'로의 전환의 필요성이 더욱 높아지고 있는바, 이미 '자원순환사회'를 폐기물정책의 목표로 설정하고 정책의 방향과 법률체계 등을 전환한 독일, 일본 등의 입법례와 그동안 우리나라에서 이와 관련하여 이루어졌던 입법적인 노력 및 현재 논의되고 있는 법률안들을 함께 검토함으로써 우리 폐기물 법제에의 시사점을 도출하고자 하였다. 다만, 우리나라의 폐기물 관리 여건과 관련 법률체계는 EU 회원국이나 일본 등과는 상이한 측면 또한 많은 것이 사실인바, 이러한 특수성을 함께 고려하면서 우리 법제의 개선 방안 및 새로운 법률의 제정방향 등을 제시하고자 한다.

제 2 장

폐기물 관리 현황 및 과제

제1절 우리나라의 폐기물 발생 및 처리 현황

우리나라의 전체 폐기물 발생량은 1960년대 이후 계속적인 경제성장과 생활수준의 향상 등으로 1990년대까지 크게 증가해 왔으며, 2000년대 들어서도 점진적으로 증가하는 추세에 있다. 최근 우리나라의 총 폐기물발생량을 보면, '01년에 261,032톤/일이었던 것이 '06년에는 328,954톤/일로, 다시 '12년에는 394,510톤/일로 증가하여, 국민 1인당 매일 약 7.6kg의 폐기물을 발생시키고 있는 것으로 나타나고 있다. 폐기물 종류별로는, '12년 기준으로 생활폐기물[1]이 48,990톤/일로 전체의 12.4%, 건설폐기물이 186,629톤/일로 47.3%, 사업장일반폐기물이 146,390톤/일로 37.1%, 지정폐기물이 12,501톤/일로 3.2%를 각각 차지하고 있어 건설폐기물의 비중이 가장 높은 것으로 나타나고 있으나, 최근에는 사업장일반폐기물과 지정폐기물의 증가율이 가장 높게 나타나고 있다.[2] 폐기물 발생량은 사회·경제 발전 정도에 따라 크

---

1) 사업장폐기물 가운데 사업장생활계폐기물의 경우에는 생활폐기물과 성상이 유사하여 생활폐기물로 수집·운반 및 처리되고 있으며, 환경부의 통계에서도 생활폐기물에 포함하여 관리하고 있다. (환경부, 『2012 전국 폐기물 발생 및 처리 현황』 (2013) 참고)

2) 환경부, 『2012 전국 폐기물 발생 및 처리 현황』 (2013) 및 『2012 지정폐기물 발생 및 처리 현황』 (2013) 참고; 폐기물 통계에 제시된 사업장폐기물 발생량은 사업장 배출시설계폐기물만을 포함하는 것이며, 지정폐기물은 별도로 발생량을 집계하며, 사업장생활계폐기물은 성상이 동일한 생활폐기물에 포함되어 있다.

게 변화하는 모습을 보이고 있다. 예를 들면, 폐기물 총 발생량은 계속 증가하고 있는 것이 사실이지만, 1인당 생활폐기물 발생량은 1981년 1.77kg/일에서 1994년에는 1.3kg/일로, 2012년에는 다시 0.95kg/일로 계속 감소해왔다.3) 1980년대에 이처럼 생활폐기물의 발생량이 많았던 것은 그 당시 주거용 난방연료의 주류를 이루었던 연탄재(煉炭滓)와 수분이 많은 음식물쓰레기에 기인한 것이었는데, 이후 난방연료가 유류와 액화석유가스(LPG), 도시가스 등으로 변화하면서 생활폐기물 발생량은 크게 감소하였으며, 1995년부터 쓰레기종량제가 시행되면서 다시 큰 폭으로 감소하게 되었다. 발생 폐기물의 성상 또한, 1980년대 초에는 연탄재 등 불연성 폐기물이 가장 큰 비중을 차지했으나, 1980년대 후반부터는 연료의 전환과 소비패턴의 변화로 포장재를 비롯한 가연성폐기물의 비중이 증가하였고, 쓰레기종량제가 시행된 이후에는 폐지와 폐플라스틱, 음식물쓰레기 등이 주종을 이루고 있다.4) 특히 1990년대 말부터 2000년대 말까지는 건설경기를 반영하여 건설폐기물의 발생량이 크게 증가했으며, 최근에는 경제상황에 따라 다소 변동은 있으나 전반적으로 산업생산의 증가로 인해 사업장일반폐기물과 지정폐기물의 발생량이 지속적으로 증가하는 경향을 보이고 있다.5)

3) 환경부, 『2014 환경백서』 (2014), 303쪽
4) 환경부, 『환경 30년사』 (2010), 423쪽~424쪽
5) 환경부, 앞의 글 3, 303쪽

[표 2-1] 폐기물의 종류별 발생 현황[6] (단위 : 톤/일)

구분	'06	'07	'08	'09	'10	'11	'12
총계	328,954	346,669	368,890	366,921	374,642	383,333	394,510
생활폐기물	48,844	50,346	52,072	50,906	49,159	48,934 (12.8%)	48,990 (12.4%)
사업장일반 폐기물	101,099	114,807	130,777	123,604	137,875	137,961 (36.0%)	146,390 (37.1%)
건설폐기물	168,985	172,005	176,447	183,351	178,120	186,417 (48.6%)	186,629 (47.3%)
지정폐기물	10,026	9,511	9,594	9,060	9,488	10,021 (2.6%)	12,501 (3.2%)

폐기물의 처리 현황을 살펴보면, 전체적으로 발생된 폐기물 가운데 재활용된 폐기물의 비율은 과거에 비해 크게 높아진 반면에, 매립처리 비율은 크게 낮아지고 소각처리율은 점진적으로 증가하는 추세를 보여 왔다. 그러나 최근에는 재활용률과 매립, 소각처리 비율이 거의 일정한 수준을 보이고 있는데, 우리나라에서 발생하는 전체 폐기물을 기준으로 한 재활용률은 '12년 83.4% 수준이며, 생활폐기물은 59.1%, 건설폐기물은 97.3%, 사업장일반 폐기물은 76.5%, 지정폐기물의 경우에는 54.3%가 각각 재활용되고 있는 것으로 나타나고 있다.[7]

---

6) 환경부,『2012 전국 폐기물 발생 및 처리 현황』및『2012 지정폐기물 발생 및 처리 현황』을 바탕으로 종합·재작성
7) 환경부,『2012 전국 폐기물 발생 및 처리 현황』및『2012 지정폐기물 발생 및 처리 현황』참고

[표 2-2] 폐기물의 처리 현황8) (단위 : 톤/일)

구분	'06	'07	'08	'09	'10	'11	'12
총계	328,954	346,669	368,890	366,921	374,642	383,333	394,510
매립	27,247	39,676	39,916	41,670	36,137	35,901 (9.4%)	36,572 (9.3%)
소각	19,014	19,559	20,451	20,069	21,215	22,717 (5.9%)	24,899 (6.3%)
재 활 용	272,053	278,692	301,281	297,698	309,707	318,237 (83.0%)	329,207 (83.4%)
해역배출 및 기타	10,640	8,742	7,242	7,484	7,583	6,478 (1.7%)	3,832 (1.0%)

　　폐기물의 종류별로 살펴보면, 생활폐기물의 경우 1995년에는 72.3%가 매립 처리되고 23.7%만이 재활용되었으나, 이후 쓰레기종량제가 전국적으로 도입·시행되고 재활용률을 제고하기 위한 정책이 적극적으로 추진됨에 따라 2012년에는 재활용률이 59.1%로 1995년에 비해 2배 이상 크게 높아진 반면에 매립처리율은 15.9%로 낮아지는 등 전체적인 폐기물처리 구조는 바람직한 방향으로 변화되어 왔다고 할 수 있다. 사업장일반폐기물의 경우에도 생활폐기물과 마찬가지로 매립에 의한 처리는 2007년 19.6%에서 2012년에는 14.9%로 비중이 감소했으며, 재활용률은 지속적으로 높아져 2012년의 경우 76.5%에 이르고 있다.9) 한편 건설폐기물의 경우 재활용률이 큰 폭으로 제고되어 2012년의 경우에는 97.3%에 이르고 있어, 향후 양적인 재활용 확대보다는 고품질, 고품위의 재활용을 추진하는 것이 과제로 대두되고 있다. 반면 지정폐기물의 경우에는 2005년에 재활용률이 61.1%였으나 2012년의 경우에는 54.3%로 최근 재활용률이 정체되거나 소폭으로 하락하는 추세를 보이고 있는데, 이것은 지정폐기물의 재활용 기준 및 방법에 대

---

8) 환경부, 『2014 환경백서』, 『2012 전국 폐기물 발생 및 처리 현황』 및 『2012 지정 폐기물 발생 및 처리 현황』을 바탕으로 종합·재작성
9) 환경부, 앞의 글 3, 304쪽~305쪽 참고

한 규제가 강화되고 시장 여건이 변화되는 등에 따라 영향을 받는 것으로 보인다.

이처럼 폐기물의 발생량이나 성상, 처리방법 등이 계속 변화됨에 따라 폐기물 관리 정책도 변화되어 왔다고 할 수 있다. 우리나라의 폐기물 관리 정책은 1960년대까지는 주로 도시지역의 청결을 유지하고 주민들의 보건과 위생을 지키기 위해 쓰레기와 분뇨 등을 청소하는 수준에 불과했으나, 1970년대 이후에 본격적으로 산업이 발전하고 도시화가 진행됨에 따라 폐기물의 종류와 특성에 따른 종합적·체계적인 관리가 시작되었다고 할 수 있으며, 1990년대 이후에는 기존에 발생한 폐기물의 사후적 처리 위주의 관리정책에서 벗어나 폐기물의 원천적인 감량과 재활용에 무게를 두는 현대적인 폐기물 관리정책 또는 자원순환정책으로의 전환이 이루어졌다고 할 수 있다.

제2절 폐기물관리 정책 및 법령의 변천

1. 폐기물 관리 여건의 변화

선사시대 사람들이 먹고 버린 조개류 껍데기를 비롯한 생활쓰레기들이 쌓여 층을 이룬 패총(貝塚) 유적지, 인더스계곡에서 기원전 2500년부터 2000년 사이에 고대문명의 중심지로 번영을 구가했던 하라파(Harappa) 유적에서 발견된 벽돌로 만들어진 쓰레기통들,[1] 그리고 이미 약 3,500년 전 중국 은(殷)나라 법률에서 '재(灰)를 길거리(道路)에 버리는 사람은 사형에 처한다'고 규정하고 있었다는 사실[2]에서 알 수 있는 것처럼, 인류의 역사는 곧 폐기물과 함께 해온 시간이었고, 그 만큼 폐기물에 대한 법적 규율의 역사도 길다고 할 수 있다. 고대 그리스 아테네의 경우, 시민들이 창문이나 문으로 쓰레기를 내던지는 습관 때문에 골목, 가로, 인도가 쓰레기로 막히는 현상이 발생했고, 이런 문제를 해결하기 위해 고대 그리스인들은 도시에 쓰

---

1) 스티븐 버트먼,『동굴에서 들려오는 하프소리』(1987), 김석희 옮김, (한길사, 1994), 76쪽 참고. 하라파 거리의 쓰레기통은 각 가정과 파이프로 연결되어 있었고, 가정에서는 이를 통해 쓰레기를 비울 수 있도록 되어 있었다고 한다. 이는 오늘날 일부 계획 신도시에서 시도되고 있는 '쓰레기 자동이송관로' 시스템과 유사한 것이라고 할 수 있다.
2) 손영배,『한국의 쓰레기 2천년사』, (문지사, 1997), 10쪽(원 출처는『韓非子』第三十, 「內儲說篇」)

레기매립장을 설치하는 법을 만들었으며, 도시 경계 1마일(1.6㎞) 반경 내에서 쓰레기 투기를 금지하는 '쓰레기 무단투기 금지' 조치를 시행하는 등의 조치를 취했다고 한다.[3]

그러나 산업화가 진행되기 전 전통사회의 경우에는 도성과 같은 일부 대도시를 제외한 대부분의 지역에서는 인구가 밀집해서 거주하지는 않았으며, 폐기물이 발생되었더라도 그 발생량 자체가 적었을 뿐만 아니라, 발생된 폐기물도 다시 본래 용도로 재사용되거나 다른 용도의 자원으로 재활용되는 경우가 많았고, 다시 사용하거나 활용할 수 없는 폐기물들도 자연적으로 분해·처리되는 경우가 대부분이었기 때문에 폐기물로 인한 환경문제가 발생할 소지는 그렇게 크지 않았다고 할 수 있을 것이다.[4]

오늘날 가장 산업화된 국가 가운데 하나인 미국의 경우에도 19세기 전반까지만 해도 농부들이 도시에서 수거한 인분, 오물, 음식물 찌꺼기, 길거리 쓰레기 등을 밭에 거름으로 주었다고 한다.[5] 즉 정부에 의해서 환경적인 규제가 이루어지기 전에는 대기나 물, 토양과 같은 "공유재"에 거래되지 않는 폐기물들을 처분하는 것이 비용이 거의 들지 않거나 다른 대안들에 비해 훨씬 비용이 적게 드는 처리방법이었다고 할 수 있으며, 자연환경은 인간의 생산과 소비활동을 위한 원료물질의 공급원으로써의 역할뿐만 아니라 폐기물을 위한 "처분장"의 역할도 했던 것이다.[6] 그러나 산업화와 도시화가 진

---

3) 에드워드 흄즈, 『102톤의 물음』(2012), 박준식 옮김, (낮은산, 2013), 45쪽~46쪽 참고. 그러나 쓰레기 매립장을 별도로 설치·운영하는 개념은 중세를 거쳐 그 이후까지 거의 소실되었으며, 로마제국의 경우 상당히 진화된 하수도와 실내 화장실을 가지고 있었음에도 가구별로 쓰레기를 수거하거나 쓰레기 매립장을 설치하는 등의 조치는 전혀 시행되지 않았다고 한다.
4) 환경부, 『환경 30년사』(2010), 423쪽 참고
5) 헤더 로저스, 『사라진 내일』(2005), 이수영 옮김, (삼인, 2009), 46쪽
6) Jo Jeanne Lown, "Eco-Industrial Development and the Resource Conservation and Recovery Act: Examining the Barrier Presumption", 30 *Boston College Environmental Affairs Law Review* 275 (2003), 276쪽

전되고 생산과 소비 패턴이 변화됨에 따라 발생되는 폐기물은 양적으로 크게 증가했을 뿐만 아니라 인구의 계속된 증가 또한 폐기물 발생량 증가에 기여해 왔으며, 사람과 지역들이 재화와 상품들로 연결되어 가는 만큼 폐기물과 잔재물의 흐름 또한 도시를 중심으로 연결되어 왔다.[7] 이와 함께 질적인 측면에서도 폐기물의 유해성이 과거에 비해 훨씬 더 증가해왔고, 화학공업 등의 발달로 분해되어 자연으로 돌아가는데 더 장기간이 소요되는 새로운 폐기물들이 계속 나타남에 따라 이제는 자연적으로 폐기물이 처리되기를 기대하기는 어렵게 되었으며,[8] 그만큼 폐기물을 적정하게 처리하기 위한 정책적 노력과 이를 뒷받침할 법적·제도적 기반의 정비 필요성도 커졌다고 할 수 있다.

특히 우리나라는 1960년대 이후 산업화와 도시로의 인구집중이 급속도로 이루어지면서 다양한 환경문제들이 나타나기 시작했고, 그 중에서도 제대로 처리되지 않은 폐기물의 방치 또는 불법처리 등이 국민들의 생활환경뿐만 아니라 건강에도 커다란 위협요인으로 대두되게 되었다. 가장 대표적인 사례로 폐기물 소각장에서 발생하는 다이옥신(Dioxine)[9]을 둘러싼 논쟁을 들 수 있다. 1997년 환경부가 전국의 폐기물 소각장의 다이옥신 배출실태 조사 결과를 발표한 후 다이옥신의 맹독성이 베트남전에서 사용된 고엽제에 비유되면서 언론에 집중 보도되었고,[10] 소각장 인근 주민들은 당장 건강에 심

---

7) Sarah A. Moore, "Garbage matters: Concepts in new geographies of waste", *Progress in Human Geography* 36(6) (2012), 780쪽

8) 박균성·함태성, 『환경법』(제5판), (박영사, 2012), 470쪽

9) 벤젠고리에 염소를 포함하고 있는 화합물로, 다이옥신류와 퓨란류로 나눌 수 있다. 염소를 함유하고 있는 유기화합물이 탈 때 생성될 수 있으며, 쓰레기를 소각할 때 주로 발생한다. 지방에 잘 녹기 때문에 몸속에 들어가면 소변으로 배출되지 않고 지방에 축적된다. 주로 몸 속의 에스트로겐 관련 내분비계에 작용하여 독성을 나타내기 때문에 내분비계교란물질로 분류된다.(출처 : 두산백과)

10) '다이옥신 초과 부천 등 3곳 소각장 가동중단', 문화일보 1997. 6.16일자 (http://www.munhwa.com/news/news_print.html?no=1997061631000901) 참고

각한 피해를 입을지도 모른다는 우려를 갖게 되면서 중앙정부와 지방정부, 시민사회 간의 집중적인 논의가 이루어졌으며, 결국 이것은 이후 폐기물 소각장에 대한 관리·감독을 강화하고 다이옥신에 대한 종합적인 대책을 마련하는 계기가 된바 있다.

우리나라에서 특히 폐기물 관리와 관련하여 심각한 문제를 제기하는 것들 가운데 하나로 음식물류 폐기물을 들 수 있다. 우리나라의 음식물류 폐기물은 국이나 탕, 염장식품 등이 많은 음식문화로 인해 수분과 염분이 다량 함유되어 있고, 이에 따라 수집·운반 및 처리에 있어 침출수 누출이나 악취발생 등과 같은 많은 환경문제를 야기하고 재활용 용도 등이 제약되는 등 처리에도 어려움을 겪고 있다. 특히 국민들의 주거양식과 생활문화가 도시화됨에 따라 이러한 문제는 더욱 커지고 있는데, 과거 농촌지역에서는 남는 음식물들을 가축의 사료로 사용하거나 퇴비의 생산에 활용하였으나, 대다수 국민들이 도시 지역에 거주하고 있는 오늘날의 상황에서는 적절한 수요처 확보와 이동거리의 문제 등으로 인해 더 이상 예전과 같은 재활용이 용이하지 않은 현실이다. 2006년 3월부터 발효되고 있는 '런던협약 96의정서'에 따라 우리나라에서도 2013년 1월부터 음식물류 폐기물의 재활용과정에서 발생하는 폐수의 해양배출이 금지[11]됨에 따라 이러한 어려움은 더욱 커지고 있다.

또한 폐기물의 안전한 최종처리를 위해 반드시 필요한 매립시설의 입지를 확보하는 것 또한 폐기물 관리에 있어 중요한 과제로 대두되고 있다. 대표적으로 서울·인천·경기 지역의 지방자치단체들이 함께 이용하고 있는 수도권매립지의 경우, 그동안의 적극적인 폐기물 감량정책이 성과를 거두면서 조성당시 예상했던 사용기간을 훨씬 넘어서는 2050년 이후까지 사용이 가

---

11) 구 「해양환경관리법」(법률 제8852호, 2008. 2.29. 타법개정) 제23조 제1항, 구 「해양환경관리법」 시행규칙(국토해양부령 제423호, 2011.12.29. 일부개정) 제12조 제1항 및 부칙, 동 시행규칙 별표6 제1호 라목 참고

능할 것으로 평가되고 있지만, 수도권매립지 인근에 거주하는 주민들과 지방자치단체들은 매립지 운영에 따른 악취·먼지 등 생활환경상 피해 등을 이유로 사용기한 연장에 반대하고 있는 것이 현실이다.[12]

2. 폐기물 관련 법령의 변천

폐기물에 관한 법령의 경우, 1945년 해방 및 1948년 정부수립 이후에도 우리나라에서는 일제(日帝) 강점기간 중이었던 1936년에 제정된 「조선오물소제령」(制令 제8호)이 여전히 집행되었고, 이러한 현상은 1961년 12월에 「오물청소법」이 새롭게 제정될 때까지 계속되었다. 이후 1986년에 「폐기물관리법」이 제정되었으며, 폐기물관리 법령과 이에 근거한 각종 제도들은 계속된 폐기물의 양적, 질적 증대에 대응하여 많은 변화를 거치면서 우리나라 폐기물관리 행정의 기반을 이루어 왔다.

가. 「조선오물소제령」 및 「조선오물소제령 시행규칙」

일제는 전국적으로 통일된 체계 하에 오물청소를 추진하기 위해 1936년에 당시 일본의 「汚物掃除法」에 따르도록 하는 내용의 「朝鮮汚物掃除令」[13]과 「朝鮮汚物掃除令 施行規則」을 제정하고 1937년 10월부터 이를 시행하였다.[14]

동 시행규칙에서는 오물의 정의를 '진개(塵芥)·재·오니(汚泥)·오수 및 분

---

12) "서울시-인천시, 수도권매립지 연장 두고 갈등 심화" (교통방송, 2013. 5. 6), "'매립지연장 중단하라' 집단행동 나설 듯" (SBS, 2013. 5. 8), "수도권매립지 연장 갈등. 인천시민 55% '연장 반대'" (매일경제, 2013. 6.27) 등 참고

13) 조선총독부제령 제8호(조선총독부관보 제2817호, 1936. 6. 5 제정, 1937.10. 1 시행)

14) 환경부, 『환경 30년사』 (2010), 418쪽

뇨'로 규정하면서, 토지 점유자와 건물의 소유자가 청소 의무자가 되어 뚜껑이 있는 용기를 갖추고 진개(쓰레기)를 그 용기에 배출하도록 하였으며, 시·군은 오물을 일정한 장소로 운반하고 소각 등의 방법으로 처리할 수 있도록 하였다. 이 시행규칙은 당시 서울시를 비롯한 14개의 시 지역에 적용되었으며, 1961년 「오물청소법」이 제정·시행될 때까지 그 효력이 유지되었다.15)

나. 「오물청소법」의 제정

1950년대에는 환경보전보다는 분뇨, 생활쓰레기 등으로 인한 생활환경의 피해를 위생적인 관점에서 방지하기 위하여 이들 물질을 도시지역에서 수거하여 일정한 지역에 매립하는 것이 주된 폐기물 관리정책이었다. 이 시기에는 산업폐기물 또는 사업장폐기물이라는 개념은 존재하지 않았고, 국가의 역할도 분뇨와 쓰레기를 청소하는 수준에 머물렀다고 할 수 있다. 즉, 1961년 12월에 청소행정의 효시라고 할 수 있는 「오물청소법」이 제정되었는데, 동법에서는 '오물을 위생적으로 처리하여 생활환경을 청결히 함으로써 국민보건의 향상을 기함'을 법률의 목적으로 제시했고, 서울특별시 및 시의 관할구역을 특별청소지역으로 규정하면서, 특별청소구역내의 토지 또는 건물의 점유자(점유자가 없을 경우에는 관리자)에게 그 토지 또는 건물 내의 오물을 소제하여 청결을 유지하고 변소 및 오물용기를 설치 또는 비치하여 이를 위생적으로 관리할 의무를 부여했다.16) 동 법률에는 오늘날의 지정폐기물처럼 유해한 폐기물을 특별히 관리하도록 하는 규정은 없었으나, 청소작업상 곤란하거나 청소용 기구 또는 시설을 훼손할 우려가 있는 '특수오물'을 생기게 하는 공장 또는 사업장의 경영자에게 해당 특수오물에 대한 필요

---

15) *Ibid.*
16) 법률 제914호(1961.12.30 제정, 1962. 1. 1 시행) 제2조 내지 제4조

한 조치를 하거나 또는 위생적 방법으로 지정하는 장소에 운반하거나 지정하는 방법에 의해 처리할 것을 명할 수 있도록 규정하였다.[17]

「오물청소법」은 1973년에 전면 개정되었는데, 동 법률에서는 '오물'을 "쓰레기·재·오니·분뇨·동물의 사체 기타 폐기물"이라고 제2조 제1호에서 규정[18]하여, 폐기물이라는 용어를 처음 사용하기 시작했다.[19] 1980년에 환경청이 당시 보건사회부의 외청으로 신설된 이후인 1982년에는 다시 전문 개정되어, 시장·도지사가 오물처리계획을 수립하여 오물처리대책을 시행하도록 하였으며, 오수정화시설과 분뇨정화조를 구분하고 분뇨정화조 제조업 등록 등에 관한 규정을 신설하였다.[20]

다. 「환경보전법」의 제정과 산업폐기물 관리

1970년대 이후 우리 사회의 산업화와 도시화가 본격적으로 이루어짐에 따라 환경 문제가 점차 심각해지고 그 양상도 복잡하고 다양해지게 되었으며, 종전의 공해방지법에 의한 사업장의 오염물질 배출규제만으로는 소기의 성과를 기대하기 어렵게 되었다. 이에 따라 「환경보전법」[21]이 1977년에 제정·공포되어 시행되게 되었는데, 동법에서는 산업폐기물에 관한 장을 따로 두고, 산업폐기물을 다른 오물들과 구별하여 관리하기 시작하였다. 즉, '산업폐기물처리'를 제8장으로 신설하였으며, 산업폐기물처리업의 허가(제50조), 폐기물의 폐기제한(제51조), 폐기물의 종말처리(제52조) 등 3개 조문을 그 아래 규정하여 사업자 또는 폐기물처리업자가 산업폐기물을 처리할 때 준수해야 할 사항을 정하였고, 이와 함께 제37조에서는 공공수역 또는 산림

---

17) 법률 제914호, 제7조
18) 법률 제2584호(1973. 9. 9 시행)
19) 환경부, 앞의 글 14, 412쪽~413쪽, 418쪽 참조
20) 법률 제3554호(1982. 4. 2 전문개정, 1982.10. 3 시행)
21) 법률 제3078호(1977.12.31 제정, 1978. 7. 1 시행)

에 금지되는 행위 가운데 하나로서 '산업폐기물을 버리는 행위'를 규정하면서 동 규정을 위반한 행위와 허가를 받지 않고 산업폐기물의 처리업을 한 자에 대한 벌칙을 제67조와 제68조에서 규정하였으나, 어떠한 물질이나 물건이 산업폐기물에 해당하는 것인지 그 개념과 범위에 대해서는 별도의 규정을 두고 있지 않았다.

「환경보전법」의 제정으로 그 동안 청소 내지 위생행정 수준에 머물러 있던 오물처리정책이 비로소 산업폐기물까지 포함하는 포괄적 폐기물 관리정책으로 발전되었다고 할 수 있으나, 산업폐기물은 「환경보전법」에서, 분뇨와 쓰레기 등 생활폐기물은 「오물청소법」에 의해 관리되는 이원적인 법체제에 의해 운영되는 한계를 안고 있었다. 이후 1981년 「환경보전법」 개정 시에 산업폐기물에 대한 정의 규정이 동법에 신설되었으며, 산업폐기물의 범위에는 오니·잔재물·폐유·폐산·폐알칼리·폐고무·폐합성수지 등이 포함되었다.[22]

라. 「폐기물관리법」의 제·개정

분뇨와 쓰레기를 위생적으로 처리하고 자연환경 및 생활환경을 청결히 하는 것을 법 목적으로 하는 「오물청소법」으로는 폐기물을 체계적으로 관리하기가 어렵고, 「환경보전법」의 단순한 산업폐기물 관리체계 역시 산업화의 진전과 함께 계속 심화되어 가는 산업폐기물 처리문제를 더 이상 적절히 관리하기 어렵다는 인식이 확산됨에 따라, 폐기물 관리정책을 종합적·체계적으로 추진하기 위해 1986년에는 「환경보전법」과 「오물청소법」으로 이원화되어 운영되어 온 폐기물 관리 법체계를 일원화하여 「폐기물관리법」을 제정하고 1987년 4월부터 시행하였으며, 이와 동시에 기존의 「오물청소법」

---

22) 구 「환경보전법」(법률 제3505호, 1981.12.31 일부개정, 1982. 7. 1 시행) 제2조 제15호

은 폐지되었다.[23]

새로 제정된 「폐기물관리법」에서는 폐기물에 쓰레기, 산업폐기물과분뇨 및 축산분뇨를 포함하고 폐기물을 일반폐기물과 산업폐기물로 구분하였으며,[24] 폐기물의 성상 및 특성에 따른 관리를 강화하였다. 이처럼 「폐기물관리법」은 우리나라에 현대적인 폐기물 관리체계를 도입한 법으로서 그 의미가 크다고 할 수 있으나,[25] 여전히 법률의 주된 목적이 보건위생 차원을 넘어서지 못하여 분뇨·오수·축산폐수까지 관리대상으로 하고 있었으며,[26] 따라서 그 규제내용이 폐기물의 안전처리에 치우쳐 있었고 오늘날 중요성이 커지고 있는 폐기물의 감량화나 재활용을 수용하지 못한 한계를 안고 있었다.[27]

「폐기물관리법」은 1991년에 전면적으로 개정되었는데, 종전에는 「폐기물관리법」에서 함께 관장해왔던 오수와 분뇨, 축산폐수에 관한 사항은 분리하여 별도의 「오수·분뇨 및 축산폐수의 처리에 관한 법률」로 이관했고, 발생원을 기준으로 가정에서 발생되는 것은 일반폐기물, 사업장에서 발생되는 것은 산업폐기물로 분류하던 방식을, 유해성을 기준으로 하여 국민건강에 유해한 산업폐기물은 특정폐기물로, 그 외의 폐기물은 일반폐기물로 분류하는 체계로 변경하였다. 아울러 폐기물의 감량화 및 재활용 등에 관한 규정을 처음으로 신설하였다.

1992년에는 「자원의 절약과 재활용 촉진에 관한 법률」이 별도로 제정됨에 따라 「폐기물관리법」에서 폐기물의 재활용에 관한 내용들이 삭제되었고, NIMBY(Not In My Back Yard)현상 등으로 어려워진 폐기물처리시설의 설

---

23) 환경부, 앞의 글 14, 413쪽, 418쪽~419쪽 참조
24) 구「폐기물관리법」(법률 제3904호, 1986.12.31 제정, 1987. 4. 1 시행) 제2조
25) 채영근, "폐기물 관련 법령체계의 문제점 및 개선방안", 한국환경법학회, 『환경법연구』 제31권 2호, 145-169 (2009), 146쪽
26) 동 법률 제1조에서는 목적을 '폐기물을 적정하게 처리하여 자연환경 및 생활환경을 청결히 함으로써 국민보건의 향상과 환경보전에 기여'하는 것으로 제시하였다.
27) 환경부, 앞의 글 14, 419쪽 참조

치를 촉진하기 위한 규정들이 신설되었다. 「폐기물관리법」은 1995년에 다시 개정되었는데, 1991년 법률 개정에 따라 일반폐기물과 특정폐기물로 분류하던 것을 다시 변경하여 발생원에 따라 생활폐기물과 사업장폐기물로 분류하여 원인자 처리책임 및 발생지 처리책임이 철저히 적용되도록 하였고, 생활폐기물의 감량을 위해 생활폐기물 수수료를 배출량에 따라 차등 부과하도록 하는 종량제의 실시 근거를 마련하였다.

한편 「폐기물관리법」의 목적 조항이 개정되어 온 연혁을 살펴보면 우리나라의 폐기물 관리정책의 변화를 대체로 파악할 수 있다. 우선, 「폐기물관리법」 제정 당시에는 "폐기물을 적정하게 처리하여 자연환경 및 생활환경을 청결히 함으로써 국민보건의 향상과 환경보전에 기여함"을 목적으로 제시[28]했으나, 1991년 전부 개정된 법률에서는 "폐기물을 적정하게 처리하여 자연환경 및 생활환경을 청결히 하고, 폐기물의 재활용을 촉진함으로써 환경보전과 국민생활의 질적 향상에 이바지"하는 것을 목적으로 규정[29]해서, 폐기물의 적정처리뿐만 아니라 재활용 촉진이 법의 목적으로 새로이 추가되었고, '국민보건의 향상'이 '국민생활의 질적 향상'이라는 보다 넓은 개념으로 확장되었는바, 이는 우리나라의 폐기물관리정책이 기존의 협소한 위생·보건 중심의 안전처리에서 벗어났음을 보여주는 것이라고 할 수 있을 것이다. 동 조항은 1992년에 「자원의 절약과 재활용촉진에 관한 법률」이 별도로 제정됨에 따라 다시 개정되었는데, "폐기물을 적정하게 처리하여 자연환경 및 생활환경을 청결히 함으로써 환경보전과 국민생활의 질적 향상에 이바지"하는 것으로 다시 '재활용촉진'이 제외되고 범위가 축소되었다.[30] 그러나 이것은 재활용법이 별도로 제정됨에 따라 「폐기물관리법」의 목적을 개정한 것일 뿐, 폐기물관리정책 전반의 목적이 변경된 것으로 볼 수는 없

---

28) 구「폐기물관리법」(법률 제3904호, 1986.12.31 제정, 1987. 4. 1 시행) 제1조
29) 구「폐기물관리법」(법률 제4363호, 1991. 3. 8 전부개정, 1991. 9. 9 시행) 제1조
30) 구「폐기물관리법」(법률 제4539호, 1992.12. 8 일부개정, 1993. 6. 9 시행) 제1조

을 것이다.

1990년대 이후 사회 전반적으로 자원순환사회 또는 순환형 사회에 대한 관심이 제고되었고, 이에 따라 폐기물의 발생예방 또는 최소화를 폐기물 관리정책의 첫 번째 우선순위에 두기 위하여 2003년 개정 법률에서는 "폐기물의 발생을 최대한 억제하고 발생된 폐기물을 적정하게 처리함으로써 환경보전과 국민생활의 질적 향상에 이바지"[31]하는 것이 목적으로 제시되었다. 2010년에는 다시 기존의 '적정처리'를 '친환경적인 처리'로 변경함으로써 환경적인 측면을 보다 강조하는 방향으로 개정되었으며,[32] 이러한 「폐기물관리법」의 목적 조항은 현행법 하에서도 그대로 유지되고 있다.

마. 폐기물 관련 법률의 분법화

위에서 살펴본 것처럼 우리나라의 환경 관리에 있어서 중요한 부분을 차지하는 폐기물 관리에 관한 기본법은 1986년에 제정된 「폐기물관리법」이다. 동법은 제정 이후 여러 차례의 개정을 거쳐서 현재까지 시행되고 있으며, 이후 폐기물의 재활용 촉진, 폐기물처리시설의 설치 촉진 등 여러 가지 정책적 필요에 따라 「자원의 절약과 재활용촉진에 관한 법률」 등 5개 법률이 「폐기물관리법」으로부터 분법 되어 제정·시행되고 있다.

(1) 「자원의 절약과 재활용촉진에 관한 법률」

우선, 1992년에 기존의 「폐기물관리법」에 포함되어 있던 재활용에 관한 규정이 별도로 분리되어 「자원의 절약과 재활용촉진에 관한 법률」이 제정되었다.[33] 경제성장과 생활수준의 향상과 함께 폐기물의 발생량은 계속 증

---

31) 구「폐기물관리법」(법률 제6912호, 2003. 5.29 일부개정, 2003.11.30 시행) 제1조
32) 구「폐기물관리법」(법률 제10389호, 2010. 7.23 일부개정, 2011. 7.24 시행) 제1조
33) 환경부, 『2012 환경백서』(2013), 588쪽

가했음에도 불구하고 새로운 폐기물처리시설의 설치는 지역 주민들의 반대로 더욱 어려워져만 갔으며, 이에 따라 폐기물의 발생량을 원천적으로 줄이고 발생된 폐기물은 가능한 한 재활용하도록 함으로써 최종적으로 처리되는 폐기물의 양을 최소화하는 것이 폐기물 정책의 핵심적인 과제가 되었고, 이를 촉진하기 위해 별도 법률을 제정한 것이다. 「자원의 절약과 재활용촉진에 관한 법률」은 2002년에 전면 개정되었는데, 개정된 동 법률에서는 폐기물의 발생을 제품의 생산단계에서부터 억제하고 발생된 폐기물의 재활용을 촉진하기 위해 폐기물의 발생량이 많은 제품·포장재의 생산자에게 재활용의무를 부과하는 '생산자책임재활용제도'를 도입하였다.[34] 또한 폐기물 관리정책의 방향을 종전 안전처리 및 단순 재활용으로부터 발생 억제와 자원화 확대로 전환하기 위해 자원순환의 개념과 원칙을 도입하였다.

(2) 「폐기물의 국가간 이동 및 그 처리에 관한 법률」

1989년에 유엔환경계획(UNEP)의 주도로 채택되었던 「유해폐기물의 국가간 이동 및 그 처리의 통제에 관한 바젤협약」이 1992년에 발효됨에 따라, 동 협약을 국내적으로 이행하기 위해서 환경에 유해한 폐기물의 수출입금지 및 제한에 관하여 규정하는 「폐기물의 국가간 이동 및 그 처리에 관한 법률」이 1994년 제정되었다. 동 법률에서는 폐기물을 수출하고자 하는 자(제6조) 및 수입하고자 하는 자(제10조)는 상공부장관에게 허가를 받도록 하였으며, 이 경우 미리 환경부장관과 협의를 하도록 하였다. 그리고 수출의 경우에는 폐기물의 수입국 및 경유국의 동의를, 수입의 경우에는 수출국의 주무관청으로부터의 해당 폐기물의 수입동의요청이 반드시 필요함을 명시하고, 기타 폐기물 수출입허가취소(제15조), 폐기물의 경유동의(제16조) 등을 규정하였다. 동 법률은 2001년에 폐기물의 수출입허가 등을 환경부장관

---

34) 법률 제6653호(2002. 2. 4 전부개정, 2003. 1. 1 시행) 제16조 내지 제19조, 제21조 등 참조

으로부터 받도록 개정되었으며,[35] 이에 따라서 폐기물 관리에 관한 권한이
환경부로 통합되어 체계적으로 관리가 이루어질 수 있게 되었다.

(3) 「폐기물처리시설 설치촉진 및 주변지역 지원 등에 관한 법률」

1995년에는 폐기물처리시설 인근 지역주민에 대한 지원과 참여를 확대함
으로써 폐기물처리시설의 설치를 촉진하기 위하여 「폐기물처리시설 설치촉
진 및 주변지역 지원 등에 관한 법률」이 제정되었다. 동 법률에서는 일정한
양 이상의 폐기물을 배출하는 산업단지 또는 공장이나 일정한 규모 이상의
산업단지·공장·관광지 또는 관광단지를 개발·설치·증설하고자 하는 자와
대통령령이 정하는 규모 이상의 공동주택단지 또는 택지를 개발하고자 하
는 자에게 해당 산업단지 등에서 발생되는 폐기물을 처리하기 위한 폐기물
처리시설을 직접 설치·운영하거나 설치·운영에 필요한 비용을 부담하도록
의무를 부여하는 한편(제5조 및 제6조), 입지선정단계에서부터 주민참여를
제도화하고 관련 인허가의 의제, 주민지원기금의 조성·지원 등을 통해 시설
의 설치를 촉진하도록 규정하였다.[36]

(4) 「건설폐기물의 재활용촉진에 관한 법률」

2003년에는 건설폐기물을 친환경적으로 처리하고 건설폐기물의 재활용
을 통해 순환골재 사용을 촉진하는 것을 주요한 목적으로 하는 「건설폐기
물의 재활용촉진에 관한 법률」[37]이 제정되었는데, 이 법률은 기존의 「폐기
물관리법」, 「자원의 절약과 재활용촉진에 관한 법률」과 「건설기술관리법」,
「건설산업기본법」 등에 산재되어 있었던 건설폐기물 관련 규정들을 종합·

---

35) 구「폐기물의국가간이동및그처리에관한법률」(법률 제6361호, 2001. 1.16 개정, 2001.
    7.17 시행)
36) Id, 제2장 이하 참조
37) 법률 제7043호(2003.12.31 제정, 2005. 1. 1 시행)

체계화한 것이다.

동 법률에서는 국가 및 지방자치단체로 하여금 건설폐기물을 친환경적으로 적절하게 처리하고 재활용을 촉진할 수 있도록 필요한 시책을 마련하도록 하고, 이를 이행하기 위해 발주자와 배출자, 건설폐기물 처리업자 등이 준수하여야 할 의무를 각각 규정하고 있다. 보다 구체적으로는, 건설폐기물의 처리기준(제13조)과 함께 건설공사와 건설폐기물 처리용역을 반드시 분리발주하도록 의무화하는 규정(제15조) 및 건설폐기물 처리업의 허가에 관한 규정(제21조)을 두고 있으며, 특히 국가·지방자치단체·공공기관·정부출연 연구기관·공기업 등에서 발주하는 건설공사 중 대통령령으로 정하는 일정 구조·규모·용도에 해당하는 건설공사에 대해서는 건설폐기물을 재활용하여 생산한 '순환골재' 및 '순환골재 재활용제품'을 의무적으로 사용하도록 하고 있다(제38조). 또한 2013년 법률 개정으로 건설폐기물 수집·운반 차량의 기준을 구체적으로 정하는 한편(제13조 제1항), 순환골재 및 순환골재 재활용제품에 대하여 용도별 품질기준에 적합하게 사용하도록 하고 이를 위반한 경우 과태료를 부과하도록 하고 있다(제35조의2, 제66조 제2항 제12호).

(5) 「전기·전자제품 및 자동차의 자원순환에 관한 법률」

2007년에는 전기·전자제품과 자동차의 재활용을 촉진하기 위한 「전기·전자제품 및 자동차의 자원순환에 관한 법률」이 제정되어 시행되고 있는데,[38] 동 법률에서는 재활용을 촉진하기 위하여 제품의 사용 후에 발생하는 폐기물의 양이 많은 제품 중 대통령령으로 정하는 전기·전자제품을 제조하거나 수입하는 자와 대통령령으로 정하는 자동차를 제조하거나 수입하는 자에게 중금속·난연제 등 유해물질의 함유기준을 준수하도록 하고(제9조), 재활용이 용이한 재질을 사용하는 등 구조를 개선하도록 하는 한편(제10조),

---

[38] 법률 제8405호(2007. 4.27 제정, 2008. 1. 1 시행)

유해물질의 함유기준 등을 스스로 확인·평가해서 공표하도록 하였다(제11
조). 또한 기존에 「자원의 절약과 재활용촉진에 관한 법률」에서 전기·전자
제품의 제조·수입업자에게 판매량의 일정한 비율 이상을 회수·재활용하도
록 하던 생산자책임재활용제도에 관한 규정을 이 법률로 이관(제3장 제1절)
하였고, 자동차 제조·수입업자 등에게 폐차되는 자동차의 일정 비율 이상을
재활용할 의무를 부과하고 있다(제25조 및 제26조).

(6) 기타 법률

이외에도 폐기물의 발생억제 및 재활용 관련 사업을 효율적으로 수행하
기 위해 '한국자원재생공사'를 설립·운영하는 내용의 「한국자원재생공사
법」[39]이 1993년 제정되었고, 2003년에 법명이 「한국환경자원공사법」[40]으
로 변경되었다가 2009년에 한국환경자원공사가 기존의 환경관리공단과 통
합되어 '한국환경공단'이 설립됨에 따라 동 법률은 2010. 1. 1일자로 폐지되
었다. 2000년에는 기존에 서울특별시, 인천광역시, 경기도 등 3개 시·도의
조합으로 운영되어 왔던 '수도권매립지운영관리조합'을 환경부 산하기관인
'수도권매립지공사'로 발족시키는 것을 내용으로 하는 「수도권매립지공사
의 설립 및 운영 등에 관한 법률」[41]이 제정되어 시행되고 있다.

---

39) 법률 제4655호(1993.12.27 제정, 1994. 4. 1 시행)
40) 법률 제7023호(2003.12.30 개정, 2004. 7. 1 시행)
41) 법률 제6200호(2000. 1.21 제정, 2000. 7.22 시행)

[표 2-3] 폐기물 관련 법률과 내용의 변천[42)]

폐기물 관련법	제·개정 년도	주 요 내 용 및 관 리 체 계
오물청소법	1961	• 청소행정의 효시, 청소개념으로 폐기물 관리 • 급격한 도시화·산업화에 따른 쓰레기 및 분뇨의 사후처리 (1차 수거)에 주안점
공해방지법	1963	• 경제개발 과정의 공해문제로 인한 보건· 위생상 피해 방지 목적
오물청소법 개정	1973	• 오물의 개념 속에 폐기물 포함 • 국민의 청소의무 명문화, 공장, 사업장 등에 오물 처리의무 부과
환경보전법	1977	• 도시화·공업화에 따른 환경문제 심각화 ⇒ 종합적인 환경대책 수립 필요 • 일반폐기물에 대한 단순 1차 처리, 산업폐기물 관리 강화
오물청소법 개정	1982	• 액상 폐기물(분뇨 등) 규제 구체화
폐기물관리법	1986	• 최초의 독립적·체계적인 폐기물에 관한 법률 • 폐기물 배출량 증가와 성상 및 특성 다양화 → 단순 청소개념에서 탈피 → 폐기물의 발생, 수거, 재생, 소각, 매립 등 모든 처리 과정에 대한 체계적이고 합리적인 관리 도모
폐기물관리법 개정	1991	• 오수, 분뇨 및 축산폐수는 폐기물에서 분리, 별도의 법률 제정 • 폐기물 분류체계 변경(일반, 산업폐기물 ⇒ 일반, 특정폐기물) • 폐기물 재활용과 감량화에 관한 사항 강화 • 폐기물 회수·처리비, 예치금제, 매립지 사후관리 제도 도입
자원의절약과 재활용 촉진에 관한 법률	1992	• 폐기물관리법에서 폐기물발생 억제 및 재활용 관련 규정을 분리하여 제정 • 생산, 유통, 소비 등 산업 전 분야에서 발생된 폐기물에 대한 회수 및 재활용 체계 수립
폐기물의 국가간 이동 및 그 처리에 관한 법률	1992	• 유해폐기물의 국가간 이동 및 그 처리에 관한 바젤 협약 (1992.5 발효)의 국내법 수용 법률 • 폐기물의 국가간 이동으로 인한 환경 오염 방지 및 재활용 목적으로 수입되는 폐기물의 적정 관리 목적
폐기물처리 시설 설치촉진 및 주변 지역 지원 등에 관한 법률	1995	• 각종 개발시 폐기물처리시설의 입지 사전 확보, 일정규모 이상 처리시설에 대해서 주변지역 지원대책 시행

---

42) 환경부, 앞의 글 14, 417쪽~423쪽 내용을 바탕으로 작성

폐기물관리법 개정	1995	• 폐기물발생지 처리책임 강화와 처리 과정 관리 강화 • 폐기물의 분류 및 관리체계 변경(일반, 특정 폐기물 → 생활, 사업장폐기물) • 생활폐기물 감량정책 추진 → 종량제 실시 근거 마련 • 일반폐기물처리업과 특정폐기물처리업을 폐기물처리업으로 통합

제3절 폐기물 관리 법제의 특성 및 기본원칙

1. 폐기물 관리 법제의 특성

폐기물 문제는 현대 사회에서 특히 중요한 문제로 대두되고 있고, 깨끗한 물과 공기를 보전하는 것을 목적으로 하는 대기·수질보전 분야와 더불어 환경 분야에서 가장 큰 비중을 차지해온 분야임에도 불구하고 대기·수질보전 분야에 비하여 상대적으로 가시적인 성과를 거두지 못하고 있는 측면이 있다.[1]

폐기물 분야는 환경 분야 전반에 걸쳐 일반적으로 나타나는 공통된 특성들도 가지고 있으나, 다른 한편으로는 대기·수질 등의 다른 환경 분야와는 구별되는 고유한 특성들도 가지고 있다고 할 수 있다. 즉, 폐기물에 대한 규제는 특정한 환경 매체(environmental media)에 대한 위해에 초점을 맞추는 전통적인 대기질 규제 및 수질오염 규제나, 계속적으로 발전하는 과학적 지식에 의해 규정되는 환경문제인 기후변화 관련 규제 등과는 달리, 법적으로 정의되고 특징져지며 2차적으로 심각한 환경 및 건강 문제를 야기할 수 있는 특정한 오염원(pollution source), 즉 '폐기물'에만 초점을 맞춘다는 점에서 다른 종류의 환경문제들과는 뚜렷이 구별되는 특성을 가진다.[2]

---

1) 박수혁·최연홍·김태환, "한국 폐기물법과 정책의 추진방향에 관한 연구", 한국환경법학회, 『환경법연구』 제23권 2호, 289-331 (2001), 290쪽 참고

이러한 폐기물 분야의 특성들은, 폐기물의 관리 또는 규제와 관련된 전반적인 사항들, 즉 정부와 민간, 중앙정부와 지방자치단체 간의 역할 분담, 관리대상과 범위, 관리방법·기준 등을 구체적으로 결정하는 데 있어 핵심적인 의미를 가지고 영향을 미친다. 아래 특성들 가운데 '가'와 '나'는 폐기물을 포함한 환경 분야 전반에 공통된 특성이나 폐기물 분야에서 특히 강하게 나타나는 득성인 반면에, '다' 내지 '바'는 폐기물 분야에서만 찾아볼 수 있는, 다른 환경 분야와 구별되는 폐기물 분야의 고유한 특성이라고 할 수 있다. 이러한 폐기물 관리에 있어서의 특성들은 폐기물의 개념과 분류체계 등을 검토함에 있어서도 기본적으로 고려되어야 할 사항이라고 할 것이다.

가. 과학·기술 관련성

환경법은 산업화·도시화가 진전됨에 따라 환경파괴·오염의 문제가 심각해지고 이에 대한 법적 대응의 필요성이 인식되면서 비교적 최근에 형성된 새로운 법 분야로, 일반적으로 형법·민법 등 전통적인 여타 법 분야에 비하여 과학·기술과 밀접하게 연관되어 있는 특성을 가지고 있으며, 이로 인해서 그 규정 자체가 매우 복잡한 경우가 많은데, 이와 같은 규정의 복잡성은 결과적으로 어떠한 법규 해당행위가 있을 때 그 행위가 해당 법규에서 규정하고 있는 금지 행위에 해당하는지 혹은 해당 법규가 정한 기준에 저촉하는지 여부를 명확하게 파악하기 어렵게 하며(不確定性), 심지어는 적용법규를 찾는 것 자체를 어렵게 하는 경우도 있다는 것(模糊性)을 의미한다.[3]

폐기물 관리에 있어서는 폐기물에 포함된 다양한 물질들이 야기하는 복

---

2) Elizabeth Fisher, Bettina Lange & Eloise Scotford, *Environmental Law - Text, Cases, and Materials*, (Oxford University Press, 2013), 664쪽

3) 조홍식, "환경법 소묘", 서울대학교 법학연구소, 『서울대학교 법학』 제40권 2호, 318-357 (2000), 334쪽

잡다기한 현상이 환경과 인간의 건강에 미칠 수 있는 영향을 다루어야 하므로 과학적이면서 엄격하고도 정확한 통제 및 책임 부담에 관한 제도를 필요로 하며, 이와 관련하여 현행 폐기물 관련 법령에서는 폐기물의 종류별 처리방법, 처리시설의 설치 및 관리기준 등에 대해서 기술적이고 전문적인 내용들을 상세하게 규정하고 있다. 예를 들면, '지정폐기물의 유해물질 함유기준 등'과 관련해서는 「폐기물관리법」 제2조 제4호에 근거하여 동법 시행령 제3조 및 별표 1과 동법 시행규칙 제2조 및 별표 1에서, '폐기물의 처리에 관한 구체적 기준 및 방법'은 「폐기물관리법」 제13조 제1항에 근거하여 동법 시행령 제7조와 동법 시행규칙 제14조 및 별표 5에서, '폐기물의 재활용 기준 및 구체적인 재활용 방법'에 대해서는 「폐기물관리법」 제13조의2와 동법 시행규칙 제14조의3 제2항 및 별표 5의2에서 각각 규정하고 있다. 이처럼 「폐기물관리법」에는 상세한 기준 및 방법에 대한 근거규정만을 둔 채, 대부분 시행령과 시행규칙을 비롯한 하위법령에서 규정하는 방식을 취하고 있다. 이러한 규정방식은 바로 폐기물 분야의 과학·기술적 측면에서의 전문성에 따른 것으로서,[4] 폐기물관리를 통해 국민의 건강과 환경에 대한 위해를 사전에 예방하기 위해서는 구체적인 처리방법과 준수해야 할 각종 기준들을 상세하게 규정하는 것이 필요하나, 이것을 법률에 직접 규정하는 것은 입법기술적인 측면에서 실질적으로 어려운 측면이 있는 것이 사실이다. 또한 계속적인 기술의 발전 등에 맞추어 이러한 내용을 빈번히 개정할 필요성도 대두되는바, 이러한 사항들을 고려하여 현행 폐기물관리 관련 법령에서는 많은 부분을 하위법령에 위임하고 있는 것이다. 그러나 이처럼 하위법령에 대한 대폭적인 위임이 불가피한 측면이 있는 것은 사실이나, 법률에서 기본적인 원칙이나 기준도 규정함이 없이 일괄하여 시행령 또는 시행규칙에 위임하는 방식을 취하는 것은 예측가능성을 현저히 결여하고, 따라서 포괄적 위임입법 금지의 원칙 등에 비추어 볼 때 법치행정의 원칙에 반한다는

---

4) 조현권, 『환경법』, (법률문화원, 2006), 143쪽 참고

지적이 제기될 우려도 있다.[5]

또한 이러한 환경법, 특히 폐기물 관련 법제의 특성은 행정청의 규제 정도를 결정함에 있어, 즉 사람의 건강 및 환경의 안전을 보장하기 위한 수준을 어느 정도로 설정하고 규제할 것인가를 결정하는 데 있어서도 큰 어려움을 야기한다. 원칙적으로 더 많은 사회적 자원을 특정한 분야에 할당하면 할수록, 해당 분야에서의 환경적인 위험을 최소화할 수 있을 것으로 기대할 수 있으며, 결국 문제는 그 수준을 어느 정도로 할 것인가 하는 정책적 또는 정치적인 판단의 문제로 귀결된다고 할 수 있고,[6] 이는 과학적·기술적인 근거에 대한 고려와 함께 사회 전체의 기본적인 가치에 대한 합의와 관계된다고 할 수 있다.

나. 정책 관련성

폐기물관리를 비롯한 환경보호를 목적으로 한 행정활동에서는 현실적으로 법적인 판단보다는 정책적인 판단이 주를 이루기 때문에, 환경법의 환경보호행정에 대한 통제는 주로 절차에 대한 통제이고, 예외적인 경우에 한하여 실체에 대한 통제가 허용된다고 본다.[7] 그런 까닭에 환경법은 결정자체의 정당성보다는 결정이 내려지는 과정의 정당성에 더 많은 관심을 두게 되는 것이며, 구체적으로는 환경정책이 사회구성원의 의사를 합리적으로 반영할 수 있도록 절차를 마련하고 구성원들의 정보에의 접근권과 절차에의 참

---

5) 예를 들면, 「폐기물관리법」 제13조 제1항은 '누구든지 폐기물을 처리하려는 자는 대통령령으로 정하는 기준과 방법을 따라야 한다'고 규정하고 있는바, 폐기물 처리의 기준과 방법에 대한 최소한의 기본적인 사항들 또는 가이드라인을 전혀 제시하지 않고 하위 법령으로 위임하고 있다.

6) Adam Babich, "Too Much Science in Environmental Law", 28 *Columbia Journal of Environmental Law* 119 (2003), 122쪽 참고

7) 조홍식, 앞의 글 3, 335쪽

여권을 보장하는 것에 중점을 두고 있다고 할 수 있다.[8] 이런 측면에서, 폐기물 분야의 「폐기물처리시설 설치촉진 및 주변지역의 지원에 관한 법률」에서 폐기물처리시설의 입지선정 등과 관련하여 해당지역 주민들에게 각종 절차에의 참여와 정보접근권을 보장하고 있는 것은 그 좋은 예라고 할 수 있다.[9]

다. 지역성

폐기물은 지역적으로 발생되고, 그것이 발생된 지역 내에서 처리되는 것이 원칙이다. 따라서 「폐기물관리법」을 비롯한 폐기물 관련 법령에서는 특히 생활폐기물의 적정한 관리 및 처리를 해당 지방자치단체의 고유한 책무로 규정하고 있다.[10] 또한 여러 시·도에 걸쳐 흐르는 하천의 오염이나 대기 중의 오염물질 확산은 지자체간 또는 국가간 경계를 넘어서는 광역적인 문

---

8) *Id.* 335쪽~336쪽

9) 「폐기물처리시설 설치촉진 및 주변지역지원 등에 관한 법률」(법률 제11267호) 제9조에서는 폐기물처리시설의 입지선정위원회에 주민대표의 참여를 의무화하고 있으며, 동 입지선정위원회에서 타당성 조사 결과를 고려하여 입지를 결정하도록 규정하고, 타당성 조사의 과정과 결과를 해당 지역의 주민들에게 공개하도록 하고 있다. 또한 제10조에서는 폐기물처리시설 설치기관이 그 입지를 선정한 경우에는 이를 결정·고시하고 1개월 이상 누구든지 그 도면을 열람할 수 있도록 규정하고 있다.

10) 특별자치시장, 특별자치도지사, 시장·군수·구청장은 관할 구역에서 배출되는 생활폐기물을 처리하여야 하고(「폐기물관리법」 제14조 제1항), 특별자치시장, 특별자치도지사, 시장·군수·구청장(자치구의 구청장을 말한다)은 「폐기물관리법」 제4조 제1항에 따라 "관할 구역의 폐기물의 배출 및 처리상황을 파악하여 폐기물이 적정하게 처리될 수 있도록 폐기물처리시설을 설치·운영하여야 하며", 시·도지사는 동법 제9조 제1항에 따라 "관할 구역의 폐기물을 적정하게 처리하기 위하여 환경부장관이 정하는 지침에 따라 10년마다 폐기물 처리에 관한 기본계획을 세워 환경부장관의 승인을 받아야" 하고, 시장·군수·구청장은 동조 제2항에 따라 "10년마다 관할 구역의 폐기물 처리에 관한 기본계획을 세워 시·도지사에게 제출하여야 한다."

제로 대두되는 경우가 많고 따라서 하천의 수질보전, 대기 중의 오염물질에 대한 관리 등은 중앙정부가 적극적으로 나설 수밖에 없는 광역적인 환경문제라고 할 수 있는데 비해, 폐기물의 경우에는 불법매립 등으로 토양이나 지하수가 오염되는 경우에도 특정 지역의 문제로 국한되는 경우가 많아, 폐기물의 수집·운반·처리를 비롯한 관리상의 문제들은 상대적으로 지역적·국지적인 환경 문제로서의 특성을 가진다고 할 수 있다.[11]

그러나 반면에 폐기물의 처리와 관련해서 현실적으로는 일정 지역에서 발생하는 폐기물들이 모두 해당 지역 내에서 처리되는 것은 아니며, 일정한 지역 내에 위치한 폐기물 처리시설들이 모두 해당 시설이 위치한 지역 내에서 발생하는 폐기물만 처리하는 것도 아니다. 특히 폐기물의 수집·운반, 재활용 또는 처리를 업으로 영위하는 시설의 경우에는 광범위한 지역에서 발생하는 폐기물을 수거·운반하여 처리하게 됨에 따라, 폐기물 처리시설이 위치한 지역의 주민들의 권리 또는 이익이 침해된다는 문제가 대두될 수 있다. 즉, 폐기물을 어느 지역에 위치한 어떤 시설에서 처리할 것인가 하는 선택에 의해 어딘가에 위치한 어떤 지역은 반드시 영향을 받게 되는 것이다. 이에 따라 공익을 위해 폐기물을 안전하게 처리해야 할 필요성과 함께, 특정한 지역의 주민들이 그러한 폐기물을 처리하기 위해서 부당하게 자신들의 이익을 침해받아서는 안 된다는 '환경정의(環境正義)'의 문제를 고려해야 할 필요성이 제기될 수 있다.[12] 이에 따라 우리나라에서는 1995년에 폐기물

---

11) Jonathan H. Adler, "Reforming Our Wasteful Hazardous Waste Policy", 17 *N.Y.U. Environmental Law Journal* 724 (2008), 724쪽; John S. Applegate, "The Temporal Dimension of Land Pollution: Another Perspective on Applying The Breaking The Logjam Principles to Waste Management", 17 *N.Y.U. Environmental Law Journal* 757 (2008), 757쪽 참고

12) Mark Harrison Foster, Jr., "Ash Holes: The Failure to Classify Coal Combustion Residuals as a Hazardous Waste Under RCRA and the Burden Borne by a Minority Community in Alabama", 12 *Vermont Journal of Environmental Law* 735 (2011) 참고; 미국의 경우 Clinton 대통령에 의하여 '환경정의'의 개념을 승인하는 행정명령

처리시설 인근 지역주민에 대한 지원과 참여 확대를 위하여 「폐기물처리시
설 설치촉진 및 주변지역 지원 등에 관한 법률」을 제정·시행하고 있으며,
2012. 2월에는 「환경정책기본법」 제2조에 제2항을 신설하여 '국가와 지방
자치단체는 지역 간, 계층 간, 집단 간에 환경 관련 재화와 서비스의 이용에
형평성이 유지되도록 고려한다'고 규정하여 환경정의의 개념을 기본이념의
하나로서 명시적으로 밝히고 있다.

한편, 최근에는 선진국의 폐전자제품 등 폐기물이 재사용이나 재활용을
명목으로 개발도상국들로 수출되어 실제로는 적정하게 재활용되지 못하고
심각한 환경오염이나 그 지역 주민들의 건강피해를 야기하는 사례들이 급
증하고 있는바,[13] 이런 경우에는 폐기물문제가 다른 환경문제와 마찬가지로
광역적·국제적인 성격을 띠는 것으로 볼 수 있다.

라. 지속성

폐기물이 사람의 건강이나 주변 환경에 미치는 부정적인 영향은, 폭발성
이나 부식성 등의 유해성을 지닌 폐기물의 경우에는 단시간 내에 그로 인한
피해가 발생하는 경우도 있으나, 많은 경우에 있어서는 폐기물이 장기간에
걸쳐 분해되고 그 안에 포함되어 있던 유독물질 또는 유해한 성분이 서서히
누출됨에 따라 발생하는 환경오염이 보다 중요한 문제라고 할 수 있다. 즉
즉각적으로 문제가 발생하지 않고, 그로 인한 환경오염이나 피해가 상당한
기간 동안 노출되지 않도록 은폐가 용이하다는 점에서 폐기물의 경우에는
수질오염물질이나 대기오염물질의 경우보다 부적정한 처리나 불법투기가

(Executive Order No. 12,898, 59 Fed. Reg. 7629)이 1994. 2.11일 공포되었고, 이후
연방기관들은 환경정의를 각 기관의 사명의 일부로 이행하고 있다.
13) Basel Action Network, "Electronics Recycler convicted for Illegal Exports to
Developing Countries", (http://www.ban.org/2012/12/22/electronics-recycler-convicted-
for-illegal-exports-to-developing-countries, 2013. 9.29 최종방문)

발생할 우려가 그만큼 더 크다고 할 수 있고, 따라서 이러한 측면에서 더욱 더 폐기물의 적정한 관리를 확보해야 할 필요성이 크다고 할 수 있다.

폐기물이 분해되는데 소요되는 시간은 폐기물의 종류에 따라 상이한데, 현대사회에서 많이 사용되고 있는 우유팩은 5년, 담배필터는 10~12년, 일회용 컵과 나무젓가락은 20년, 가죽구두 25~40년, 플라스틱용기는 50~80년, 알루미늄캔이 80~100년으로 추정되고 있으며, 발포스티렌의 경우에는 5백 년 이상의 긴 시간이 소요되기도 한다.[14] 따라서 폐기물의 발생예방은 물론이고 일단 발생한 폐기물의 수집·운반·재활용·처분 등 관리 전반에 관한 법체계를 마련함에 있어서는 이와 같은 폐기물의 특성을 항상 염두에 둘 필요가 있다.

현 세대가 높은 소비수준을 향유하는 결과로 대량으로 배출되고 있는 폐기물들을 적정하게 처리하지 않는 것은, 결국 미래 세대들이 지속가능한 발전을 이루어나갈 수 있는 기반을 잠식하고 현재의 폐기물 처리에 대한 책임을 미래 세대에게 넘기는 것이라고 할 수 있는 것이다. 또 다른 한편으로는, 이러한 폐기물 문제의 특성으로부터, 이미 과거에 발생하였거나 원인행위가 이루어진 오염에 대해 현재 시점에서 대응해야 한다는 문제도 남게 된다. 즉, 과거에 불법투기 또는 불법매립된 폐기물이나 법령에서 정한 기준에 위반하여 부적정하게 처리되었거나 방치된 폐기물로 인해 현재 피해가 발생하는 경우가 있으며, 이러한 경우에 이에 대한 원상회복 또는 피해배상의 문제 등이 발생할 수 있는 것이다.[15] 이에 따라 「폐기물관리법」에서는 폐기물처리시설이 사용 종료되거나 폐쇄된 경우에도 사후관리(제50조) 및 사후관리이행보증금 예치(제51조) 등을 통해서 주민의 건강·재산 또는 주변 환경의 피해를 방지하도록 하고 있다.

---

14) 한국환경산업기술원 「국가환경산업기술정보시스템」 홈페이지(http://www.konetic.or.kr)>자료실>용어상식>생활쓰레기의 자연분해기간 참고(2014.12.22 최종방문)
15) 大塚 直, 『環境法』(第3版), (有斐閣, 2010), 447쪽 참고

마. 오염원인성

폐기물은 폐기물에 대한 정의 규정에서 나타나는 것처럼, 그 자체가 오염의 한 유형이라고 할 수는 없으나, 폐기물이 방치 또는 부적정하게 처리되는 경우 등에는 대기·수질·토양 등을 오염시키는 원인이 될 수 있다는 점에서 관리의 필요성이 있다고 할 것이다.[16] 따라서 국내·외를 막론하고 환경단체 등은 폐기물 매립시설이나 소각시설들이 결국 대기 및 수질에 대한 위협을 제기할 수 있다는 점을 크게 염려하는 입장을 취하고 있다.[17]

이처럼 '폐기물'은 그 자체가 환경을 직접적으로 오염시키는 물질은 아니지만, 환경문제의 근원(source) 또는 환경오염의 위험(pollution risk)이 될 수 있다.[18] 즉 폐기물이 토양에 버려진다면 토양오염의 원인이 될 수 있고, 폐기물이 부패하면서 발생하는 침출수가 제대로 처리되지 않은 채 하천으로 흘러들게 되면 수질오염의 원인이 될 수 있다. 또한 폐기물의 수집·운반 과정에서 발생하는 미세먼지나 악취, 폐기물의 소각과정에서 발생하는 각종 오염물질 등은 맑은 공기를 향유할 국민의 환경권을 위협하는 대기오염의 원인이 될 수 있으며, 매립장에서 유기물질이 분해되면서 생산되는 이산화탄소와 메탄가스 등의 온실가스를 통해 지구온난화의 원인을 제공하기도 한다.[19] 따라서 폐기물의 관리는 폐기물의 최종처분 또는 매립뿐만이 아니라, 폐기물의 발생에서부터, 수집·운반, 보관, 중간처분 및 재활용에 이르기까지 오염 등의 위해가 발생하는 것을 예방하기 위한 전체 과정과 관련되는 것이고, 바꾸어 말하자면 폐기물의 '문제'는 그것이 만약 부적절하게 취급된

---

16) Hilary Sigman, "Taxing Hazardous Waste: The U.S. Experience", Working Papers/ Rutgers University, Department of Economics, No.2003,06, 2쪽 참고

17) Steven P. Reynolds, "The German Recycling Experiment and Its Lessons for United States Policy", 6 *Villanova Environmental Law Journal* 43 (1995), 46쪽

18) Elizabeth Fisher, Bettina Lange & Eloise Scotford, 앞의 글 2, 667쪽

19) John and Sharron McEldowney, *Environmental Law*, (Longman, 2010), 217쪽

다면 오염을 야기할 것이라는 '위험(risk)'의 문제라고 할 수 있는 것이다.[20] 이러한 위험은 한편으로는 폐기물로 발생한 물질의 잠재적인 유해성에 의한 것이고, 다른 한편으로는 폐기물이 그 점유자에게 사용가치 및 물질가치를 가지고 있지 않은 경우가 많다는 것에 의한 것인데, 점유자는 이처럼 가치가 없는 물질은 가능한 한 적은 비용을 들여 처분하고자 하는 경향이 있고, 따라서 충분한 안전조치가 이루어지지 않은 상태에서 폐기물이 처리되어 유해물질이 토양, 물, 대기에 도달하게 될 우려가 있는 것이다.[21]

이처럼 폐기물은 적정하게 관리된다면 환경상의 문제를 야기하지는 않지만, 그렇지 못한 경우에는 인간과 환경에 위해를 줄 우려가 있는 것이다.[22] 이러한 폐기물의 특성은 폐기물을 어떻게 정의할 것인지, 폐기물로 관리되는 대상을 어떻게 정할 것인지 하는 문제와도 밀접한 연관성을 가진다고 할 수 있다. 즉, 현재는 경제적인 가치가 있어서 거래가 이루어지고 재활용될 수 있는 물질이라고 하더라도 경기의 변동, 원자재 가격의 등락 등에 따라 그러한 시장이 지속적으로 유지될 것인지가 불명확하거나 해당 물질이 유통·저장되고 재활용되는 과정에서 사람의 건강·재산이나 환경에 위해를 미칠 우려가 크다면 그러한 물질들은 폐기물로 관리할 필요성이 있다고 할 것이다.

---

20) Ilona Cheyne & Michael Purdue, "Fitting Definition to Purpose: The Search for a Satisfactory Definition of Waste", *Journal of Environmental Law* 7(2): 149-168 (1995), 151쪽

21) Hans-Joachim Koch ed., 『ドイツ環境法 (Umweltrecht, 3.)』(2010), 岡田正則 (Okada Masanori) 監譯, (早稻田大學比較法硏究所叢書 38, 2012), 283쪽~284쪽

22) 이러한 관점에서 *Walloon Waste* 사건에 대한 판결에서 EU 사법재판소는 폐기물의 특성(nature)에 대해, "환경과 관련하여, 폐기물은 특별한 종류의 물질이라는 것에 유의하는 것이 중요하다. 폐기물의 축적(accumulation)은, 그것이 건강에 대한 위해가 되기 전이라 할지라도, 특히 각 지역 또는 지방자치단체의 제한된 폐기물 수용 능력을 감안할 때, 환경에 대한 위험을 구성한다."고 판시한바 있다.(Elizabeth Fisher, Bettina Lange & Eloise Scotford, 앞의 글 2, 671쪽에서 재인용)

바. 경제성

폐기물은 그 물질 또는 물건의 특성에 따라서 적정하게 처리되지 못하면 사람의 건강에 위해를 주거나 환경에 피해를 발생시킬 우려가 높지만, 반면에 본래의 용도로 재사용되거나 다른 생산공정에서 원료물질로 재활용되는 등 경제적으로 유용하게 사용될 수 있는 가능성 또한 매우 크다. 오늘날 전 세계적으로 자원과 에너지에 대한 수요는 급격히 증가하고 있는데 반하여 새롭게 채굴하거나 활용할 수 있는 자원의 양은 감소하면서 이처럼 폐기물을 자원으로 재사용·재활용하거나 폐기물로부터 에너지를 회수하는 것에 대한 관심 또한 높아지고 있다. 미국, 독일, 영국, 네덜란드 등 선진국들의 경우에는 이미 사용이 끝난 매립지를 다시 굴착해서 가연성 연료나 건설폐자재는 물론 금속과 같은 유용한 자원을 회수하는 단계에까지 이르는 등[23] '자원순환사회'로의 전환이 가시화되고 있다.

폐기물 관리에 있어서는 이처럼 폐기물이 자원으로서 경제적 가치를 가지는 경우가 많다는 점 또한 고려할 필요가 있으며, 특히 이러한 측면에서 폐기물로서 엄격한 규제를 받는 물질의 범위를 축소하거나 규제 정도를 완화해야 한다는 의견도 강력하게 제기되고 있는바, 사람의 건강과 환경의 보호라는 폐기물관리 법제의 목적과 자원순환의 촉진이라는 목적이 적절하게 조화될 수 있도록 관리의 범위와 규제 정도를 결정하는 것이 필요하다고 할 것이다.

---

23) 정연만, "자원순환 시대로 가야 한다", 한국일보 2013. 9. 5일자 29면. 동 기고에 따르면, 미국 펜실베이니아 주 랭커스터의 프레이팜 매립지는 1991년부터 5년간 과거에 묻었던 도시고형폐기물을 다시 굴착해서 이중 56%는 연료로 에너지를 회수하고, 41%는 성토재로 활용해서 토양으로 돌려보냈으며, 최종적으로 다시 매립한 것은 타지 않는 폐기물 3%뿐이었다고 한다.

2. 폐기물 관리의 기본원칙에 대한 검토

폐기물의 관리는 물, 대기 및 토양 등 다른 환경 매체에 대한 관리와 밀접하게 연관되어 있으며, 현행 「폐기물관리법」과 「자원의 절약 및 재활용 촉진에 관한 법률」 등 폐기물 관리에 관한 법률들은 폐기물의 적정처리를 위해 처리시설의 설치와 운영, 처리방법과 기준 등을 각 법률의 시행령, 시행규칙 등에서 상세하게 규정하고 있다. 그러나 규제대상이 되는 폐기물의 범위가 매우 넓을 뿐만 아니라 새로운 물질들과 제품들이 지속적으로 출현함에 따라 폐기물의 종류와 그 특성 또한 나날이 다양화되고 있으며, 폐기물을 재활용하고 처리하는 기술들도 계속 발전함에 따라서, 모든 사항들을 법령에 상세하게 규정하고 필요에 따라 그때그때 개정·반영하는 데에는 한계가 있을 수밖에 없다. 이것은 앞에서 살펴본 환경법, 특히 폐기물법의 전문성·기술성이라는 특성에서 비롯되는 것이라고 할 수 있을 것이다.[24]

따라서 법령에 특정한 사안에 대하여 적용할 수 있는 명문의 규정이 흠결되거나 어떠한 규정을 적용할지가 불명확한 경우가 발생했을 때, 이러한 문제를 해결하기 위한 해석의 기준이 될 수 있는 기본원칙을 두는 것은 폐기물 분야에서 특히 의미가 있다고 할 수 있다. 이러한 측면에서 우리 「폐기물관리법」뿐만 아니라 「자원의 절약과 재활용촉진에 관한 법률」에서도 기본원칙에 관한 규정을 두고 있으며, 보다 일반적으로는 「환경정책기본법」에서도 이와 관련된 내용을 규정하고 있다.

---

24) 본장 제3절 1. 가. 참고

가. 현행 법률의 규정

(1) 「환경정책기본법」

폐기물 관리를 비롯한 환경 정책의 기본원칙과 방향에 대해 규정하고 있는 「환경정책기본법」은 제7조에서 '자기의 행위 또는 사업활동으로 환경오염 또는 환경훼손의 원인을 발생시킨 자는 그 오염·훼손을 방지하고 오염·훼손된 환경을 회복·복원할 책임을 지며, 환경오염 또는 환경훼손으로 인한 피해의 구제에 드는 비용을 부담함을 원칙으로 한다'고 하여 '오염원인자 책임원칙'을 명시적으로 규정하고 있다.

또한, 제8조(환경오염 등의 사전예방) 제2항에서 사업자에게 '제품의 제조·판매·유통 및 폐기 등 사업활동의 모든 과정에서 환경오염이 적은 원료를 사용하고 공정(工程)을 개선하며, 자원의 절약과 재활용의 촉진 등을 통하여 오염물질의 배출을 원천적으로 줄이고, 제품의 사용 및 폐기로 환경에 미치는 해로운 영향을 최소화하도록 노력'할 의무를 부여하고 있으며, 동법 제10조(자원 등의 절약 및 순환적 사용 촉진)에서는 국가 및 지방자치단체로 하여금 '자원과 에너지를 절약하고 자원의 재사용·재활용 등 자원의 순환적 사용을 촉진하는 데 필요한 시책을 마련'하도록 하고, 사업자에 대하여는 경제활동을 할 때 이러한 국가 및 지방자치단체의 시책에 협력하도록 규정하고 있다. 이러한 규정들은 기본원칙 또는 원리라는 용어를 사용하고 있지는 않으나, 폐기물을 비롯한 환경정책 추진에 있어서 기본이 되는 법률에서 국가 및 지방자치단체와 사업자에게 관련 의무를 부여함으로써 '사전예방의 원칙'을 도입하고 있는 것으로 볼 수 있다.[25]

---

25) 조홍식, "리스크法 - 리스크관리체계로서의 환경법", 서울대학교 법학연구소, 『서울대학교 법학』 제43권 제4호, 27-128 (2002), 72쪽; 윤용희, "환경정책기본법 제7조의2 해석에 관한 연구", 『서울대학교 법학석사학위논문』, 2008. 8, 61쪽~62쪽 등에서는 구「환경정책기본법」 제7조의2(현행법의 제8조 제2항)는 사전예방의 원칙

(2) 「폐기물관리법」

현행 「폐기물관리법」은 2010. 7월 개정을 통해 제3조의2를 신설하여, 폐기물 관리의 기본원칙에 대하여 규정하고 있다.[26] 먼저 제1항에서는 사업자로 하여금 제품의 생산방식 등을 개선하여 폐기물의 발생을 최대한 억제하고, 발생한 폐기물을 스스로 재활용함으로써 폐기물의 배출을 최소화하도록 하는 '폐기물 발생억제(최소화)의 원칙'을 규정하고 있다. 환경법은 그 태동단계부터 대기나 물과 같은 특정한 환경매체와 오염물질에 초점을 맞추었고, 그 결과 대부분의 규제가 오염물질이 배출되는 지점에서 오염물질을 통제하는데 집중되었고, 폐기물의 경우에도 이러한 규제방식은 거의 동일했다고 할 수 있다.[27] 그러나 일단 폐기물이 발생하고 난후 그것을 처리하는 방식은 그때그때 문제가 되는 사안에 대응하기 위한 부분적이고 임시방편적인 해결방안에 치우칠 우려가 있으며, 장기적이고 전체적인 관점에서 접근하지 못하는 한계를 가질 수 있기 때문에, 보다 근본적으로 폐기물의 발생 자체를 억제하는 것이 필요한 것이다.[28] 기본적으로 폐기물의 처분은 환경오염을 미래세대에 남겨두는 것이라고 할 수 있으며, 따라서 미래세대에게 환경오염을 남겨주는 대신 순환과 발생예방의 개념을 적극적으로 도입·시행하여야 할 필요성이 폐기물 관리 측면에서는 대기나 수질오염의 경우보다 더욱 강조된다고 할 수 있다.[29] 이런 관점에서 「폐기물관리법」은 '폐기

뿐만 아니라 "사전배려의 원칙"도 도입한 것으로 볼 수 있다고 한다.

26) 법률 제10389호 (시행 2011. 7.24)

27) Linda Guinn, "Pollution Prevention and Waste Minimization", 9 *Natural Resources & Environment* 10 (1994), 10쪽

28) Catherine A. Madsen, "Feminizing Waste: Waste-Picking as an Empowerment Opportunity for Women and Children in Impoverished Communities", 17 *Colorado Journal of International Environmental Law & Policy* 165 (2006), 170쪽; 노명준, "국제환경법의 원칙", 한국환경법학회, 『환경법연구』 제24권 1호, 369-395 (2002), 372쪽~375쪽

29) 김광임 외, 『폐기물 관리제도 개선 방안 연구』, (환경부, 2003.12), 121쪽

물 발생억제의 원칙'을 기본원칙 가운데 하나로 명시하고 있는 것이다.

한편 동조 제2항에서는 누구든지 폐기물을 배출하는 경우에는 주변 환경이나 주민의 건강에 위해를 끼치지 않도록 사전에 적절한 조치를 취할 것을 요구하는 '사전예방의 원칙'을 규정하고 있다. 폐기물은 대기, 수질 등의 환경오염을 발생시키는 중요한 오염원들 가운데 하나이기 때문에, 환경오염을 사전에 예방하고자 하는 '사전예방의 원칙'은 폐기물에 대한 규제를 불가피하게 요구[30]하는 것이며, 이를 반영한 것이 제2항의 규정이라고 할 것이다. 그리고 제3항에서는 폐기물의 처리과정에서 그 양과 유해성을 줄이는 등 환경보전과 국민건강보호에 적합하게 처리하도록 규정하고 있는바, 이는 '적정처리의 원칙' 또는 '친환경적 처리의 원칙'을 명문화한 것으로 볼 수 있다.

또한 제4항에서는 폐기물로 인하여 환경오염을 일으킨 자가 그로 인해서 오염된 환경을 복원할 책임을 지고, 오염으로 인하여 발생한 피해의 구제에 소요되는 비용을 부담하도록 하는 '원인자 부담의 원칙'을 명시하고 있는데, 이는 본래 환경오염의 방지와 제거, 오염으로 인한 피해의 구제에 대하여 누구에게 책임을 물 것인가에 관한 기준으로, 국제적으로 환경법의 기본 원칙 중의 하나로 인정되고 있는 것을 규정한 것이다.[31]

제5항에서는 국내에서 발생한 폐기물은 가능하면 국내에서 처리하고, 폐기물의 수입은 가급적 억제하도록 하는 '발생지 처리의 원칙'을 규정하고 있다. 마지막으로 제6항에서는 폐기물은 소각, 매립 등의 처분을 하기보다는 우선적으로 재활용함으로써 자원생산성의 향상에 이바지하도록 하는 '재활용 우선의 원칙'을 규정하고 있다.

이처럼 현행「폐기물관리법」제3조의2에서 규정하고 있는 6가지의 기본

---

30) Eloise Scotford, "Trash or Treasure: Policy Tensions in EC Waste Regulation", *Journal of Environmental Law* 19(3): 367-388(2007), 370쪽

31) 박병도, "국제환경법상 오염자부담원칙의 우리나라 환경법에의 수용", 한국환경법학회,『환경법연구』34권 1호, 331-359 (2012), 332쪽~337쪽 참고

원칙들은 뒤에서 살펴보는 것처럼 학설과 다른 국가의 입법례에서 찾아볼 수 있는 폐기물 분야에 적용되어야 할 기본원칙들을 거의 망라하고 있는 것으로 볼 수 있다. 한편 이러한 기본원칙들은 법률이 궁극적으로 달성하고자 하는 목표 및 폐기물정책의 전반적인 방향과 밀접하게 연관되어 있는 것으로서, 향후 우리 폐기물 관련 법제의 정비방향과 연계하여 검토할 필요가 있을 것이다.

(3)「자원의 절약과 재활용촉진에 관한 법률」

한편「자원의 절약과 재활용촉진에 관한 법률」은 2008년에 개정을 통해 제2조의2를 신설,[32] '자원순환에 관한 기본원칙'을 규정하고 있는데, 동조 제1항에서는 '원재료·제품 등을 제조, 가공, 수입, 판매, 소비하거나 건설공사(「건설산업기본법」제2조제4호에 따른 건설공사를 말한다)를 하는 자는 폐기물의 발생을 최대한 억제하고 그 유해성(有害性)을 줄여야 한다'고 하여 폐기물의 발생억제 및 양적·질적 최소화에 관해서 규정하고 있다. 그리고 동조 제2항에서는 폐기물의 전부 또는 일부를 최대한 재사용하거나 재생 이용하도록 하고, 재사용하거나 재생이용하기 곤란한 폐기물의 전부 또는 일부는 에너지를 회수하기 위한 목적으로 사용하여야 하며, 재사용·재생이용 또는 에너지회수가 불가능한 폐기물은 환경에 미치는 영향이 최소화되도록 적절하게 처리하여야 한다는 원칙을 제시하고 있다.「자원의 절약과 재활용촉진에 관한 법률」제2조의2에서 규정하고 있는 기본원칙들은 실질적으로「폐기물관리법」제3조의2 제1항과 제3항, 제6항에서 규정하고 있는 기본원칙들과 중복된다고 할 수 있으나, 이를 '자원순환'의 관점에서 다시 한 번 명확히 선언한 것으로 볼 수 있을 것이다.

---

32) 법률 제8948호 (시행 2009. 3.22)

나. 학설의 검토

「폐기물관리법」과 「자원의 절약과 재활용촉진에 관한 법률」 등에서 규정하고 있는 위의 원칙들 외에도, 폐기물 관리의 기본원칙으로 '협동의 원칙'과 '폐기물정보공개 및 주민참여의 원칙'이 함께 포함되어야 한다는 견해[33]가 있다. 이 견해에 따르면, '협동의 원칙'이란 환경보전의 과제를 보다 효율적이고 민주적으로 달성하고 구성원간의 이해관계의 대립을 최소화하기기 위하여 국가, 지방자치단체, 사회와 이해관계인이 협동해야 한다는 원칙을 말하는데, 국가와 지방자치단체가 상호 협력하여야 할 뿐 아니라 지방자치단체들 상호간에도 협력하여야 하고, 국가, 지방자치단체와 국민, 사업자도 서로 협력하여야 한다고 하며, 이 원칙은 특히 폐기물관리 분야에서 중요하다고 한다.[34]

또한 오늘날 폐기물의 처리에 있어서는 폐기물정보를 주민들에게 투명하게 공개하고, 폐기물처리에 대해 주민들의 참여를 보장하는 것의 중요도가 높아지고 있는데, '폐기물정보공개 및 주민참여의 원칙'은 기본적으로 폐기물처리정책에 대한 지역주민의 수용을 제고시키고 폐기물처리에 대한 주민의 협력을 증대할 뿐만 아니라, 국민의 권리 보호와 우리 헌법의 민주주의의 원칙으로부터도 요청되는 것이라고 할 것이다.[35] 우리 「폐기물처리시설 설치촉진 및 주변지역지원 등에 관한 법률」에서는 폐기물처리시설의 입지선정 시 주민대표가 참여하는 '입지선정위원회'를 구성하여 해당 위원회에서 입지를 선정하도록 하고(제9조), 1개월 이상 누구든지 그 도면을 열람할 수 있도록 하는 규정(제10조)을 두고 있는바, 이것은 이러한 원칙을 반영하

---

33) 박균성, "폐기물 관련법령의 기본구조", 한국환경법학회, 『환경법연구』 제26권 2호, 163-185 (2004), 171쪽~173쪽 참조
34) 박경철, "환경법의 근본이념과 기본원칙", 강원대학교 비교법학연구소, 『강원법학』 제22권, 61-100 (2006), 80쪽~83쪽
35) 박균성, 앞의 글 33, 172쪽~173쪽

여 관련 정보를 공개하고 중요한 정책결정에 주민참여를 보장하기 위한 것으로 볼 수 있을 것이다.

한편 폐기물 관리에 있어 또 다른 기본원칙으로 '제도적 학습 및 대안 보존의 원칙(principle of institutional learning and the conservation of options)'이 제시되고 있는데, 이는 폐기물 처리가 갖는 장기적인 특성에 대한 고려의 결과로서 그 필요성이 강조되고 있는 원칙으로서, 법령 등의 규제 체계가 학습을 통해 개선되고 현재의 정책결정들이 미래세대를 위해 열려있는 대안들을 남겨두는 경우에는 장기간에 걸친 노력을 통해서 문제를 이해하고 그것을 해결하기 위한 더 나은 방안을 발전시킬 수 있다는 것이다.[36) 이 원칙은 또한 충분한 정보를 제공하고 투명한 절차에 따라 이루어지는 정책결정이 바람직함을 강조한다는 점에서 '폐기물정보공개 및 주민참여의 원칙'과 일맥상통하는 것으로 볼 수 있다.

다. 기본원칙의 법적 성격

위와 같은 폐기물 관리의 기본원칙들은 폐기물 관련 정책의 결정뿐만 아니라 폐기물 관련 법령들의 목적을 달성하기 위해서 법령의 제정에서부터 그 해석·적용에 이르기까지 고려되어야만 하는 원칙들이며, 서로 선택적으로 또는 중첩적으로 적용될 수 있다.[37) 그러나 이러한 폐기물 관리의 기본원칙, 넓게는 환경법의 기본원칙의 구체적인 효력 내지 그 법적 성격에 대해서는 서로 다른 견해가 제시되고 있는데, 크게 분류하면 '단순한 환경정

---

36) John S. Applegate, "The Temporal Dimension of Land Pollution: Another Perspective on Applying The Breaking The Logjam Principles to Waste Management", 17 *N.Y.U. Environmental Law Journal* 757 (2008), 759쪽

37) Ole W. Pedersen, "Environmental Principles and Environmental Justice", 12 *Environmental Law Review* 26 (2010), 26쪽; 한귀현, 『환경법의 기본원리』 (세종출판사, 1997), 13쪽~14쪽 참고

책 및 법정책적인 행위원칙'으로 보는 입장과 '단순한 정책적 행위원칙과
는 구별되며 국가기관을 구속하는 법원칙'으로 보는 입장으로 구별할 수
있다.[38]

(1) 환경정책 및 법정책적인 행위원칙으로 보는 입장

기본원칙들을 단순한 정책적 원리로 보는 입장에서는, 이들 원칙들은 정
책의 수립과 시행뿐만 아니라 입법·사법·행정 등 모든 국가작용의 지도원
리·기초로 작용하지만 독립적이고 확고한 구속력은 없으며 구체적 효력을
갖지 아니하는 선언적·프로그램적 성격을 갖는다고 본다.[39] 그 결과 이러한
원칙을 위반하는 경우에도 위법이 된다는 등의 직접적·구체적 효력이 발생
한다고는 할 수 없으며, 다만 개별 환경법에 명시적으로 규정되어 구체화되
면 비로소 법적 책임으로 작용하기 시작한다는 입장을 취한다.[40]

(2) 구속력이 있는 법원칙으로 보는 입장

환경법의 기본원칙들은 헌법에 규정된 국가의 환경보전의무를 구체화하
는 원칙이며 이들 기본원칙들을 실정법으로부터 도출할 수 있는 이상 그것
은 단순한 입법방침에 불과한 것이 아니라 법적인 구속력을 갖춘 법원칙으
로 보아야 한다는 입장으로, 이러한 입장에서는 이들 원칙들을 종래와 같이
단순한 프로그램적 지침으로 간주하는 것은 더 이상 타당하지 않다고 주장
한다.[41] 한편, 기본원칙의 법원칙으로서의 성격을 인정하지만 그 법적 구속
력은 동 원칙이 기초하고 있는 실정법에 입각하여 개별적으로 판단되어야
한다는 견해도 제시되고 있다.[42] 개개의 기본원칙들은 직접 구속력을 갖는

---

38) 박경철, 앞의 글 34, 80쪽; 윤용희, 앞의 글 25, 25쪽
39) 이순자, 『환경법』(제3판), (법원사, 2012), 122쪽; 한귀현, 앞의 글 37, 14쪽
40) 김홍균, 『환경법』(제3판), (홍문사, 2014), 47쪽
41) 박균성·함태성, 『환경법』(제6판), (박영사, 2013), 60쪽; 홍준형, 『환경법특강』(박
    영사, 2013), 19쪽; 박경철, 앞의 글 34, 80쪽

경우도 있지만, 환경정책의 방향을 제시하는 정도의 효력만을 갖는 것도 있다는 견해[43] 또한 이와 유사한 입장으로 볼 수 있을 것이다.

(3) 검토

환경법의 기본원칙들을 단순한 정책적 원리로 보는 입장에서도 이들 원칙들이 개별법에 명시적으로 규정되어 구체화되는 경우에는 법원칙으로서의 효력을 인정할 수 있다는 데에는 이견이 없는 것으로 이해되는바, 결국 폐기물법의 기본원칙들을 포함한 환경법의 기본원칙들의 법적 성격은 이들 원칙들이 개별법의 규정에 의해 충분히 구체화되어 있는가에 따라 결정될 수 있을 것이다. 우리 「환경정책기본법」에서 환경법의 기본원칙을 규정하고 있고, 「폐기물관리법」과 「자원의 절약과 재활용촉진에 관한 법률」에서도 폐기물관리 및 재활용에 관한 기본원칙들을 명문으로 규정하고 있으나, 이러한 규정들의 문언을 살펴보면 실체적이고 직접적인 효력을 인정할 수 있는 구체적인 요건이나 그 효과가 명시적으로 규정되어 있다고 보기 어려울 뿐만 아니라 그러한 원칙들을 위반한 경우에 적용될 벌칙 등 제재규정 또한 두고 있지 않는바, 이들 기본원칙들이 개별 법률에 명시적인 근거 규정을 두고 있다고 하더라도 구체적인 사안에서 재판규범으로 작용하는 법적 구속력을 인정하기는 어렵다고 할 것이다. 일본의 경우에도 환경법상의 기본원칙들이 '법원칙'이 되기 위해서는 그에 반하는 정책과 행동은 위법의 평가를 받도록 그 내용과 요건 등이 엄밀하게 규정되어야 하나, 현 시점에서는 그러한 의미에서의 엄밀성을 갖추지 못하고 있다고 평가되고 있고, 그 결과 정책입안과 구체적 시책에 방향성을 부여하고 실제로 채용된 시책이나 판결을 보강하는 논리로서의 역할만이 인정되고 있다는 점[44]을 참고할

---

42) 김남진, "환경법의 변천과 기본원리", 고시연구사, 『고시연구』제31권 제3호, 14-23 (2004), 20쪽

43) 조현권, 앞의 글 4, 148쪽

필요가 있다.

라. 입법례

(1) EU

EU는 「폐기물 기본지침(Waste Framework Directive)」에 우리 「폐기물관리법」과 같이 폐기물관리의 기본원칙에 관한 별도의 규정을 두고 있지는 않으나, 제4조에서 폐기물의 예방 및 관리에 관한 우선순위(hierarchy)를 규정하고 있으며, 제16조에서는 '자족(self-sufficiency)의 원칙'과 '근접지(proximity) 처리의 원칙'을 규정하고 있다. 즉, 제4조에서는 폐기물 예방과 관리에 관한 입법 및 정책에 있어서는 예방 → 재사용(re-use)을 위한 준비 → 재생이용(recycling) → 기타 재활용(recovery, 예: 에너지 회수) → 최종처분(disposal)의 우선순위가 적용되어야 함을 규정하고 있다.[45] 또한 이러한 재활용 또는 최

---

44) 高橋信隆(編著), 『環境法講義』, (信山社, 2012), 72쪽
45) 박지현, "EU의 폐기물관련 환경규제의 변화와 전망", 한국국제경제법학회, 『국제경제법연구』 제8권 2호, 115-143 (2010), 119쪽~120쪽에서는 recycling을 '재활용'으로, recovery를 '재생'으로 각각 번역하고 있으나, EU 「폐기물 기본지침」 제3조 제15호에서 recovery를 '폐기물이 사업장 또는 더 광범위한 경제 내에서 특정한 기능을 수행하기 위해 사용되었을 다른 물질을 대체함으로써 유용한 목적으로 사용되거나 그러한 기능을 수행하도록 준비하는 모든 행위'를 뜻한다고 정의하면서 동조 제17호에서 recycling을 '폐기물이 원래의 용도 또는 다른 용도의 제품, 재료, 물질로 되는 모든 recovery 행위'라고 정의하고 있음을 볼 때 recovery를 recycling보다 더 포괄적인 개념으로 사용하고 있다고 할 수 있으며, 따라서 우리 「폐기물관리법」 및 「자원의 절약과 재활용촉진에 관한 법률」에서 규정하고 있는 정의에 부합하게 이들 용어들을 구별하여 사용하기 위해서는 recovery를 재활용으로, recycling을 재생이용으로 해석하는 것이 타당하다고 판단된다. 독일 「순환경제의 촉진 및 폐기물의 환경친화적 관리 보장을 위한 법률(KrWG)」도 이와 유사하게 우리 법의 '재활용'에 해당하는 용어로 Verwertung(KrWG 제3조 제23호)을, '재생이용'에 해당하는 용어로 Recycling(KrWG 제3조 제25호)을 각각 사용하고 있다. 반면 미국은

종처분은 인간의 건강이 위협받지 않고 환경에 위해가 가하여지지 않도록 안전하게 이루어져야 한다.[46)]

제16조에서 규정하고 있는 '자족의 원칙'은, 기본적으로 EU회원국들이 폐기물 처리시설 및 가정에서 수집되는 혼합된 도시폐기물의 재활용(recovery)을 위한 시설들의 통합적이면서 충분한 네트워크를 마련하기 위해, 최상가용기법들(best available techniqes)을 고려하여 적절한 조치를 취해야 한다는 원칙이라고 할 수 있다. 이러한 네트워크는 지리적 환경 또는 일정한 유형의 폐기물에 특화된 시설의 필요성 등을 고려하여, 공동체가 전체로서 폐기물의 재활용뿐만 아니라 처리를 자족적으로 할 수 있도록 설계되어야 하며, 이것이 모든 회원국들이 각각 자국 내에서 발생하는 폐기물들을 재활용하거나 처리하기에 충분한 시설을 갖추어야 한다는 것을 뜻하는 것은 아니며, 필요한 경우에는 다른 회원국들과의 협력을 통해 할 수도 있으나, 이 경우에도 각 회원국들이 그러한 목적을 달성하는 방향으로 나아갈 수 있도록 설계되어야 한다.[47)]

'근접지 처리의 원칙'은 「폐기물 기본지침」 제16조 제3호에 규정되어 있는데, 이는 환경과 공공의 건강에 대한 높은 수준의 보호를 확보하기 위하여, 가장 적절한 수단과 기술에 의하여, 가장 근접하고 적절한 시설에서 폐기물이 처리되거나 재활용될 수 있도록 처리 및 재활용 시설의 네트워크가 설계되어야 한다는 것으로서, 폐기물이 장거리 이동하면서 발생할 수 있는 환경적인 문제를 사전에 예방하기 위해서는 그것이 발생한 장소와 시기에

'어떤 물질이 사용되거나(used), 재사용되거나(reused) 또는 재생이용되는(reclaimed) 경우에는 그것은 재활용된다(recycled)고 할 수 있다'라고 하여(40 C.F.R. §261.1(c)(7)), 우리 법률의 재활용에 해당하는 개념으로 recycle을 정의하고 있는 것으로 보인다.

46) 정훈, "유럽공동체의 폐기물법체계", 한국환경법학회, 『환경법연구』 제27권 4호, 203-224 (2005), 212쪽

47) EU 「폐기물 기본지침」 제16조 제1항 및 제2항

근접하여 재활용되거나 처리되는 것이 바람직하다는 취지에서 규정된 원칙이라고 할 수 있을 것이다.

또한 「폐기물 기본지침」 제31조에서는 공공참여에 관하여 규정하고 있는데, 이에 따르면 회원국들은 폐기물 관리계획과 폐기물 예방 프로그램을 마련함에 있어서 관련 이해관계자들과 행정기관 및 일반 대중이 참여할 수 있는 기회를 제공하여야 하며, 일단 그러한 계획과 프로그램이 마련되면 그것에 접근할 수 있도록 하여야만 한다.

그러나 폐기물 관리에 관한 기본원칙은 이러한 「폐기물 기본지침」의 규정들뿐만 아니라 EU의 보다 넓은 환경정책, 특히 「유럽연합의 기능에 관한 협약(Treaty on the Functioning of the European Union)」 제191조(2)의 맥락에서 검토될 필요가 있는데, 동 조항에서는 "환경에 대한 EU의 정책은 여러 지역들의 다양한 상황을 고려하면서 높은 수준의 보호를 목표로 해야 한다. 그것은 사전배려의 원칙과 함께, 예방적 조치가 취해져야 하며 환경적 피해는 우선적으로 발생원에서 교정되어야 하고 오염원인자가 그 비용을 지불해야 한다는 원칙들에 기반을 두어야 한다"고 규정함으로써 폐기물을 포함한 환경정책의 기본원칙으로 사전배려의 원칙과 사전예방의 원칙, 발생지 처리의 원칙, 원인자부담의 원칙들을 제시하고 있다.[48]

(2) 독일

독일은 「순환경제의 촉진 및 폐기물의 환경친화적 관리 보장을 위한 법률(Gesetz zur Förderung der Kreislaufwirtschaft und Sicherung der umweltverträglichen Bewirtschaftung von Abfällen (Kreislaufwirtschaftsgesetz - KrWG)」 제2장 제1절의 제명을 '폐기물예방 및 폐기물관리의 기본원칙'으로 하고, 동법 제6조 제1항에서는 ① 폐기물의 발생예방(Vermeidung) → ②

---

48) U.K. Department for Environment, Food and Rural Affairs, *Guidance on the legal definition of waste and its application* (2012), 25쪽

재사용(Wiederverwendung)을 위한 준비 → ③ 재생이용(Recycling) → ④ 에
너지 회수 및 되메우기 등 기타 재활용(Verwertung) → ⑤ 최종처분
(Beseitigung) 등의 5단계로 이루어지는 폐기물 처리 우선순위를 규정하고
있다. 이것은 이전의 「순환경제폐기물법(Kreislaufwirtschafts-und Abfall-gesetz
(KrW-/AbfG))」 제4조 제1항에서 폐기물의 발생예방 → 재생이용 또는 에너
지 회수 → 최종 처리의 3단계로 규정하던 것을 EU의 개정된 「폐기물 기
본지침」 제4조 제1호와 부합하도록 동일하게 개정한 것이다. 또한 동조
제2항에서는, 사전배려의 원칙(Vorsorgprinzip)과 지속가능성의 원칙(Nachhaltig-
keitsprinzip)에 대한 고려 하에, 제1항에서 규정하고 있는 우선순위에 따라,
폐기물의 발생과 관리에 있어서 인간과 환경의 보호를 가장 잘 보장할 수
있는, 제7조 및 제8조에 따른 상위의 조치를 취하도록 규정하고 있다. 이 경
우에 인간과 환경에 대한 영향은, 폐기물의 전체적인 생애주기(Lebenszyklus)
를 기반으로 검토하며, 해당 조치의 기술적 가능성, 경제적 적정성과 함께
사회적 결과도 고려하도록 규정하고 있다.[49]

(3) 일본

일본의 경우 「폐기물의 처리 및 청소에 관한 법률」[50] 제2조의2에서 '국
내에서 발생한 폐기물은 국내에서 적정하게 처리되어야 하며, 국외에서 발
생한 폐기물은 그 수입에 의해 국내에서의 폐기물의 적정한 처리에 지장이
발생하지 않도록 그 수입이 억제되어야 한다'는 내용의 '국내처리 등의 원
칙'을 규정하고 있으나, 그 외의 다른 일반적인 원칙에 대한 규정은 두고 있
지 않다. 다만, 「순환형사회형성추진기본법」[51]에서는 제7조에서 '순환자원

---

49) Gesetz zur Förderung der Kreislaufwirtschaft und Sicherung der umweltver-träglichen
Bewirtschaftung von Abfällen (Kreislaufwirtschaftsgesetz - KrWG), 2012. 2.24. 개정
(www.juris.de)
50) 「廢棄物の處理及び淸掃に關する法律」(최종개정: 2012. 8. 1), http://law.e-gov.
go.jp/htmldata/S45/S45HO137.html에서 내려 받음

의 순환적인 이용 및 처분의 기본원칙'을 규정하고 있는데, 동 조항에서는 순환자원의 순환적인 이용 및 처분에 있어 기술적·경제적으로 가능한 범위에서 환경에 대한 부하를 저감하기 위해 필요한 것을 최대한 고려하도록 하고 있다. 구체적으로는, 순환자원의 전부 또는 일부 중에서, 재사용을 하는 것이 가능한 경우에는 재사용을 하고, 재사용을 할 수 없는 것으로서 재생이용이 가능한 것은 재생이용을 하도록 하고 있으며, 재생이용도 할 수 없는 경우에는 열(熱)회수를 하도록 하고 있어, 폐기물의 예방 및 관리에 관한 우선순위를 규정하고 있는 EU의 「폐기물 기본지침」 제4조와 유사한 내용을 담고 있다.

마. 평가

위와 같은 기본원칙들의 법적 성격의 한계에도 불구하고, 이들 원칙들은 관련 정책 및 입법의 큰 방향을 제시하고, 애매한 법규정의 해석 기준 및 관계법령간의 충돌 시에 해석의 지침을 제공한다는 점에서 중요한 의미를 가지며,[52] 법의 흠결(gap)이 존재하여 판사가 부득이하게 "사법 재량"을 행사하여야 하는 경우에 그 행사 기준으로서의 기능을 한다고 할 수 있다.[53]

또한 자원순환형 사회·경제체제를 구축하기 위해서는 자원순환을 촉진할 수 있는 폐기물 관리의 기본원칙이 우선적으로 확립될 필요가 있다고 할 것인바, 이러한 측면에서 2010년도에 개정된 「폐기물관리법」에서는 폐기물 관리의 기본원칙을 비교적 상세하게 망라하여 규정하고 있는 것으로 보인

---

51) 「循環型社會形成推進基本法」(최종개정: 2012. 6.27), http://law.e-gov.go.jp/htmldata/ S45/S45HO137.html에서 내려 받음

52) 김홍균, 앞의 글 40, 48쪽

53) 조홍식, "경제학적 논증의 법적 지위 - 배제적 법실증주의의 관점에서-", 서울대학교 법학연구소, 『서울대학교 법학』 제48권 4호, 124-178 (2007), 150쪽; 윤용희, 앞의 글 25, 91쪽

다.54) 그러나 여전히 일부 원칙의 경우에는 보완이 필요한 것으로 판단되며, 기본원칙의 추가 또한 검토할 필요가 있다고 생각된다.

(1) 폐기물 최소화의 원칙

폐기물은 생산 또는 다른 산업공정 등에 투입되는 원료물질에서 시작해서 제품의 디자인과 생산, 폐기물의 발생 및 처리, 보관·운송 및 최종처분까지의 과정을 거치게 되는데, 폐기물로 발생하기 이전의 단계, 즉 제품을 설계하고 디자인하는 단계나 생산공정에서의 변경 또는 조정은 결과적으로 발생하는 폐기물의 양과 유해성, 재활용 가능성 등에 중요한 영향을 미치게 되며, 결국 사람의 건강과 환경에 미치는 영향에 있어서도 많은 차이를 가져오게 된다. 예를 들면, 원료물질을 보다 효율적으로 사용하는 생산공정을 도입하거나 생산공정에서 자투리가 적게 발생하도록 제품을 디자인하게 되면 동일한 제품의 생산에서 발생하는 폐기물의 양을 줄일 수 있게 되는 것이다. 이와 같이 폐기물의 발생 자체를 예방하고 최소화하는 것이, 일단 폐기물이 발생한 후에 그것을 관리하는 것보다 훨씬 더 비용이 적게 소요될 뿐만 아니라 효율적이라는 것에 대해서는 일반적으로 이견이 없다고 할 수 있다.55) 따라서 「폐기물관리법」에서 이 원칙을 명문으로 규정하고 있는 것은 타당하다고 할 것이다. 그러나 현행 규정에 대해서는 일부 보완해야 할 사항들도 있는 것이 사실이다. 우선, 「폐기물관리법」 제3조의2 제1항은, '사업자는 … 폐기물의 배출을 최소화하여야 한다'고 규정하여 '폐기물 최소화의 원칙'의 적용대상을 '사업자'로 국한하고 있다. 그러나 동 원칙을 사업자에게만 적용되는 원칙으로 보아야 할 이유는 없으며, 오히려 동법 제7조에서 국민의 책무의 하나로서 폐기물의 감량화를 규정하고 있는 점, 동법 제17조에서 사업장폐기물배출자의 의무 가운데 하나로 '사업장폐기물의 발생

---

54) 김광임 외, 앞의 글 29, 122쪽
55) John S. Applegate, 앞의 글 11, 760쪽

을 최대한 억제하여야 한다'고 규정하고 있는 점 등을 종합해 보면, 동 원칙
은 모든 국민에 대해 적용되는 원칙으로 규정하는 것이 타당할 것이다. 그
것이 동 원칙을 폐기물 관리의 '기본원칙'들 가운데 하나로 규정한 취지에
도 부합한다고 할 것이다. 한편 폐기물의 최소화는 그것이 폐기물의 관리에
서 발생하는 위험을 가장 비용-효과적으로 감소시킬 수 있다는 점에서 중요
성을 갖지만, 엄밀하게 보면 그 자체가 '폐기물'의 관리에는 해당하지 않는
다는 점에서,56) 「자원순환사회 전환 촉진법」 또는 이와 유사한 법률이 제정
될 경우에는 이를 「폐기물관리법」이 아니라 동법에서 규정하는 것이 법체
계상 타당할 것이다.

(2) 발생지 처리의 원칙

폐기물의 처리는 시민 및 지방자치단체들이 폐기물 처리에 대한 책임의
식을 갖도록 하고, 폐기물의 장거리 이동으로 인하여 발생할 수 있는 환경
오염의 우려를 최소화시키기 위해 가능한 한 해당 폐기물이 발생한 지역 또
는 근접지에서 처리되어야 하며,57) 따라서 발생지 처리의 원칙은 폐기물 관
리에 있어서 기본원칙 가운데 하나라고 할 수 있다.

그러나 현행 「폐기물관리법」 제3조의2 제5항에서 규정하고 있는 '발생지
처리의 원칙'은 그 문언상 적용의 범위를 국내 및 국외에서 발생한 폐기물
의 이동과 처리 문제에 국한하고 있는 것으로 보이는데, 이는 동 원칙의 적
용대상을 지나치게 제한하고 있는 것으로 재검토가 필요하다고 판단된다.

'발생지 처리의 원칙'은 국내에서 발생되는 폐기물, 특히 각 지방자치단
체가 처리책무를 지고 있는 생활폐기물의 경우에도 해당 지방자치단체 내
에서 우선적으로 처리해야 한다는 것을 포괄하는 것으로 보아야 할 것이다.

---

56) *Id.* 762쪽 참고
57) 박균성, "폐기물관리의 원칙과 체계", 한국환경법학회, 『환경법연구』 제20권, 16-
56 (1998), 23쪽

그러나 폐기물 처리시설의 설치에 대해서 일반적으로 지역 주민들은 혐오
시설로서 반대하는 경향이 강하고, 지나치게 작은 규모의 시설들을 지방자
치단체별로 각각 설치하는 것은 환경적인 측면에서뿐만 아니라 효율성에
있어서도 문제가 있을 수 있으므로 여기에서 '발생지'는 EU의 「폐기물 기
본지침」과 유사하게 '근접지'를 포함하는 것으로 보는 것이 타당할 것이다.
이 경우 근접지의 범위를 어느 정도로 볼 것인가와 관련해서는, 폐기물 처
리시설이 입지하는 지역의 주민들의 시설에 대한 수용가능성은 해당 시설
에서 처리되는 폐기물의 발생지가 멀수록 낮아지게 되므로 폐기물의 지나
친 장거리 이동은 바람직하지 않다는 점을 전제로,[58] 사안에 따라 상황을
종합적으로 판단하여야 할 것이다. 또한 현행 법률의 규정을 해석에 의해
위와 같이 적용하는 데는 한계가 있을 것인바, 각 지방자치단체에게 원칙
적으로 해당 지자체에서 발생하는 폐기물들을 해당 지역에서 처리하도록
의무를 부여하되, 부득이한 사정이 있는 경우에는 인근 지자체와의 협의를
통해 해당 지자체로 운송하여 처리할 수 있도록 명시하는 것이 타당할 것
이다.

(3) 사전배려의 원칙

사전배려의 원칙은 사전예방의 원칙과 동일한 것으로 이해할 수도 있으
나, 환경문제에 과학적인 불확실성이 존재한다는 점을 인식하고 이러한 과
학적 불확실성이 위해의 방지 또는 제거를 위한 조치를 취하는데 장애요소
가 되어서는 안 된다는 점을 강조한다는 점에서 별도의 개념으로 파악하는
것이 타당하다고 판단된다.[59] 사전배려의 원칙은 구체적인 위험발생의 객관
적 증거가 확실하지 않은 경우에도 행정기관의 적극적인 규제나 개입을 정

---

58) *Id.* 24쪽
59) 김홍균, "환경법상 사전배려원칙의 적용과 한계", 한국법학원,『저스티스』통권 제
119호, 262-291 (2010), 264쪽

당화할 수 있다는 측면에서,[60] 그 구체적인 적용요건에 대한 세밀한 검토의 필요성은 별론으로 하더라도, 과거에 알지 못했던 새로운 물질의 사용·폐기로 인한 환경과 건강 피해 등을 방지하기 위해서 폐기물 관리에 관한 입법·사법·행정의 기본원칙 가운데 하나로 고려될 필요가 있다고 할 것이다. 이와 관련하여, 사전배려의 원칙을 환경법의 기본원칙 가운데 하나로 인정하면서도 동 원칙은 신뢰보호의 원칙, 비례의 원칙 등과 같이 법적 원리로서 직접적·구체적인 효력을 갖지 않으며, 개별 환경법에 명시적으로 규정되어 구체화되면 비로소 법적 책임으로 작용하기 시작한다고 보는 견해가 있는 바,[61] 「폐기물관리법」에 기본원칙의 하나로 동 원칙을 명시하는 경우에도 구체적 효력을 갖는 것이 아니라 폐기물 정책의 방향을 제시하고 관련 법률의 해석에 대한 기준 또는 지침을 제시하는 효력을 갖는 것으로 보는 것이 타당할 것이다.

(4) 협동의 원칙 등

현행 「폐기물관리법」에서는 '협동의 원칙'을 폐기물 관리의 기본원칙 가운데 하나로 명문으로 규정하고 있지는 않으나, 폐기물의 발생억제와 적정한 재활용 및 처리를 위해서는 중앙정부 또는 지방자치단체만의 노력으로는 한계가 있으며, 실제로 폐기물을 배출하는 사업자와 일반 국민들, 폐기물을 수집·운반·재활용 및 처리하는 폐기물처리업자 등이 함께 주체적으로 노력을 해야 한다는 점에서 '협동의 원칙' 또한 폐기물 관리의 기본원칙 가운데 하나로 법률에서 천명하는 것이 바람직하다고 판단된다.[62]

한편, 폐기물의 양적·질적 최소화 및 폐기물 처리의 우선순위에 대해서는

---

60) 전훈, "사전배려원칙과 사법적 통제 - 프랑스 꽁세이데타 판결을 중심으로 -", 한국비교공법학회, 『공법학연구』 제15권 제1호, 243-261 (2014), 243쪽~244쪽
61) 김홍균, 앞의 글 59, 270쪽~271쪽
62) 홍준형, 앞의 글 41, 29쪽 참고

「폐기물관리법」뿐만 아니라 「자원의 절약과 재활용 촉진에 관한 법률」에서도 규정하고 있는데, 동일한 취지의 규정을 여러 법률에 함께 규정할 필요나 실익이 없으며, 「폐기물관리법」이 여타 폐기물 관리에 관한 법률들에 대하여 일반법 또는 기본법적인 성격을 갖는다는 점을 감안한다면[63], 동법에서 폐기물 관리에 관한 기본원칙을 통합적으로 규정하는 것이 바람직하다고 생각되며, (가칭) 「자원순환사회 전환 촉진법」 또는 이와 유사한 법률을 별도로 제정하는 경우에는 해당 법률에서 이들을 규정하는 방안도 검토할 수 있을 것이다.

---

63) 기본법의 법적 성격 및 우리 법체계 내에서의 위상에 대해서는, 헌법과 통상적인 법률 사이에 그 중간적 위상을 가지는 기본법이라는 규범체계가 존재하는 것인지, '후법우선원칙', '특별법우선원칙' 외에 '기본법우선원칙'이 통용되는 것인지, 기본법에 반하는 非기본법적인 법률은 무효인지 등에 대한 심도 있는 검토가 필요한 바, 기본법이라는 용어를 계몽적인 성격을 가지며 방침적·비완결적이고 계획법적인 성격을 가진 법률을 의미한다고 보는 견해도 있을 수 있다. (김현준, "저탄소 녹색성장 기본법의 법적 성질 및 다른 법률과의 관계", 한국공법학회, 『공법연구』 제39집 제2호, 489-518 (2010), 492쪽 참고) 우리나라의 현행 '기본법'들 가운데 상당수 법률들은 이런 '기본법'의 성격과는 이질적인 요소들인 실체적 규정들도 포함하고 있는 것이 현실이나, 본 논문에서는 '기본법'이라는 용어를 일정한 분야(특히 폐기물 분야)의 다른 법률들의 입법 및 해석 등에 방침을 제시하는 것을 주된 기능 또는 역할로 하며 계획법적인 성격을 갖는 법률을 의미하는 것으로 사용한다.

제4절 폐기물 관련 법체계의 과제

1970년대 이후 급격한 산업화·도시화가 폐기물에 대한 체계적 관리의 필요성을 제기했고, 이후 산업폐기물을 비롯한 각종 폐기물에 대한 관리체계가 완비되는 계기가 되었다는 것은 앞에서 언급한 바와 같다. 이제 우리나라는 고도소비사회의 단계에 진입하고 있고, 급격한 고령화의 진전을 비롯해 새롭게 대두되는 다양한 도전에 직면하고 있는데,[1] 이러한 변화는 폐기물 관리에 있어서도 새로운 과제들을 제기하고 있다.

1. 폐기물의 성상 및 수거·처리 여건의 변화

오늘날에는 산업계의 생산 공정에서뿐만 아니라 일상생활에서도 다양한 화학물질과 이를 포함한 제품 등이 사용됨에 따라 가정에서 배출되는 생활폐기물에 있어서도 유해폐기물로 별도로 분류·관리될 필요가 있는 폐기물들이 증가하고 있다. 아울러 1인 또는 2인 가구가 크게 증가함에 따라 포장폐기물의 증가, 음식물류 폐기물의 발생량과 성상의 변화 등이 나타나고 있고, 급속도로 이루어지고 있는 고령화로 인해 특히 농촌지역에서는 영농폐

---

1) 공성용,『고령화 사회의 생활패턴 변화 및 환경이슈 조사 연구』(한국환경정책·평가연구원, 2010), 1쪽 및 22쪽

기물을 비롯한 각종 폐기물의 수거·처리에 많은 어려움이 발생하고 있는 실정이다. 또한, IT산업의 발달과 디자인 변경 등에 따른 빈번한 모델 교체 등으로 TV, 컴퓨터, 스마트폰을 비롯한 다양한 전기·전자제품 폐기물들이 대량으로 쏟아져 나오고 있으며, 이들 폐기물의 적정한 수거·재활용 및 여기에 포함된 유해물질의 안전한 처리 등이 폐기물 관리에 있어서 중요한 과제로 대두되고 있다.

이러한 여건변화에 맞추어 자원을 효율적으로 활용하고, 생활 속의 유해 폐기물로부터 국민의 건강을 보호하며, 누구나 큰 어려움이나 불편 없이 이해하고 실행할 수 있는 폐기물 관리체계를 마련하기 위해서는, 우선 무엇이 폐기물에 해당되는지 여부를 쉽게 파악할 수 있도록 폐기물의 정의 규정을 명확화 하는 한편, 기존의 폐기물 관리 법체계를 종합적으로 검토하여 문제점을 찾아내고 이를 해결하기 위한 변화의 방향과 구체적 실현방안을 검토하는 것이 필요한 시점이 되었다고 할 것이다.

2. 규제의 합리화(合理化)에 대한 요구

폐기물 분야는 국민의 환경권과 건강·재산의 보호라는 측면에서 그것이 차지하는 중요성에도 불구하고, 물, 대기, 자연 등 다른 환경 분야에 비하여 현저하게 복잡한 법률체계와 함께, 고도의 전문성과 개념의 불확정성 등으로 인해 일반 국민들이 쉽게 접근하거나 이해하기 어려운 분야로 인식되어 왔다고 할 수 있다. 이러한 점은 폐기물 분야의 민원이 환경부에 제기되는 전체 민원의 약 38%를 차지[2]하고 있다는 사실이 단적으로 뒷받침하고 있으며, 그만큼 폐기물을 둘러싼 각종 규제들이 국민들에게 많은 불편과 불만

---

2) 환경부 자원순환정책과, "12년 상반기 법령개선 연구회 운영결과 및 향후 추진계획" (2012), 3쪽

을 초래하고 있는 실정이다.

한편, 폐기물 관리 법령과 그에 따른 규제가 복잡해지면 복잡해질수록, 왜 폐기물에 대해서 유독 이렇게 복잡한 규제가 가해져야만 하는가에 대한 의문이 제기될 수 있다. 가령 폐기물이 아닌 물질들 가운데도 폐기물에서 주로 문제가 되는 독성이나 인화성 등 유해한 특성을 가지고 있는 물질들이 있음에도 불구하고 폐기물에 대해서만 제품이나 사용된 적이 없는 원료물질(처녀물질)보다 엄격한 규제를 가하는 것이 타당한가에 대한 의문이 제기될 수 있는 것이다.[3] 이러한 문제의 제기는 특히 천연자원의 희소성이 높아지고 이에 대한 대안으로서 폐기물의 재활용이 강조됨에 따라 더욱 강해지고 있다.

3. '자원순환(資源循環)사회'로의 전환 필요성

한편 2007년 전 세계적인 금융위기 이후 세계경제가 전반적으로 침체국면에 진입함에 따라 국내외 경제 여건이 매우 어려운 방향으로 전개되고 있고, 화석연료의 고갈, 원자재가격의 급등 등 환경 및 자원과 관련된 대내외 부담도 가중되고 있는 상황이다. 이미 독일, 일본 등 선진국들은 자원 및 에너지를 확보하기 위한 수단의 하나로 자원순환정책 또는 자원순환사회로의 전환을 위한 정책을 강력히 추진하고 있다. '자원순환'이란 인간의 활동에 필요한 자원을 소비한 후 버리는 것이 아니라 이를 다시 경제활동 순환과정에 재투입하는 것을 의미하며, 발생된 폐기물의 재사용 또는 재활용만을 포함하는 것이 아니라 폐기물의 발생 그 자체를 억제하는 것도 포함된다.[4] 「자

---

3) Stephen Tromans, "EC Waste Law - A Complete Mess?", *Journal of Environmental Law* 13(2): 133-156 (2001), 135쪽~136쪽 참고

4) 이희선 외, 『자원순환정책 중장기 발전방안 마련 연구』(한국환경정책·평가연구원, 2010), 12쪽

원의 절약과 재활용촉진에 관한 법률』에서는 자원순환을 "폐기물의 발생을 억제하고 발생된 폐기물을 적정하게 재활용 또는 처리하는 등 자원의 순환 과정을 환경친화적으로 이용·관리하는 것"으로 정의하고 있는바, 이에 따르면 '자원순환사회'는 한마디로, 폐기물을 최대한 감축함으로서 환경보전에 기여할 뿐만 아니라 폐기물이 갖는 자원으로서의 잠재력을 환경친화적으로 활용하여 순환이용을 도모하는 사회라고 할 수 있을 것이다.[5]

우리나라는 경제활동에 필요한 자원과 에너지의 대부분을 수입에 의존하는 국가이며, 따라서 자원과 에너지 이용의 효율성을 제고하고 폐기물의 발생을 최소화하는 한편 발생한 폐기물을 재사용 또는 재활용해야 할 필요성은 풍부한 자원을 보유하고 있는 외국에 비하여 그만큼 더 크다고 할 수 있다. 이러한 여건을 고려할 때 우리나라의 폐기물정책에 있어서도 자원순환형 사회로의 전환을 촉진하기 위한 고려가 필요하며, 폐기물 관리의 목적으로 폐기물의 적정한 처리를 통해서 폐기물로 인한 환경과 건강에 대한 부정적인 영향을 예방 또는 감소시키는 것뿐만 아니라, 보다 근본적인 차원에서 비용효과적으로 폐기물을 감소시키고, 2차(재활용) 물질에 대한 수요를 촉진함으로써 자연자원을 보전하는 한편 처녀물질의 사용을 줄이고 온실가스의 배출을 줄이는 것까지 다양한 사항들을 고려할 필요가 있다.[6]

결국 오늘날 폐기물 관리에 있어서 가장 중요하게 고려해야 할 사항 가운데 하나는, 전통적인 폐기물 관리의 목적에 더하여 전 세계적으로 치솟고 있는 자원가격과 새로운 매립지를 확보하는데 따르는 어려움 등으로 인해, 원료 물질이나 제품들을 단순히 한번만 사용하고 폐기하는 것은 환경적인 측면에서 뿐만 아니라 경제적인 측면에서도 전혀 바람직하지 않으며, 폐기물의 재활용이 환경보전과 함께 산업분야의 지속적인 성장을 가능케 하는

---

5) 김창조, "자원순환형 사회구축을 위한 법제도", 경북대학교 법학연구원, 『법학논고』 제19집, 25-51 (2003), 26쪽 참고

6) Molly K. Macauley and Margaret A. Walls, "Solid Waste Policy", *Public Policies for Environmental Protection(2nd Ed.)*, (Resources for the Future, 2000), 273쪽 참고

목적을 동시에 달성할 수 있다는 인식이 정부와 산업계, 일반 국민들 모두에게 확산되고 있다는 것이다.[7]

따라서 위와 같은 시대적인 요구와 사회·경제적 여건의 변화에 부합하는 폐기물 관리 체계가 필요하고, 법적인 측면에서도 이를 뒷받침할 수 있도록 가장 근본이 되는 폐기물의 개념과 그 범위를 비롯하여 관련 법제를 정비하는 것이 필요하다고 할 것이다.

---

7) Joseph Kraft, "How to Take Recycling One Step Forward, Two Steps Back: The EPA's Proposal to Revise the Definition of Solid Waste Under RCRA", 18 *Tulane Environmental Law Journal* 385 (2005), 386쪽 참고

제 3 장

폐기물 개념에 대한 검토

제1절 폐기물의 개념 및 정의 규정의 중요성

법률에 있어서 정의 규정은 그 법률의 기본이 되는 사항들 가운데 하나로서 항상 중요한 의미를 가지는 것이지만, 특히 규제체계에 있어서는 무엇이 규제의 대상이 되는지 여부를 결정하기 위해 반드시 필요한 것이기 때문에 더욱 중요하다.[1]

이와 마찬가지로 폐기물에 관련된 법령과 각종 규칙, 고시 등도 오직 법률에서 폐기물로 정의한 것에 대해서만 적용된다. 따라서 「폐기물관리법」을 비롯한 폐기물관련 법체계가 제대로 기능하기 위해서는 우선 폐기물의 개념을 명확하게 정의하여야 하고, 이를 바탕으로 폐기물을 폐기물이 아닌 다른 물질 또는 물건들과 명확하게 구분할 수 있어야만 한다. 그럼으로써 자원을 효율적으로 이용하면서 최종적으로 폐기물을 친환경적으로 처리하도록 하고자 하는 폐기물 관련 법률들의 목적을 달성할 수 있게 된다.[2]

또한 폐기물은 수질이나 토양, 대기 등 환경매체의 오염에 직·간접적인 원인으로 작용할 수 있기 때문에 이러한 폐기물의 개념은 환경보호를 위한 규제체계를 전반적으로 결정하는 데 있어서도 극히 중요한 의미를 가진다.[3]

---

1) Ilona Cheyne & Michael Purdue, "Fitting Definition to Purpose: The Search for a Satisfactory Definition of Waste", *Journal of Environmental Law* 7(2): 149-168 (1995), 149쪽

2) 김상겸, "폐기물관련법제에 관한 헌법적 고찰", 한국환경법학회, 『환경법연구』 제26권 3호, 25-42 (2004), 36쪽 참고

따라서 '폐기물'의 개념을 어떻게 정의하고 이를 해석할 것인가 하는 문제
는 실로 중대한 법적 문제라고 할 것이다.[4]

반면에 이러한 개념의 정의 규정이 갖는 중요성 때문에, 폐기물 관리와
관련하여 제기되는 법적인 문제들, 특히 폐기물 관련 법령의 해석·적용에
관련된 많은 문제들 가운데 상당 부분은 "폐기물"의 개념을 명확하게 정의
하는데 있어서 부딪히는 어려움에서 비롯된다고도 할 수 있다[5]

일반적으로, 폐기물의 개념을 좁게 정의하면 할수록, 이것을 규제하는 법
령을 준수할 의무를 지는 사업자와 일반 국민들의 경제적·행정적 부담은 감
소하게 되고, 따라서 이러한 물질을 생산 내지는 발생시키거나 재처리하는
경제주체들이 해당 물질을 재활용하고자 하는 노력을 촉진하는 경향이 있
으며, 반면에 인간의 건강·재산과 환경에 대한 보호를 강조하는 입장에서
폐기물의 개념을 폭넓게 정의하는 경우에는 재활용이 가능한 물질들도 대
부분 폐기물에 포함되게 될 것이고, 결국 관련 법령의 규제를 준수해야 하
는 경제주체들의 부담은 증가하게 될 것이다.[6] 따라서 폐기물에 대한 개념
정의는 이러한 두 가지의 측면을 모두 고려하여 신중하게 규정되어야 하며,
또한 해석에 있어서도 이러한 점이 반드시 고려되어야 할 것이다.

---

3) David Wilkinson, "Time to Discard the Concept of Waste?", 1 *Environmental Law
Review* 172 (1999), 172쪽
4) Elizabeth Fisher, Bettina Lange & Eloise Scotford, *Environmental Law - Text, Cases,
and Materials*, (Oxford University Press, 2013), 664쪽 참고
5) Alexandre Kiss & Dinah Shelton, *International Environmental Law(3rd ed.)*, (United
Nations Environment Programme(UNEP), 2004), 334쪽 참고
6) Hazel Ann Nash, "The Revised Directive on Waste: Resolving Legislative Tensions
in Waste Management?", *Journal of Environmental Law* 21(1): 139-149 (2009), 142쪽;
따라서 폐기물의 정의가 변화하게 되면 국가와 지방자치단체 등의 공공부문의 역
할 및 책임과 사업자를 비롯한 민간부문의 책임에도 필연적으로 변화가 있게 된다.
Harriet Bulekley & Kye Askins, "Waste interface: biodegradable waste, municipal
policy and everyday practice", *The Geographical Journal* 175:4 (2009), 251쪽

제2절 폐기물의 개념에 관한 법률 규정

1. 「오물청소법」 및 「환경보전법」

「폐기물관리법」이 제정되기 이전에 시행되었던 「오물청소법」 제2조에서는 현재 사용되고 있는 '폐기물'이라는 용어 대신에 '오물'이라는 용어를 사용하였는데, '오물'의 정의에 대해서는 "진개(塵芥), 재, 오니, 분뇨 및 견(犬), 묘(猫), 서(鼠) 등의 사체"로 오물에 해당하는 것들을 한정적으로 열거하는 방식으로 규정하고 있었다. 따라서 1961년에 제정된 최초의 「오물청소법」 하에서는, 동 법률의 '오물'에 대한 정의 규정에서 구체적으로 열거되지 않은 물질 또는 물건들은 오물에 해당하지 않았던 것으로 해석하여야 할 것이다.

그러나 1973년에 개정된 동법 제2조 제1호에서는 '오물'의 정의를 "쓰레기·재·오니·분뇨·동물의 사체 기타 폐기물을 말한다"고 개정하여 '폐기물'이라는 용어를 처음 도입하고 '오물'과 '폐기물'을 같은 의미로 사용하면서 한편으로는 '쓰레기'를 '폐기물'의 한 유형으로 규정하였다. 다시 1982년에 전부 개정·시행된 동법에서는 '오물'의 정의가 "쓰레기·재·오니·분뇨·동물의 사체 기타 사람의 일상생활에 필요로 하지 아니하게 된 물질로서 환경보전법의 규정에 의한 산업폐기물이 아닌 폐기물을 말한다"고 개정되어, '사람의 일상생활에 필요로 하지 아니하게 된 물질'이라는 요건이 처음 도입되었으나, 동 개정과 관련된 국회의 심사보고서 및 회의록 등 입법 자료에는 이러한 개정의 취지가 무엇이었는지를 확인할 수 있는 내용이 전혀 없다.[1] 그럼에도 불구하고 이러한 개정으로 기존의 '오물'은 「오물청소법」에 의한 '오물'과 「환경보전법」에 의한 '산업폐기물'로 양분되게 되었고, '오물'의 정의는 오늘날의 생활폐기물에 대한 정의와 유사하게 되었다.[2] 한편 '산업 폐기물'에 대한 정의는 1981년에 개정된 「환경보전법」 제2조 제15호에서 처음 규정되었는데, 동법에서는 산업폐기물을 "사업활동에 수반하여 발생하는 오니·잔재물·폐유·폐산·폐알칼리·폐고무·폐합성수지등 폐기물로서 보건사회부령으로 정하는 것"으로 규정했다.[3]

2. 「폐기물관리법」

1986년에 「오물청소법」을 대체하여 새로 제정된 「폐기물관리법」에서는 '오물'이라는 용어가 더 이상 사용되지 않고, '폐기물'이라는 용어로 전면적으로 대체되었는데, 동법 제2조 제1호에서는 '폐기물'을 "쓰레기·재·오니·분뇨·폐유·폐산·폐알카리·동물의 사체 등으로서 사람의 생활이나 사업활동에 필요하지 아니하게 된 물질"로 정의하여, 1982년에 개정된 「오물청소법」의 '오물'에 폐유·폐산·폐알칼리 등 일부 산업폐기물을 추가한 것으로 '폐기물'을 정의하였다.[4] 이처럼 「폐기물관리법」에서 오물이라는 용어 대신에 폐기물이라는 용어를 사용하게 된 것은, 과거 '오물'이 주로 오늘날의 생활

---

1) 대한민국국회사무처, 제108회 국회 보건사회위원회회의록 제18호 (1981.12. 4), 제109회 국회 법제사법위원회 제2차 전체회의 회의록(1982. 2.17) 등 참고[국회 의안 정보시스템(http://likms.assembly.go.kr/bill/jsp/BillDetail.jsp?bill_id=009391), 2013. 9. 3 방문]

2) 법률 제3554호(1982.10. 3 시행)

3) 법률 제3505호(1982. 7. 1 시행)

4) 법률 제3904호(1986.12.31. 제정, 1987. 4. 1. 시행)

폐기물에 해당되는 폐기물들을 포괄하는 것으로 사용되었고, 산업폐기물 또는 오늘날의 사업장폐기물은 제외되는 개념이었던 것을 감안하여, 이들 양자를 모두 포괄하는 용어로 '폐기물'을 사용함으로써 법 개정에 따른 국민들의 혼란을 예방하기 위한 것으로 그 취지를 이해할 수 있을 것이다.

이러한 폐기물에 대한 정의는 1991년 3월 「폐기물관리법」 개정 시에 1986년 제정 당시의 정의 규정에 열거된 물질 중에서 '분뇨'가 제외된 것 이외에는 지금까지 별다른 수정·보완 없이 유지되고 있는데, 현행 「폐기물관리법」 제2조 제1호에서는 폐기물을 "쓰레기, 연소재, 오니, 폐유, 폐산, 폐알카리 및 동물의 사체 등으로서 사람의 생활이나 사업 활동에 필요하지 아니하게 된 물질"로 정의하고 있다. 1991년의 법 개정시에 '분뇨'가 제외된 것은 「폐기물관리법」의 적용범위와 관련하여 검토가 되어야 한다. 현행 「폐기물관리법」 제3조 제1항은 동법의 적용이 배제되는 물질 등을 규정하고 있는데, ① 「원자력안전법」에 따른 방사성 물질과 이로 인하여 오염된 물질, ② 용기에 들어 있지 아니한 기체상태의 물질, ③ 「수질 및 수생태계 보전에 관한 법률」에 따른 수질오염 방지시설에 유입되거나 공공수역으로 배출되는 폐수, ④ 「가축분뇨의 관리 및 이용에 관한 법률」에 따른 가축분뇨, ⑤ 「하수도법」에 따른 하수·분뇨, ⑥ 「가축전염병예방법」 제22조 제2항, 제23조, 제33조 및 제44조가 적용되는 가축의 사체, 오염물건, 수입금지물건 및 검역 불합격품, ⑦ 「수산생물질병관리법」 제17조 제2항, 제18조, 제25조 제1항 각 호 및 제34조 제1항이 적용되는 수산동물의 사체, 오염된 시설 또는 물건, 수입금지물건 및 검역 불합격품, ⑧ 「군수품관리법」 제13조의2에 따라 폐기되는 탄약 등이 이에 해당한다. 이처럼 「폐기물관리법」의 적용대상에서 배제되는 물질 등은, 폐기물의 정의 규정에 비추어볼 때에는 폐기물에 포함된다고 할 수는 있으나, 동법이 폐기물의 처리에 관한 일반법적인 성격을 가지고 있으므로 각각의 물질 등이 관계 법률의 특별한 규정에 따라 규율되는 경우에는 「폐기물관리법」의 적용이 배제되도록 하는 것으로 이해할 수 있을 것이다.[5] 따라서 다른 법률에 의하여 발생에서부터 수집·운반 및 최종처리에 이르기까지 규율이 되는 물질들은 「폐기물관리법」의 적용대상에서 제외되는 것으로 예외를 인정한 것으로 보아야 할 것이며, 이처럼 명문의 규정으로 적용이 배제되지 않은 폐기물들은 원칙적으로 모두 「폐기물관리법」의 적용대상이 된다.

한편, 「폐기물공정시험기준(방법)」[6]에서는 폐기물을 다시 고형물의 함량을 기준으로 분류하고 있는데, ① 고형물 함량이 5% 미만인 액상(液狀) 폐기물과, ② 고형물 함량이 5% 이상 15% 미만인 반고상(半固狀) 폐기물 및 ③ 고형물 함량이 15% 이상인 고상(固狀) 폐기물로 구분하고 있는바, 동 기준의 규정과 「폐기물관리법」 제3조 제1항 제2호의 규정을 종합적으로 고려할 때, 기체(가스)상 물질은 우리 「폐기물관리법」에 의한 폐기물에는 포함되지 않는 것으로 해석할 수 있다.[7]

3. 기타 법률

「해양환경관리법」[8] 제2조 제4호에서는 '폐기물'에 대해서 별도의 정의 규정을 두고 있는데, 동법에서 '폐기물'이란 "해양에 배출되는 경우 그 상태로는 쓸 수 없게 되는 물질로서 해양환경에 해로운 결과를 미치거나 미칠 우려가 있는 물질(제5호·제7호 및 제8호에 해당하는 물질을 제외한다)"로 정의하고 있다. 「해양환경관리법」의 경우, '해양환경의 훼손 또는 해양오염으로 인한 위해를 예방'하는 것을 목적으로 하는 동법의 특성과 그에 따른

---

5) 홍준형, 『환경법특강』 (박영사, 2013), 369쪽~370쪽 참고
6) 환경부고시 제2011-3호 (2011. 1.11), 총칙 6.0 '관련 용어의 정의' 참고
7) 강만옥 외, 『자원순환 활성화를 위한 폐기물교환 Asia Network 구축방안 연구』, (과학기술부/환경부, 2007), 8쪽 참고
8) 법률 제11597호 (2012.12.18 일부개정)

필요성을 고려하여 '폐기물'에 대한 별도의 정의 규정을 두고 있는 것으로 볼 수 있을 것이다.

「폐기물관리법」의 정의 규정과 비교할 때 「해양환경관리법」에서는 일정한 물질 또는 물건의 소유자나 점유자의 주관적 의사와는 관계없이, '그 상태로는 쓸 수 없게 된다'는 객관적인 상태와 '해양환경에 해로운 결과를 미치거나 미칠 우려'라는 마찬가지로 객관적으로 평가되는 물질 또는 물건의 특성을 해당 물질 또는 물건이 폐기물에 해당하는지 여부를 결정하기 위한 개념표지 또는 요건으로 규정하고 있다는 점에서 주목할 필요가 있다. 그러나 이처럼 「폐기물관리법」의 '폐기물'에 대한 정의와 상이한 별도의 정의 규정을 「해양환경관리법」에 두는 것이 법적으로 타당한지에 대해서는 의문이 있다. 즉 「폐기물관리법」에서는 폐기물 처리의 방법 가운데 하나로 해양 배출을 인정하고 있는데, 이처럼 두 법률에서 폐기물에 대한 정의를 서로 달리함에 따라 법률 적용에 있어서 상호 모순되거나 충돌이 발생할 우려가 있다고 할 것이다. 따라서 법률 체계상 필요하다면 「해양환경관리법」에서 폐기물에 대한 정의 규정은 두되, 「자원의 절약과 재활용촉진에 관한 법률」 등과 같이, 폐기물 관리에 관한 기본법으로서의 성격을 가지고 있는 「폐기물관리법」의 정의 규정을 그대로 활용하는 것으로 규정하는 것이 타당하다고 판단된다.

'폐기물'에 대한 또 다른 정의는 「폐기물의 국가간 이동 및 그 처리에 관한 법률」에서 규정하고 있는데, 동 법률에서는 폐기물을 '유해폐기물의 국가간 이동 및 그 처리의 통제에 관한 바젤협약 부속서 등에 규정된 폐기물 및 협약 제11조의 규정에 의한 양자간·다자간 또는 지역적 협정에서 수출입의 규제가 필요한 것으로 정하는 물질로서 대통령령이 정하는 것'으로 정의하고 있다.9) 이처럼 「폐기물의 국가간 이동 및 그 처리에 관한 법률」에서

---

9) 「폐기물의 국가간 이동 및 그 처리에 관한 법률」제2조 제1호; 동법 시행령 제2조 제1항에서는 「유해폐기물의 국가간 이동 및 그 처리의 통제에 관한 바젤협약」(이

규정하고 있는 폐기물의 정의는 일정한 물질이 바젤협약 부속서 또는 동법 시행령에서 정한 물질에 해당하는지 여부와 같은 순수하게 객관적인 기준에 따라 판단하도록 규정하고 있는바, 이것을 「폐기물관리법」에서 규정하고 있는 정의 규정과 서로 모순되는 별개의 정의 규정으로 보고 해석상의 문제를 제기할 수 있는 여지도 있다고 판단된다. 그러나 「폐기물관리법」제24조의2 및 제24조의3의 폐기물 수출·입 관련 규정과 「폐기물의 국가간 이동 및 그 처리에 관한 법률」의 입법취지 등을 고려할 때 이들 규정들이 상호 모순되는 것으로 보기는 어려우며, 다만 「폐기물의 국가간 이동 및 그 처리에 관한 법률」제2조 제1호의 정의 규정은 동법의 적용대상이 되는 폐기물의 범위를 명확하게 정하고 있는 것으로 보는 것이 타당할 것이다.

하 "협약"이라 한다) 부속서 1 또는 부속서 8에서 정한 폐기물로서 부속서 3에 규정한 유해한 특성을 가지는 것, 협약 부속서 2에서 정한 폐기물, 협약 제3조제1항 내지 제3항 및 협약 제11조에 의하여 우리나라가 협약사무국에 통보하거나 통보받은 폐기물 등을 규정하고 있으며, 동조 제2항에서는 다시 구체적인 품목을 환경부장관이 산업통상자원부장관과 협의하여 고시하도록 규정하고 있다.

제3절 현행법상 '폐기물' 정의 규정의 해석

1. '폐기물' 개념과 현행법의 문제점

가. '폐기물'의 개념

폐기물의 개념에 대해서는 일반적으로 '주관적 폐기물개념(subjektiver Abfallbegriff)'과 '객관적 폐기물개념(objektiver Abfallbegriff)'으로 구분하여 검토할 수 있다. 전자는 특정한 물질 또는 물건의 소유자나 점유자의 처분 (용도폐기)행위 또는 처분의사의 존재에 따라 성립하는 것인데 반하여, 후자의 경우에는 해당 물질이나 물건의 소유자 또는 점유자의 주관적인 의사와는 관계없이 공공의 복리, 또는 환경의 보호를 비롯한 공익의 보호를 위하여 법적으로 적정한 처리가 요구되는 물질 또는 물건이란 의미에서의 폐기물을 뜻한다.[1] 이 경우에 어떠한 물건이 공공의 복리 또는 공익에 위험한 것인가를 판단하기 위해서는 해당 물질이 본래 그 자체로 위험한 것인지, 본래의 용도 이외의 사용 또는 이용으로 인해 위험하게 되는 것인지, 그리고 이 경우 그 위험의 크기는 어느 정도인지, 어떤 물질이 잠재적으로 환경에 위태롭기는 하지만 점유자에 의해 환경에 무해하게 이용될 수 있는 경우

---

1) 홍준형, 『환경법특강』 (박영사, 2013), 370쪽

에도 공익에 대한 위험이 존재하는지 등을 고려할 필요가 있다고 본다.[2] 독일을 비롯한 EU 국가들의 경우에는 폐기물의 정의에 관한 조항에서 위의 두 가지 폐기물개념을 모두 명확히 규정하고 있는데 반하여, 우리나라의 경우에는 어떠한 폐기물개념을 따르고 있는지가 분명하지 않음에 따라 그 해석을 둘러싸고 많은 이견과 분쟁이 존재한다.

나. 현행법의 문제점

앞에서 살펴본 바와 같이 「폐기물관리법」를 비롯한 여러 법률에서 '폐기물'에 대한 정의 규정을 두고 있으나, 가장 기본이 되는 것은 현행 「폐기물관리법」 제2조 제1호에서 규정하고 있는 '쓰레기, 연소재(燃燒滓), 오니(汚泥), 폐유(廢油), 폐산(廢酸), 폐알칼리 및 동물의 사체(死體) 등으로서 사람의 생활이나 사업활동에 필요하지 아니하게 된 물질'이라는 정의라고 할 것이다. 여기에서 "필요하지 아니하게 된"이라는 문구는 해당 물질의 소유자 또는 점유자의 주관적인 측면에서 필요성이 없어진, 즉 "처분하고자 하는"의 뜻으로 새겨야 할 것이며, 따라서 우리 법제에서 주관적 폐기물개념에 대한 실정법적 근거를 찾을 수 있다는 점에 대해서는 크게 이견이 없다고 할 것이나, 이러한 정의 규정에서 객관적 폐기물개념을 직접 도출할 수 있는지에 대해서는 견해가 대립되고 있는 것으로 보인다.[3]

현행 「폐기물관리법」 제2조 제1호에서 규정하고 있는 폐기물의 정의에 대해서는, 정의 규정이 지나치게 추상적으로 규정되어 있어 현실의 구체적인 상황에 있어서 일정한 물질이 폐기물에 해당하는지 여부가 명확하지 않은 경우가 많고, 따라서 법 적용 여부에 대한 논란이 발생할 소지가 크다는

---

2) 정훈, "폐기물법상 폐기물의 개념에 관한 고찰", 전남대학교 법률행정연구소, 『법률행정논총』 제21집 제2호, 353-382 (2001), 363쪽
3) *Id.* 379쪽~380쪽 참고

점이 가장 큰 문제점으로 지적되고 있다. 현행 「폐기물관리법」의 폐기물에 대한 정의 조항에서는 "필요하지 아니하게 된 물질"이라는 것을 폐기물 여부를 판단하는데 있어서 유일무이한 핵심적인 요건 또는 표지로 규정하고 있는데, 이것만으로 폐기물의 개념을 정의하기에는 너무 추상적이고 빈약한 개념표지라는 것이다.[4] 이러한 관점에서 우리 「폐기물관리법」의 정의 규정은 폐기물의 개념에 대한 기술이 아니라 폐기물에 해당하는 물질이 어떠한 것인가를 예시하고 있는 것에 불과하며, 엄밀히 말하면 폐기물의 개념 정의라고 하기는 어렵다는 비판까지도 제기되고 있으며,[5] 또한 자원순환사회에 부합하는, '자원'이라는 개념을 전혀 찾아볼 수 없다는 점도 현행 정의 규정의 문제점 가운데 하나로 지적되고 있다.[6]

2. '폐기물'의 개념요소에 대한 검토

「폐기물관리법」 제2조 제1호는 폐기물을 '사람의 생활이나 사업활동에 필요하지 아니하게 된 물질'로 규정하고 있는데, 동 규정에서 쓰레기, 연소재, 오니, 폐유, 폐산, 폐알칼리, 동물의 사체 등은 폐기물에 해당하는 물질의 예시라고 할 수 있으며, 우리 「폐기물관리법」에 의해 규율되는 폐기물에 해당하는지 여부를 판단함에 있어서 결정적인 요소라고 할 수 있는 것은 결국 '물질'에 해당하는지와 '사람의 생활이나 사업활동에 필요하지 아니하게' 되었다고 볼 수 있는지의 두 가지로 요약할 수 있다. 따라서 이하에서는 현

---

4) 안종오, "우리나라 유해폐기물법제의 개선방향", 경희대학교 법학연구소, 『경희법학』 제40권 제2호, 231-274 (2005), 233쪽; 同旨 송동수, "폐기물 관련 법제의 변화와 전망", 강원대학교 비교법학연구소, 『환경법과 정책』 제4권, 113-144 (2010), 130쪽
5) 정훈, 앞의 글 2, 368쪽
6) 김홍균, 『환경법』(제3판), (홍문사, 2014), 511쪽

행 「폐기물관리법」의 정의 규정의 두 개념요소인 '물질'과 '필요성'에 대해 검토하고자 한다.

가. 물질(物質)

「폐기물관리법」은 제2조 제1호에서 규정하고 있는 '물질'이 무엇을 의미하는가에 대해서는 별도의 정의를 두고 있지 않으며, 다른 환경법 가운데에서도 '물질'에 대한 정의 규정을 두고 있는 법률은 없다. 한편 '물질'의 사전적인 의미를 살펴보면, '물건의 본바탕' 또는 '자연계의 요소의 하나로, 공간의 일부를 차지하고 질량을 가지는 것'[7] 등으로 되어 있다. 따라서 「폐기물관리법」에서 말하는 물질은 '일정한 공간 안에 한정할 수 있는 물체'를 말한다고 할 것이다.[8] 물건이라는 말 대신 '물질'이라는 표현을 사용하고 있는 것은 폐기물의 종류에 액체상태의 폐기물 등이 있는 점을 염두에 두고 물건보다 외연이 더 넓은 것으로 일반적으로 이해되는 물질이라는 표현을 사용하고 있는 것으로 볼 수 있으나, 우리 민법 제98조에서는 물건을 "유체물 및 전기 기타 관리할 수 있는 자연력"으로 정의하고 있고 유체물에는 액체·기체 등이 모두 포함되는 것으로 해석되고 있으므로 여기에서의 물질은 물건과 실질적으로 동일한 의미를 갖는 것으로 보아도 될 것이다.[9]

동물은 「폐기물관리법」 제2조 제1호에서 '동물의 사체'를 명시적으로 폐기물의 예시로 규정하고 있으므로 「가축전염병예방법」, 「수산생물질병관리법」 등 다른 법률에서 별도로 정한 바가 없으면 당연히 폐기물로서의 물질에 해당하며,[10] 사람의 사체는 「폐기물관리법」상 물질의 개념에 해당하지 않

---

7) 『동아 새국어사전』(제5판 10쇄), (두산동아, 2014), 876쪽
8) 정훈, 앞의 글 2, 356쪽 참고
9) 김준호, 『민법강의-이론과 사례-』(신정3판), (법문사, 2002), 183쪽~184쪽
10) 「폐기물관리법」 제3조 제1항 제6호 및 제7호

으나, 수술과정에서 제거되는 신체의 일부, 인체 조직 등 적출물의 경우에는 폐기물에 해당한다.[11]

'폐기물'의 정의 규정과 관련하여 문제가 되는 것은 '물질'이 동산만을 의미하는 것인지, 아니면 넓게 부동산도 포함하는 것인지 하는 점이다. 위와 같은 '물질'의 사전적 의미와 민법 제98조에서 규정하고 있는 물건에는 동산뿐만 아니라 부동산도 포함된다는 점 등을 감안하면 폐기물이 반드시 동산에 국한된다고 해석하기에는 어려운 측면도 있으나, 학설의 경우 폐기물의 개념에는 "버린다" 내지 "제거한다"라는 구성요소가 암묵적으로 포함되고, 따라서 동산만이 「폐기물관리법」의 규율대상이 되는 폐기물로서의 물질에 해당한다고 보는 견해가 있으며,[12] 판례 또한 '오염토양'이 「폐기물관리법」의 규율 대상인 '폐기물'에 해당하는지 여부에 대한 판결에서 "토양은 폐기물 기타 오염물질에 의하여 오염될 수 있는 대상일 뿐 오염토양이라 하여 동산으로서 '물질'인 폐기물에 해당한다고 할 수 없"다고 판시하여, 폐기물은 동산일 것을 전제로 하고 있음을 명확하게 밝힌바 있다.[13] 이러한 입장을 따르면, 농어촌의 폐가 등 폐허가 된 건축물의 경우에도 그것이 토지 위에 확고하게 부착되어 있는 한은 폐기물에 해당하지 않는다고 할 것이며, 해당 건축물이 철거 또는 분해된 경우에 비로소 그 잔재물들이 폐기물에 해당한다고 할 것이다. 이와 같이 건축물의 경우에는 크게 논란이 없다고 할 수 있으나, 토지 또는 토양에 대하여는 학설이 크게 대립되고 있는바, 이에 대해서는 별도로 검토하고자 한다.[14]

---

11) 「폐기물관리법」 제2조 제5호
12) 박균성, "폐기물 관련법령의 기본구조", 한국환경법학회, 『환경법연구』 제26권 2호, 163-185 (2004), 66쪽; 박균성·함태성, 『환경법』(제6판), (박영사, 2013), 524쪽
13) 대법원 2011. 5.26. 선고 2008도2907
14) 본 논문 제4장 제3절 참조

나. 필요성

폐기물의 개념요소와 관련하여 해석상 주로 문제가 되는 것은 '필요성'의 판단이라고 할 것이다. 즉, 현행 「폐기물관리법」상의 정의 규정이 너무 애매하고 빈약하다는 비판과는 별개로, 현행 규정의 해석과 관련해서는, 특정한 물질이 폐기물에 해당하는지 여부를 결정하는 핵심적인 요소인 '필요성'의 존재 여부에 대한 판단 주체와 판단 기준을 어떻게 볼 것인가에 대해서 다양한 견해들이 제시되고 있는바, 이하에서는 이들 학설과 판례 및 환경부의 대표적인 질의회신사례 등을 종합적으로 검토하고자 한다.

(1) 학설

'필요성'의 판단 주체 및 기준과 관련해서는 견해가 주관설, 객관설, 절충설, 종합판단설 등으로 대립되고 있다.

(가) 주관설

이것은 우리 「폐기물관리법」은 '버리는 사람'의 '용도폐기의사'에 따라 성립하는 주관적 폐기물개념을 취한 것으로 보아야 한다는 입장15)에서 취하는 견해이다. 이 견해에 따르면, 일정한 물질이 현행 「폐기물관리법」상의 폐기물에 해당하는지 여부는 해당 물질을 버리는 사람의 주관적 의사를 기초로 판단하여야 한다.16) 즉 "필요하지 아니하게 된"이란 표현은 '필요성'이 없음을 나타내는 것으로 해석될 수 있고 이는 해당 물질의 소유자 또는

---

15) 방극채, "폐기물의 처리책임에 관한 비교법적 연구", 『전남대학교 박사학위논문』(2008), 5쪽; 정훈, "폐기물처리에 관한 법적 고찰 - 한국의 폐기물관리법과 독일의 순환관리 및 폐기물법을 중심으로 -", 『전남대학교 박사학위논문』(2001), 100쪽 참고
16) 채영근, "폐기물 관련 법령체계의 문제점 및 개선방안", 한국환경법학회, 『환경법연구』제31권 2호, 145-169 (2009), 160쪽 참고

점유자의 주관적인 판단에 좌우될 것이며, 결국 "필요하지 아니하게 된"이라는 표현은 "필요 없는"의 의미이고, 이는 해당 물질의 소유자나 점유자의 주관적인 측면에서 필요성이 없어진, 즉 "처분하고자 하는"의 뜻으로 새겨야 한다는 입장이다.[17] 따라서 주관설을 취하는 입장에 따르면, 해당 물질의 경제성이나 제3자에 대한 유용성과 관계없이 버릴 것인지, 버리지 않을 것인지를 판단하는 배출자의 주관적 의지가 폐기물 여부를 결정하는 주된 요소가 되므로,[18] 어느 물질의 점유자 또는 소유자가 자신의 생활이나 사업활동에 더 이상 필요하지 않다고 판단하여 그것을 종량제 봉투에 버리면 그것은 당연히 폐기물이 된다. 반대로 어느 물질을 사용한 후 해당 물질이나 그 잔재물이 여전히 필요하다고 판단하여 자신의 사업장에 보관하는 경우에는 동 물질은 폐기물이라고 할 수 없게 된다.

이러한 주관설에 대해서는, 폐기물 해당 여부에 대한 판단을 전적으로 주관적 의사에 맡겨둠으로써 소유자 또는 관리자의 의사에 따라서 방치하거나 아무렇게나 배출·적치할 수 있도록 허용하는 경우 국민의 건강이나 환경에 위해를 야기할 우려가 있다는 문제가 제기될 수 있다. 즉, 객관적으로 사용가치가 없다고 하더라도 주관적인 사용의사가 있는 경우에는 폐기물이 아니라고 볼 경우에는, 폐기물인지 여부가 사용자의 의사에 따라 상대적으로 결정되게 될 것이고, 따라서 사용의사가 없는 자는 「폐기물관리법」상의 제반의무를 부담하게 되는데 비하여 사용의사가 있는 자는 그러한 의무를 부담하지 않는 것으로 되어 결국 폐기물의 개념이 상대화되는 문제점을 지니게 된다.[19]

---

17) 정훈, 앞의 글 2, 379쪽 참고
18) 대한민국 국회(환경노동위원회), 「자원순환사회전환촉진법안 검토보고서」 (2014. 11), 13쪽
19) 김천수, "폐기물을 재활용하는 경우에 있어, 폐기물의 기준", 법원도서관, 『대법원 판례해설』 통권 제43호, 765-775 (2003), 771쪽

(나) 객관설

우리 「폐기물관리법」상 폐기물의 정의 규정에 따른 '필요성' 여부는 객관적으로 판단되어야 하며, 따라서 어떤 물질의 소유자 또는 점유자의 주관적인 의사와는 관계없이 객관적으로 어느 누구의 생활이나 사업 활동에 필요하지 않은 것으로 볼 수 있는 물질은 폐기물에 해당한다고 보는 입장이다.[20] 이것은 폐기물에 해당하는지 여부를 해당 물질의 점유자나 소유자의 주관적인 의사를 기준으로 판단할 경우에는 자칫 폐기물 개념을 상대화할 수 있으므로, 객관적으로 사용가치가 없다고 사회통념상 승인될 정도에 이른 물질은 폐기물로 보아야 한다는 견해로서, 이와 같은 해석이 환경보호라는 「폐기물관리법」의 입법취지에 부합한다고 보는 것이다.[21] 이는 공공의 복리를 위하여 법적으로 적정한 처리가 요구되는 물질은 폐기물로 보아야 한다는 객관적 폐기물개념을 바탕으로 하는 것으로, '사회국가의 원리' 또는 '재산권의 사회적 구속성'을 구체화하여 공공의 이익을 위해서 필요한 경우에는 소유자나 점유자의 의사에 반해서도 적정한 폐기물처리를 관철시킬 수 있도록 할 필요가 있다는 것을 중시하는 견해로 볼 수 있다.[22]

그러나 이러한 입장을 취하는 경우에도 객관적으로 사용가치가 없다는 판단을 어떤 기준에 의해서 할 것인가 하는 문제가 남게 된다. 이러한 판단을 만약 '사회통념'에 따른 승인을 기준으로 하도록 할 경우에는 '사회통념'을 어떻게 결정할 것인가가 해석의 관건이 될 수 있는데, '사회통념'을 판단함에 있어서 해당 물질의 성상, 배출의 상황, 통상의 취급형태, 거래가격의 유무 등 객관적인 요소뿐만 아니라 거래 당사자의 의사까지 고려하도록 할 경우에는 결국 뒤에서 살펴볼 '종합판단설'과 거의 동일한 결과에 이르게

20) 김홍균, 앞의 글 6, 512쪽; 조성규, "폐기물관리법제의 법적 문제", 행정법이론실무학회, 『행정법연구』제27호, 49-78 (2010), 60쪽; 이종영, "폐기물법제의 체계 및 개선방안", 한국환경법학회, 『환경법연구』제28권 2호, 69-92 (2006), 72쪽
21) 김천수, 앞의 글 19, 771쪽; 김홍균, 앞의 글 6, 512쪽
22) 홍준형, 앞의 글 1, 370쪽 참고

될 것이다.

한편, 철저하게 객관설을 적용하는 경우에는 반대로 특정 사업장에서 사업 활동을 하면서 부수적으로 발생되는 물질이 해당 사업장에서는 불필요하지만 다른 사업장에서는 원료로서 사용가능한 경우에는 「폐기물관리법」상 폐기물에 해당한다고 보기 어렵다는 결론에 이르게 될 것이다. 왜냐하면 「폐기물관리법」상의 폐기물의 정의 규정에서는 해당 물질이 더 이상 '사람'의 생활이나 사업 활동에 필요하지 아니할 때에 폐기물이 되는 것으로 규정하고 있으며, 해당 물질의 '소유자' 또는 '점유자'에게 필요하지 않을 것을 요건으로 하고 있지 않으므로, 해당 '소유자' 또는 '점유자'는 더 이상 필요하지 않으나 다른 사람에게는 필요한 물질은 폐기물이라고 할 수 없다고 보아야 하는 것이다. 그러나 이러한 해석은, 폐기물의 범위가 지나치게 협소해지고, 국민의 건강과 환경에 미칠 수 있는 위해를 예방하려는 법률의 취지에도 반하는 결과가 야기될 수 있다는 점에서 문제가 있다고 할 것이다. 또한 현실적으로는 전혀 사용되지 않은 제품 또는 거의 사용되지 않은 제품의 경우에도 점유자가 불필요하다고 판단하거나 더 이상 보유하고 사용하는 것을 원하지 않는 경우에는 폐기물로 배출될 수 있고, 또 그러한 경우에 발생할 수 있는 환경오염을 예방하기 위해서는 폐기물 관련 법률로 이를 관리할 필요가 있기 때문에 주관적 요소를 전혀 고려하지 않을 수는 없다는 비판도 제기된다.[23]

(다) 절충설(병합설)

이것은 우리 「폐기물관리법」은 주관적 폐기물개념을 원칙으로 하되 객관적 폐기물개념에 의해서 보충되는, 가장 넓은 의미의 폐기물개념을 채용하고 있다고 해석하여야 한다는 견해로, 폐기물의 개념은 폐기물의 적정관리

---

23) 구마모토 가즈키, 『일본의 순환형사회 만들기 무엇이 잘못되었는가』, 이승무 옮김 (순환경제연구소, 2012), 143쪽

라는 관점에서 인간 및 환경에 대한 위해의 방지를 위해 규제되어야 하는 물질을 정하는 의미를 갖기 때문에 이러한 물질들이 모두 포함되도록 망라하여 정의할 필요가 있다는 것을 논거로 한다.24) 이 견해는 뒤의 '종합판단설'과 결론에 있어서는 유사할 수 있으나, 순전히 객관적 폐기물 개념에 의한 폐기물을 인정한다는 점에서 근본적인 차이가 있다고 할 것이다. 이러한 견해를 취하는 입장에서는 현행 「폐기물관리법」의 지정폐기물에 대한 정의 규정에 주목한다. 즉, 동법 제2조 제4호는 '사업장폐기물 중 폐유·폐산 등 주변 환경을 오염시킬 수 있거나 의료폐기물 등 인체에 위해를 줄 수 있는 해로운 물질로서 대통령령으로 정하는 폐기물'을 지정폐기물로 정의하고, 동법 시행령 제3조와 이에 따른 시행령 별표1에서 지정폐기물에 해당하는 물질을 구체적으로 열거하고 있는바, 이러한 지정폐기물은 해당 폐기물을 발생시킨 자 또는 배출한 자 등의 주관적인 의사 여하에 불구하고 「폐기물관리법」의 규정에 따라서 해당 폐기물의 처리할 의무를 부담하는 자가 스스로 또는 일정한 요건을 갖춘 처리시설에서 처리해야 하므로 결국 지정폐기물의 개념은 객관적 폐기물개념을 전제로 한 것이라고 보는 것이다.25)

이 견해를 취하는 경우에는 폐기물의 범위가 가장 넓게 확대되게 되며, 따라서 「폐기물관리법」을 비롯한 폐기물 관련 법령에 의한 엄격한 관리로 국민의 건강과 환경 보전에 만전을 기할 수 있는 장점이 있다고 할 수 있다. 그러나 반면에 논리적으로는 '지정폐기물'도 역시 '폐기물'의 개념을 전제로 하는 것이며, 따라서 폐유·폐산 등은 지정폐기물의 예시에 불과하다고

---

24) 박균성·함태성, 앞의 글 12, 523쪽; 홍준형, 앞의 글 1, 373쪽~374쪽. 다만 홍준형 교수가 현행 「폐기물관리법」해석과 관련해서 객관적 폐기물개념을 인정하고 있는 지는 명확하지 않은데, 전게서 374쪽에서는 "지정폐기물의 개념은 이와 같은 객관적 폐기물개념을 전제로 한 것이라고 볼 수 있다"고 하여 객관적 폐기물 개념이 현행법에 반영되어 있는 것으로 기술하고 있으나, 373쪽에서는 "현행 「폐기물관리법」이 객관적 폐기물 개념을 명문으로 인정하고 있는지는 분명하지 않다"고 하여, 상반되는 것으로 보이는 서술을 하고 있기 때문이다.

25) 홍준형, 앞의 글 1, 374쪽

볼 수 있고, 설사 우리 「폐기물관리법」이 지정폐기물과 관련하여 객관적 폐기물개념을 채택하고 있다고 해석할 수 있다고 하더라도 이를 전체 폐기물로 확대하여 폐기물로 관리할 실익이나 필요성이 없는 물질들도 모두 폐기물로 규제를 받도록 하는 것은 과도한 유추해석이라는 비판을 받을 수 있다.

한편, '필요하지 아니하게 된 물질'의 의미와 유형을 세부적으로 분석하면, ① 유가성 또는 경제적인 측면에서 가치가 없어져서 버리고자 하거나 버릴 수밖에 없는 물질(예 : 폐건전지, 폐형광등), ② 효율성 또는 효율적인 측면에서 쓸모가 없어져서 버리고자 하거나 버릴 수밖에 없는 물질(예 : 구형 컴퓨터, 헌 옷가지), ③ 작동성 또는 기능적인 측면에서 고장 또는 기능이 상실되어서 버리고자 하거나 버릴 수밖에 없는 물질(예 : 고장난 가전제품, 폐자동차), ④ 유해·위해성 또는 환경적인 측면에서 주변 환경오염이나 인체에 위해를 줄 우려가 있어 반드시 버려야 할 물질(예 : 폐산·폐유 등 지정폐기물, 적출물 등 의료폐기물) 등으로 해석이 가능하다는 견해[26]도 일종의 절충설의 입장에 서있다고 할 수 있을 것이다. 그러나 이러한 견해도 입법론적인 측면에서 현행 규정의 개정방안으로 제시되는 것은 별론으로 하고, 현행 규정을 해석함에 있어서 주관적인 의사와 관계없이 해당 물질 또는 물건의 유해성이나 위해성 등 국민의 건강이나 환경에 부정적인 영향을 미칠 우려가 있어서 반드시 버려야 할 물질들은 모두 폐기물에 포함되는 것으로 해석하는 것은 법률의 명시적 문언에 반하는 것으로 보아야 할 것이다.

(라) 종합판단설

이 견해는 우리 「폐기물관리법」상 폐기물의 정의 규정의 '필요하지 아니하게 된 물질'에 해당하는지 여부는 해당 물질의 성상, 배출의 상황, 통상의

---

26) 방극채, 앞의 글 15, 4쪽

취급형태, 거래가격의 유무 및 사업자의 의사 등을 종합적으로 감안하여 결정해야 한다는 입장이다.[27] 이 견해는 일정한 물질의 소유자 또는 점유자의 주관적인 의사가 폐기물 해당 여부를 결정하는 유일한 기준이 아니라는 점에서 주관설과 구별된다고 할 수 있으며, 반면에 '필요성' 여부에 대한 판단의 주체 및 기준이 여전히 해당 물질의 소유자 또는 점유자라는 점에서 객관설과도 구별된다고 할 것이다.

이것은 「폐기물관리법」의 명시적인 문언에 반하지 않으면서도, 일정한 물질의 소유자 또는 점유자의 주관적 의사에 폐기물에 해당 여부가 좌우되지 않도록 하기 위한 견해로 볼 수 있다. 그러나 이 견해의 경우에는 여러 가지 종합적으로 고려해야 할 요소들 가운데 어떤 요소에 어느 정도의 비중을 둘 것인지, 또는 폐기물에 해당하는지 여부를 판단함에 있어서 어떤 요소가 결정적인 역할을 하는지에 대해 여전히 불명확한 점이 있다는 비판이 제기될 수 있다.

(2) 판례

우리 대법원의 확립된 판례는 폐기물의 정의를 넓게 해석하여 물질의 소유자 또는 점유자의 주관적 의사뿐만 아니라 해당 물질의 객관적 성상도 고려하여 폐기물에 해당하는지 여부를 판단하고 있는 것으로 보인다. 또한, 해당 사업장의 사업 활동에 필요하지 아니하게 된 물질은 비록 그 물질이 재활용의 원료로 공급된다는 사정만으로는 폐기물로서의 성질을 상실하지는 않는다는 입장을 견지하고 있다.[28]

---

27) 한귀현, "폐기물법제의 최근 동향에 관한 소고 - 일본의 폐기물처리법을 중심으로 - ", 한국비교공법학회, 『공법학연구』 제12권 제2호, 389-421 (2011), 391쪽; 이종영, 앞의 글 20, 72쪽; 김연태, "폐기물의 개념 및 분류·처리체계 - 독일의 순환관리 및 폐기물법을 중심으로 -", 한국환경법학회, 『환경법연구』 제25권 1호, 165-208 (2003), 166쪽; 조현권, "폐기물의 개념", 환경보전협회, 『환경보전』 25권 3호, 37-39 (2003), 39쪽

대법원은 음식물류 폐기물을 비료제조의 원료로 공급한 사안과 관련된 판결에서, "자연환경 및 생활환경에 중대한 영향을 미칠 우려가 있는 폐기물의 배출을 엄격히 규제하여 환경보전과 국민생활의 질적 향상을 도모하려는 위 법의 취지에 비추어, 사업장에서 배출되는 위와 같은 물질이 해당 사업장의 사업 활동에 필요하지 아니하게 된 이상 그 물질은 위 법에서 말하는 폐기물에 해당한다고 보아야 하고, 해당 사업장에서 폐기된 물질이 재활용 원료로 공급된다고 해서 폐기물로서의 성질을 상실하는 것은 아니다 (대법원 2010. 9. 30. 선고 2009두6681 판결 등 참조)"라고 판시한바 있다.[29] 또한 비료 생산공장의 원료저장탱크에서 유출되어 생산목적에 사용할 수 없게 된 액체비료 역시, 본래 공장의 원료로서 보관하던 것이라 하더라도 그것이 일단 저장탱크로부터 유출되어 더 이상 본래 생산 목적에 사용하기 어렵게 된 이상은 「폐기물관리법」 제2조 제1호의 폐기물에 해당한다고 판시한바 있다.[30]

위의 판례에서처럼 우리 대법원은 '필요하지 아니하게' 되었는지의 판단을 점유자 또는 소유자의 주관적인 의사에 맡겨두지 않았다는 점에서 객관적 폐기물 개념설을 취하고 있다고 보는 견해도 있다.[31] 그러나 이 경우에도 '필요'하지 아니하게 되었는지 여부에 대한 판단기준은 여전히 '해당 사업장'이고, 해당 물질의 점유자 또는 소유자의 주관적인 의사가 폐기물에 해당하는지 여부를 결정하는 데 있어 전혀 고려되지 않는 것은 아니라는 점에서 순수한 객관설을 취했다고 볼 수는 없으며, 위의 종합판단설에 가까운

28) 대법원 2012. 4.13. 선고 2010도16314 판결, 대법원 2010. 9.30. 선고 2009두6681 판결, 대법원 2003. 2.28. 선고 2002도6081 판결, 대법원 2001. 6. 1. 선고 2001도 70 판결
29) 대법원 2012. 4.13. 선고 2010도16314 판결
30) 대법원 2009. 1.30. 선고 2008도8971 판결
31) 최봉석, 『환경법』(개정판), (청목출판사, 2014), 423쪽; 손희만, "폐기물의 재활용촉진을 위한 관련법제의 개선방안에 관한 연구", 『서울시립대학교 대학원 법학박사 학위논문』 (2009), 8쪽

입장을 취한 것으로 보아야 할 것이다.

　대법원은 다른 판례에서 "해당 사업장의 사업활동에 필요하지 아니하게
된 물질은, 비록 그 물질이 재활용의 원료로 공급된다는 사정만으로는 폐기
물로서의 성질을 상실하지 아니한다고 할 것이나, 그 물질을 공급받은 자가
이를 파쇄, 선별, 풍화 및 숙성의 방법으로 가공한 후 완제품을 생산하는 경
우에 있어서는 그 물건을 공급받은 자의 의사, 그 물질의 성상 등에 비추어
아직 완제품에 이르지 않았다고 하더라도, 위와 같은 가공과정을 거쳐 객관
적으로 사람의 생활이나 사업활동에 필요하다고 사회통념상 승인될 정도에
이르렀다면, 그 물질은 그때부터는 폐기물로서의 속성을 잃고 완제품 생산
을 위한 원료물질로 바뀌었다고 할 것이어서, 그 물질을 가리켜 사업활동에
필요하지 않게 된 폐기된 물질, 즉 폐기물에 해당한다고 볼 수는 없을 것이
다"라고 하여,[32] 주관적인 측면과 객관적인 요소를 모두 고려하여 폐기물
해당 여부를 판단하여야 함을 명확히 하고 있다.

　다만 판례에서 제시하고 있는 것처럼 '물건을 공급받는 자의 의사'도 폐
기물 해당 여부를 판단하는데 있어서 중요한 요소로 고려하여야 하는가에
대해서는 의문이 있다. 폐기물 관련 법령의 규제를 회피하기 위한 위장 재
활용 등을 예방하기 위해서는, '물건을 공급받는 자의 의사'보다는 유상거래
여부 및 유상거래의 경우에도 판매대금을 초과하는 별도의 처리비를 수수
하였는지 여부 등 실질적인 거래의 객관적인 양상을 종합적으로 고려하여
판단하는 것이 타당하다고 생각된다.

(3) 환경부 해석

　「폐기물관리법」에 대해서는 그 시행 이래 법률과 하위법령뿐만 아니라
동법에 따른 고시 등의 해석과 관련하여 많은 질의가 있었으며, 그 중에서
도 특히 특정한 물질이 폐기물에 해당하는지 여부에 대한 질의·회신이 다수

---

32) 대법원 2002.12.26. 선고 2002도3116 판결

를 차지하고 있다. 이것은 일단 어떤 물질이 폐기물에 해당하는 것으로 분류가 되면 그 배출에서부터 수거, 운반 및 처리 등 모든 단계에 걸쳐서 「폐기물관리법」에서 정하고 있는 엄격한 규정의 적용을 받게 되고, 이에 따라 이해관계자들 특히 배출자의 법적·경제적 부담이 커지는데서 비롯되는 것으로 볼 수 있을 것이다. 그러나 다른 한편으로는, 그만큼 우리 「폐기물관리법」의 폐기물에 대한 정의 규정이 모호하고 명확하지 못한 측면이 있다는 반증이 될 수도 있을 것이다. 특정한 물질이 폐기물에 해당하는지 여부에 관한 질의에 대하여 그동안 환경부가 회신한 대표적인 사례들을 환경부의 해석을 기준으로 분류하여 살펴보면 다음과 같다.

① 폐기물에 해당한다고 본 경우
하수처리시설의 방류수를 모래여과기를 거쳐 처리하고 있는 경우 그 모래여과기에서 내부에 차있는 모래를 교체하는 경우에 교체되는 모래가 폐기물에 해당하는지에 대해, 환경부는 "여과기 내부의 모래를 교체한다는 것은 오염물질이 모래내부에 함유되어 여과기의 기능을 발휘하지 못하거나 효율이 떨어져 하수처리에 필요하지 아니하게 된 것으로 폐기물에 해당된다"[33]고 해석한바 있으며, 사출공정에서 발생한 불량품 등을 분쇄하여 원료로 사용하는 스크랩,[34] 도산한 사업장에서 4년 이상 차광막으로 덮어 야적 보관 및 방치하고 있는 제품,[35] 폐타이어를 단순 파쇄하여 연료로 공급하는 경우 그 파쇄된 생산품(칩),[36] 제조공정상 문제 또는 취급상 부주의로 인하여 생산된 제품이 당초의 상품용도로 사용할 수 없게 되어 저가 또는 무상으로 제3자에게 매각하고자 하는 경우에도 폐기물로 분류하고 있다.[37] 또한

---

33) 환경부·한국폐기물협회, 『폐기물분야 질의·회신 사례집』(2010), 11쪽
34) *Id.* 12쪽
35) *Id.* 22쪽
36) *Ibid.*
37) 김두형, "사업장 일반 및 지정·의료폐기물 관리 및 질의회신사례", 『자원순환정책

제품생산 중 발생하는 부산물을 제3의 임가공업체에서 임가공한 후 당 공정으로 재입고하여 원료로 활용할 경우 이러한 부산물을 폐기물로 관리하여야 하는가에 대해서도, 폐기물에 대한 정의는 그 유용성에 따라 분류하는 것이 아니라 배출자의 측면에서 폐기물 해당여부를 분류하는 것이며, 따라서 사업 활동으로 발생한 부산물을 임가공업체에 반출하여 재활용하는 경우에도 폐기물에 해당한다고 회신한바 있다.[38] 이와 함께 환경부는, 야자껍질,[39] 불법 유사석유제품,[40] 동물원에서 키우는 야생동물(코끼리, 사자, 호랑이 등)의 분뇨,[41] 하천·호소를 준설하여 채취한 준설토에서 모래 등의 골재를 선별한 후 남은 오니 등의 잔재물[42] 등도 모두 폐기물에 해당하는 것으로 보아야 한다는 입장을 취하고 있다.

폐기물에 해당하는 것으로 해석된 위의 물질 또는 물건 가운데서 불법 유사석유제품의 경우, 폐기물 해당 여부를 배출자의 주관적인 의사에만 따라 판단하는 경우에는 폐기물에 해당한다고 보기 어려울 것이나, 이는 관련 법률에 의하여 사용이 금지되거나 처분되어야 하는 물질이며, 객관설 또는 종합판단설의 입장에서는 폐기물에 해당하는 것으로 해석할 수 있을 것이다. 환경부도 이러한 입장에서 국민의 건강 및 대기환경의 보호라는 공익적 필요성을 고려하여 불법 유사석유제품이 폐기물에 해당하는 것으로 해석한 것으로 볼 수 있다. 동물원에서 사육하는 야생동물 분뇨의 경우, 현행 「폐기물관리법」 제3조 제1항 제4호는 「가축분뇨의 관리 및 이용에 관한 법률」에 따른 가축분뇨는 적용범위에서 제외하고 있으나, 야생동물들은 '가축'으로 분류되지 않으므로 그 분뇨는 「폐기물관리법」의 적용을 받는 '폐기물'에 해

과정』, (국립환경인력개발원, 2013), 225쪽

38) 환경부 2008. 4. 2일자 질의회신(박석현 외, 『폐기물 재활용 선진화방안 마련을 위한 연구』, (환경부·한국환경공단, 2011.12), 70쪽에서 재인용)

39) 환경부·한국폐기물협회, 앞의 글 33, 28쪽

40) Id. 520쪽

41) 환경부, 『질의회신 사례집』(2010), 217쪽

42) 김두형, 앞의 글 37, 226쪽

당하는 것으로 해석하는 것이 타당하다.

② 폐기물에 해당하지 않는다고 본 경우

환경부는, 매립장내로 반입되어 복토용으로 사용되지 않고 적치되었던 토사 중 폐기물과 혼합되지 않은 상층부토사[43], 토목공사의 터파기 작업 또는 골재채취를 목적으로 하천·호소를 준설하여 발생하는 자연상태의 토석[44]이 폐기물에 해당하는지를 문의하는 질의에 대해서, 동 물질들은 폐기물에 해당하지 않는다고 회신한바 있다. 그리고 식용유지 제조과정상 발생하는 식용유의 제조부산물인 단미사료(배아박)[45]와, 일정한 규격의 용기 또는 상자에 넣거나 포장하여 원료로 판매되는 파쇄·분쇄된 폐유리[46], 원형 그대로 배출되어 별도의 수선이나 형태의 변화 없이 원형 그대로 동일한 용도로 재사용하는 재활용 의류[47], 일부 토사가 묻어 있으나 별도의 가공공정 없이 사용이 가능한 석탄[48] 등도 폐기물에 해당하지 않는 것으로 해석하고 있다.

위의 질의·회신 사례들을 종합적으로 검토해보면, 환경부의 기본적인 입장은 「폐기물관리법」의 정의 규정을 넓게 해석하여, 점유자의 주관적인 의사와 함께 물질 또는 물건의 객관적 성상을 기준으로 하여 일정한 물질 또는 물건이 폐기물에 해당하는지 여부를 판단하고 있는 것으로 볼 수 있다. 즉 폐기물의 표지로서 '필요성'의 존부를 해당 물질 또는 물건의 소유자 또는 점유자(배출자)를 기준으로 판단하되, 그것을 해당 배출자의 주관적 의사에만 의존해서 판단하는 것이 아니라, 발생한 물질 또는 물건의 특성과 해당 물질 또는 물건이 사업자등록증에 제품으로 기재되어 있는지 여부, 해당

---

43) 환경부·한국폐기물협회, 앞의 글 33, 10쪽
44) 김두형, 앞의 글 37, 226쪽
45) 환경부·한국폐기물협회, 앞의 글 33, 11쪽
46) *Id.* 12쪽
47) 환경부, 『질의·회신 사례집』(2011), 146쪽
48) 환경부, 『질의·회신 사례집』(2012), 276쪽

물질 또는 물건을 제품이나 원료 등으로 사용하기 위해 추가적인 공정에 의한 처리가 필요한지 여부 등 객관적인 성상과 상황들을 종합적으로 고려하여 판단하는 입장을 취하고 있다고 보아야 할 것이다. 이러한 해석의 바탕에는, 폐기물의 개념을 가급적 넓게 해석함으로써 폐기물의 부적정 처리를 최소화하고 이를 통해 우선적으로 환경과 국민의 건강에 대한 위해를 예방하면서, 다른 한편으로는 일정한 요건을 충족하는 경우에는 폐기물의 범주에서 제외함으로써 자원의 효율적인 활용을 촉진하려는 정책적 고려가 있다고 할 수 있다.[49] 아울러 폐기물에 해당하는지 여부에 대한 판단을 가급적 객관적으로 확인할 수 있는 기준에 따라 함으로써 법률 해석의 공정성과 투명성을 확보하려는 측면도 있다고 할 것이다.

그러나 이러한 해석에 대하여는, 과거에는 못 쓰게 되어 버려야만 했던 물건들도 현재는 재활용기술이 고도로 발달하여 '사람의 생활에 필요한' 자원으로 인식되는 경우가 많으며, 이에 따라 해당 물질이 발생한 사업장에서는 필요하지 않은 물질도 제3자에게는 필요한 용도로 사용될 수 있는 가능성이 매우 커졌고, 이렇게 본다면 오늘날 '사람의 생활이나 사업활동에 필요하지 아니하게 된 물질'의 범위는 매우 좁다고 보아야 하며 현재 재활용되고 있는 물질들은 현행법상 '폐기물'에 해당되지 않는다고 보아야 한다는 주장도 제기되고 있다.[50] 특히, 고철, 폐지 등 유가로 거래되거나 산업원료로 사용되는 물질들은 폐기물에서 제외해야 한다는 주장이 산업계를 중심으로 지속적으로 제기되고 있는바, 이에 대해서는 별도로 살펴보도록 한다.

---

49) David Wilkinson, "Time to Discard the Concept of Waste?", 1 *Environmental Law Review* 172 (1999), 195쪽 참고

50) 채영근, 앞의 글 16, 161쪽; 同旨, 김홍균, "폐기물재활용 개념 - 폐기물과의 구별 -", 한국법학원,『저스티스』통권 제84호, 53-69 (2005), 55쪽

3. 외국의 사례

가. 일본

(1) 법률의 규정

일본은 1970년 제정된 「폐기물의 처리 및 청소에 관한 법률(이하 「폐기물처리법」이라 한다)」에서 폐기물에 관한 정의를 규정하고 있는데, 동법에서는 폐기물을 '쓰레기(ごみ), 대형쓰레기, 연소재, 오니, 분뇨, 폐유, 폐산, 폐알카리, 동물의 사체 기타 오물 또는 불요물로서, 고형상 또는 액상의 것(방사성물질 및 그에 의해 오염된 물건을 제외한다)을 말한다'고 정의하고 있다.[51] 이러한 정의 규정은 그 기술방식이나 예시된 물질의 종류 등에 있어서 우리나라의 「폐기물관리법」의 정의 규정과 매우 유사하다고 할 수 있다.

그러나 일본 「폐기물처리법」의 정의 규정과 우리 「폐기물관리법」의 정의 규정 사이에는 중요한 차이점이 존재하는 것으로 보이는바, 위에서 살펴 본 것처럼 일본의 「폐기물처리법」은 '폐기물'을 "… 동물의 사체 기타 오물 또는 불요물… (후략)"로 규정하고 있는데 반해, 우리 「폐기물관리법」은 "… 동물의 사체 등으로서 사람의 생활이나 사업활동에 필요하지 아니하게 된 물질"로 규정하고 있는 것이다. 따라서 법률 문언에 충실하게 해석한다면, 일본의 경우에는 오물은 불요물에 해당하는지 여부와 관계없이 폐기물로서의 요건을 갖추고 있다고 볼 수 있으나, 우리나라의 법률의 경우에는 「폐기물관리법」 제2조 제1호 전단에서 일본의 법률에서 '오물'에 해당하는 물질들 가운데 하나로 예시되고 있는 '쓰레기' 등을 폐기물의 대표적인 유형으로 예시하고 있는 점은 유사하지만, 이들 물질들이 폐기물에 해당하는 것으

---

51) 「폐기물의 처리 및 청소에 관한 법률」 제2조 제1호

로 분류되기 위해서는 반드시 '사람의 생활이나 사업활동에 필요하지 아니'
한 경우에 해당할 것을 요구하고 있는 것이다.

　따라서 일본 「폐기물처리법」상의 폐기물의 정의에 포함된 '불요물'에 비
하여 우리 「폐기물관리법」에서의 '사람의 생활이나 사업활동에 필요하지
아니한 물질'이라는 요건이 폐기물 해당 여부를 결정짓는데 있어서 차지하
는 비중이 훨씬 절대적이고 중요하다고 할 수 있다. 다만, 일본 「폐기물처리
법」에서도 '오물'이 무엇인지를 규정하고 있지는 않으며, 이는 당초 동법이
공중위생의 향상을 목적으로 하던 데서 유래한 것으로서, 결국 실무적으로
는 '불요물'이 무엇인가, 그 기준은 무엇인가가 주로 문제가 되고 있다[52]는
점에서는 우리나라의 경우와 문제 상황이 유사하다고 할 것이다.

　이러한 차이점 외에도, 일본 「폐기물처리법」에서는 우리 현행 「폐기물관
리법」에서는 폐기물의 범위에서 제외하고 있는 '분뇨'까지도 폐기물에 포함
하고 있으며, 폐기물의 성상과 관련하여 '고형상 또는 액상의 것'을 말한다
고 명시되어 있는 점이 우리 법과는 다른 점이라고 할 수 있다.[53] 이러한
점을 제외하고는, 방사성폐기물을 폐기물법의 적용대상에서 제외하고 있는
것까지도 동일하게 규정하고 있다. 또한, 일본 「폐기물처리법」은 폐기물을
일반폐기물과 산업폐기물로 크게 분류하고 있는데, 제2조 제2호에서는 '일
반폐기물'을 '산업폐기물 이외의 폐기물'로 규정하여 적극적으로 정의하고
있지 않으며, 대신 동조 제4호에서 '산업폐기물'에 대해 상세한 정의 규정을
두고 있다.

---

52) 北村喜宣, 『環境法』(第2版), (弘文堂, 2013), 449쪽
53) 우리나라의 『폐기물관리법』이 제정되기 이전에 시행되었던 『오물청소법』과 1991.
　　3월 개정되기 이전의 『폐기물관리법』에서는 일본과 마찬가지로 '분뇨'가 폐기물에
　　포함되는 것으로 규정되어 있었으나, 오수와 분뇨 등의 관리에 관한 별도의 법률이
　　제정됨에 따라 우리 법에서는 분뇨가 제외되어 현재에 이르고 있다.

(2) 판례 및 행정청의 해석

일본법의 '폐기물'은 종래 가치가 없는 물질에 한하는 것으로 해석되어 왔으나, 이러한 해석은 폐기물을 유가물로 위장하여 「폐기물처리법」의 규제를 면탈하는 탈법행위를 발생시키게 되었고, 이와 같이 유상양도를 위장한 탈법행위를 막기 위하여 일본 환경성은 2005. 3월 통달(通達)로 폐기물에 해당하는지 여부를 판단함에 있어서는 해당 물질의 성상, 배출의 상황, 통상의 취급형태, 거래가치의 유무 및 점유자의 의사 등을 종합적으로 감안하도록 하면서 구체적으로는, ① 물건의 성상이 재생이용에 적합하지 않은 유해성을 보이고 있는 것 또는 오물에 해당하지 않는 것일 것(귀금속을 함유한 오니 등 거래가치를 갖는 것이 명확한 경우에는 예외), ② 재생이용을 하기 위해서 유상으로 양수하는 자에 의한 해당 재생이용이 제조사업으로서 확립·계속되고 있고 매각실적이 있는 제품의 원재료의 일부로서 이용하는 것일 것, ③ 재생이용을 위해 유상으로 양수하는 자에 있어서 명목 여하에 관계없이 처리요금에 상당하는 금품을 영수하지 않을 것, ④ 재생이용을 위한 기술을 가진 자가 한정되어 있거나 또는 사업활동 전체로서는 계열사와 거래를 행하는 것이 이익이 되는 등의 이유에 의해 원격지에 수송하는 등 양도처의 선정에 합리적 이유가 인정될 것 등에 특히 유의하여 폐기물에 해당하는지 여부를 판단하도록 하였다.[54] 결국 일본은 「순환형사회형성추진기본법」을 제정하면서 이런 문제점을 근본적으로 해결하기 위해, '폐기물'외에 부산물 등을 함께 '폐기물 등'이라는 개념에 포괄하여 유가물인지 가치가 없는 물질인지에 관계없이 동법의 적용대상으로 하고 있다.[55]

일본 최고재판소는, 두부제조업자들이 두부를 생산하는 과정에서 배출하는 '비지(おから)'가 폐기물에 해당하는지 여부가 다투어진 사건에 대한 판

---

54) 일본 환경성 통달 2005. 3.25일 환폐산발 제050325002호(구마모토 가즈키, 앞의
　　글 23, 167쪽~168쪽에서 재인용)
55) 南 博方·大久保 規子, 『要說 環境法』(第4版), (有斐閣, 2009), 149쪽

결에서, 일정한 물질 또는 물건이 '불요물'에 해당하는가 여부는 그 물질 또는 물건의 성상, 배출의 상황, 통상의 취급 형태, 거래가격의 유무 및 사업자의 의사 등을 종합적으로 감안하여 결정하는 것이 상당하다고 하면서, "비지는 두부제조업자에 의하여 대량으로 배출되어지지만, 특히 부패가 쉽고, 본건 당시 식용 등으로 유상으로 거래되어져 이용된 소량을 빼고 대부분은 무상으로 축산업자 등에게 넘겨지거나, 유료로 폐기물처리업자에게 그 처리가 위탁되어지고, 피고인은 두부제조업자로부터 수집·운반하여 처분한 본건 비지에 대하여 처리요금을 징수하여 왔기 때문에, 본건 비지가 동호에서 말하는 '산업폐기물'에 해당하는 것으로 본 원심의 판단은 정당하다"고 판시[56]한바 있다.

또한 「폐기물처리법」 위반 여부가 문제가 된 사건에 대한 1999. 6. 15. 판결에서는 "불요물이란 스스로 이용하거나 또는 타인에게 유상으로 양도할 수 없기 때문에 사업자에게 필요 없게 된 물건을 말하며 이에 해당하는가의 여부는 그 물건의 성상, 배출상황, 통상의 취급형태, 거래가치의 유무 및 사업자의 의사 등을 종합적으로 감안하여 결정하는 것이 상당하다"고 판시하여[57] 기본적으로 우리 판례와 유사한 입장을 취하고 있으나, 타인에게 유상으로 양도할 수 없는지 여부를 중요한 판단기준으로 제시하고 있다는 점에서 우리 판례의 경우보다 폐기물의 범위가 축소될 가능성이 높다고 할 수 있다.

한편, 일본에서 실제로 폐기물의 정의를 결정짓는 것은 환경행정당국의 통달(通達)에 의한 해석이라고 할 정도로[58] 행정당국의 해석이 폐기물 해당

---

56) 일본 최고재판소 1999. 3.10. 제2소법정 결정 [平成9년(あ) 제105호, 폐기물의 처리 및 청소에 관한 법률 위반 피고사건], 大塚 直·北村喜宣, 『環境法 ケ-スブク』(第2版), (有斐閣, 2009), 243쪽 참고
57) 박석현 외, 『폐기물 재활용 선진화 방안 마련을 위한 연구』, (환경부·한국환경공단, 2011.12), 77쪽에서 재인용
58) 전재경, 『자원순환사회 법제 연구』, (한국법제연구원, 2012), 75쪽

여부를 판단하는데 있어 가장 중요한 근거가 되고 있다. 일본 환경행정당국의 해석은, 과거에는 1971년의 후생성 통달(通達)로서 "오염 또는 그 배출실태 등으로부터 보아 객관적으로 불요물로 파악할 수 있는 것" (1971. 10. 16. 環整 43호)이라는 객관적 기준에 의하여야만 한다고 하여, 객관설의 입장을 취하였다. 즉 폐기물은 "객관적으로 오물 또는 불요물로서 관념할 수 있는 물건이고, 점유자의 의사의 유무에 따라 폐기물 또는 유용물로 되는 것은 아니"라고(1971. 10. 25. 環整 45호) 해석하여 왔다. 그러나 그 후 1977년에 이르러서 이러한 객관적 기준은 변경되었는데, 즉 "점유자의 의사, 그 상태 등을 종합적으로 감안하여야만 하고, 배출된 시점에서 객관적으로 폐기물로서 관념할 수 있다고 하여야 하는 것은 아니다"(1977. 3. 26. 環計 37호)라고 하여 종래의 객관적인 기준에 주관적 기준을 추가한 「종합판단설」로 변화하였다.[59]

최근에는 "① 점유자의 의사란, 객관적 요소에서 볼 때 사회통념상 합리적으로 인정되는 점유자의 의사이고, ② 점유자에게 있어 스스로 이용하거나 타인에게 유상으로 매각하는 것이 가능한 것으로 인식되는 경우에는 점유자에게 이러한 사정을 객관적으로 명확하게 하는 것으로 사회통념상 합리적으로 인정되는 점유자의 의사를 판단하는 것"이라고 하고(2000. 7. 24. 衛環 65호), 다시 ②에서 제시한 '점유자에게 명확하게 하는 사정'에 대해서는, "재생타이어, 연료 등으로 이용하는 것을 내용으로 하는 이행기한이 확정된 구체적인 계약이 체결되어 있는 것이 필요"하다고 함으로써(衛産 95호), 주관적 의사를 객관적으로 추정하고 불요물 여부를 객관적으로 판단할 수 있도록 하는 「객관주의적 종합판단설」로 해석이 움직이고 있는 것으로 이해되고 있다.[60]

---

59) 大塚 直·北村喜宣, 앞의 글 56, 246쪽

60) Id. 244쪽 및 246쪽; 北村喜宣, 앞의 글 52, 454쪽; 大塚 直, 『環境法』(第3版), (有斐閣, 2010), 457쪽 참고; 전재경, 앞의 글 58, 78쪽~79쪽에서는 1977년 통달이 취한 입장을 '주관적 종합감안설'로, 2000년의 통달이 취한 입장을 '종합감안

이러한 행정당국의 해석에 대하여, 폐기물의 정의는 중요하므로 통달에 맡겨두어서는 안되고 법에 규정해야만 하며, 이를 위해 폐기물처리법 제2조 제1항을 개정하여 정의의 기본은 객관적 요소로 하고, 유해물질은 '폐기물'로 추정하는 규정을 둘 필요가 있다는 의견이 제시되고 있다.[61] 또한, 폐기물의 국가간 이동을 규율하는 바젤협약을 일본에서 이행하기 위한 법률에서는 바젤협약의 정의를 따라서 폐기물을 객관적으로 정의하고 있어, 「폐기물처리법」의 운용과 충돌을 일으킬 수 있다는 지적도 제기되고 있는바,[62] 이러한 점들은 유사한 입법례를 택하고 있는 우리나라의 경우에도 향후 폐기물 관련 법령의 개정을 검토함에 있어서 고려할 필요가 있을 것이다.

나. EU

EU의 폐기물 관리에 대한 기본적인 사항들을 규정하고 있는 「폐기물 기본지침(WFD : Waste Framework Directive)」의 제3조 제1호에서는 "점유자(holder)가 '버리거나(discards)', '버리고자 하거나 버릴 것이 요구되는(intends or is required to discard)' 물질(substance) 또는 물건(object)"을 폐기물로 정의하고 있으며, 이러한 정의 규정은 독일, 영국 등 EU 회원국들의 국내법에서도 그대로 수용되고 있다.

EU의 폐기물에 대한 정의 규정에서 핵심적인 위치를 차지하는 용어는 버리거나 폐기하는 것을 뜻하는 것으로 해석할 수 있는 "discard"라고 할 수 있는데, 이것이 무엇을 의미하는지를 구체화하고 있지는 않아서 폐기물에 대한 정의 규정의 해석과 관련해서 많은 논의가 이루어지고 있는 것이 사실이다.

설'로 표현하고 있다.
61) 畑 明郎·杉本裕明(編), 『廢棄物列島·日本』, (世界思想社, 2009), 207쪽
62) 大塚 直, 앞의 글 60, 456쪽

폐기물 정의 규정의 해석과 관련해서 유럽사법재판소는 그동안 일련의 판례들을 통해서 행정기관들이 적용할 수 있는 몇 가지 기준들을 개발해 왔는데, 그 첫째는 「폐기물 기본지침」에 환경법의 실효적이고 일반적인 원칙으로서의 역할을 부여할 필요성과 공동체 입법에 의해 추구되는 목적에 기반하여 폐기물의 개념은 넓게 해석되어야 한다는 것이며, 둘째는 폐기물의 개념은 "버리는 행위(discarding)"와의 관련 하에서만 이해되어야 한다는 것이고, 셋째는 "버리는 행위(discarding)"의 개념을 적용함에 있어서는 점유자가 버리려는 의도 또는 의무를 가지고 있는지 여부를 나타내는 모든 '상황(circumstances)'들이 고려되어야 한다는 것을 의미한다는 것이다.[63]

EU의 「폐기물 기본지침」 및 회원국들의 국내법에서 규정하고 있는 폐기물에 대한 정의 규정의 해석에 있어서는 "버리는 행위(discarding)"의 해석이 가장 중요한 의미를 가진다는 점에서 이를 정의 규정에 포함하고 있지 않는 우리나라의 경우와는 근본적으로 차이가 있다고 할 수도 있다. 그러나 소유자 또는 점유자가 더 이상 필요로 하지 않는 물질은 필연적으로 '버리는 행위'의 대상이 될 가능성이 높다는 점에서 그 결론에 있어서는 큰 차이가 없다고 할 수 있으며, 따라서 폐기물 관리를 위한 법률체계의 목적 등을 고려할 때 기본적으로 폐기물의 개념은 제한적으로 해석되어서는 안 되고,[64] 비록 어떠한 물질이나 물건이 폐기물에 해당하는지 여부를 판단하기 위한 기준들은 제시될 수 있을지라도 그 적용은 사안별로 구체적인 상황에 비추어 결정되어야 한다는 점은 우리나라의 법해석에 있어서도 고려되어야 할 사항이라고 할 것이다.

---

63) Nicolas de Sadeleer, "Liability for Oil Pollution Damage versus Liability for Waste Management: The Polluter Pays Principle at the Rescue of the Victims", *Journal of Environmental Law* 21(2): 299-307 (2009), 302쪽

64) Vanessa Edwards, "A Review of the Court of Justice's Case Law in Relation to Waste and Environmental Impact Assessment: 1992-2011", *Journal of Environmental Law* 25(3): 515-530 (2013), 520쪽

한편 유럽사법재판소는 재활용 가능 여부가 폐기물에 해당하는지 여부와 관련하여, 1990년 *Zanetti* 사건에 대한 판결에서 "지침 75/442/EEC 제1조 및 지침 78/319/EEC 제1조의 의미에서 폐기물의 개념은, 경제적 재이용 (reutilization)이 가능한 물질과 물건들을 배제하는 것으로 이해되어서는 안 된다"고 판시하였고,[65] 이러한 입장을 계속 견지하고 있다.

다. 미국

미국의 경우 「자원보전재생법(RCRA: Resource Conservation and Recovery Act)」에서 '고형폐기물(Solid Waste)'을 "폐기물처리시설, 상수도처리시설, 대기오염방지시설 등으로부터 발생하는 쓰레기(garbage), 찌꺼기(refuse), 오니(sludge)"와, "산업, 상업, 광업, 농업활동, 그리고 지역사회 활동으로부터 발생하는 고형, 액체, 반고형, 가스상 물질을 포함하는 기타 버려진 물질 (other discarded material)"로 정의하고 있다.[66] 즉, 미국의 고형폐기물에 대한 정의 규정은 액체 및 가스상 물질까지 포함하는 것으로 규정되어 있어 그 범위가 상당히 넓다고 할 수 있으며,[67] 인간에 의해 버려져서 환경으로 되돌려 보내지는 것은 모두 폐기물에 해당하는 것으로 정의하고 있는 것으로 해석할 수 있다.[68] 또한 동법에서는 "버려진(discarded)"이라는 개념에 대하여 추가적인 설명을 제공하고 있지는 않으나, 미국 연방 환경보호청에서

---

65) Joined Cases C-206/88 및 C-207/88, C-359/88 (U.K. Department for Environment, Food and Rural Affairs, *Guidance on the legal definition of waste and its application* (2012), 60쪽에서 재인용)

66) 42 U.S.C. 6903 (27).

67) Nancy K. Kubasek and Gary S. Silverman, *Environmental Law(3rd ed.)*, (Prentice Hall, 2000), 242쪽

68) Michael Somers, "RCRA's New Causation Question: Linking Ubiquitous Wastes to Specific Defendants", 38 *B.C. Environmental Affairs Law Review* 193(2011), 193쪽 참고

는 "버려진 물질"의 유형으로① 폐기되었거나(abandoned), ② 재활용된 (recycled), 또는 ③ 본질적으로 폐기물과 같은(considered inherently waste-like) 물질 또는 ④ 폐기물로 확인된 군수품(military munition) 등의 4가지를 제시하고 있다.[69]

미국의 경우에도 폐기물의 정의 규정에 대한 해석에 있어서 "버려진 (discarded)"이라는 개념의 해석이 중요한 부분을 차지한다는 점에서 EU 국가들과 유사한 측면이 있다고 할 수 있으며, 특히 환경보호청에서는 재활용되는 물질의 경우에도 여기에 포함되는 것으로 규정하여 적용하고 있는데, 이를 둘러싸고 많은 해석상의 문제가 제기되어 왔는바, 이에 대해서는 뒤에서 상세히 살펴보고자 한다.[70]

4. 소결

가. 현행 「폐기물관리법」규정 해석의 기본방향

앞에서 살펴본 바와 같이 폐기물에 대해서는 일상적 또는 사회적으로 다양한 이해와 사고방식이 존재하고 또한 기술발전과 경제발전에 따라서 변화한다. 이처럼 폐기물에 대한 다양한 사고방식들은 폐기물을 어떻게 법적으로 정의할 것인가와 관련해서도 중요한 의미를 가지며, 특히 그 해석을 둘러싼 혼란의 중요한 원인이 되어 왔다. 이러한 혼란은 단순히 폐기물에 대한 경합하는 이해관계뿐만 아니라 폐기물 관련 정책과 규제의 서로 상이한 목적들 때문이기도 한데, 이것을 어떠한 기본적 가치와 원칙에 입각하여 조화롭게 해석할 것인가를 검토할 필요가 있다.[71]

---

69) Code of Federal Regulation Title 40(40 C.F.R.) §261.2 (Definition of Solid Waste)
70) 후술 본장 제4절 3. 외국의 입법례 및 제4장 제1절 3. 비교법적 검토 참고

(1) 헌법 및 기본적 가치

「폐기물관리법」의 규정들은 우리 헌법의 명문의 규정들과 기본적인 가치들을 바탕으로 해석·적용되어야 할 것이다. 법률 해석에 있어 기준이 되는 가치들은 법체계에 따라 그리고 시대에 따라서 다양하지만, 이처럼 다양한 가치들의 중심에는 일정한 기본적인 원칙들이 존재한다는 것이 일반적인 견해라고 할 수 있고,[72] 이러한 기본적인 원칙의 사례로는, 윤리적인 원칙들(정의, 도덕성, 공평, 신의성실, 인권 등), 사회적인 목적들(국가와 그 민주적 성격의 보전, 공공 평화와 안전, 권력분립, 법의 지배, 사법부의 독립, 법의 일관성과 조화, 개인 간 합의에 있어서의 확실성과 안전성, 합리적 기대의 실현, 인권 등), 그리고 행동 유형(합리성, 공평, 신의성실 등) 등을 들 수 있다.[73]

이와 같은 중요한 기본적 가치 가운데 하나가 '민주주의'이고, 민주주의 사회에서 가장 중요한 기본적 가치 가운데 하나이면서 그 존립의 토대라고 할 수 있는 것이 '법의 지배'이다. 왜냐 하면, 민주주의는 법의 지배를 통해서만 적정한 절차와 형식을 갖출 수 있고, 안정적인 민주주의 발전을 위해서 법의 지배는 필수적인 제도이기 때문이다.[74]

'법의 지배'는 법공동체의 구성원이 공권력의 행사방식에 관하여 미리 정해진 규칙에 의하여 얻게 된 충분한 지식과 정보를 토대로 자신의 삶을 설계하고 영위해 나갈 수 있는 법적 상태를 말하며,[75] 법치주의는 법우선의

71) Elizabeth Fisher, Bettina Lange & Eloise Scotford, *Environmental Law - Text, Cases, and Materials*, (Oxford University Press, 2013), 670쪽

72) 최봉철, "문언중심적 법해석론 비판", 한국법철학회, 『법철학연구』 제2권, 271-296 (1999), 291쪽~294쪽 참고

73) Aharon Barak, Translated from the Hebrew by Sari Bashi, *PURPOSIVE INTERPRETATION IN LAW*, (Princeton University Press, 2005), 165쪽

74) 박은정, 『왜 법의 지배인가』, (돌베개, 2010), 205쪽

75) 조홍식, "물경시정치", 『사법통치의 정당성과 한계』(제2판) 제5장 (박영사, 2010), 293쪽

원칙에 따라 국가공동생활에서 지켜야 할 법규범을 마련하고 국가작용을 이에 따르게 함으로써 인간생활의 기초가 되는 자유·평등·정의를 실현하려는 원리를 뜻한다.76) 법의 지배 또는 법치주의가 한 사회, 국가 내에서 실질적으로 구현되기 위해서는 법적 안정성 내지는 법적 예측가능성이 담보되어야 하며, 이것은 폐기물 관련 법제에 있어서도 동일하다. 따라서 「폐기물관리법」 및 기타 폐기물 관련 법제와 관련하여 제기되는 제반 쟁점들, 특히 폐기물의 정의 규정의 해석과 관련해서도 이러한 관점에 입각한 검토가 필요하다고 할 것이다.

(2) 폐기물 관리의 기본원칙

제2장 제3절에서 검토한 바와 같이 우리 「폐기물관리법」을 비롯한 폐기물 관련 법률에서는 폐기물 관리에 있어서 기본적으로 고려되어 할 원칙들을 제시하고 있으며, 이러한 원칙들은 폐기물의 정의 규정을 해석하고 적용함에 있어서도 고려되어야 한다. 폐기물의 정의 규정의 해석과 관련하여 가장 중요한 의미를 가지는 원칙은 '사전배려의 원칙'과 '사전예방의 원칙'이라고 할 수 있다. 즉, 폐기물의 관리와 관련된 모든 조항들은 폐기물의 수집, 운반, 보관, 처리 및 폐기에 의해 야기될 수 있는 유해한 영향으로부터 인간의 건강과 환경을 보호하는 데 우선적인 목적을 두어야 하며, 따라서 폐기물의 정의를 제한적으로 해석하여 그 범위를 축소하려는 입장을 채택하는 것은 바람직하지 않다. 유럽사법재판소 또한 「폐기물 기본지침」의 환경적인 목적이 가능한 한 많은 '버려진' 물건들을 그 규제 및 감독 범위 내에 두게 되는 폐기물에 대한 광범위한 정의를 요구한다고 판단하면서, 이러한 판단의 근거로서 사전예방의 원칙과 사전배려의 원칙을 제시한바 있다.77)

---

76) 허영, 『한국헌법론』(全訂3판), (박영사, 2007), 144쪽~145쪽
77) Elizabeth Fisher, Bettina Lange & Eloise Scotford, 앞의 글 71, 674쪽

(3) 「폐기물관리법」의 목적

「폐기물관리법」의 목적에 대한 조항은 다른 법률의 경우와 같이 동 법률의 입법 및 시행을 통해 달성하고자 하는 기본적인 목표를 제시하고 있는 규정이므로, 폐기물의 개념을 비롯하여 그 의미가 명확하지 않거나 해석상 이견이 있는 「폐기물관리법」의 모든 규정들은 이러한 법률의 목적과 입법 의도에 부합하게 해석되어야 할 것이다.

한편, 「폐기물관리법」의 목적 조항은 폐기물정책의 방향이 변화됨에 따라 1986. 12. 31일 제정 이래 수차례 개정되어 왔다. 즉, 최초 법 제정 시에는 '폐기물을 적정하게 처리하여 자연환경 및 생활환경을 청결히 함으로써 국민보건의 향상과 환경보전에 기여함'[78]을 목적으로 제시하였는바, 당시 폐기물 관련 정책의 핵심은 아직 보건과 위생, 청결의 유지에 있었음을 알 수 있다. 그러나 이후 1991년에 개정된 법률에서는 '폐기물을 적정하게 처리하여 자연환경 및 생활환경을 청결히 하고, 폐기물의 재활용을 촉진함으로써 환경보전과 국민생활의 질적 향상에 이바지'[79]하는 것을 목적으로 제시하여, 재활용이 새롭게 폐기물정책의 주요방향으로 설정되었음을 알 수 있다. 1992년에 「자원의 절약과 재활용촉진에 관한 법률」이 별도로 제정됨에 따라 「폐기물관리법」의 목적조항에서 '재활용'이 다시 삭제되었고,[80] 그 이후에는 폐기물의 원천적인 예방이 폐기물관리정책에서 중요해짐에 따라 2003년 개정 법률에서는 '폐기물의 발생을 최대한 억제하고 발생된 폐기물을 적정하게 처리함으로써 환경보전과 국민생활의 질적 향상에 이바지'[81]하는 것이 목적으로 제시되었다.

---

78) 구 「폐기물관리법」 제1조 (법률 제3904호, 1986.12.31 제정)
79) 구 「폐기물관리법」 제1조 (법률 제4363호, 1991. 3. 8 개정)
80) 구 「폐기물관리법」 제1조 (법률 제4539호, 1992.12. 8 개정); '이 법은 폐기물을 적정하게 처리하여 자연환경 및 생활환경을 청결히 함으로써 환경보전과 국민생활의 질적 향상에 이바지함을 목적으로 한다.'
81) 구 「폐기물관리법」 제1조 (법률 제6912호, 2003. 5.27 개정)

2010년에 개정된 현행 「폐기물관리법」에서는 '폐기물의 발생을 최대한 억제하고 발생한 폐기물을 친환경적으로 처리함으로써 환경보전과 국민생활의 질적 향상에 이바지'[82]하는 것을 목적으로 규정하고 있는데, 이것은 개정 전의 구 「폐기물관리법」이 '적정하게 처리하여'라고 규정하고 있던 것을 '친환경적으로 처리함으로써'로 개정한 것으로서, 현행 법률은 폐기물 처리에 있어서 이전보다 더 환경적인 측면을 강조하고 있는 것으로 해석할 수 있을 것이다. 따라서 폐기물의 재활용을 촉진하고 이를 통해 국민생활의 수준을 높이는 것 또한 폐기물법제가 달성해야 할 중요한 과제임에는 틀림없다고 할 것이나, 「폐기물관리법」은 폐기물의 '친환경적 처리'를 통해 '환경보전과 국민생활의 질적 향상'에 이바지하는 것을 궁극적인 목적으로 하고 있으며, 이것을 바탕으로 '폐기물'에 대한 정의 규정 또한 해석해야 할 것이다.

나. '필요성'의 판단

현행 「폐기물관리법」의 정의 규정에 대해서 제기되고 있는 여러 문제점들에도 불구하고, 동법이 개정되기 전까지는 우선 현행법의 정의 규정을 명시적인 문언에 반하지 않는 범위 내에서 폐기물의 안전한 처리를 통해 국민의 건강과 환경을 보호하는 한편, 자원의 순환적인 이용을 촉진할 수 있도록 해석·적용하여야 할 것이다.

생각건대, 현행 「폐기물관리법」의 문언을 해석함에 있어서, 입법자가 '필요성' 여부를 반드시 점유자 또는 소유자의 입장에서만 판단하도록 했다거나, 오직 '객관적'으로 해당 물질 또는 물건의 '필요성' 여부를 판단할 것을 전제로 하고 있다고 보는 것은 모두 무리가 있다고 생각된다. 전자의 입장을 취하는 경우에는 객관적으로 명백하게 가치가 없는 물질을 해당 물질의

---

82) 「폐기물관리법」 제1조 (법률 제10389호, 2010. 7.23 개정)

배출자가 단지 폐기물로서의 규제를 회피할 목적으로 '필요'하다고 주장하는 경우에 대해서도 마땅히 조치를 취할 방법이 없게 되고 결국 사람의 건강이나 환경에 위해를 야기할 수 있다는 문제가 있고, 후자의 입장을 취하는 경우에는 우리 헌법이 기본적으로 보장하고자 하는 개인의 재산권과의 충돌이 발생할 우려가 있으며, 일정한 물질이나 물건에 대한 개인의 주관적 가치를 전혀 인정하지 않게 됨에 따라 헌실적으로 과도한 규제가 이루어질 수 있다는 문제가 있는 것이다.[83]

따라서 이러한 '필요성' 여부를 판단함에 있어서 기본적으로 참고할 수 있는 입법자의 의도를 보여주는 자료가 없는 상황에서는[84] 우선 1차적으로는 해당 물질이나 물건의 소유자 또는 점유자의 주관적인 의사를 고려하되, 그것이 명확하지 않거나, 소유자 또는 점유자의 명시적인 의사에도 불구하고 객관적으로 해당 물질 또는 물건이 더 이상 그 본래의 용도로 사용되거나 다른 유용한 용도로 사용될 가능성이 없다고 판단될 때에는 폐기물에 해당하는 것으로 해석하는 것이 타당하다고 생각된다. 그러나 실무에서는 일일이 소유자 또는 점유자의 주관적 의사를 확인하는 것이 어려우므로 일정한 물질이 처리 또는 재활용 공정에 제공된다면 그것은 폐기물로 추정하고, 만약 소유자 또는 점유자가 그것을 폐기물로 생각하지 않는다면 그러한 추정을 반증하도록 하는 것이 환경보호의 수준을 유지하면서 동시에 법적 확실성을 제고하는 방안이 될 것이다.[85] 이러한 해석은 또한, 일정한 물질이 폐기물에 해당하는 것으로 해석될 경우에는 해당 물질의 소유자 또는 점유

---

83) 채영근, 앞의 글 16, 160쪽~163쪽 참고
84) 본장 제1절에서 제시한 바와 같이, 현행법과 실질적으로 동일한 정의 규정이 최초로 도입된 1982년의 「오물청소법」 또는 이를 대체한 1986년의 「폐기물관리법」에 대한 국회 심의자료 등에서는 이에 대한 입법자의 의도를 직접 또는 간접적으로 파악할 수 있는 내용을 전혀 찾아볼 수 없다.
85) Jeremy Pike, "Waste Not Want Not: An (Even) Wider Definition of 'Waste'", *Journal of Environmental Law* 14(2): 197-208 (2002), 206쪽

자가 권리를 행사함에 있어 여러 가지 규제를 받고 관련 법령의 규정에 따라 처리해야 할 의무를 부담하게 된다는 점 등을 감안할 때, 개인의 재산권이라는 사익의 보호와 국민의 건강 및 환경오염의 방지라는 공익의 증진을 적절하게 조화시키는 방안이 될 수 있을 것이다.

다. 재활용 가능 여부

기존의 폐기물의 정의 규정 및 그 해석에 대한 비판은 주로 경제적인 관점에서 제품과 폐기물의 차이를 바라보는 사고에서 비롯하는데, 이에 따르면, 경제적인 가치를 가지고 따라서 재활용되거나 회수될 수 있는 물건은 폐기물로 분류되어서는 안 된다는 것이다. 그러나 이러한 관점이 갖는 가장 기본적인 약점은, 모든 물건이 세상 어느 곳에선가, 어떤 용도인가에는 활용될 수 있으며, 따라서 경제적 가치를 가진다는 것이다.

독일의 경우, 재활용이 가능한 물품은 폐기물이 아니고 2차 원료물질이라고 선언하는 내용을 담은 법률을 1986년에 채택한바 있으나, 9년 후에 유럽 사법재판소는 이 조항이 EU 법과 부합하지 않는다고 판결을 했고, 결국 독일은 동 법률을 개정한바 있다.[86] 우리나라의 경우, 앞에서 살펴본 바와 같이 재활용이 가능한 물질 또는 물건도 폐기물에 해당한다는 것이 확립된 판례라고 할 수 있으며, 이러한 해석이 환경과 국민의 건강을 보호하면서 자원의 효율적인 이용을 촉진하고자 하는 「폐기물관리법」의 목적과도 부합한다고 할 것이다.

---

86) Ludwig Krämer, *EU Environmental Law(7th Edition)*, (Sweet & Maxwell, 2012), 342쪽
　　~343쪽

라. 유상(有償)성 여부

일정한 물질이 폐기물에 해당하는지 여부를 판단함에 있어서 일응의 기준이 될 수 있는 것으로 해당 물질이 무상 또는 유상으로 거래되는지, 오히려 해당 물질의 양수인이 양도인으로부터 처리비를 지급 받는 역유상(逆有償)의 거래관계에 있는지를 들 수 있다. 만약 일정한 물질 또는 물건이 매우 낮은 또는 마이너스의 경제적인 가치를 가진다면, 이것은 해당 물질 또는 물건이 생산자 또는 점유자에게 그것을 처분할 인센티브를 부여하는, 일종의 부담이 된다는 것을 의미하며 따라서 폐기물이라는 증거가 될 수 있다. 그러나 이것이 반대로 생산자 또는 점유자에게 좋은 경제적 가치를 가진 물질 또는 물건은 폐기물이 아니라는 것을 의미하는 것은 아니다.[87]

앞에서 살펴본 바와 같이 일본은 환경성의 통달을 통해 '유상성'을 폐기물 여부를 판단하는 기준들 가운데 하나로 명시적으로 제시하고 있으나, 우리 환경부에서는 폐기물의 정의에 대한 일반적인 해석기준 또는 폐기물 해당 여부에 대한 판단기준을 명확히 제시하고 있지 않으며, 단지 개별적인 질의에 대해 회신하는 태도를 취하고 있고, 그 결과 '유상성'이 우리 법령에서 규정하고 있는 '폐기물' 해당 여부를 판단하는 기준이 되는지도 명시적으로 밝히고 있지 않다.

그러나 일정한 물질이 유상으로 거래되는지 여부는 해당 물질이 폐기물에 해당하는지를 판단하는데 있어서 고려해야 할 기준들 가운데 하나라고 보는 것이 타당할 것이나, 그것이 해당 물질의 폐기물 해당 여부를 판가름 짓는 결정적인 기준이라고 보기는 어려울 것이다. 또한, 어떤 물질이 무상으로 제공되는 경우에도 해당 거래관계의 다른 요소들을 고려하여 일정한 경우에는 폐기물에 해당하지 않는 것으로 해석할 수 있는 가능성은 있다고 할

---

87) U.K. Department for Environment, Food and Rural Affairs, 앞의 글 65, 19쪽

것이다. 그러나 어떤 물질을 타인에게 양도함에 있어서 오히려 처리비를 양수인에게 지불하는 경우에는 해당 물질의 '필요성'을 인정할 수 없다고 할 것이고 따라서 폐기물에 해당한다고 해석하여야 할 것이다.[88]

마. 주관적 가치의 고려

다른 한편으로, 객관적으로 해당 물질 또는 물건이 그 본래의 용도로 더 이상 사용될 수 없고 다른 유용한 용도로 사용될 가능성도 전혀 없는 경우에는 그 물질 또는 물건의 소유자 또는 점유자가 해당 물질에 대해 특별한 가치를 부여하고 그것을 폐기할 의사가 없음을 명확하게 표현한 경우에도 해당 물질 또는 물건은 그런 의사에 관계없이 항상 폐기물로 규율되어야 하는가 하는 점도 검토될 필요가 있다. 일반적으로 우리는 특정한 물질 또는 물건을 순전히 또는 주로 그 쓰임새 때문에 가치 있게 평가하는 것이 사실이지만, 최소한 부분적으로라도 그 물질 또는 물건 자체에 가치를 부여하는 경우도 있는 것이다.[89]

이와 관련하여 실제로 「폐기물관리법」의 적용 여부가 문제가 되었던 사례로서는, 치과의원에서 발치(拔齒)한 치아(금니)를 환자가 자신으로부터 이탈된 신체의 일부로서 개인적으로 상당한 의미가 있다고 생각하여 시술한 의원에게 해당 치아를 불출(拂出)해 줄 것을 요청했으나, 동 의원에서는 전염병 등의 전파 우려가 있고 또한 「폐기물관리법」의 규정에 따라 환자에게

---

88) 예를 들면, 폐기물을 원료로 생산된 고형연료가 화력발전소 등에 유상으로 판매된다면 해당 고형연료는 폐기물이 아닌 제품이라고 할 것이나, 고형연료의 생산자가 오히려 금품을 지불하면서 화력발전소에 양도하는 경우에는 제품이 아닌 폐기물로 보아야 할 것이다.

89) Cass R. Sunstein, "Incommensurability and Valuation in Law", 92 *Michigan Law Review* 779 (1994), 783쪽; Cass R. Sunstein, "Conflicting Values in Law", 62 *Fordham Law Review* 1661 (1994) 참고

불출할 수 없다고 하면서 환자의 요청을 거부한 경우를 들 수 있다. 이 사안에서 환자가 국민권익위원회에 제기한 민원에 대하여 환경부는, '발치한 치아는 (현행 「폐기물관리법」상) 의료폐기물에 해당하며 치과에서 금니부분을 떼어낸 자연 치아부분은 의료폐기물로 처리하고 치아에서 분리된 금 물질이 혈액 등의 의료폐기물이 묻어 있지 아니할 경우는 돌려받을 수 있다'는 의견을 회신하였다.[90]

그러나 이러한 해석에 대하여는, '금 부분은 물건으로서 재산적 가치를 인정하면서 원래의 치아 부분은 폐기의 대상으로만 파악할 뿐 환자의 감정이나 주관적 가치 내지는 유체물에 대한 환자의 소유권을 전혀 인정하지 아니하는 해석태도'라고 비판하면서, 공익과 사익의 이익형량을 통해 환자에게 돌려주는 것이 타당하다는 주장이 제기되고 있다.[91]

이 경우 치과의원에서 발치한 치아는 객관적으로 폐기물에 해당하는지 여부를 판단한다면 「폐기물관리법」 제2조 제5호의 규정에 의한 의료폐기물 중 "인체 조직 등 적출물"에 해당한다고 보아야 할 것이며, 따라서 「폐기물관리법」과 동법 시행령의 규정에 따라 적법하게 처리되어야 할 것이다. 그러나 폐기물에 해당하는지 여부를 판단함에 있어 1차적으로는 해당 물질의 소유자 또는 점유자의 의사를 고려해야 한다는 입장을 따른다면, 발치한 치아를 일률적으로 의료폐기물로 처리하도록 할 필요는 없으며, 해당 치아를 환자에게 돌려주었을 때 전염병 발생 등 공익에 위험이 발생할 우려가 명백

---

90) 환경부 폐자원관리과 2011. 2.15일자 민원 회신; 同旨 2011. 9.19일자 민원 회신 (환경부 환경민원포털(http://minwon.me.go.kr) '유사민원공개' 참고). 동 회신에서는, "치아(금니 포함)는 의료폐기물에 해당되며, 사업장(치과)에서 금 부분을 떼어낸 치아 부분은 의료폐기물로 처리하고 치아에서 분리된 금 물질이 혈액 등의 의료폐기물이 묻어 있지 아니할 경우에는 환자분께 돌려줄 수 있습니다"고 해석하였다.
91) 정이근, "공익과 사익의 이익형량과 선택 - 폐기물관리법 규정과 발치한 치아를 소재로 -", 부산대학교 법학연구소, 『법학연구』 제52권 제3호(통권 69호), 83-102 (2011), 91쪽

하지 않다면, 소독 등 일정한 조치를 취한 후 환자에게 돌려주는 것이 타당하다고 생각된다. EU 사법재판소는 2002년 *Palin Granit Oy* 사건에 대한 판결에서, 폐기물에 해당하는지 여부를 판단하는 기준의 하나로 '일정한 물질이나 물건의 점유자가 해당 물질 또는 물건을 필요로 하고, 따라서 해당 물질이나 물건이 그 점유자에게 부담이 되지 않는다면 그것은 폐기물이 아니'[92]라고 하는 "부담의 원칙(burden principle)"[93] 또는 "부담 기준(burden test)"[94]을 천명한바 있는데, 이러한 기준에 비추어 볼 때도 이는 타당한 결론이라고 할 것이다.

결국 현행법에서 규정하고 있는 폐기물의 정의를 해석함에 있어서는 해당 물질의 소유자 또는 점유자의 의사를 1차적으로 고려하되, 그것이 불명확할 경우에는 '필요성' 여부를 객관적으로 판단하여 폐기물 해당 여부를 결정해야 할 것이다. 그러나 해당 물질의 소유자 또는 점유자의 의사가 명확하다 하더라도 해당 물질을 폐기물로 분류하여 「폐기물관리법」 등 관련 법령의 규제를 따르도록 하지 않는 경우에는 국민의 건강과 환경 등 공익에 위해를 미칠 것이 명확한 경우에는 폐기물에 해당하는 것으로 보아야 할 것이다. 그러나 이러한 해석이 그 결론에 있어서는 타당하다고 할지라도 현행법의 정의 규정에 의하여 규제를 받는 일반 국민들의 입장에서 예측 가능한 결론인가는 의문이 있다. 따라서 현행 「폐기물관리법」의 정의 규정을 보다 세밀하게, 구체적인 요건 또는 개념표지를 포함하여 개정하는 입법이 필요하다고 판단된다.

---

92) Case C-9/00, para.37
93) Andrew Waite, "Waste and the Waste Hierarchy in Europe", 26 *Natural Resources and Environment* 53 (2012), 53쪽
94) Kate Getliffe, "European Waste Law: Has Recent Case Law Impacted upon the Mess?", 4 *Environmental Law Review* 171 (2002), 177쪽

바. '자원순환사회'와의 관계

우리나라의 현행 폐기물 법제에서 폐기물은 소유자 또는 점유자가 더 이상 필요로 하지 않기 때문에 소유권이나 점유권을 포기하고 버리는 물질이나 물건이라고 할 수 있으며, 따라서 일단 그것을 버리거나 버리고자 하는 시점부터는 이러한 물질이나 물건들을 소홀하게 다루거나 공공장소 등에 방치하려는 유혹이 생기기 쉽고, 그것이 불법행위의 원인으로 작용할 수 있다. 그러므로 일단 일정한 물질 또는 물건의 소유자나 점유자를 기준으로 하여 그 필요성 여부를 판단하고, 재활용 가능 여부에 관계없이 폐기물의 범위를 명확히 하여 그 취급에 대한 법적인 책임 소재를 명확히 함으로써 불법행위가 발생하지 않도록 사전에 예방할 필요가 있다고 할 것이다.

이에 대해서는, 추상적인 집합개념으로서의 전체적인 '사회'가 그 사회에서 버려지는 물질 또는 물건들을 관리할 책임을 지고 이들을 최대한 재생 또는 재활용하며, 사회적으로 필요가 없는 물질 및 물건은 안전하게 최종 처리하도록 하는 사회를 '자원순환사회'라고 정의하고, 이러한 사회에서는 '사회에서 활용할 가치가 전혀 없어 완전히 버려야 하는 것'만을 폐기물로 보아야 한다는 주장이 제기될 수 있다.[95] 이러한 입장에서는 '필요성'의 판단을 소유자나 점유자 또는 특정한 제3자와 같은 개인이 아니라 '사회 전체'를 기준으로 해서 검토해야 한다고 보는 것으로, 이러한 관점을 따를 경우에는 결국 재활용이 가능한 자원은 모두 폐기물의 범위에서 제외되어야 한다고 보는 견해와 동일한 결론에 도달하게 될 것이다.

그러나 우리 사회는 아직 '자원순환사회'의 단계에 완전히 진입했다고 할 수 없을 뿐만 아니라 사회적인 차원에서 필요성 여부를 판단하도록 법률에서 명문으로 규정하고 있지도 않은바, 이러한 점들을 고려할 때 개인이 아

---

95) 이승무, "폐기물의 정의 문제: 민사법적 폐기물과 사회적 폐기물" (http://blog. daum.net/yjb0802/4379, 2013.11.22 최종 방문)

니라 사회적인 차원에서의 활용 가치나 필요성 등을 기준으로 일정한 물질이나 물건이 폐기물에 해당하는지 여부를 결정하기는 어렵다고 판단되며, 따라서 후자의 견해는 법률의 명시적인 문언의 해석범위를 넘어서는 과도한 유추해석이라고 할 것이다.

제4절 폐기물 정의 규정의 입법론적 검토

1. 검토의 필요성

폐기물은 자원이자 수질·대기·토양·지하수 오염 등 여러 가지 환경문제의 직·간접적인 원인이며, 우리 생활의 필수적인 일부분이지만, 노력에 의해 줄일 수 있는 현상이기도 하다. 이러한 폐기물을 정의하는 것은 어떤 종류의 물질 또는 물건이 폐기물로 분류되고 어떠한 폐기물 정책이 이행되어야 하는가를 결정한다는 점에서 중요한 법적인 행위라고 할 수 있다.[1]

그럼에도 불구하고, 「폐기물관리법」의 규율 대상이라고 할 수 있는 폐기물의 개념 자체가 지나치게 추상적이고 불명확하게 규정되어 있다는 점이 「폐기물관리법」을 비롯한 폐기물 분야의 법률의 적용에 있어서 가장 근본적이면서 중요한 문제점들 가운데 하나라는 관점에서 이를 명확성과 객관성을 갖춰 다시 정립하는 것이 필요하다는 지적이 지속적으로 제기되어 왔다.[2] 또한, 이해관계자들의 권리·의무에 중대한 영향을 줄 수 있는 사항들이 법률이나 법규명령이 아니라 행정규칙 또는 단순한 질의회신 등에 의해 결정되는 경우가 많을 뿐만 아니라, 행정청의 내부규칙이나 해석이 사전예

---

1) Elizabeth Fisher, Bettina Lange & Eloise Scotford, *Environmental Law - Text, Cases, and Materials*, (Oxford University Press, 2013), 668쪽
2) 김홍균, 『환경법』(제3판), (홍문사, 2014), 513쪽; 이순자, 『환경법』(제3판), (법원사, 2012), 404쪽 참고

고 없이 변경되는 경우도 있어, 국민들의 규제에 대한 예측가능성 또는 법적 안정성을 현저하게 저해하고, 결과적으로 헌법에서 보장하고 있는 환경권을 침해하고 있는 것이 아닌가 하는 의문 또한 제기되고 있다.[3]

이것은 결국 우리 사회가 터를 잡고 있고, 우리 사회를 지탱하고 있는 기본원칙들 가운데 하나라고 할 수 있는 '민주주의' 원칙에도 반하는 것이라고 할 수 있는바, 이런 문제를 해결하기 위해서는 현행 「폐기물관리법」에서 규정하고 있는 '폐기물'의 개념을 명확히 하고, 이를 통해 특히 실무상 문제가 되고 있는 '재활용가능자원'과 부산물 등의 폐기물 해당 여부, 폐기물의 지위에서 벗어나는 시점 등에 대해 제기되고 있는 다양한 쟁점들을 입법적으로 해결하기 위한 검토가 필요하다고 할 것이다.

또한 이것은 법률의 적극적인 해석 또는 합목적적인 해석에 의한 사회문제의 해결에는 일정한 한계가 있으며, 국회를 통한 입법적인 해결이 민주적인 정당성의 측면에서도 법원의 판결에 의한 해결보다 우월하다는 측면에서도 그러하다고 할 것이다.[4]

2. 기존 논의내용

현행 「폐기물관리법」에서 규정하고 있는 폐기물의 정의는 그 해석과 관련하여, 객관적 폐기물개념을 취하고 있는 것인지 또는 주관적 폐기물 개념에 바탕을 둔 것인지 불명확한 문제점이 있으며, 이로 인해 실무상 불필요한 혼선이 제기되는 부분이 있을 뿐만 아니라, 경우에 따라서는 구체적으로 타당한 결론을 도출하지 못한다는 문제점도 지적되고 있다. 또한 '사람의

---

3) 김광임 외, 『폐기물 관리제도 개선 방안 연구』, (환경부, 2003.12), 101쪽~102쪽 참고
4) 조홍식, "토양환경침해에 관한 법적 책임", 한국환경법학회, 『환경법연구』 제20권, 298-343 (1998), 343쪽 참고

생활이나 사업 활동에 더 이상 필요하지 아니한'이라는 규정에서 '필요성'의 존부를 판단하는 주체가 누구인가와 관련하여, 특히 부산물의 폐기물 해당 여부 등을 둘러싸고 혼란을 야기하고 있다. 이러한 문제들을 해결하기 위한 방안으로 외국의 입법례 등을 참고한 정의 규정 개정안이 이미 수차례 제시된바 있다.

가. 2003년도 연구(안)

우선 2003년에 환경부 의뢰로 한국환경정책·평가연구원에서 실시한 연구에서는 폐기물에 대한 정의를 "인간의 생활이나 사업자의 생산활동 이후 사용되거나 또는 사용되지 않고 더 이상 필요로 하지 않는 버리고자 하는 물건이나 1차 생산품이 아닌 생산 활동 중에 발생하는 모든 물질"로 개정하는 안을 제시한바 있다.[5]

이러한 정의 규정(안)은 현행 정의 규정에 존재하는 구체적인 예시들을 모두 배제하고 폐기물의 요건(개념표지) 중심으로 정의를 명확히 하고자 하는 시도로 볼 수 있다. 그러나 '더 이상 필요로 하지 않는'이라는 요건은 '필요성' 여부의 판단을 요하는 요건으로서 현행법에서 규정하고 있는 '필요하지 아니하게 된'이라는 요건과 실질적으로 동일한 의미를 갖고 있다고 할 것이고, '버리고자 하는'이라는 요건 역시 현행법과 마찬가지로 여전히 소유자 또는 배출자의 주관적인 측면을 중시하는 것으로 해석될 가능성이 크다는 점에서 기존에 제기되어 왔던 문제점들을 해결하기는 어려운 것으로 보인다. 다만, '1차 생산품이 아닌 생산 활동 중에 발생하는 모든 물질'을 명시적으로 포함함으로써 그간 논란의 대상이 되어 왔던 부산물이 폐기물에 해당한다는 것을 명확하게 해주는 측면은 있었던 것으로 볼 수 있다.

---

5) 김광임 외, 앞의 글 3, 137쪽

나. 2006년도 제정(안)

환경부가 정부제안 법률안으로 제정을 추진했던 「자원순환사회촉진법(안)」 제2조 제2호에서는 폐기물을 "사람의 생활이나 사업활동에 더 이상 필요하지 아니하여 버리거나 버리고자 하거나 또는 사람의 건강 및 환경보전을 위하여 적정하게 처리되어야 하는 물질 또는 물건으로서 대통령령이 정하는 것"으로 정의하고자 했다.[6]

이것은 EU, 독일 등 외국의 입법례를 적극적으로 참고하여 개인의 주관적인 폐기의사뿐만 아니라 물질의 객관적인 성상과 사용가치, 유해성 등을 종합적으로 고려하여 특정한 물건 또는 물질의 '폐기물성'을 판단할 수 있도록 하고자 했던 것으로 볼 수 있으며, 현행 규정의 문제점을 상당한 정도 해결할 수 있는 진일보한 개정안이었다고 생각된다. 그러나 동 정의 규정이 담겼던 「자원순환사회촉진법(안)」의 입법은 당시 산업자원부의 반대로 좌절되었으며, 결국 아직도 과거의 정의 규정이 큰 변화 없이 그대로 유지되고 있는 실정이다.

3. 외국의 입법례

유럽연합(EU)이나 OECD 또는 미국 등에서는 폐기물이 부적절하게 환경에 방치 또는 처분되는 것을 막기 위해 폐기물의 개념을 매우 포괄적으로 정하고 있다.[7]

---

6) 환경부 폐기물 법령정비 포럼 및 자원순환촉진법 T/F 소위원회에서 제안한 "자원순환사회촉진법(안)" 제2조 제2호 (2006. 1) [채영근, "폐기물 관련 법령체계의 문제점 및 개선방안", 한국환경법학회, 『환경법연구』 제31권 2호, 145-169 (2009), 163쪽에서 재인용]
7) 김광임 외, 앞의 글 3, 139쪽

가. EU

EU는 폐기물의 정의를 비롯하여 폐기물 관리에 대한 기본적인 사항들을 「폐기물 기본지침」에서 규정하고 있는데, 동 지침은 EU 폐기물 입법의 핵심적인 의무와 개념들을 설정하는 폐기물 정책의 기본 틀(framework)로서의 기능, EU 및 회원국들의 폐기물 정책의 방향을 제시하는 정책 지침으로서의 기능과 함께, 폐기물로 분류되는 물질 등과 관련된 직접적인 의무 규정에 의한 규제적 기능을 지닌다.[8] EU에서 일반적으로 적용되는 최초의 폐기물 지침은 1975년에 제정되었는데, 동 지침에서는 '폐기물'과 '처분(disposal)'을 정의하고 회원국들이 폐기물의 예방과 재활용을 장려하고 안전한 처분을 확보하도록 요구하면서, 2년 이내에 동 지침을 이행하도록 하였다.[9]

EU 법에 있어서 폐기물의 정의에 관한 복잡성의 중심에는 폐기물을 환경적인 위해요인으로 규율하는 측면과 잠재적으로 가치 있는 자원으로 다루는 측면 사이의 긴장관계가 존재한다고 할 수 있다. 1975년에 처음 제정된 「폐기물 기본지침」은 환경적인 위해를 최소화하는 관점에서 폐기물의 처리를 규율하는 것에 주로 초점을 맞춘 반면에, 1991년 개정에서는 폐기물인 물질들에 대한 통제를 확대하면서 다른 한편으로는 동 지침의 초점을 폐기물의 재활용을 장려하는 것으로 바꾸었으며, 2008년 개정에서는 자원의 이용을 보다 넓게 극대화하는 것을 주된 목적으로 하였다. 이러한 변화들에도 불구하고 폐기물에 대한 핵심적인 정의는 크게 변화되지 않은 채 유지되어 왔으나, 그것이 작동하는 규정 및 정책의 맥락은 변화되었다고 할 수

---

8) Elizabeth Fisher, Bettina Lange & Eloise Scotford, 앞의 글 1, 699쪽
9) Vanessa Edwards, "A Review of the Court of Justice's Case Law in Relation to Waste and Environmental Impact Assessment: 1992-2011", *Journal of Environmental Law* 25(3): 515-530 (2013), 516쪽

있다.[10]

EU의 「폐기물 기본지침」 2006/12/EC에서는 제1조 제1항 (a)에서 동 지침의 적용대상인 폐기물을 정의하였는데, 동 조항은 폐기물을 "점유자(holder)가 '버리거나(discards)', '버리고자 하거나 버릴 것이 요구되는(intends or is required to discard)' 물질(substance) 또는 물건(object)"이면서, "별표 I 에서 정하고 있는 폐기물 군에 해당하는 물질 또는 물건"으로 규정하였다. 이러한 폐기물에 대한 정의 규정은 이후에 개정된 지침 2008/98/EC에서도 제3조 제1항에서 기본적으로 동일하게 유지되고 있으나, "별표 I 에서 정하고 있는 폐기물 군에 해당하는 물질 또는 물건"이라는 요건은 삭제되었다.

동 지침의 폐기물에 관한 정의 규정에서 핵심적인 용어는 "버리다(discard)"이며, 'discard'의 사전적 정의는 어떠한 물건 또는 물질을 쓸모없거나 원하지 않는 것으로 처분하는 것으로 볼 수 있는데,[11] 이것이 실제 점유자의 행위로 나타난 경우뿐만 아니라, 점유자의 의도 및 법적 의무 여부까지도 판단의 기초로 제시하고 있다. 즉, 일정한 물질 또는 물건을 실제로 버리는 폐기 행위가 이루어진 경우뿐만 아니라 점유자의 폐기 의도까지도 해당 물질 또는 물건이 폐기물에 해당하는지 여부를 판단하는 기준으로 제시하고 있으며, 특히 점유자의 주관적인 의사와는 관계없이 법령 등에 의해 폐기 의무가 부여되는 경우도 포함하고 있다는 점에서 우리 「폐기물관리법」의 정의 규정과는 큰 차이를 보이고 있다.

2008년 개정 전의 「폐기물 기본지침」 2006/12/EC의 정의 규정은 폐기물의 개념표지로 ① 처분성과 ② 별표 I 에서 정하고 있는 폐기물 군에 해당할 것을 제시한 것으로 볼 수 있다.

먼저 처분성은 점유자가 해당 물질이나 물건을 버리거나(실제 행위) 버릴

---

10) Elizabeth Fisher, Bettina Lange & Eloise Scotford, 앞의 글 1, 670쪽

11) U.K. Department for Environment, Food and Rural Affairs, *Guidance on the legal definition of waste and its application* (2012), 31쪽

의사가 있거나(의도) 버려야 하는(의무) 동산이어야 한다는 것을 뜻하며, 이러한 처분성은 객관적으로 인식할 수 있고 확정되어야 하는 처분의사만으로도 충분하다. 또한 처분은 해당 물질이나 물건에 귀속된 본래의 기능에 대한 모든 형태의 포기를 포함하는 것으로 포괄적으로 이해될 수 있고, 따라서 재활용도 처분에 포함된다고 본다.[12] 우리 법원의 확립된 판례에 의하면 원칙적으로 새활용될 수 있거나 재활용되어야 할 물질도 대상으로 하며, 따라서 해당 물질이나 물건이 상업적인 가치를 갖는지 여부는 중요한 문제가 아니다. 그러나 사용하던 물건의 증여나 판매와 같이 계속해서 그 물건이 본래 가지고 있던 기능대로 이용하는 것은 처분이라고 할 수 없다.[13] 이처럼 처분성이라는 요건의 충족 여부를 결정하는 'discard' 기준은 기본적으로 점유자의 행위와 그러한 행위로부터 추정되는 의사에 관련되는 것이라고 할 수 있으며, 일정한 물질 또는 물건의 고유한 특성에 관련된 것이 아니다. 따라서 어떤 물질이나 물건도 그 점유자가 그것을 버리기로 결정하면 폐기물이 될 수 있으며, 어떤 물질 또는 물건의 특성 그 자체가 해당 물질 또는 물건이 폐기물에 해당하는지 여부를 결정할 수는 없다고 할 것이다.[14]

또한 동 지침에 의한 폐기물이 되기 위해서는 별표 I 에서 열거하고 있는 폐기물 군에 해당하는 동산이어야 하는데, 별표 I 은 Q1에서 Q16까지 총 16개 군으로 폐기물을 분류하면서, 16번째 분류군으로 1번에서 15번까지의 폐기물 군 가운데 어디에도 해당하지 않는 것들이 모두 포함될 수 있는 포괄적인 규정을 두었는바, 결국 이 분류군에 의해 모든 물질이나 물건이 폐기물이 될 수 있다는 점에서 이 요건은 폐기물성을 인정함에 있어 절대적인 의미를 갖는 것은 아니었고, 상대적인 또는 선언적인 요건으로서의 의미만

---

12) 손희만, "폐기물의 재활용촉진을 위한 관련법제의 개선방안에 관한 연구", 『서울시립대학교 대학원 법학박사학위논문』(2009), 17쪽
13) 정훈, "유럽공동체의 폐기물법체계", 한국환경법학회, 『환경법연구』 제27권 4호, 203-224 (2005), 207쪽~208쪽
14) U.K. Department for Environment, Food and Rural Affairs, 앞의 글 11, 33쪽

을 갖는 것이었다고 보아야 할 것이다. 결국 구「폐기물 기본지침」에서 폐
기물목록은 완결적이지도 않고 전적으로 어떤 물질이나 물건이 폐기물로서
성질을 가지고 있는지에 대해 결정적인 기준도 아니기 때문에, 단지 하나의
준거점으로서의 기능을 했다고 할 수 있다.[15] 따라서 개정된「폐기물 기본
지침」에서는 동 요건이 삭제되었으나, 그럼에도 불구하고 개정 전·후 폐기
물의 정의는 기본적으로 동일하다고 보아야 할 것이다. 다만, 당초와 동일한
목적을 위해서 재이용되는 경우, 그러한 재이용을 가능하게 하기 위한 사전
의 조치가 폐기물의 재활용으로 분류되는지, 단순한 제품의 수선으로 분류
되는지에 대해 개정 이전에는 이견이 있었으나, 개정된「폐기물 기본지침」
제3조 제16호에서는 '재이용의 준비' 또한 재활용절차 가운데 하나로 분류
되는 것으로 명확히 규정함에 따라, 폐기물의 개념을 보다 넓게 해석할 수
있는 근거가 마련되었다고 할 수 있다.[16]

나. 독일

독일에서 폐기물에 관해 제정된 최초의 별도 입법은 1972년 7월에 제정
된「폐기물의 처리에 관한 법률 (Abfallbeseitigungsgesetz-AbfG)」이었으며,
이 법은 1986년「폐기물의 발생억제 및 처리에 관한 법률 (Abfallgesetz-
AbfG)」을 거쳐 1994년 9월 제정되어 1996년 10월 시행된「순환경제의 촉
진 및 폐기물의 환경친화적 처리 보장을 위한 법률」(이하「순환경제폐기물
법 (Kreislaufwirtschafts- und Abfallgesetz(KrW-/AbfG))」이라 한다)로 전면 대
체되었다.[17]

---

15) 정훈, 앞의 글 13, 209쪽~211쪽
16) Hans-Joachim Koch ed., 『ドイツ環境法 (Umweltrecht, 3.)』(2010), 岡田正則
    (Okada Masanori) 監譯, (早稻田大學比較法研究所叢書 38, 2012), 300쪽 참고
17) 전재경, 『자원순환사회 법제 연구』, (한국법제연구원, 2012), 92쪽

「순환경제폐기물법」 제3조 제1항의 규정에 의한 폐기물은 별표 I 의 폐기물 분류에 속하는 동산으로서, 점유자가 처분하였거나 처분하려고 하는 것이거나 또는 점유자가 처분하여야만 하는 것을 의미하며, 재활용할 수 있는 폐기물은 "재활용되는 폐기물"이고, 재활용할 수 없는 폐기물은 "처리되는 폐기물"이다. 별표 I 에 열거된 폐기물 분류는, ① 다음에 상세하게 열거한 것을 제외한 생산부산물과 소비부산물, ② 기준(규격)에 부합하지 않은 제품, ③ 유통기한이 지난 제품, ④ 부주의로 이탈 또는 유실되거나 기타 사고가 발생한 제품과 그러한 사고가 발생하여 오염된 모든 물질, 첨가물 등, ⑤ 정상적인 사업 활동에 의해 오염되거나 더러워진 물질(예: 세척부산물, 포장재, 용기 등), ⑥ 사용할 수 없는 부품(예: 사용한 건전지, 촉매제 등), ⑦ 사용할 수 없게 된 물질(예: 오염된 산, 용해제 등), ⑧ 생산과정에서의 부산물(예: 슬래그, 증류부산물 등), ⑨ 세정과정에서의 부산물(가스세척찌꺼기, 공기필터부산물, 사용한 필터 등), ⑩ 기계나 톱 작업 시에 발생하는 부산물(톱밥 등), ⑪ 천연자원의 발굴과 채취 시 발생하는 부산물, ⑫ 오염된 물질(예: PCB에 오염된 기름 등), ⑬ 사용이 법적으로 금지된 모든 물질이나 제품, ⑭ 점유자가 사용하지 않거나 더 이상 사용하지 않게 된 제품(예: 농업, 가정, 사무실, 상점, 정비소 등), ⑮ 토지의 정화작업 시에 발생된 오염된 물질이나 생산물, ⑯ 상기한 유형에 속하지 않는 모든 종류의 물질과 생산물 등이다.[18] '동산'을 요건으로 하였기 때문에 당연히 부동산은 폐기물의 개념에서 제외되며, 이때 부동산은 민법상의 개념이 아니라 사실상의 상태에 기초하여 이해하여야 하는 것으로 해석되었다.[19]

독일 「순환경제폐기물법」에서 규정하고 있는 폐기물에 대한 정의는 기본적으로 EU의 「폐기물 기본지침」에서 제시하고 있는 정의와 동일한 개념표

---

18) Kreislaufwirtschafts- und Abfallgesetz - KrW-/AbfG 제3조 제1항 및 별표(Anhang) I 폐기물 유형(Abfallgruppen) 참조

19) Klaus Hansmann & Dieter Sellner, *Grundzüge des Umweltrechts*, (Erich Schmidt Verlag, 2007), 1023쪽~1024쪽

지 및 구조를 취하고 있는 것으로 볼 수 있고, 주관적 폐기물개념(subjektiver Abfallbegriff)과 객관적 폐기물개념(objektiver Abfallbegriff)을 함께 규정하고 있는 것으로 해석된다.[20] 따라서 물질 또는 물건의 점유자의 주관적인 의도와 객관적인 상황을 동시에 고려하여, 두 요건 중에 하나라도 충족되면 폐기물로 본다.[21] 즉 「순환경제폐기물법」에서는 폐기물의 정의 규정에 "처분하여야 하는"이라는 문구를 넣음으로써 폐기물의 개념을 객관화하고, 결과적으로 폐기물의 개념을 확대하고 있는 것이다.[22]

한편, 「순환경제폐기물법」은 2012년 2월에 다시 「순환경제의 촉진 및 폐기물의 환경친화적 관리 보장을 위한 법률」[23] (이하 「순환경제폐기물관리법」이라 한다)로 전면 개정되었는데, 동법 제1조에서는 이 법률의 목적을, "천연자원의 보호를 위한 순환경제를 촉진하고 폐기물의 발생과 관리에 있어 인간과 환경을 보호하는 것"으로 규정하고 있으며, 제2조에서는 이 법률이 이전 법률처럼 폐기물의 예방, 재활용과 처분에 적용됨을 명확히 하면서, 폐기물관리(Abfallbewirschaftung)라는 새로운 개념을 통해 이외의 모든 다른 처리까지 적용범위가 확장됨을 규정하고 있다.[24]

---

20) Philip Kunig, Stefan Paetow & Ludger-Anselm Versteyl, *Kreislaufwirtschafts- und Abfallgesetz: Kommentar*, (Verlag C. H. Beck München, 2003), 169쪽; 김연태, "폐기물의 개념 및 분류·처리체계 - 독일의 순환관리 및 폐기물법을 중심으로 -", 한국환경법학회, 『환경법연구』제25권 1호, 165-208 (2003), 172쪽

21) 김광수, "독일의 폐기물법 개정이 우리나라 폐기물정책에 주는 시사점", 한국환경법학회, 『환경법연구』제23권 2호, 211-234 (2001), 218쪽; 손희만, 앞의 글 12, 177쪽

22) 함태성, "독일과 일본의 폐기물법제 비교·검토를 통한 한국의 폐기물법제의 체계 재정립방안 연구", 한국토지공법학회, 『토지공법연구』제30집, 453-475 (2006), 458쪽

23) Gesetz zur Förderung der Kreislaufwirtschaft und Sicherung der umweltverträglichen Bewirtschaftung von Abfällen (Kreislaufwirtschaftsgesetz - KrWG)

24) Johannes Klausen, *Das neue Kreislaufwirtschaftsgesetz - Das ändert sich für Sie!*, (Ecomed Sicherheit, 2012), 15쪽~16쪽

또한 동 법률에서는 폐기물의 정의를 "점유자가 처분하거나 처분하고자 하거나 처리해야 하는 모든 물질 또는 물건"으로 규정하여 이전의 「순환경제폐기물법」의 폐기물개념과는 달리 "동산"으로 제한하지 않고 "모든 물질 및 물건"으로 확장하고 있다. 그러나 이러한 개정에도 불구하고 기본적으로 폐기물의 개념은 이전 법률들과 동일한 것으로 해석되고 있는데, 「순환경제폐기물관리법」 제2조 제2항 제10호에서 "원래 위치의 토양"에 대한 예외를 규정하고 있는 것 또한 「순환관리법」상의 폐기물에 대한 정의 규정이 구법처럼 동산에 초점을 맞추고 있음을 입증하는 것이라고 할 것이다.25) 아울러, 개정 전과 동일하게 재활용할 수 있는 폐기물은 "재활용되는 폐기물"로, 재활용할 수 없는 폐기물은 "처리되는 폐기물"로 규정하고 있다. 개정 전 법률에서 별표Ⅰ의 폐기물 분류에 속하여야 한다는 요건은 「순환경제폐기물관리법」에서는 삭제되었으나,26) 이전 법률에서도 별표Ⅰ 제16호에서 일반적인 규정을 두고 있었기 때문에 실질적으로는 폐기물 분류에 관계없이 모든 물질 및 물건을 대상으로 하고 있었다는 점을 감안할 때, 개정 전·후 법률의 정의 규정 간에 실질적인 차이는 없다고 할 것이다.

(1) 주관적 폐기물개념

독일 법률에서의 주관적 폐기물개념에 대해서 살펴보면, 「순환경제폐기물관리법」 제3조 제1항 제1문에서는, 폐기물은 점유자가 "처분하거나, 처분하고자 하는(entledigt, entledigen will)" 물질 또는 물건이라고 규정하고 있는데, 바로 이 표현으로부터 주관적 폐기물개념을 도출해낼 수 있으며, 여기에서 주관적 폐기물개념의 결정적인 요소는, 점유자의 처분행위(처분한) 또는 처분의사(처분하고자 하는)의 존재이다.27)

---

25) Id. 45쪽

26) 이러한 개정은 폐기물의 개념과 그 규정방식을 2008년에 개정된 EU의 「폐기물 기본지침」과 통일하기 위한 것으로 이해된다.

　독일 「순환경제폐기물관리법」에서 주관적 폐기물개념에 의한 폐기물은 다시 점유자가 처분한 것과 처분하려고 하는 것의 두 가지 유형으로 나누어 지는데, 여기서 '처분'은 점유자가 물건을 재활용 또는 처리 절차에 맡겼거나 다른 어떤 목적을 갖지 않고 물건에 대한 사실상의 지배권을 포기한 경우를 말한다(제3조 제2항). 따라서 어떠한 물건이 재활용 절차에 연결되는 경우에는, 그것의 경제적 가치(시장가치)에 관계없이, 점유자에 의하여 새로운 목적이 인정되어 자원순환과정에 포함되기까지는 폐기물로 취급되어야 하며, 해당 물건이 재활용 이전 또는 이후에 어떠한 가치를 가지는지는 폐기물 해당 여부를 판단하는데 있어 중요하지 않다.[28]

　주관적 폐기물개념은 동산의 점유자가 동산을 '처분하고자 하는' 경우에도 충족되는데, 이러한 경우의 처분의사는 밖으로 드러나지 않으며, 처분의사 자체가 존재하지 않을 수도 있다. 독일 「순환경제폐기물관리법」 제3조 제3항은 그러한 경우에 처분의사의 존재를 의제하는 경우를 규정하고 있으며, 이 규정에 의하여 처분의사라는 주관적 폐기물개념이 객관화된다고 할 수 있다.[29] 동법 제3조 제3항 제1호에 의하면, 물질 또는 제품의 제조, 처리, 이용 또는 에너지로의 전환 공정에서 당초 목적하지 않은 물질 또는 물건(개개 과정에서 발생한 부산물)이 발생하는 경우에 이 물질 또는 물건은 법률상 처분의사가 추정되어 폐기물이 되며, 물질 또는 물건의 새로운 용도가 본래의 용도를 대신하지 않고 해당 물질 또는 물건의 본래 용도가 상실되거나 포기되는 경우에도 처분의사가 추정된다(「순환경제폐기물관리법」 제3조 제3항 제2호).

27) 정훈, "폐기물법상 폐기물의 개념에 관한 고찰", 전남대학교 법률행정연구소, 『법률행정논총』 제21집 제2호, 353-382 (2001), 359쪽
28) 김연태, 앞의 글 20, 174쪽
29) 정훈, 앞의 글 27, 361쪽

(2) 객관적 폐기물개념

한편 「순환경제폐기물관리법」 제3조 제1항 제1문의 후단은, 일단 전단을 통해 점유자에게 부여된 결정의 자유와 처분의 자유를 다시 제한하면서 객관적 폐기물개념을 제시하고 있다.[30] 즉 주관적 폐기물개념에 기초하여 폐기물 해당 여부 및 그 처리가 오직 점유자의 처분의사에 달려 있다고 한다면, 비록 환경이나 사람의 건강에 위해를 미칠 우려가 있는 물질이라고 하더라도 점유자의 의사에 반하여 처리되어서는 안 된다는 결론이 되므로, 설사 폐기물의 점유자가 처리하지 않으려고 하는 경우에도 그 처리가 공익의 보호, 특히 환경보호를 위하여 요구되는 경우에는 이를 폐기물로 보아서 처리하지 않으면 안 된다는 것이다.[31]

이러한 측면에서의 폐기물은 환경의 보호를 위해 적법한 처리가 요구되는 물건 또는 물질이라고 할 수 있는데, 어떤 물건이나 물질이 그러한 폐기물에 해당하는가를 판단하는 기준은, 「순환경제폐기물관리법」 제3조 제4항에 따르면, ① 그 물건 또는 물질이 이미 그 본래의 목적으로는 사용되지 않고, ② 그 물건 또는 물질의 구체적인 상태를 볼 때, 현재 또는 장래에 공공의 복지, 특히 환경을 위협할 우려가 있으며, ③ 그 잠재적 위험성이 「순환경제폐기물관리법」 및 동법에 따라 제정된 명령에 기초하여 적법하고 무해한 재활용 및 공공의 복지에 부합하는 처분에 의해 배제되지 않는 경우 등이다. 따라서 해당 물건 또는 물질이 본래 그 자체로 (추상적이든 구체적이든) 위험한 것인지, 본래의 용도 이외의 사용 또는 이용으로 인해 위험하게 되는지, 그리고 이 경우 위험의 크기는 어느 정도인지, 어떤 물질이 잠재적으로 환경에 위태롭기는 하지만 점유자에 의해 환경에 무해하게 이용될 수 있는 경우에도 공익에 대한 위험이 존재하는지 등을 고려할 수 있다고 본다.[32] '공공의 복지' 또는 '공공의 이익'은 불확정적인 법개념으로, 따라

---

30) *Id.* 362쪽

31) 김연태, 앞의 글 20, 176쪽

서 개별적인 경우에 개인의 이익과 전체의 이익을 형량하여 판단되어야 하
며, 이 경우 그 판단기준으로는 ① 인간의 건강, 동물 및 식물, 하천과 토양
등 환경에 대한 위험가능성과 침해 또는 폐기물의 적법한 처리를 통해 달성
할 수 있는 환경의 보호, ② 물질의 전형적인 위험성의 척도가 될 수 있는
사용가치, ③ 물질의 무해한 이용이나 사용 여부를 결정하는 데 중요한 지
침이 되는 시장가치 등을 들 수 있다.[33] 이러한 객관적 폐기물개념은 공공
의 이익을 위해서 소유자나 점유자의 의사에 반해서도 적정한 폐기물처리
를 관철시키기 위한 것으로서, '사회국가의 원리' 또는 '재산권의 사회적 구
속성' (Sozial-pflichtigkeit des Eigentums)이 구체화된 일종의 '강제폐기물'의
개념이라고도 볼 수 있을 것이다.[34]

다. 미국

미국의 폐기물 관리 법체계에 있어서 기본을 이루는 「자원보전재생법
(RCRA : Resource Conservation and Recovery Act)」은 1965년 제정된 「고형
폐기물처리법(SWDA : Solid Waste Disposal Act)」를 보완하기 위해 1976년
에 제정된 법률로,[35] 동법에서는 '고형폐기물(Solid Waste)'을 "폐기물처리
시설, 상수도처리시설, 대기오염방지시설 등으로부터 발생하는 쓰레기
(garbage), 찌꺼기(refuse), 오니(sludge)"와, "산업, 상업, 광업, 농업활동, 그리
고 지역사회 활동으로부터 발생하는 고형, 액체, 반고형, 가스상의 물질을

---

32) 김광수, 앞의 글 21, 218쪽; 정훈, 앞의 글 27, 362쪽~363쪽
33) 정훈, 앞의 글 27, 364쪽~367쪽
34) 홍준형, 『환경법』(2판), (박영사, 2005), 914쪽; 한귀현, 『독일환경법론』, (한국법제
　　연구원, 2002), 448쪽
35) Joseph Kraft, "How to Take Recycling One Step Forward, Two Steps Back: The
　　EPA's Proposal to Revise the Definition of Solid Waste Under RCRA", 18 *Tulane
　　Environmental Law Journal* 385 (2005), 389쪽 참고

포함하는 기타 버려진 물질(other discarded material)"로 정의하고 있다.[36]

동법에서는 "버려진(discarded)"이라는 개념에 대하여 추가적인 설명을 제공하고 있지는 않으나, 미국 연방 환경보호청(EPA)은 "버려진 물질"의 4가지 유형으로, ① 폐기되었거나(abandoned), ② 재활용된(recycled) 물질, ③ 본질적으로 폐기물과 같은(considered inherently waste-like) 물질 또는 ④ 폐기물로 확인된 군수품(military munition)을 포함하는 개념을 제시하고 있다.[37] 보다 구체적으로 "폐기된 물질"의 경우에는, 어떤 물질이 처분되거나(disposed of), 연소 또는 소각되거나(burned or incinerated), 처분, 연소 또는 소각되기 이전이나 그 대신에 (재활용되지 아니하고) 축적(accumulated), 저장(stored) 되거나 처리되는(treated) 경우에 해당 물질은 폐기된 것으로 이해되며[38], 유해폐기물의 성질을 보이거나 유해폐기물로 등재된 물질은, 그것이 재활용될 때에 인간의 건강 및 환경에 대해 위해를 미칠 수 있고 대개의 경우 재활용되지 않는다는 것을 이유로 "본질적으로 폐기물과 같은 물질"로 보고 있다.[39] 마지막으로 위의 규정에 의해 규제를 받는 재활용 행위는 처분(disposal)과 유사한 것으로, ① 처분을 구성하는 방법으로 사용되거나, ② 에너지 회수를 위해 소각되거나, ③ 재생(reclaimed)되거나, ④ 투기적으로 비축(accumulated speculatively)되는 경우 등 4가지를 규정하고 있다.[40] EPA는 이러한 4가지 경우가 각각 소비된 물질(spent materials)[41]과 오니(sludges), 부산물 등에 대해 어떻게 적용되는지를 도표로 제시[42]하고 있는

---

36) 42 U.S.C. 6903 (27).

37) 40 C.F.R. § 261.2(a)(2)

38) 40 C.F.R. § 261.2(b)

39) 40 C.F.R. § 261.2(d)

40) 40 C.F.R. § 261.2(c)

41) '소비된 물질'은 사용되었고(used) 오염되어(contaminated) 별도의 처리 없이는 그것이 생산된 목적을 더 이상 수행할 수 없는 모든 물질을 말한다. (40 C.F.R. § 261. 1(c)(1))

42) 40 C.F.R. § 261.2 Table 1

데, "처분을 구성하는 방법으로 사용"된 것은, 폐기물을 비료로 토양에 살포하는 것처럼, 문제의 물질이 처분에 해당하는 방법으로 토양에 위치하는 경우 또는 토양에 적용되거나 위치하는 제품의 생산을 위해 사용되었거나 그러한 제품에 포함된 경우 등이다.[43] "에너지 회수를 위한 소각"은 연료로써 2차 물질을 태우는 경우, 연료를 생산하기 위해서 사용하는 경우 또는 해당 물질이 연료에 포함되어 있는 경우 등을 포함하는데, 다만 그 자체가 연료인 상업용 화학제품은 폐기물에 해당하지 않는다고 규정하고 있다.[44]

한편, EPA는 폐기물에 관한 규제들이 적용되지 않는, 재활용에 관한 예외를 3가지 규정하고 있는데, ① 제품을 생산하기 위한 산업 공정(industrial process)에서 원료(ingredient)로 사용되거나 재사용되는 경우; ② 상품의 유효한 대체재(substitutes)로써 사용되거나 재사용되는 경우; 또는 ③ 발생한 원래 공정에 재투입되는(returned) 경우에는 이러한 물질들이 재활용되면 그러한 물질들은 폐기물이 아니라고 본다.[45] 그러나 이렇게 사용 또는 재사용되거나 원래의 공정에 다시 투입되는 경우에도, ① 그러한 물질들이 처리를 구성하는 방법으로 사용되거나 토지에 적용되는 제품의 생산에 사용되는 경우, ② 에너지 회수를 위해 소각되거나 연료 생산을 위해 사용 또는 연료에 함유된 경우, ③ 투기적으로 비축된 경우, 그리고 ④ 일정한 유해폐기물 등은 폐기물로 규제된다.[46]

미국의 판례는 이와 관련하여, "설비들이 처리하였거나 버렸거나 방치하였기 때문에 폐기된 물질만이 폐기물을 구성한다"고 판시한바 있으며,[47] 이와 관련하여 미국 법제상 폐기물은 독일이나 일본과 달리 "재활용이 예정되었거나 가능한 자원"을 포함하지 아니하며 최종 처리되어야 할, 즉 "폐기

---

43) 40 C.F.R. § 261.2(c)(1)(i)(B)
44) 40 C.F.R. § 261.2(c)(2)
45) 40 C.F.R. § 261.2(e)(1)
46) 40 C.F.R. § 261.2(e)(2)
47) *American Mining Congress v. EPA(AMC I)*, 824 F.2d 1177 (D.C.Cir. 1987)

된" 물질만을 지칭하는 것이라는 견해[48]도 있으나, 미국의 법원 역시 EPA
가 재활용된 물질의 대해서는 모두 관할권을 갖지 않는다고 결정하는 데 까
지는 이르지 않았다고 할 것이다.[49] 오히려 미국의 경우에도 위와 같이 일
정한 요건을 충족하는 물질들의 경우에만 예외적으로 폐기물에서 제외하고
있으며, 단순히 재활용이 예정되어 있다거나 가능하다고 해서 모두 폐기물
에서 제외하고 있지는 않은 것이다. EPA가 새로 채택하여 2008. 12. 29일
발효된 "고체폐기물 정의(DSW: Definition of Solid Waste)" 관련 규정에 따
르면, '유해 2차 물질'이 합법적으로 재활용되고, ① 발생자의 통제 하에 발
생되고 재활용되거나, ② 발생하고 다른 회사로 재활용을 위해 이전되거나,
③ 재활용을 위해 수출되거나, ④ 사안별로 비폐기물로 행정기관에 의해 결
정될 경우에는, 폐기물의 정의 규정으로부터 제외된다.[50] 또한 이외에 '유
해 2차 물질'이 DSW의 대상에서 제외되기 위해서는 충족해야 할 4가지 전
제조건이 있는데, ① 반드시 재활용 공정에 유용한 기여를 해야 하며, ② 재
활용 공정은 가치 있는 새로운 중간물질 혹은 최종 제품을 생산해야 하고,
③ 재활용된 물질은 가치 있는 필수품으로 관리되어야 하며, ④ 재활용된
제품은 천연원료로 만든 제품보다 높은 유해성분을 포함하고 있어서는 안
된다.[51] 결국 미국 EPA 역시 기본적으로는 폐기물과 관련된 규제권한을 넓

---

48) 전재경, "폐기물과 순환자원의 법적 개념의 변화와 적용", 한국환경법학회, 『환경
    법연구』 제30권 3호, 609-627 (2008), 615쪽~616쪽

49) Paul G. Gosselink, "Solid Waste Update", 40 *Texas Environmental Law Journal* 1
    (2010), 19쪽

50) 40 C.F.R. § 261.2(a)(2); 40 C.F.R. § 261.4(a)(17), (23), (24); 40 C.F.R. § 260.30.
    개정규정의 목적은 "안전하고, 환경적으로 건전한 재활용 및 자원의 보전을 촉진하
    고, 고형폐기물의 정의에 관한 다수의 판례에 대응"하기 위한 것으로 제시되고 있
    다. (Revisions to the Definition of Solid Waste, 73 Fed. Reg. 64,668 (Oct. 30,
    2008))

51) Nancy K. Kubasek and Gary S. Silverman, *Environmental Law*(8th Edition), (Pearson,
    2014), 279쪽; 40 C.F.R. 260.43(b) 및 260.43(c)

게 설정한 후, 적법하게 재활용되거나 실제로 제품을 생산하기 위해 필요한 것으로 보이는 물질들만을 폐기물의 범주에서 제외하는 방식을 취하고 있는 것으로 볼 수 있다.[52]

라. 프랑스

프랑스의 『폐기물 처리 및 재활용에 관한 법률』 제1조에서는 폐기물을 "생산가공 또는 이용 과정에서 생긴 모든 잔류물과 모든 물질, 재료, 생산물 또는 보다 일반적으로 버려졌거나 그 보유자가 버리고자 하는 모든 동산"이라고 정의하고 있다.[53] 따라서 프랑스의 폐기물에 대한 정의 규정은 '생산가공 또는 이용 과정에서 생긴 모든 잔류물과 모든 물질, 재료, 생산물'이라는 전단과 '버려졌거나 그 보유자가 버리고자 하는 모든 동산'이라는 후단으로 나눠진다고 볼 수 있는데, 전단의 경우는 폐기물로 분류되는 물질의 객관적인 요건을 기술한 것이고, 후단은 해당 물질의 '보유자'의 의사를 핵심적인 요소로 하고 있다고 할 수 있다.

프랑스의 정의 규정은 EU 및 독일의 입법례와 비교할 때 '버려야 하는' 또는 '처분하여야 하는'이라는 요소는 포함되어 있지 않으나, 전단의 규정에 의해 객관적 폐기물 개념까지 포괄하고 있다고 볼 수 있으며, 따라서 프랑스의 경우에도 주관적 폐기물 개념과 객관적 폐기물 개념을 모두 채택하고 있는 것으로 볼 수 있을 것이다.

---

52) Jo Jeanne Lown, "Eco-Industrial Development and the Resource Conservation and Recovery Act: Examining the Barrier Presumption", 30 *Boston College Environmental Affairs Law Review* 275 (2003), 292쪽
53) 박균성, "폐기물 관련법령의 기본구조", 한국환경법학회, 『환경법연구』 제26권 2호, 163-185 (2004), 165쪽

마. 영국

영국의 경우 폐기물에 대한 정의는 1990년에 제정된 「환경보호법 (Environmental Protection Act)」 제75조 제2항에 규정되어 있는데, 동 법에서는 폐기물을 "폐기물 점유자(holder)가 버리거나 버릴 의도가 있거나 또는 버릴 것이 요구되는 것 중 동 법의 Schedule 2B에 규정된 범주에 해당하는 물질 또는 대상"이라고 정의하고 있다. 「환경보호법」 Schedule 2B에 규정된 폐기물의 범주는 EU의 「폐기물 기본지침」에 포함된 것과 동일한 것으로,[54] 결국 영국의 폐기물의 개념 또한 EU 및 독일의 폐기물의 개념과 동일하다고 할 수 있을 것이다. 한편, 동 규정의 해석에 있어서는 폐기물의 점유자 (holder)가 누구인지가 중요하다고 할 수 있는데, 동법에서는 폐기물의 보유자를 "폐기물의 생산자(producer)" 또는 "폐기물의 소유자(the person who is in possession of it)"로 정의하고 있다.[55]

2012년 영국의 환경·식량·농업부(DEFRA)에서는 2008년 개정된 EU의 「폐기물 기본지침」에 의해 도입된 변화 및 이와 관련된 EU 집행위원회 (Commission)의 지침, 유럽 및 영국 법원의 판례법 등을 고려하여, 폐기물의 정의에 대한 새로운 지침을 제정했으며,[56] 동 지침에서는 일정한 물질이나 물건이 폐기물에 해당하는지 여부를 판단함에 있어서 다음과 같은 기준을 단계별로 고려하도록 하고 있다.

---

54) 홍동희, "폐기물의 개념 및 분류체계에 관한 연구", 한국환경정책·평가연구원, 「환경정책연구」 제3권 제2호, 113-137 (2004), 123쪽
55) Environmental Protection Act 1990 Section 75(2)
56) Elizabeth Fisher, Bettina Lange & Eloise Scotford, 앞의 글 1, 691쪽

[표 3-1] 폐기물 해당 여부에 대한 판단기준[57]

| | Q.1 물질 또는 물건이 장래 사용 또는 판매를 목적으로 생산되었거나 본래 의도된 것과 동일한 목적을 위해 재사용되고 있는가? | → 네 | 폐기물이 아닐 가능성 높음 |

↓아니오

| Q.2a 물질/물건이 생산 잔재물인가? | → 네 | 폐기물일 가능성 높음 |

↓아니오

| Q.2b 물질/물건이 부산물로 분류되기 위해 필요한 모든 단계를 충족하는가? | → 네 | 폐기물이 아닐 가능성 높음 |

↓아니오

| Q.3 물질/물건이 버려져야 할 필요가 있는가? | → 네 | 폐기물일 가능성 높음 |

↓아니오

| Q.4 물질/물건이 폐기 또는 회수를 위해 이전되었는가? | → 네 | 폐기물일 가능성 높음 |

↓아니오

| Q.5 물질/물건이 낮은 경제적 가치를 가지고 있는가? | → 네 | 폐기물일 가능성 있음 |

↓아니오

| Q.6 물질/물건이 유해하거나 환경을 오염시키는가? | → 네 | 폐기물일 가능성 있음 |

↓아니오

| Q.7 물질/물건이 본래의 목적과 동일한 용도로 사용할 수 있을 정도로 사용에 적합한가? | → 네 | 폐기물이 아닐 가능성 있음 |

↓아니오

| Q.8 물질/물건이 중고 제품으로 이전되는가? | → 네 | 폐기물이 아닐 가능성 높음 |

---

57) U.K. Department for Environment, Food and Rural Affairs, 앞의 글 11, 17쪽

바. 중국

중국은 1970년대부터 여러 법률과 행정법규, 조례 등을 통해 폐기물에 대한 관리를 시작하였으나 여러 부서의 중복관리 또는 관리의 사각지대 등이 나타남에 따라 1995. 10. 30일 「고체폐물오염환경방치법(固體廢物汚染環境防治法)」을 제정하여 1996. 4. 1일부터 시행하고 있다.[58] 동 법률에서는 '고체폐물'을 '생산, 건설이나 일상생활과 기타 활동과정에서 발생되는 것으로, 원래의 이용가치를 상실했거나 이용가치를 상실하지 않았으나 포기되거나 방치된 고체상태, 반고체상태 및 용기에 존재하는 기체상태의 물품이나 물질, 그리고 법률이나 행정법규 규정으로 고체폐물로 관리하도록 나열된 물품이나 물질'로 정의하고 있다.[59]

이처럼 동법에서는 '고체폐물'로서 '원래의 이용가치를 상실한 물품이나 물질'과 함께 '포기되거나 방치된 물품이나 물질', '법률이나 행정법규 규정으로 고체폐물로 관리하도록 나열된 물품이나 물질'을 규정하고 있는바, 이는 주관적인 폐기물 개념뿐만 아니라 객관적인 폐기물 개념도 함께 채택하고 있는 것으로 볼 수 있을 것이다.

사. OECD

OECD는, 「유해폐기물의 국가간 이동에 관한 OECD 이사회 결정(OECD Council Decision on the Transfrontier Movements of Hazardous Wastes)」에서

---

58) 노청석/최동일, "중국의 고체폐물오염방치법", 한국환경법학회, 『환경법연구』 제26권 3호, 69-94 (2004), 71쪽~72쪽

59) 「고체폐물오염환경방치법」 제88조 제1항 (손상진, "자원순환사회 구축을 위한 폐기물 관련법제 개선방안에 관한 연구", 『서울시립대학교 법학박사학위논문』(2009), 94쪽에서 재인용); 노청석/최동일, 앞의 글 58, 70쪽

폐기물에 대한 정의 규정을 두고 있는데, 동 결정에서는 폐기물을 "별표1에 규정된 사유로 처분되는(intended for disposal) 방사성물질 이외의 물질"로 정의하고 있으며,[60] 이러한 정의는 다른 관련 결정[61]에서도 동일하게 유지되고 있다. 여기서 "처분(disposal)"은 같은 결정의 별표2에 규정된 공정들을 의미하는데, 별표2는 다시 최종처리공정에 대한 별표2.A와 회수공정에 대한 별표2.B로 구분되며, 물질이 처분되는 16가지 사유로 구성된 별표1은, Q1으로 '아래에 달리 규정되지 않은 생산잔재물들(production residues)'을, Q16으로는 '배출자 또는 수출자가 폐기물로 신고하고 위의 다른 분류에 포함되지 않는 모든 물질 또는 제품'을 규정하고 있어, 포괄적이면서 전체를 망라하고 있다고 할 수 있다.[62] 결국 별표1에 규정된 사유로 별표2에 규정된 공정에 의해 처분되는 물질들은 모두 폐기물이라고 할 수 있으며, 재생이용 등 재활용 공정 또한 폐기물을 정의함에 있어 사용된 '처분'의 범위에 포함된다는 점을 명확히 하고 있다.

또한 법적인 구속력을 갖는 것은 아니지만 국제연합(UN)의 환경통계용어집을 인용한 용어사전(Glossary)에서는, 폐기물을 '배출자가 자신의 생산, 변환(transformation) 또는 소비라는 목적에서 더 이상 필요로 하지 않으며, 폐기하고자 하는, 주된 제품(시장을 위해 생산되는 제품)이 아닌 물질'이라고 정의하고 있으며,[63] 다만, 폐기물 발생지에서 직접적으로 재활용 또는 재이용되는 폐기물과, 주위의 물과 공기에 직접적으로 버려지는 폐기물은 제외된다고 한다.[64] 이러한 정의는 '더 이상 필요로 하지 않는'이라는 요건을 제시하고 있다는 점에서 일견 우리나라의 정의 규정과 유사한 측면이 있는 것

---

60) OECD Decision C(88)90(Final)
61) OECD Decision C(92)39/FINAL, "OECD Council Decision on the Control of Transfrontier Movements of Waste Destined for Recovery Operations"
62) OECD (Waste Management Policy Group), "Final Guidance Document for Distinguishing Waste from Non-waste" (ENV/EPOC/WMP(98)1/REV1) (1998), 5쪽
63) OECD, *Glossary of Statistical Terms*, 2007, 848쪽
64) 김광임 외, 앞의 글 3, 138쪽

으로 보이나, '주된 제품이 아닌 물질' 즉 부산물을 폐기물에 명시적으로 포함하고 있으며, 폐기물이 발생한 해당 공정에서 다시 직접 재활용 또는 재이용되는 경우에는 폐기물에서 제외하고 있다는 점에서 차이가 있다고 볼 수 있을 것이다. 또한 '주위의 물과 공기에 직접적으로 버려지는 물질'의 경우에는 수질 또는 대기오염을 규제하는 법률에 의하여 규율하면 충분한 것으로 보아 폐기물에서 제외하는 것으로 이해할 수 있다.

4. 소결

'폐기물'이라는 용어에 대한 충분히 명료하고 적확한 정의를 규정하는 것은 현대 환경법에서 반복해서 제기되는 중요한 과제들 가운데 하나로 인식되고 있는바,[65] 바람직한 입법안을 검토함에 있어서는 다음과 같은 사항들의 고려가 필요하다.

가. 「폐기물관리법」 정의 규정 개정의 기본방향

법적 정의 규정은, 이상적으로는, 규제되어야 할 모든 행위들을 포함할 정도로 충분히 범위가 넓어야 하지만, 반면에 과잉규제를 야기할 정도로 넓어서는 안 되며, 또한 동시에 '법의 지배의 원칙' 또는 '법치행정의 원칙'이 요구하는 것처럼, 법률이 그 적용대상이 되는 행위주체들의 행위에 명확한 지침을 제시해줄 수 있어야 한다.[66]

---

65) Stuart Bell, "Refining the Definition of Waste", 1 *Environmental Law Review* 283 (1999), 284쪽

66) Ilona Cheyne & Michael Purdue, "Fitting Definition to Purpose: The Search for a Satisfactory Definition of Waste", *Journal of Environmental Law* 7(2): 149-168 (1995), 149쪽

우리 「폐기물관리법」에서 규정하고 있는 '폐기물'의 정의에 대하여 제기되는 주된 비판이 위에서 살펴본 것처럼, 동 규정이 지나치게 추상적으로 규정되어 있어서 일정한 물질 또는 물건이 폐기물에 해당하는지 여부가 불명확하고, 따라서 폐기물에 대한 법령이 적용되는지 여부에 대한 논란이 발생하고 있다는 점이라는 것을 감안할 때, 동 정의 규정을 일반 국민들이 보다 쉽게 이해할 수 있도록 명확하게 하는 작업이 필요하다고 판단된다. 즉 일정한 물질 또는 물건이 폐기물에 해당하는지 여부는 그 물질에 대한 특정한 처분행위가 폐기물 관련 법령에 의한 규제의 대상이 되는지와 관련하여 핵심적인 문제가 되며, 이렇게 폐기물의 개념에 관한 규정이 단순한 정의 규정이 아니라 실질적으로 이해관계자에게는 행정처분이나 형사 처벌 또는 손해배상의 여부를 결정하는 데 있어 기준 또는 관건이 될 수 있기 때문에, 그 규정이 명확하지 못하여 해석하는 사람에 따라 결론이 달라지는 경우에는 죄형법정주의 및 법치행정의 원리에 반하는 것으로 볼 수 있는 것이다.[67]

따라서 현행 「폐기물관리법」과 같이 단순히 폐기물에 해당되는 물질 또는 물건의 대표적인 유형을 열거하고 기타 폐기물로 분류되어야 하는 물질의 객관적인 요건을 명확히 제시하지 않은 채 주관적인 측면만이 강조되는 방식으로 규정하고 있는데서 벗어나, 폐기물의 요건 또는 개념표지들을 법률에서 명확하게 규정하는 방식으로 정의 규정을 개정하는 것이 필요하며, 궁극적으로는 이것을 통해서 「폐기물관리법」의 목적 또는 입법취지라고 할 수 있는, 폐기물의 안전한 처리에 의한 국민 건강과 환경보호, 자원의 순환 이용 등을 달성할 수 있도록 해야 할 것이다.

---

67) 안종오, "유해폐기물 법제에 관한 한·미 비교연구", 『경희대학교 대학원 법학박사 학위논문』(2004), 90쪽

나. 폐기물의 개념에 대한 검토

폐기물에 관한 법체계에 있어 가장 기본이 되는 것은 '폐기물'이란 무엇인가 하는 물음에 대한 답을 제시하는 것이다. 독일을 비롯한 EU 회원국들은 버리거나 폐기하는 행위(discard) 또는 이에 관련된 의사를 기본으로 하면서, 공익적 필요에 의해서 처리해야 하는 의무가 발생하는 경우를 객관적 폐기물개념을 통해 폐기물의 범주에 포함하고 있는 것으로 보인다. 이와는 달리 일본과 우리나라의 경우에는 '불요물' 또는 '필요로 하지 않는 물질' 등으로 폐기물의 개념을 정의하고 있어, 전자의 방식과는 다소 다른 입법방식을 취하고 있다고 할 수 있다.

'폐기(discard)'의 개념을 중심으로 하고 있는 EU 국가들 및 미국 등에서는 그것의 해석과 관련하여 제기되는 여러 가지 난점들을 해결하기 위한 방안으로 '가치(value)'의 개념을 중심으로 폐기물의 개념을 정의하는 방안을 주장하면서, 이러한 개념이, 폐기물이 환경오염을 통해 환경피해를 야기할 것이라는, 폐기물에 의해 야기되는 가장 중요한 환경문제에 직접적으로 관련된다는 사실을 그 장점으로 제시하는 견해가 있다.[68] 그러나 사람들은 일반적으로 가치가 있다고 생각하는 물질 또는 물건은 버리지 않는다는 점에서, '폐기'라는 행위를 중심으로 하는 입장과 '가치'를 중심으로 하는 두 입장은 실질적으로 큰 차이가 있다고 볼 수는 없을 것이다. 또한 가치에 기반을 둔 폐기물의 개념을 주장하는 입장에서는, 어떤 물질이 소유자 또는 점유자에 의하여 버려진 경우에도 그것이 다른 사람에게 경제적인 가치 또는

---

68) David Wilkinson, "Time to Discard the Concept of Waste?", 1 *Environmental Law Review* 172 (1999), 193쪽~194쪽; 동 논문에서는 이를 시계열적으로 '① 0 또는 부(-)의 순 가치(net value) → ② 유출 또는 누출을 야기하는 부주의한 취급 → ③ 환경오염 → ④ 생명체와 오염물질간의 접촉 → ⑤ 환경적인 위해'의 순서로 제시하고 있다.

다른 가치가 있으며, 유사한 물질적 또는 화학적 특성을 지닌 다른 원료물질보다 환경적인 위해를 야기할 위험이 크지 않은 경우에는, 그러한 물질을 폐기물로 분류하는 것은 적절치 않다고 보게 될 것이다. 그러나 이러한 견해에 따를 경우 자칫 명백하게 버려지거나 폐기된 물건도 다른 누군가에게는 가치가 있다고 볼 수 있는 한에서는 폐기물로 관리할 수 없다는 결론에 다다르게 되어 관리의 사각지대를 발생시킬 우려가 있으며, 특히 어떠한 물질의 경제적 가치는 시장의 변동에 따라서 변화될 수밖에는 없는 것이기 때문에 법적 안정성과 함께 피규제자의 예측가능성을 크게 저해할 수 있다는 점에서 받아들이기 어려운 견해라고 생각된다.

가치를 기반으로 한 폐기물개념이 가지는 이러한 한계에도 불구하고 가치의 문제는, 폐기물의 개념을 구성하고 폐기물에 해당하는지 여부를 판단함에 있어 소유자 또는 점유자의 폐기행위와 주관적인 의사, 공익적 필요에 따른 폐기물로서의 처리 필요성 등과 함께 반드시 고려되어야 할 요소들 가운데 하나라고 할 수 있을 것이며, 이러한 측면에서 독일의 「순환경제폐기물관리법」은 어떠한 물질 또는 물건이 객관적 폐기물개념에 따른 폐기물에 해당하는지 여부를 판단함에 있어서 핵심적인 요소라고 할 수 있는 공익적인 필요를 검토하는데 있어서 해당 물질의 사용가치와 시장가치를 일응의 기준으로 고려하고 있는 것으로도 볼 수 있을 것이다.

다. 우리 폐기물 관련 법제에 '객관적 폐기물개념'의 도입 필요성 및 근거

폐기물의 개념을 정의함에 있어서 주관적 폐기물개념과 객관적 폐기물개념을 모두 고려해야 할 가장 큰 필요성은 그렇게 함으로써 폐기물의 범위를 명확히 할 수 있으며, 이를 통해서 법 적용의 객관성과 투명성을 제고하는 한편, 환경친화적으로 처리하고 효율적으로 재활용되어야 할 물질 또는 물건들을 보다 폭 넓게 포괄할 수 있게 되어 국민의 건강과 환경 보호에 만전을 기하고 자원순환을 촉진할 수 있다는 점을 들 수 있을 것이다. 독일의 주관적 폐기물개념은 「기본법(Grundgesetz)」 제14조 제1항 제1문에 의해서 보호되는 재산권에 대한 처분의 자유를 비롯한 자유권을 보호하는 데 기여하는 것으로 해석된다.[69] 이것은 우리나라에서도 마찬가지라고 할 것이나, 폐기물에 해당하는지 여부를 소유자 또는 점유자의 처분의사에만 좌우되도록 할 경우에는 어떤 물질이나 물건이 아무리 환경에 유해한 경우에도 개개인의 의사에 반해서는 처리하도록 할 수 없게 되는 문제가 발생하게 되는 바, 이는 공익에 돌이킬 수 없는 피해를 초래할 수 있다는 점에서 객관적 폐기물개념에 의한 보완이 반드시 필요하다고 할 것이다.

우리 헌법은 제35조 제1항에서 모든 국민이 건강하고 쾌적한 환경에서 생활할 권리를 보장하면서, 이와 함께 국민들이 환경보전을 위해 노력하여야 한다는 의무도 규정하고 있으며, 환경 분야의 기본법이라고 할 수 있는 「환경정책기본법」 제2조의 기본이념 조항에서는 '국가, 지방자치단체, 사업자 및 국민은 환경을 보다 양호한 상태로 유지·조성하도록 노력하고, 환경을 이용하는 모든 행위를 할 때에는 환경보전을 우선적으로 고려'하도록 규정함으로써 건강하고 쾌적한 환경보전을 위하여 국가와 지방자치단체, 사업자 및 국민이 이행하여야 할 의무에 대해 규정하고 있다. 또한 헌법 제37조 제2항에서는 국민의 모든 자유와 권리는 국가안전보장·질서유지 또는 공공복리를 위하여 필요한 경우에 한하여 법률로써 제한할 수 있음을 규정하고 있는바, 개인의 자신이 소유하거나 점유하고 있는 물질 또는 물건을 계속 보유할 것인지 또는 폐기물로 처분할 것인지와 관련된 재산권 내지는 의사결정의 자유도 공공복리를 위해 필요한 경우에는 법률로써 일정한 제한을 규정할 수 있다고 보아야 할 것이며, 이 경우에 재산권의 한계를 규정하고 제한을 함에 있어서는 법치국가의 원칙으로부터 도출되는 비례의 원칙이

---

69) 정훈, 앞의 글 27, 377쪽

준수되어야 할 것이다.[70] 따라서 일정한 물질 또는 물건이 객관적으로 국민의 건강이나 환경에 피해를 초래할 우려가 있다고 판단될 경우에는 헌법 및 「환경정책기본법」의 이념에 비추어 환경을 보전하고 국민 건강을 보호하기 위해 반드시 적정하게 처리를 하도록 할 필요가 있다고 할 것이다. 이 경우 일정한 물질 또는 물건을 '폐기물'로 처리토록 함으로써 공익에 대한 위험을 제거하기 위해서는, 재산권자의 해당 물질 또는 물건에 대한 이용이익과 공익의 비교형량을 통해, 그러한 처리가 목적달성을 위해 유일하게 필요하며 상당한 수단인 경우로 엄격하게 제한되어야만 할 것이다.[71]

라. 국회 계류중인 "자원순환사회" 관련 법률의 검토

2015. 6월 현재 국회에는 "자원순환사회"의 개념 도입 및 확산과 관련한 법률 제정안이 정부안과 의원입법안을 포함해 총 5건 계류되어 있다. 이 가운데 정부가 제출한 「자원순환사회전환촉진법」(안)(이하 '정부(안)')과 2013. 7. 11일 최봉홍의원이 대표발의한 「자원순환사회 전환 촉진법안」(이하 '최봉홍의원(안)')[72]은 모두 "폐기물"을 「「폐기물관리법」 제2조 제1호에 따른 폐기물'로 정의하고 있어 현행법의 '폐기물'의 개념을 그대로 수용하고 있다.[73]

반면에 2013. 11. 20일 전병헌의원이 대표발의한 「자원순환사회 촉진기본법안」(이하 '전병헌의원(안)')에서는 "폐기물"을 '사람의 생활이나 산업활동 등에서 발생 및 배출되는 물질 또는 물건 중 순환자원으로 분류되지 아니한 것 또는 기술적으로 더 이상 순환이용될 수 없어 환경적으로 안전한

---

70) 허영, 『한국헌법론』(신4판), (박영사, 2004), 276쪽~277쪽
71) 정훈, 앞의 글 27, 365쪽~366쪽
72) 의안번호 5944호
73) 정부(안) 제2조 제2호, 최봉홍의원(안) 제3조 제2호

처리를 요하는 것'으로 규정하여, 현행 「폐기물관리법」에서 규정하고 있는 개념과는 상이하게 매우 제한적으로 정의하고 있다.

또한 이윤석의원이 2013. 12. 20일 대표발의한 「자원순환촉진기본법안」 (이하 '이윤석의원(안)')의 경우에는, "폐기물"을 '부산물 중에서 순환자원을 제외한 것'으로 정의하고 있어 현행 법령의 폐기물의 개념과는 전혀 다른 개념을 채택하고 있다.

마지막으로 2014. 2. 7일 이완영의원이 대표발의한 「자원순환사회형성 기본법안」(이하 '이완영의원(안)')에서는 "폐기물"을 '폐자원 중 순환자원을 제외한 물질이나 물건으로서 더 이상 순환이용될 수 없어 에너지회수를 목적으로 하지 아니하는 소각이나 매립의 대상이 되는 것 중에 환경부령으로 정하는 물질이나 물건'으로 정의하고 있어,74) 결국 재활용 등에 의해 순환 자원으로 이용될 수 없는 최종처분의 대상만이 "폐기물"에 해당하는 것으로 정의하고 있다.

이처럼 전병헌의원(안)과 이윤석의원(안), 이완영의원(안)은 각각 그 범위에 있어서는 차이가 있지만 현행 「폐기물관리법」의 "폐기물" 정의 규정보다 매우 좁은 범위로 한정하여 "폐기물"을 정의하고 있다는 점에서는 유사하다고 할 수 있다. 이처럼 "폐기물"을 좁게 정의하려는 시도는, 기본적으로 폐기물 관리 내지 재활용 촉진에서 우월적인 지위를 차지해 온 폐기물관리 법의 효력과 적용범위를 축소시키고 폐기물의 범주를 축소시키는 노력이 필요하며75) 순환이용 또는 재활용이 가능한 물질이나 물건은 폐기물로 엄격하게 관리할 필요가 없다고 보는 견해를 바탕으로 하는 것으로 볼 수 있고, 객관적 폐기물개념 혹은 주관적 폐기물개념과의 직접적인 논리적 관련성을 찾기는 어렵다고 보인다. 따라서 현행 법령상의 "폐기물" 개념의 개정

---

74) 이완영의원(안) 제3조 제4호
75) 전재경, "자원순환촉진 관련 법안에 관한 의견", 국회 환경노동위원회, 『「자원순환 사회전환촉진법안」 제정을 위한 공청회 자료집』, 19-26 (2015), 19쪽~20쪽

이 필요한지, 필요하다면 어떻게 개정할 것인지의 문제는, 환경이나 사람에 대한 위해를 예방하고 자원을 효율적으로 활용하도록 한다는 폐기물 관리의 기본적인 목적을 바탕으로 신중하게 검토할 필요가 있다고 판단된다. "폐기물"과 "순환자원"의 구별 및 "순환자원"이 "폐기물"의 범주에 포함된다고 볼 것인지 등에 대해서는 뒤에서 별도로 상세히 검토하고자 한다.

마. 구체적인 정의 규정 개정(안) 검토

위에서 검토한 바와 같이 우리나라의 경우에도 EU의 폐기물기본지침 및 이를 바탕으로 한 독일의 입법례 등을 참고하여 주관적 폐기물 개념과 객관적 폐기물 개념을 모두 포함하는 정의 규정을 둘 필요성이 있다고 할 것이다. 즉 일정한 물질 또는 물건의 소유자 또는 점유자가 해당 물질 또는 물건을 처리하지 않으려고 하는 경우에도 그것의 처리가 환경보호 등 공익의 보호를 위하여 반드시 요구되고 다른 합리적인 대안이 없는 경우에는 이를 폐기물로 보아서 처리할 수 있도록 하여야 하고, 일정한 경우에는 일정한 물질 또는 물건의 소유자나 점유자의 폐기의사를 추정할 수 있도록 하는 것도 필요할 것이다.[76]

그러나 이 경우에도 1차적으로는 배출자(발생원인자)의 주관적인 의사(폐기의사)를 고려하여야 할 것이며, 객관적 폐기물 개념에 비추어볼 때는 폐기물에 해당하더라도 배출자의 주관적인 의사에 따라 폐기물에서 배제할 수 있는 경우를 법률에서 명확하게 규정하여야 할 것이다. 이러한 점들을 모두 종합적으로 고려할 때, 현행 법률의 폐기물에 대한 정의 규정은 다음과 같이 개정하는 방안을 검토할 필요가 있다고 판단된다.

---

76) 안종오, 앞의 글 67, 93쪽

> 제2조(정의) 1. "폐기물"이라 함은 일정한 물질이나 물건으로, 해당 물질이나
> 물건의 소유자 또는 점유자가 버리거나 버리고자 하거나, 사람의 건강 또는
> 환경보전을 위하여 적정하게 처리하는 것이 요구되는 물질이나 물건으로서
> 대통령령이 정하는 것을 말한다. 다만, 해당 물질이나 물건의 소유자 또는
> 점유자가 버릴 의사가 없고 해당 물질이나 물건이 사람의 건강 또는 환경에
> 위해를 끼칠 우려가 없음을 입증하는 경우에는 폐기물에 해당하지 아니한다.

위와 같이 폐기물에 대한 정의 규정을 개정하는 경우, 특정 물질이나 물건의 소유자 또는 점유자의 주관적인 의사에 의해서뿐만 아니라 이런 의사가 불명확하거나 명시적인 의사에 반하는 경우라고 할지라도 해당 물질이나 물건이 객관적으로 '사람의 건강 또는 환경'에 위해를 줄 우려가 있는 물질 또는 물건이라고 판단되는 경우에는 폐기물로 분류할 수 있다는 것을 명시적으로 규정함으로써 해석상의 혼선을 크게 줄이면서 사람의 건강이나 환경에 피해가 발생할 우려 또한 예방할 수 있을 것으로 생각된다. 아울러, 이러한 공익상의 필요가 없는 경우에는 특정 물질이나 물건의 소유자 또는 점유자의 주관적인 의사를 존중하여 객관적인 요건에 의해 폐기물로 분류되어야 하는 물질 또는 물건에 대한 예외를 인정할 수 있도록 함으로써, 소유자 또는 점유자가 특별한 주관적 가치를 부여하고 있는 물질 또는 물건에 해당하고 공익에 대한 피해를 충분히 예방할 수 있는 경우(예: 치과에서 발치한 치아)에 대하여도 타당한 결론을 도출할 수 있을 것이다.

바. 폐기물 제외 물질에 대한 규정 명확화

「폐기물관리법」 제3조에서는 동법이 적용되지 않는 물질을 규정하고 있는바, 동조 제1항 제1호에서는 '「원자력안전법」에 따른 방사성물질과 이로 인하여 오염된 물질'을 「폐기물관리법」의 관리대상에서 제외하고 있다. 한

편 「원자력안전법」 제2조 제5호에서는 방사성물질을 "핵연료물질·사용후핵연료·방사성동위원소 및 원자핵분열생성물"로 규정하고, 핵연료물질과 방사성동위원소의 구체적인 범위는 다시 대통령령으로 위임하고 있다.[77] 반면에, 동조 제18호에서는 방사성폐기물에 대해서 "방사성물질 또는 그에 따라 오염된 물질로서 폐기의 대상이 되는 물질(사용후핵연료를 포함한다)"로 정의하고 있다.

　이러한 법률 규정들을 종합적으로 검토해보면, 「폐기물관리법」은 '「원자력안전법」에 따른 방사성물질과 이로 인하여 오염된 물질'들을 모두 그 적용대상인 폐기물에서 제외하고 있으며, 그것이 「원자력안전법」 및 「방사성폐기물관리법」에 의해 관리되는 방사성폐기물에 해당하는지 여부는 그 적용대상에서의 제외를 결정하는 요건으로 규정하고 있지 않다. 따라서 경우에 따라서는 「폐기물관리법」과 「방사성폐기물 관리법」이 모두 적용되지 않거나 어느 법률이 적용되어야 할 것인지가 불명확한 관리의 사각지대가 발생할 우려가 있는바,[78] 「폐기물관리법」 제3조 제1호의 규정은 '「원자력안전법」에 따른 방사성폐기물'로 명확하게 규정하는 것이 타당할 것이다.

---

77) 「원자력안전법」 제2조 제3호 및 제6호
78) 이와 관련된 논란은 2011년 서울 노원구 등에서 도로포장된 아스팔트에서 방사능이 검출된 후 최근까지 계속되어 온바 있다. ["서울 도심에 방사성폐기물 방치돼 있다", 시사저널 1233호 (2013. 6. 5), http://www.sisapress.com/news/articleView.html?idxno=60629 참조]

제 4 장

폐기물의 범위 및 분류체계에 대한 검토

폐기물의 정의와 관련하여 검토되어야 할 또 다른 문제점은, 폐기물과 관련되는 용어들이 여러 법률에 분산되어 규정되어 있을 뿐만 아니라 서로 다른 개념을 각각 규정함에 따라 관련 용어들 상호간의 관계가 명확하게 정립되지 않고 법 적용에 있어서 혼란이 야기되고 있다는 점이다. 가령, 대법원과 환경부는 현행 「폐기물관리법」에 의한 '폐기물'에는 재활용이 가능한 폐기물도 당연히 포함되는 것으로 해석하고 있으나, 이러한 재활용 대상 폐기물과 「자원의 절약과 재활용촉진에 관한 법률」에서 규정하는 '재활용 가능자원' 또는 '부산물' 간의 명확한 구분이 곤란한 측면이 있고, 이에 따라 법령의 실제 적용과 관련하여 많은 혼란과 분쟁이 발생하고 있는 것이 사실이다.

한편 '재활용'과 관련해서는, 산업통상자원부 소관의 「환경친화적 산업구조로의 전환촉진에 관한 법률」 제2조 제3호에서 정의하고 있는 "재제조"와의 관계도 명확하지 않다는 지적도 제기되고 있다.[1] 또한 최근에는 독일, 일본 등에서 기존 폐기물정책에 대한 새로운 발전방향으로 제시하고 있는 자원순환사회에 대한 관심이 높아지면서, 전통적으로 사용되어 온 '폐기물'이라는 용어 대신 '폐자원' 또는 '순환자원'이라는 용어를 사용해야 한다는 주장도 제기되고 있다.[2]

---

1) 박균성·함태성, 『환경법』(제5판), (박영사, 2012), 525쪽

2) 오용선, "자원순환사회 폐기물 관리의 법적·제도적 체계 설계", 한국환경법학회, 『환경법연구』 제28권 1호, 303-329 (2006), 316쪽~317쪽; 전재경, "폐기물과 순환자원의 법적 개념의 변화와 적용", 한국환경법학회, 『환경법연구』 제30권 3호, 609-

현행 법률에서 규정하고 있는 '폐기물'과 '재활용가능자원', '부산물' 등 관련 개념에 대한 정의를 정리하면 다음과 같다.

[표 4-1] 폐기물 관련 용어 정의

용어	규정 내용	근거 법률
폐기물	쓰레기, 연소재, 오니, 폐유, 폐산, 폐알칼리 및 동물의 사체 등으로서 사람의 생활이나 사업활동에 필요하지 아니하게 된 물질	폐기물관리법 제2조 제1호
재활용 가능자원	사용되었거나 사용되지 아니하고 버려진 후 수거된 물건과 부산물중 원재료로 이용할 수 있는 것 (회수할 수 있는 에너지 및 폐열을 포함하되, 방사성물질 및 이에 의하여 오염된 물질 제외)	자원의 절약과 재활용 촉진에 관한 법률 제2조 제2호
부산물	제품의 제조·가공·수리·판매나 에너지의 공급 또는 토목·건축공사에서 부수적으로 생겨난 물건	자원의 절약과 재활용 촉진에 관한 법률 제2조 제3호
재제조	재활용가능자원을 폐기물관리법 제2조 제7호에 따른 재사용·재생이용할 수 있는 상태로 만드는 활동 중에서 분해·세척·검사·보수·조정·재조립 등 일련의 과정을 거쳐 원래의 성능을 유지할 수 있는 상태로 만드는 것	환경친화적 산업구조로의 전환 촉진에 관한 법률 제2조 제3호

폐기물의 개념에 대한 논쟁과 관련하여 핵심적 쟁점 가운데 하나는 사람의 건강과 환경을 보호하는 것을 기본적 목적으로 마련된 폐기물관리체계가 산업부산물이나 사용된 전자제품 등과 같은 재활용물질에도 적용되는가 하는 문제인바,[3] 본 장에서는 폐기물의 재활용가능자원 및 부산물 등과의 관계와 함께, '폐기물 종료' 제도의 도입 필요성과 그 방안, 분류체계의 개선 방안 등을 검토하고자 한다.

---

627 (2008), 614쪽~619쪽; 송동수, "폐기물 관련 법제의 변화와 전망", 강원대학교 비교법학연구소, 『환경법과 정책』 제4권, 113-144 (2010), 126쪽; 최봉석, "폐기물의 에너지원화를 위한 입법적 과제", 한국환경법학회, 『환경법연구』 제31권 3호, 349-383 (2009), 356쪽 참고

3) John Thomas Smith Ⅱ, "The Solid Waste Definitional Dilemma", 9 *Natural Resources & Environment* 3 (1994), 3쪽

제1절 폐기물과 재활용가능자원(순환자원)

우리나라의 경우 '폐기물'과 '재활용가능자원'은 위에서 살펴본 바와 같이 「폐기물관리법」과 「자원의 절약과 재활용촉진에 관한 법률」에 각각 별도로 정의되어 있고, 어느 법률에서도 두 개념 간의 관계에 대해 명확하게 규정하고 있지는 않다. 그러나 '폐기물'과 '재활용가능자원'의 정의를 함께 살펴보면, '재활용가능자원'으로 제시된 '사용되었거나 사용되지 아니하고 버려진 후 수거된 물건'과 '부산물'은 기본적으로는 모두 폐기물에 포함되는 것으로서 '재활용가능자원'은 '폐기물'에 해당한다는 것을 전제로 하는 것으로 해석할 수 있을 것이다.

또한 현행 「폐기물관리법」은 '중간가공 폐기물'이라는 용어를 별도로 사용하면서 이를 "재활용을 하기 쉬운 상태로 만든 폐기물"로 규정하고 있고 (제13조 제1항), 폐기물의 재활용 용도 또는 방법에 대한 규정(제13조의2)과 재활용 제품 또는 물질에 관한 유해성기준(제13조의3)에서도 "폐기물을 재활용하는 자" 또는 "폐기물을 재활용하여 만든 제품 또는 물질"이라는 표현을 사용하고 있어, 우리 법제에서는 기본적으로 폐기물을 매개로 하여 재활용을 설명하고 있다고 볼 수 있다.[1] 다만 '재활용가능자원' 가운데 회수할 수 있는 에너지와 폐열의 경우에는 그 자체를 '폐기물'에 포함되는 것으로

---

1) 전재경, "자원순환기본법 제정의 필요성 및 방향", 『자원순환사회를 위한 정책토론회 자료집』(이완영 국회의원·한국자원순환단체연대회의, 2013), 11쪽

보기는 어려울 것이다.

이처럼 현행 법률의 규정들과 관련해서는 '폐기물'을 '재활용가능자원' 보다 넓은 개념으로 이해하는 것이 일반적이나, '재활용가능자원'과 '폐기물' 간의 관계 및 각각의 범위를 어떻게 설정하는 것이 타당할 것인가 등에 대해서는 서로 다른 견해들이 제시되고 있다.

1. 학설의 검토

폐기물 관리를 위한 법체계를 고안하고 마련함에 있어서 결정해야 할 어려운 문제들 가운데 하나가 바로 최종처분되는 폐기물과 재활용되는 폐기물을 구별할 것인지, 그리고 구별한다면 어떻게, 어떤 기준에 따라 구별할 것인지의 문제라고 할 수 있다.[2] 이와 관련해서는, 기본적으로 폐기물을 '재활용가능자원'보다 넓은, 즉 '재활용가능자원'과 최종처분되는 폐기물을 모두 포괄하는 개념으로 이해하여야 한다고 보는 견해와, 폐기물과 '재활용가능자원'을 준별하여야 한다는, 즉 '재활용가능자원'은 폐기물의 범주에서 제외해야 한다는 견해가 존재한다.

가. 포괄설

기본적으로 폐기물의 개념은 인간 및 환경에 대한 위해의 방지를 위해 규제되어야 하는 물질을 정하는 의미를 갖기 때문에 이러한 목적을 달성하기 위해 규제되어야 하는 물질은 모두 포함되도록 하여야 한다는 입장을 취하

---

2) John Thomas Smith Ⅱ, "The Challenges of Environmentally Sound and Efficient Regulation of Waste-The Need for Enhanced International Understanding", *Journal of Environmental Law* 5(1): 91-107 (1993), 93쪽

는 것으로서, 재활용 또한 인간과 환경에 대한 위해가 없는 상태 하에서 이루어져야 하므로 재활용될 수 있는 물질도 폐기물에 포함되어야 한다는 것이다.[3] 또한, 재활용이 가능한 물질들을 폐기물 관리를 위한 규제 범위에서 자유롭게 제외될 수 있도록 할 경우에는 실질적으로는 무허가 처분행위라고 할 수 있는 '가장(sham)' 재활용이 남발될 우려가 있다는 측면에서도 이를 폐기물에 포함하는 것이 타당하다고 본다.[4] 이러한 관점에서는, 자원순환형 사회를 지향하는 최근의 동향은 재활용이 가능한 물질들을 폐기물에서 제외해야 할 필요성보다는 오히려 폐기물에 포함시켜야 할 논거가 된다고 본다. 즉, 자원순환사회에서는 폐기물이라고 하더라도 매립과 같은 최종적인 처분의 대상이기에 앞서 우선적으로 재활용·재사용의 대상이 되어야 하는 것이 규범적인 요청이며, 따라서 재활용원료 역시 당연히 폐기물성을 전제로 한다고 보아야 하고,[5] 최종적인 처분의 대상만을 폐기물로 구분하지 않을 경우에는 기술개발에 의해 재활용 대상이 확대되는 것을 저해할 우려가 있다고는 할 수 없을 것이다.

한편, 기본적으로는 이와 유사한 입장으로, 폐기물의 기본적 개념과 그 범위는 그대로 유지하되, 다만 '폐기물'이라는 용어가 갖는 부정적인 어감을 벗어나면서 '자원'으로서의 가치를 강조하기 위해, '폐기물'이라는 용어를 '쓸모 있는 것이긴 한데 버려진 것'이라는 의미의 '폐자원(廢資源)'으로 대체하자는 의견도 제시되고 있다.[6] 그러나 현행 「폐기물관리법」의 규정에 의해 '폐기물'로 분류되는 물건이나 물질들이 모두 자원으로서의 가치를 갖는

---

3) 박균성, "폐기물 관련법령의 기본구조", 한국환경법학회, 『환경법연구』제26권 2호, 163-185 (2004), 166쪽; 박준우, "진술서", 국회 환경노동위원회, 『「자원순환사회전환촉진법안」 제정을 위한 공청회 자료집』, 11-15 (2015), 13쪽~14쪽
4) John Thomas SmithⅡ, 앞의 글 2, 93쪽
5) 조성규, "폐기물관리법제의 법적 문제", 행정법이론실무학회, 『행정법연구』제27호, 49-78 (2010), 71쪽
6) 오용선, "자원순환사회 폐기물 관리의 법적·제도적 체계 설계", 한국환경법학회, 『환경법연구』제28권 1호, 303-329 (2006), 316쪽~317쪽

유용한 물건이나 물질이라고 할 수는 없으므로 '폐기물'이라는 용어 자체를 '폐자원'으로 교체하는 것은 오히려 국민들에게 개념상의 혼란을 초래할 우려가 크며 바람직하지 않다고 할 것이다.

나. 준별설

이 견해는, 재활용되고 있는 물질들은 현행법상 '폐기물'에 해당되지 않는다고 보아야 한다는 입장으로, 1차적인 목적(생산·유통·소비)을 벗어난 모든 자원이나 물질들을 무조건 "폐기물"로 분류하는 관행은 무분별하다고 비판하면서, "폐기물" 체계에서 벗어나 "재활용가능자원" 또는 "순환자원"의 개념을 선행시키고 이에 기초하여, 순환자원 이후 단계의 "활용 불가능한 물질"만을 "폐기물"로 정의하여 "폐기물"의 개념을 축소시킬 것을 제안한다.[7]

재활용되는 물질들을 폐기물에서 제외해야 한다는 논거는 크게 2가지 측면에서 제시되고 있다. 우선, 생산공정에서 원료물질로서 재활용되는 물질들은 어떤 의미에서도 동일하거나 유사한 용도로 사용되는 다른 처녀 원료물질들(virgin materials)과 다르지 않고, 따라서 이러한 물질들에 대해서만

---

7) 전재경, "폐기물과 순환자원의 법적 개념의 변화와 적용", 한국환경법학회, 『환경법연구』 제30권 3호, 609-627 (2008), 614쪽~619쪽; 고문헌, "폐기물 관련법제의 변화와 전망에 대한 토론문", 강원대학교 비교법학연구소,『환경법과 정책』 제4권, 145-148 (2010), 146쪽~147쪽; 김경민, "「자원순환사회 전환 촉진법」안의 주요내용과 개선과제", 국회입법조사처, 『이슈와 논점』 제699호, 3쪽도 같은 견해이나, 다만 이 경우 폐기물의 범위를 축소하였을 때 발생하는 안전 문제에 대해서는 대비책이 필요하다는 전제조건을 제시하고 있다.; 이승무, 「폐기물의 본질과 정의의 문제」, 국회의원 전병헌 외, 『자원순환사회발전을 위한 기본법 제정을 위한 공청회 자료집』, 17-21 (2013), 19쪽에서는 '오염이 된 혼잡물질 상태의 물체와 소각, 매립 등 처분 단계의 물체'만을 폐기물로 정의해야 한다고 하여 유사한 견해를 취하고 있다.

추가적인 규제의 부담을 지우는 것은 정당화될 수 없다는 것이다.[8] 사용된 적이 없는 원료물질과 재활용되는 물질은 그것이 동일한 또는 다른 용도로 이전에 사용된 적이 있느냐 여부만 차이가 있는 것이며, 따라서 해당 물질의 유해성으로 인한 환경 또는 인체의 피해를 예방하기 위해서가 아니라, 단순히 폐기물에서 유래된 물질이라는 이유로 더 강한 규제를 가하는 것은 정당화될 수 없다고 본다.[9] 두 번째 논거는, 폐기물에서 재활용품을 추출해 내는 현행 체계에서는 이른바 '낙인효과' 때문에 그 재활용품의 안전성이 의심을 받을 수밖에 없고, 폐기물은 오염되었거나 쓸모없는 것이라는 인식 때문에 '재활용업' 또한 산업분류에서도 정당한 처우를 받지 못할 뿐만 아니라, 어떤 물질이 '폐기물'이라는 이름표가 붙는 순간 지역사회의 반대, 운송상의 제약, 각종 허가절차 등에 직면하게 되므로 재활용 또는 재사용을 촉진하기 위해서는 이를 폐기물에서 제외하는 것이 바람직하다는 것이다.[10] 따라서 재활용을 비롯해서 자원의 효율적인 이용을 더욱 촉진하고, 우리 사회의 '자원순환사회'로의 전환을 촉진하기 위해서는 이러한 물질들로부터 '폐기물'이라는 딱지를 떼어내고 별도로 분류하여 엄격한 규제의 틀에서 벗어날 수 있도록 하는 것이 필요하다는 입장이다. 예를 들면, 한 업체에서는 제조공정상 필요하지 않아 배출하는 물질 또는 부수적으로 발생하는 물질이 다른 업체에서는 원료로 사용될 수 있는 경우에도 해당 물질이 폐기물로 일단 분류되면, 재사용하거나 재활용하기 위해 해당 물질을 필요로 하는 업체가 그러한 물질을 공급받아 사용하기 위해서는 「폐기물관리법」에 의하여

---

8) David Wilkinson, "Time to Discard the Concept of Waste?", 1 *Environmental Law Review* 172 (1999), 189쪽

9) Stephen Tromans, "EC Waste Law - A Complete Mess?", *Journal of Environmental Law* 13(2): 133-156 (2001), 136쪽 참고

10) 전재경, "자원순환기본법 제정의 필요성 및 방향", 『자원순환사회를 위한 정책토론회 자료집』(이완영 국회의원·한국자원순환단체연대회의, 2013), 12쪽; John Thomas Smith II, 앞의 글 2, 96쪽

폐기물의 수집·운반을 허가 받은 업체를 통해야 하고, 폐기물처리업 허가 등을 받아야 하기 때문에 이러한 규제를 이행하기 위해서는 많은 비용을 부담해야 하고, 결과적으로 이러한 부담으로 인해 재사용이나 재활용이 가능한 자원이 원활하게 회수·처리되지 않고 매립 또는 소각되는 경우가 생길 수 있다는 것이다.[11]

현새 「폐기물관리법」의 규제대상인 폐기물(광의)을 협의익 폐기물과 자원화가 가능한 폐자원으로 분류하여 규제방법을 차별화하고 이를 통해 자원순환을 촉진시켜야 한다는 견해[12]나, 관리상 편의를 위해 '폐기물'은 자원으로서의 가치가 일정수준 이하의 것으로 한정하고 소각되거나 종국적으로 매립되는 운명에 처해지도록 하고, 일정한 수준 이상의 가치를 지닌 재활용대상 물질들은 모두 '재활용가능자원'으로 규율하는 것이 보다 명확하며, 법적규율의 대상으로서 재활용가능자원과 폐기물은 엄격히 구분하여 폐기물은 신속하고 적정하게 최종 처리되도록 하여야 한다는 주장[13]도 동일한 입장을 바탕으로 하고 있는 것으로 볼 수 있다.

그러나 이러한 입장을 취하는 경우에는 특정 물질이나 물건의 재활용 가능 여부가 해당 물질 또는 물건의 '폐기물' 해당 여부를 판단하는데 있어 핵심적인 기준이 되나, 재활용 가능성 그 자체가 고정적인 것이 아니고 기술개발과 경제(시장) 상황에 따라 크게 변화될 수 있는 것이라는 점에서 '폐기물'의 범위가 더욱 모호해질 우려가 있고, 재활용을 빌미로 폐기물을 적정하게 처리하지 않고 장기간 방치하는 등의 문제가 발생할 소지가 있다는 점

---

11) 손희만, "폐기물의 재활용촉진을 위한 관련법제의 개선방안에 관한 연구", 『서울시립대학교 대학원 법학박사학위논문』 (2009), 155쪽

12) 송동수, "폐기물 관련 법제의 변화와 전망", 강원대학교 비교법학연구소, 『환경법과 정책』 제4권, 113-144 (2010), 126쪽; 同旨 최봉석, "폐기물의 에너지원화를 위한 입법적 과제", 한국환경법학회, 『환경법연구』 제31권 3호, 349-383 (2009), 356쪽

13) 채영근, "폐기물 관련 법령체계의 문제점 및 개선방안", 한국환경법학회, 『환경법연구』 제31권 2호, 145-169 (2009), 162쪽

에서 신중한 검토가 필요하다고 할 것이다.

2. 판례

우리 법원은 일단 폐기물로 배출된 물질의 재활용 여부는 해당 물질이 폐기물에 해당하는지 여부를 판단하는데 있어 영향을 미치지 않는다는 입장을 일관되게 견지하고 있다. 아래에서는 이와 관련된 중요한 판례들을 살펴본다.

(1) 대법원 2001. 6. 1. 선고 2001도70 판결

"자연환경 및 생활환경에 중대한 영향을 미칠 우려가 있는 폐기물의 배출을 엄격히 규제하여 환경보전과 국민생활의 질적 향상을 도모하려는 구 「폐기물관리법」(1999. 12. 31. 법률 제6096호로 개정되기 전의 것)의 취지에 비추어 같은 법 제2조 제1호, 제24조 제2항, 제25조 제1항, 제44조의2의 규정들의 내용을 종합하여 보면, 사업장에서 배출되는 쓰레기·연소재·오니·폐유·폐산·폐알카리·동물의 사체 등의 물질이 해당 사업장의 사업활동에 필요하지 아니하게 된 이상은 그 물질은 구 「폐기물관리법」에서 말하는 폐기물에 해당한다고 보아야 하며, 해당 사업장에서 폐기된 물질이 재활용 원료로 공급된다고 해서 폐기물로서의 성질을 상실한다거나 사업장폐기물 배출자의 신고의무가 없어진다고 볼 것이 아니다."[14]

(2) 대법원 2001. 12. 24. 선고 2001도4506 판결

"경쟁 입찰을 통하여 축산업협동조합과 1년 단위로 부산물판매계약을 체

---

14) 같은 취지의 판결 : 대법원 2010. 9.30. 선고 2009두6681 판결 등 참조

결하고 조합에게 보증금을 예치하고 돼지지육의 중량에 다른 단가를 정하여 계속적으로 공급받아 돼지가죽에서 기름을 제거하고 염장 처리하는 등의 방법으로 가공한 후 가죽공장에 원자재로 납품하였다면 그 돼지가죽은 조합공판장에서 상업적으로 매각하고 있으므로 이에 비추어 본 조합의 의사와 그 물건의 성상 등을 감안하면 이를 두고 사업 활동에 필요하지 않게 된 폐기된 물질에 해당한다고 볼 수는 없다."

(3) 대법원 2002. 12. 26. 선고 2002도3116 판결

"「폐기물관리법」 제2조 제1호는 "폐기물"이라 함은 쓰레기·연소재·오니·폐유·폐산·폐알카리·동물의 사체 등으로서 사람의 생활이나 사업 활동에 필요하지 아니하게 된 물질은 비록 그 물질이 재활용의 원료로 공급된다는 사정만으로는 폐기물로서의 성질을 상실하지는 않는다고 할 것이나, 그 물질을 공급받은 자가 이를 파쇄, 선별, 풍화, 혼합 및 숙성의 방법으로 가공한 후 완제품을 생산하는 경우에 있어서는 그 물질을 공급받는 자의 의사, 그 물질의 성상 등에 비추어 아직 완제품에 이르지 않았다고 하더라도 위와 같은 가공과정을 거쳐 객관적으로 사람의 생활이나 사업 활동에 필요하다고 사회통념상 승인될 정도에 이르렀다면 그 물질은 그 때로부터는 폐기물로서의 속성을 잃고 완제품생산을 위한 원료물질로 바뀌었다고 할 것이어서 그 물질을 가리켜 사업 활동에 필요하지 않게 된 폐기된 물질, 즉 폐기물에 해당한다고 볼 수는 없다."[15]

(4) 대법원 2012. 4. 13. 선고 2010도16314 판결

"각 사업장에 야적되어 있던 이 사건 물질은 파쇄와 탈수의 과정을 거쳐 어느 정도 수분이 제거된 음식물류 폐기물에다가 가축분뇨와 톱밥 등을 혼

---

15) 같은 취지의 판결 : 대법원 2008. 6.12. 선고 2008도3108 판결 등 참조

합하여 부산물비료를 제조하는 진행과정 중에 있었을 뿐이고 가공과정을 거쳐 부산물비료의 제조를 위한 원료물질로 바뀐 상태에는 이르지 아니하였음을 전제로 (중략) 구 폐기물관리법상 폐기물에 해당한다. (중략) 또한 위 야적된 물질에 빗물이 섞여 각 사업장 밖으로 유출된 액체에 대하여도 그것이 사람의 생활이나 사업 활동에 사용하기 어려운 상태에 있는 이상 폐기물에 해당된다."

  (1)번 판례와 같이 우리 대법원은, 앞에서 살펴본 바와 같은 논거로, 돈피 작업장에서 돈피를 수거하여 가공하면서 나오는 사업장 동물성 잔재·폐기물인 돈지(돼지기름) 등을 돈지 및 우지수집업자에게 공급한 사건에서 돈지를 폐기물로 보았을 뿐만 아니라,[16] 폐기물중간처리업자가 사업장폐기물배출자들로부터 위탁받은 폐수처리오니 등을 비료 및 암반녹화식생토의 원료로 사용하는 경우에도 이를 폐기물에 해당한다고 판시[17]하였다. 반면에 (2)번 판례에서는 기름이 제거되고 염장처리된 돼지가죽이 폐기물에 해당하지 않는다고 판시하여 (1)번 판례의 입장과 모순된다고 볼 여지도 있으나, (1)번 판례가 돈피 가공과정에서 부수적으로 발생하는 돈지를 폐기물로 본데 반하여 (2)번 판례는 1년 단위의 계약을 체결하여 가공목적으로 돈피를 공급받은 경우 그 폐기물성을 부정한 것으로, 동 판결에서는 돼지가죽이 재활용됨을 이유로 그 폐기물성을 부정한 것이 아니라 배출자의 의사 및 객관적 성상 등에 비추어볼 때 애당초 폐기물로 발생되지 않았다고 판단한 것으로, (1)번 판례와는 판단의 대상과 논거가 구별되는 것이고 두 판례가 서로 모순된다고 볼 수는 없을 것이다.
  재활용되고 있는 물질들은 현행법상의 '폐기물'에 해당되지 않는다고 보아야 한다는 입장에서는, (3)번 판례와 같이 대법원이 일부 판결에서 파쇄,

---

16) 대법원 2001. 6. 1. 선고 2001도70 판결
17) 대법원 2003. 2.28. 선고 2002도6081 판결

선별, 풍화, 혼합 및 숙성 등의 재활용과정을 거쳐 완제품은 아니나 객관적으로 사람의 생활이나 사업활동에 필요하다고 사회통념상 승인될 정도에 이르렀다면 그 때부터는 폐기물로서의 속성을 잃고 원료물질로 보아야 한다고 판시18)한 것을 재활용되는 물질은 폐기물에 해당하지 않는다고 판시한 것으로 해석하는 견해19)도 있다. 그러나 동 판결은 폐기물이 재활용을 위한 공성 등을 거쳐 폐기물로서의 속성을 잃게 되는 시점에 대한 판단을 한 것으로 보아야 하며, 재활용이 되는 물질은 처음부터 폐기물에 해당되지 아니한다고 본 것이라고는 할 수 없다고 할 것이다.

이러한 대법원의 입장은 (4)번 판례에서도 다시 확인되고 있는바, 동 사건에서 대법원은 문제의 물질이 "부산물비료를 제조하는 진행과정 중에 있었을 뿐이고 가공과정을 거쳐 부산물비료의 제조를 위한 원료물질로 바뀐 상태에는 이르지 아니하였음"을 근거로 아직 폐기물로서의 지위를 잃지 않았다고 판시하였다. 만약 대법원이 재활용 여부를 기준으로 폐기물에 해당하는지를 판단했다면 이 경우에도 폐기물에 해당하지 않는다고 보았어야 할 것이나, 재활용 여부는 폐기물에 해당하는지 여부에 영향을 미치지 않으며 다만 재활용과정을 거쳐 객관적으로 사람의 생활이나 사업 활동에 필요하다고 사회통념상 승인될 정도에 이르렀을 때에 비로소 폐기물로서의 지위에서 벗어난다고 판단하고 있는 것이다.

---

18) 대법원 2008. 6.12. 선고 2008도3108 판결(밭에서 퇴비로 사용하기 위하여 닭털, 계분, 왕겨, 톱밥을 혼합하여 이를 발효시킨 후 임야로 옮겨 매립하고 일부는 그곳에 적치한 사건에서 매립물은 3년에 걸친 숙성의 가공과정을 거친 것으로서 폐기물로서의 속성을 잃고 퇴비의 원료로 사용될 수 있게 된 이상 이미 폐기물에 해당한다고 볼 수 없다); 대법원 2002.12.26. 선고 2002도3116 판결(소각재, 연소재, 무기성 오니 등 폐기물을 반입하여 파쇄, 선별, 풍화, 혼합 및 숙성 등의 가공과정을 거친 것으로 시멘트와 혼합하여 곧바로 벽돌 등의 건축자재 생산을 위한 원료로 사용되는 것으로 인정되는 만큼, 이미 폐기물로서의 속성을 잃고 완제품 생산을 위한 원료물질로 탈바꿈하였다고 판단하여 폐기물에 해당하지 않는다고 판시)
19) 채영근, 앞의 글 13, 161쪽

3. 비교법적 검토

가. 독일

독일 「순환경제폐기물관리법」 제3조 제1항에서는 폐기물을 "그 점유자가 처분한, 또는 처분하고자 하거나 처분해야 하는 모든 물질 또는 물건"이라고 정의하여 광의의 개념으로 설정하고 이를 다시 "재활용되는" 폐기물과 "처리되는" 폐기물로 구분하여 규정하고 있다. 따라서 독일은 재활용이 가능한 폐기물을 광의의 폐기물에 포함하는 방식을 취하고 있다고 할 수 있다. 또한 동법 제3조 제2항에서는 "제1항 제1문에서 말하는 處分(Entledigung)은, 점유자가 동산을 별표(Anlage) 2B에서 말하는 재활용이나 별표 2A에서 말하는 처리에 제공하거나, 동산에 관한 모든 목적용도를 버림으로써 사실상의 물적 지배를 포기할 때 성립한다"고 규정하고 있다.

한편 동법 제3조 제23항에서는 재활용[20]을 "폐기물이 다른 물질들을 대체하거나 특정한 기능을 수행하기 위해 사용되는 경우 또는 이러한 기능의 수행을 위한 폐기물의 준비 등, 시설 내에서 또는 그 밖의 경제 관계에서 가치 있는 목적에 이용되는 모든 활동(Verfahren)"으로 규정하고 있는바, 이러한 재활용에 사용될 수 있는 폐기물은 동조 제1항의 규정에 따른 "재활용되는 폐기물"로 분류할 수 있을 것이다. 또한 이와 관련하여 별표2에서는 '연료 또는 에너지생산의 다른 수단으로서의 주된 사용' 등 재활용에 해당하는 처리의 유형을 R1에서 R13까지 규정하고 있는데, 특히 R13에서는 'R1에서 R12까지 열거되어 있는 처리에 사용하기 위한 저장'을 규정하고 있어,

---

20) 본 논문에서는 'Verwertung'을 '재활용'으로 번역하였으며, 동조 제25호에서 '폐기물이 본래의 목적이든 또는 다른 목적을 위해서든 제품, 재료 또는 물질 등으로 재처리되는 모든 재활용활동(Verwertungsverfahren)'을 뜻하는 것으로 정의하고 있는 'Recycling'은 '재생이용'으로 번역하였다.

장래에 R1~R12에 규정된 재활용에 사용할 목적으로 보관·저장되는 폐기물도 재활용되는 폐기물로 분류하도록 하고 있다.[21] 이와 함께, 동법 제3조 제23항 제2문에서는 별표2가 재활용방법의 모든 목록을 포함하는 것은 아니라는 것을 규정하고 있어, 기술개발 등에 따라 다른 처리가 재활용에 추가될 수 있는 길을 열어놓고 있는데, 이처럼 재활용방법에 해당하는 처리방식이 추가되면 그에 따라 "재활용되는 폐기물"로 분류되는 폐기물도 증가하게 될 것이다.[22]

나. 일본

일본은 「폐기물의 처리 및 청소에 관한 법률」 제2조에서 "폐기물"에 대한 정의를 규정하고 있으나, "순환자원"에 대한 정의는 2000. 5월 새로 제정된 「순환형사회형성추진기본법」에서 별도로 규정하고 있다. 즉, 「순환형사회형성추진기본법」 제2조 제2항에서는 "폐기물 등"에 대한 정의를 두고 있는데, 동법에서 "폐기물 등"은 ① '폐기물'과, ② '한번 사용되거나 사용되지 않고 수집되거나 폐기되는 물품(현재 사용되고 있는 것은 제외) 또는 제품의 제조, 가공, 수리 또는 판매, 에너지의 공급, 토목건축에 관련된 공사, 농축산물의 생산 그 밖의 사람의 활동에 수반하여 부차적으로 얻어지는 물품'을 말하는 것으로 규정하고 있으며, 동조 제3항에서는 "순환자원"을 다시 "'폐기물 등' 중에서 유용한 것"으로 규정하고 있는 것이다.

한편, "순환적이용"이란 재사용, 재생이용 및 열회수를 말하는 것으로 정의하면서(동조 제4항), "재사용"은 순환자원을 제품으로서 그대로 사용하는

---

21) KrWG, Anlage 2 Verwertungsverfahren
22) 「순환경제폐기물관리법」의 제3조 제26항에서는 "이 법률에서 처리(Beseitigung)란 재활용이 아닌 모든 활동(Verfahren)"이라고 규정하고 있는데, 그 부수적인 결과로서 물질 또는 에너지가 회수되는 경우에도 이는 재활용이 아니라 처리에 해당한다고 본다.

것이나 순환자원의 전부 또는 일부를 부품 기타 다른 제품의 일부로서 사용하는 것과 관련된 행위를 말하는 것으로 정의하고 있다(동조 제5항). 그리고 "재생이용"은 순환자원의 전부 또는 일부를 원재료로 이용하는 것이고(동조 제6항), "열회수"는 순환자원의 전부 또는 일부로서 연소용으로 제공하는 것이 가능한 것 또는 그 가능성이 있는 것을 열을 얻는데 이용하는 것을 말한다고 정의하고 있다(동조 제7항).[23]

따라서 일본의 폐기물 관련 법제에서는 "폐기물"과 "순환자원"이 서로 엄격하게 구별되거나 일방이 다른 쪽을 포함하는 관계는 아니며, "폐기물"을 포함하는 보다 넓은 개념인 "폐기물 등" 가운데 '유용한 것'만이 "순환자원"으로 분류되는 것이다.[24] 그러나 「순환형사회형성추진기본법」에서 규정하고 있는 "폐기물 등" 및 "순환자원"과 「자원의 유효한 이용의 촉진에 관한 법률」에서 정의하고 있는 "재생자원"[25] 간의 관계가 명확하지 않은 부분이 있을 뿐만 아니라, 법률에서 '유용'이라는 것에 대한 정의를 명시하고 있지 않아 실제 법적용에 있어서 혼선을 야기할 우려가 있으므로 그 판단기준을 명확히 하는 것이 필요하다는 지적이 제기되고 있다.[26] 이에 대하여 "폐기물"과 "폐기물 등", "순환자원" 간의 이러한 관계는, 결과적으로는 폐기물로 분류되는 '불요물(不要物)' 중에서도 '유용한 것'이 있다는 것이 되어 논리적으로 모순이 있다고 볼 수도 있으나, '불요물'인가 여부는 그 물질 또는 물건의 거래가치를 중요한 요소로 판단하는데 대하여, 유용성 여부는 현

---

23) 「순환형사회형성추진기본법」(평성 24년 6월 27일 최종개정, 법률 제47호), 일본 환경성 홈페이지(http://law.e-gov.go.jp/htmldata/H12/H12HO110.html)

24) 전재경, 앞의 글 7, 615쪽 참고

25) 「資源の有効な利用の促進に關する法律」(최종개정 2013. 5.31) 제2조 제4항 ("이 법률에서 「재생자원」이란, 사용후물품 등 또는 부산물 가운데 유용한 것으로, 원재료로서 이용하는 것이 가능한 것 또는 그 가능성이 있는 것을 말한다.")

26) 小淸水廣如(日本 環境政策 네트워크), "「폐기물정의」를 둘러싼 법정책상 과제와 이후 전망", 일본환경법정책학회(제5회) (2001. 6) (전재경, 『자원순환사회 법제 연구』, (한국법제연구원, 2012), 80쪽~81쪽에서 재인용)

재 기술에 의해 이용가능한가 여부로 결정하는 것이며, 따라서 경제성이 없는 폐기물의 경우에도 유용성이 있는 한 물질순환의 흐름에 가능한 한 포함되어야 한다는 취지로 볼 수 있다는 견해도 제기되고 있다.[27]

다. 미국

미국은 1976년의 「자원보전회수법」(RCRA : The Resource Conservation and Recovery Act)에서 "고형 폐기물"(solid waste)을 "쓰레기(garbage), 찌꺼기(refuse), 오니(sludge) 또는 기타 버려진 물질(discarded material)"로 정의하고 있는데, 여기에는 공업, 상업, 광업, 농업 등의 활동이나 일상의 사회활동으로부터 발생한 고체, 액체, 반고체 및 가스 상태의 물질들이 포함한다.[28] 따라서 일정한 물질이 폐기물로 분류되기 위해서는 먼저 "버려져야(discarded)" 하는데, 폐기물에 재활용가능자원도 포함되는지, 즉 재활용되는 물질도 폐기물로서 규제를 받는지에 대해서는, 우리나라의 경우와 유사하게, 동 정의 규정이 불명확하고 그 해석에 있어서 일관성을 결여하고 있다는 비판이 제기되고 있다.[29] 이와 관련하여 산업계는 재사용 또는 재활용될 수 있는 물질들은 "버려졌다"고 할 수 없고, 폐기물에 대한 규제가 적용돼서는 안 된다고 주장해 왔다.[30] 또한 RCRA는 "부산물"(by-products) 등을 폐기물로 간주하지 않고 있어 "재활용 물질"에 대한 규제법으로는 기능하지 아니하며, EPA 또한 재활용품을 폐기물로 보지 아니하는바, 이러한 관념에

---

27) 佐藤 泉·池田直樹·越智敏裕, 『實務 環境法講義』, (民事法研究會, 2008), 150쪽
28) 손현, 『폐기물관리법상 폐기물 분류체계 분석』(법제분석지원 Issue Paper 12-25-⑨), (한국법제연구원, 2012), 13쪽
29) Jeffrey M. Gaba, "Rethinking Recycling", 38 *Environmental Law* 1053 (2008), 1086쪽~1095쪽 참고
30) John Thomas Smith Ⅱ, "The Solid Waste Definitional Dilemma", 9 *Natural Resources & Environment* 3 (1994), 4쪽

따르면, 미국 법제상 "폐기물"은 독일이나 일본과 달리 "재활용이 예정되었거나 가능한 자원"을 포함하지 아니하며, 따라서 최종 처리되어야 할, 즉 "폐기된" 물질만을 지칭하는 것으로 보아야 한다는 견해도 제시되고 있다.[31] 그러나 EPA는 일정한 재활용 가능물질들에 대해, 재활용 가능물질들도 RCRA의 규제범위에 포함시키는 것이 의회의 입법의도였고, 그러한 물질들이 재활용 이전 단계에 저장 또는 운송되면서 환경적 위해를 야기할 수 있다는 점, 재활용시설들도 토양과 지하수의 오염을 야기할 수 있는 시설들에 포함된다는 점 등을 이유로, RCRA에 의한 관할권이 있다는 주장을 지속적으로 제기하여 왔다.[32]

이에 대한 미국 사법부의 일반적인 판단 역시 재활용 가능물질들도 "버려진(discarded) 물질"로 정의될 수 있다는 것이며, 그에 따라 폐기물로 분류되는 물질의 범위는 점차 확대되어 온 것으로 보인다.

즉 "고형폐기물"의 정의와 관련된 규정을 개정하여 진행중인 생산공정 내에서 재사용되는 2차 물질도 EPA가 규제할 수 있는 권한을 부여한 1985년의 규칙이 RCRA를 제정한 연방의회의 입법의도에 부합하는지를 다툰 1987년 *American Mining Congress v. EPA (AMC I)*[33] 사건에서 법원은, 의회가 명확하게 EPA의 규제 권한을 실제로 '폐기되거나 버려진 물질들'에 제한하고자 했다고 보고, 일정한 공정 중(in-process)의 다른 생산단계에서 즉각적으로 재사용되는 물질을 폐기물로 분류하여 규제하는 EPA의 권한을 부인하였지만, 만약 재활용 물질이 더 이상 그 물질을 발생시키는 기업 내의 계속적인 공정(ongoing industrial process)의 일부가 아니라 외부의 처리시설에서 재활용된다면 버려진 폐기물로 분류될 수 있다고 판시하였다.[34]

1990년의 *American Mining Congress v. EPA (AMC II)*[35] 사건에서는 금속제

31) 전재경, 앞의 글 7, 619쪽
32) Jeffrey M. Gaba, 앞의 글 29, 1059쪽~1060쪽; J.T. Smith II, 앞의 글 30, 4쪽
33) 824 F.2d 1177 (D.C. Cir. 1987)
34) Jeffrey M. Gaba, 앞의 글 29, 1062쪽

런공정에서 발생하는 6가지 폐기물들을 유해폐기물로 재등재한 EPA의 결정이 다투어졌는데, D.C.항소법원은 *AMC I* 사건의 판시내용은 '해당 물질을 발생시킨 바로 그 산업의 계속적인 공정의 다른 단계에서 즉각적인 재사용(immediate reuse)이 예정되어 있고 아직 폐기물 처분 문제의 일부가 되지 않은 물질들'에 대해서만 적용되는 것임을 강조했다. 그리고 *AMC II* 에서 문제가 된 물질들은 장래의 재활용을 위해 폐수처리시스템의 일부인 저수지에서 관리되고 있었는바, 이는 계속적인 산업공정의 일부가 아니므로 폐기물 처분 문제의 일부가 되었다고 할 수 있고, 인근 주민들의 건강과 환경에 위해를 줄 우려가 있으므로 이를 폐기물로 관리하여야 한다는 EPA의 해석은 타당하다고 보았으며, 일정한 물질이 잠재적인 재사용의 가능성만을 가지고 있다면 그것은 여전히 폐기물로 정의되어야 하며 따라서 EPA의 규제를 받는다고 보았다.[36)

1993년의 *United States v. ILCO, Inc (ILCO)*[37) 사건에서는 자동차의 폐배터리에서 재활용을 위해 회수된 납 부품들이 유해폐기물에 해당하는지가 다투어졌는바, 이에 대해 제11항소법원은, 일정한 물질이 재사용될 수 있는지 또는 재사용자나 재활용업자가 그것을 구매하였거나 가치가 있는지 여부는 해당 물질이 "폐기물"에 해당하는지를 결정하는 데 있어 관련성이 없다고 판시했다. 그리고 *AMC II* 에서 한걸음 더 나아가, 폐기물에서 제외되기 위해서는 물질의 원래 소유자가 해당 물질을 재사용하는 것을 요건으로 한다고 함으로서 예외의 인정범위를 더욱 제한했다. 즉 만약 원래 소유자가 해당 물질을 재활용한다면 그 시점에 동 물질은 버려진 것이 아니지만, 만약 제3

35) 907 F.2d 1179 (D.C. Cir. 1990)
36) Steven Ferrey, *Environmental Law*, (Aspen Law & Business, 1997), 253쪽~254쪽; Katherine E. Senior, "Safe Air for Everyone v. Meyer: Weeding through the Resource Conservation and Recovery Act's Definition of "Solid Waste"", 17 *Villanova Environmental Law Journal* 217 (2006), 224쪽
37) 996 F.2d 1126 (11th Cir. 1993)

자인 재활용업자가 재사용할 경우에는 보통 원래의 소유자가 동 물질을 폐기한 이후에 해당 물질을 사용하는 것이므로 RCRA의 규제를 받는 폐기물에 해당될 가능성이 더 크다는 것이다.[38]

반면에 광산 및 금속처리공정에서 발생하여 회수되어 재활용이 예정된 잔재물질 또는 2차 물질들이 탱크, 컨테이너, 빌딩 등에 저장되지 않은 경우에는 폐기물로 본다고 규정한 EPA 규칙의 효력이 문제가 된 2000년의 *Ass'n of Battery Recyclers, Inc. v. EPA* 사건에 대한 판결에서 법원은, *AMC I* 판결에서 '즉각적인 재사용(immediate reuse)'이라고 하는 문구를 사용함에 있어서 법원은 'immediate'을 "즉시(at once)"라는 의미보다는 "직접(direct)"이라는 의미로 사용한 것으로 해석하여야 한다고 판시하였는바,[39] 이것은 재활용이 예정된 물질을 일시적으로 보관하는 것이 해당 물질을 '폐기물'로 분류토록 하는 결정적인 요인이 될 수 없다고 함으로써[40] 재활용되는 물질들이 폐기물에서 제외되는 범위를 확대한 것으로 볼 수 있을 것이다.

아연성분의 비료를 생산하기 위해 재활용되는 물질들과 그 결과 생산된 비료가 유해폐기물에 해당하는지가 다투어진 2003년도의 *Safe Food & Fertilizer v. EPA* 사건[41]에서도 법원은, 다른 기업에 의해서 장래에 재활용될 예정인 물질들은 '버려진' 것으로 간주될 수 있으며, 법의 정의 규정은, 그러한 물질들이 폐기물 처분 문제의 일부로 합리적으로 간주될 수 있다면, 동 물질들에 대한 RCRA의 적용을 배제하지 않고 있다고 밝혔으나, 이와 함께 그렇다고 해서 해당 물질이 발생한 사업장이 아닌 다른 공장 또는 사업

---

38) Rachel Zellner, "Recovering RCRA: How the Ninth Circuit Mischaracterized Burning Agricultural Byproducts as Reuse in Safe Air for Everyone v. Meyer", 29 *Environs: Environmental Law* & Policy Journal 251 (2006), 257쪽

39) 208 F.3d 1047 (D.C. Cir. 2000), 1053쪽

40) Joseph Kraft, "How to Take Recycling One Step Forward, Two Steps Back: The EPA's Proposal to Revise the Definition of Solid Waste Under RCRA", 18 *Tulane Environmental Law Journal* 385 (2005), 398쪽 참고

41) 350 F.3d 1263 (D.C. Cir. 2003)

장으로 옮겨져서 재활용되는 물질들은 반드시 폐기물에 해당한다고 볼 수는 없다고 판시하였다. 이 건에서 문제가 된 물질의 경우, 해당 물질의 배출자와 중간취급자 및 동 물질을 재활용하여 비료를 생산하는 자가 이러한 물질들이 환경으로 누출되는 것을 방지하기 위해 EPA가 요구하는 보고 및 저장 요건을 충족하고, 그렇게 생산된 비료가 규칙에 규정된 중금속 최대농도 기준치 이하인 경우에는 RCRA에 의한 폐기물이 아니라고 판시하였다. 특히 이 사건 판결에서 법원은 '동일성의 원칙(identity principle)'을 채택하였는데, 이는 '재활용된 물질로부터 생산된 비료가 처녀물질로부터 생산된 유사 제품들과 본질적으로 비슷한 환경적 효과를 갖는 "특정한 허용한도 이하"의 오염정도를 나타내는 경우, 이러한 규정을 충족하는 재활용 제품은 RCRA에 의한 폐기물이 아닌 것으로 적법하게 분류될 수 있다'는 원칙이다.[42]

한편 EPA는 원칙적으로 폐기물의 범위에서 제외되는 재활용에 대해서도 그것이 위장(sham) 재활용에 해당된다고 판단되면 그러한 예외가 적용되지 않는 것으로 보고 있는데, 어떠한 재활용이 위장 재활용인가를 판단함에 있어서는, 해당 물질이 제시된 용도에 비효과적이거나 오직 미미한 효과를 가지는 경우, 공정에 필요한 양을 초과하여 사용되는 경우, 거래에 관한 기록이 존재하지 않는 경우 등을 그 판단 요소들로 제시하고 있다.[43] 또한, 유해폐기물로 분류된 폐기물의 경우에도, 비록 그러한 폐기물들을 저장하는 시설들은 RCRA에 의한 규제를 받으나, 일반적으로 재활용공정 그 자체는 RCRA 규제가 면제되는 것으로 규정되고 있으며,[44] 규제를 받는 재활용가능 고형폐기물로부터 생산된 제품에 대해서도 연방 환경보호청은 RCRA에

---

42) Steven G. Davison, "EPA's Definition of "Solid Waste" under Subtitle C of the Resource Conservation and Recovery Act: Is EPA adequately protecting human health and the environment while promoting recycling?", 30 *Journal of Land Resources and Environmental Law* 1 (2010), 24쪽~25쪽

43) 50 Fed. Reg. at 638

44) Steven G. Davison, 앞의 글 42, 10쪽

의한 관리를 하지 않고 있다.[45)

RCRA는 재활용 촉진을 법의 목적으로는 포함하고 있지만, 다른 한편으로는 재활용이 폐기물로 처리하는데 소요되는 비용을 회피하기 위한 위장행위로 활용될 경우에는 중대한 환경적 위해를 발생시킬 수 있다는 점에서, 재활용 가능물질에 대해 재활용활동에 과도한 부담을 지우지 않으면서 환경적인 위험을 최소화하는 적절한 수준의 통제가 이루어져야 한다는 주장이 제기되고 있다.[46) 이러한 측면에서 미국 EPA는 2008년에 고형폐기물의 정의 규정을 개정하여, 일정한 유형의 재활용 가능물질에 대한 취급을 근본적으로 변경하였는데, 동 규정에서는 배출자의 통제나 일정한 조건 하에서 재활용업자에 의해 회수된 "유해 2차 물질"과 미국 이외 지역으로 재활용을 위해서 수출되는 물질들을 고형폐기물에서 제외하고 있다.[47) 그러나 이러한 예외를 인정할 경우, 실질적으로는 유해폐기물에 해당하는 물질들이 저개발 국가 등으로 수출되는 것을 적절히 통제하기 어렵고, 그 결과 자칫하면 아프리카나 아시아의 저개발 국가들을 선진국에서 발생한 유해폐기물의 처리장으로 만드는 결과를 초래할 우려가 있다고 보이며, 그러한 측면에서 신중한 검토가 필요하다고 생각된다.

라. EU

EU는 자원으로서의 폐기물의 이용을 장려하면서 동시에 환경과 인간 건강을 보호하기 위해 폐기물의 이용을 규제할 필요가 있다는 점을 유럽사법재판소(ECJ)의 여러 판례를 통해 일관되게 밝혀 왔다.

우선, '폐기물(waste)'과 '잔재물(residues)'을 구별하고 원재료의 대체물질

---

45) 40 C.F.R. 261.3(c)(2)(i)
46) Jeffrey M. Gaba, 앞의 글 29, 1055쪽
47) 40 C.F.R. 261.2(a)(2)(ii) 및 261.4(a)(23)~(25)

로서 재사용될 수 있는 생산공정의 잔재물을 '2차 원료물질'로 별도로 분류
하여 그 수집, 운반, 처리 및 재사용에 대해 간소화된 절차를 규정한 이태리
법령과 관련된 *Tombesi* 사건[48]에 대한 1997년 판결에서 유럽사법재판소는,
'폐기물'은 소유자에 의해 버려진 모든 물건과 물질을 포함하는 것이며, 그
것들이 상업적 가치를 가지고 재활용, 재생 또는 재이용을 위해 상업적으로
수집되는 경우에도 마찬가지라고 판시하였다.[49] 또한 연료로 재활용되는 소
각재 및 나무조각들(wood chips)이 폐기물에 해당하는지 여부가 다투어진
2000년의 *ARCO Chemie* 사건의 판결에서도 유럽사법재판소는, 환경적으로
신뢰할 수 있는 방식으로 대폭적인 처리 없이 연료로 재활용되는 물질들도
폐기물에서 제외되지는 않는다고 판시하면서, 경제적인 재이용이 가능한 물
질과 물건들을 제외하는 것으로 폐기물의 개념이 이해되어서는 안 된다는
점을 명확히 하였다.[50] 이와 동일한 맥락에서 2008년의 *Commission v. Italy*
사건에 대한 판결에서, 지침 91/156/EEC에 의해 개정된 폐기물에 관한 지침
75/442/EEC를 이태리 국내에 시행하기 위한 법률의 적용대상으로부터 철
및 금속 관련 산업활동에서 사용될 고철(scrap)과 고품질의 고형폐기물연료
(RDF-Q)를 완전히 배제시킨 이태리 정부의 입법에 대해, 그러한 폐기물은
본질적으로 2차 원료물질로서 수요가 있지 않으며 실질적으로 재사용되기
위해서는 상당한 시간이 필요하고 환경 피해의 잠재적인 원인이 되는 장기
간의 보관을 필요로 한다는 점에서, 동 지침 1조(a)에 따른 회원국의 의무를
이행하는데 실패했다고 판시하였다.[51]

48) Sara Poli, "The Definition of Waste: Joined Cases C-304/94 Euro Tombesi and Adino Tombesi, C-330/94 Roberto Santella, C-342/94 Giovanni Muzi and Others, C-224/95 Anselmo Savini", *Review of European Community & International Environmental Law* Volume 7 Issue 1 (1998), 97쪽~98쪽
49) Michael Purdue, "The Distinction between Using Secondary Raw Materials and the Recovery of Waste: The Directive Definition of Waste", *Journal of Environmental Law* 10(1): 116-145 (1998), 120쪽
50) Joined Cases C-418/97 및 C-419/97, para.64~para.73

즉, 어떤 물질 또는 물건을 폐기물로 분류하는 것이 어떤 방식으로든 해당 폐기물이 재활용되는 가능성을 막는 것은 아니며, 그러한 규제는 폐기물이 환경과 인간의 건강을 보호하기 위해 반드시 취해져야 할 주의를 기울이지 않은 채 재활용되는 것을 예방하기 위한 것이므로 '재활용가능자원'의 경우에도 부산물에 관한 예외조항에서 정하고 있는 요건들을 충족하는 경우가 아니라면 모두 폐기물에 해당한다고 보는 것이 EU의 입장이라고 할 것이다.[52]

한편 화강암 채석장에서 발생한 잔석(殘石)을 재사용(reuse)하기 위해 보관한 경우와 관련된 2002년의 *Palin Granit Oy* 사건 판결에서 법원은, 미래에 있을 수 있는 재사용을 위해 무한정하게 잔석을 보관해두는 것은 이를 폐기하였거나 폐기하고자 하는 것으로 보아 폐기물로 분류되어야 하며, 해당 물질의 성분이나 유해성이 없다는 것은 폐기물로 분류할 것인가를 결정하는 데 있어 적절한 기준이 될 수 없다고 판시[53]함으로써 EU 폐기물법의 전체적인 토대와 관련되는 문제를 제기하였으며,[54] 이와 함께, 어떤 물질의 재사용이 그 이전에 어떤 추가적인 처리도 없이 가능할 뿐만 아니라 점유자에게 경제적으로도 이익이 되고 재사용 가능성이 높다고 한다면 그 물질은 더 이상 폐기물 또는 점유자가 버리고자 하는 부담으로 간주되어서는 안 되며 제품으로 간주되어야 한다는 입장을 밝혔다.[55] 이 경우 재사용의 가능성은 단순히 가능한 정도로는 부족하고 확실한 정도가 되어야 한다고 본다.[56]

---

51) Case C-283/07(Ole Kristian Fauchald, David Hunter, Wang Xi ed., *Yearbook of International Environmental Law 2008*, (Oxford University Press, 2009), 527쪽에서 재인용)

52) U.K. Department for Environment, Food and Rural Affairs(註 118), 33쪽

53) Case C-9/00, para.52

54) Kate Getliffe, "European Waste Law: Has Recent Case Law Impacted upon the Mess?", 4 *Environmental Law Review* 171 (2002), 178쪽

55) Case C-9/00, para.37

56) Case C-194/05, para.38; C-195/05, para.39; C-263/05, para.37

마. 대만

대만은 우리 「폐기물관리법」이 폐기물로 분류하는 물질들을 「자원회수 재이용법」과 「폐기물청리법(廢棄物淸理法)」으로 이원화된 법체계에 의하여 관리하고 있다. 원래의 효용 가치를 상실하게 된 물질이 재생자원으로서의 요건을 충족하는 경우에는 「자원회수 재이용법」의 적용을 받게 되어 더 이상 폐기물이 아닌 '재생자원'으로서 인정받게 되는데, 「자원회수 재이용법」에서 기 고시(공고)된 것과 개별 신청에 따른 허가를 받은 것이 '재생자원'으로 인정된다. 자원회수 재이용법은 '재생자원'을 '원래의 효용을 상실한 물질로서, 경제적·기술적으로 재활용될 수 있으며, 이 법에 의해 고시되거나 인정을 받아 재활용 또는 재사용될 수 있는 물질'로 정의하고 있다.[57]

반면에, 「자원회수 재이용법」에 의한 '재생자원'으로 분류되지 않는 경우에는 「폐기물청리법」에 따라 관리 받게 된다. 그러나 '재생자원'으로 인정받지 못하는 경우에도 「폐기물청리법」에 일반폐기물과 사업장폐기물의 재활용에 관한 규정이 있으며, 특히 사업장폐기물의 재활용은 개별이나 공동 신청에 대한 허가 또는 정부의 고시에 의해서 인정될 수 있다.[58] 재활용이 이루어지고 있는 폐기물 중 물성이 안정되거나 재활용기술이 고도화된 것은 재활용의 종류 및 관리방식에 대한 고시의 대상이 되나, 고시의 대상이 아닌 경우에는 별도로 정부의 허가를 받아 재활용을 인정하는 체계를 택하고 있는 것이다.[59]

---

57) 『資源回收 再利用法』(2009. 1.21 개정) 제2조 제1호 (http:// law.epa.gov.tw/en /laws/962396701.html, 2013. 6.15 방문)
58) 조지혜 외, 『유해성에 따른 「폐기물 종료기준」의 해외 현황 및 정책적 시사점』(한국환경정책·평가연구원, 2012), 22쪽
59) 박석현 외, 『폐기물 재활용 선진화 방안 마련을 위한 연구』, (환경부·한국환경공단, 2011.12), 266쪽~267쪽

4. 입법안에 대한 검토

가. 「자원순환사회 전환 촉진법안」(최봉홍의원안)

2013. 7. 11일 최봉홍의원이 대표발의한 「자원순환사회 전환 촉진법안」[60]은 "폐기물"을 '「폐기물관리법」 제2조 제1호에 따른 폐기물'로 정의하여 현행 「폐기물관리법」의 '폐기물' 개념을 그대로 수용하고,[61] 이러한 '폐기물'과는 별도로 '사람의 생활이나 사업활동에서 발생된 물질 또는 물건 중 재사용·재생이용 또는 에너지회수를 목적으로 따로 모아져 있는 등 적정한 용도에 사용할 수 있는 상태에 있거나 분리·선별·파쇄·압축 등 환경부령으로 정하는 처리를 거쳐 재사용·재생이용 또는 에너지 회수에 바로 사용할 수 있는 상태에 있는 물질 또는 물건'을 "순환자원"으로 정의하고 있다.[62]

여기에서 '사람의 생활이나 사업활동에서 발생된 물질 또는 물건'은 곧 폐기물과 폐기물이 아닌 부산물을 모두 포괄하는 것으로 볼 수 있으며, 따라서 동 정의 규정안에 따르면 일정한 물질이나 물건이 "순환자원"에 해당하는지 여부는 해당 물질이나 물건이 폐기물에 해당하는지 여부와는 직접 관련되는 것이 아니라고 할 수 있으며, 폐기물 여부와는 관계없이 재사용·재생이용 또는 에너지 회수에 바로 사용할 수 있는 상태에 있는 경우에 비로소 "순환자원"에 해당한다고 할 수 있다.

---

60) 「자원순환사회 전환 촉진법안」(의안번호 5944호)
61) *Id.* 제3조 제2호
62) *Id.* 제3조 제3호

나. 「자원순환사회 촉진기본법안」

2013. 11. 20일 전병헌의원이 대표발의한 「자원순환사회 촉진기본법안」에서는 "순환자원"의 개념을 "폐기물"에 우선시키고 그 범위를 크게 확장하는 한편, 동 법안에 의한 "폐기물"을 현행 「폐기물관리법」에서 규정하고 있는 개념과는 상이하게 정의하고 있다는 점에서, 정부가 세출한 법률인이나 최봉홍의원안과 큰 차이를 가지고 있다. 즉, "순환자원"은 '사람의 생활이나 산업활동 등에서 발생 및 배출되는 유용성의 물질 또는 물건으로, 재사용·재제조·재생이용 또는 에너지 회수를 목적으로 사용될 수 있도록 적정하게 모아져 있는 상태에 있는 것이나 분리·수거, 선별 등의 과정을 거치면 바로 순환이용할 수 있는 상태에 있는 것'으로 정의하면서,[63] 이와는 구별되는 개념으로 "폐기물"은 '사람의 생활이나 산업활동 등에서 발생 및 배출되는 물질 또는 물건 중 순환자원으로 분류되지 아니한 것 또는 기술적으로 더 이상 순환이용될 수 없어 환경적으로 안전한 처리를 요하는 것'으로 정의하고 있는 것이다.[64]

전병헌의원안의 이러한 개념정의는 기본적으로 순환이용이나 재활용할 수 있는 물질이나 물건은 폐기물에 해당하지 않는다고 보는 견해를 바탕으로 한 것으로 볼 수 있을 것이다. 그러나 순환이용이 가능한 물질 또는 물건이라고 하더라도 그것이 배출되는 상태나 수집·보관되는 상태에 따라서 환경적인 안전관리가 필요한 폐기물의 속성을 동시에 가지고 있다고 할 수 있으며,[65] 자원순환의 촉진이 반드시 폐기물의 범위를 축소하고 '순환자원'의 범위를 확대함으로써만 가능하다고 볼 수도 없다. 오히려 '순환자원'의 범위

---

63) 「자원순환사회 촉진기본법안」(의안번호 7903호) 제3조 제3호
64) Id. 제3조 제4호
65) 김미화, "자원순환사회전환 관련 법안에 대한 검토의견", 국회 환경노동위원회, 『「자원순환사회전환촉진법안」 제정을 위한 공청회 자료집』, 29-37 (2015), 31쪽

를 과도하게 확대할 경우에는 종전에 폐기물로 관리되던 물질 및 물건들이 관리대상에서 제외됨으로써, 시장여건의 변화 등에 따라 적절하게 재사용 또는 재활용이 이루어지지 않는 경우에는 주변 환경이나 사람의 건강에 위해를 미칠 우려가 있다는 점에서 신중한 검토가 필요하다고 할 것이다.

다. 「자원순환촉진기본법안」

이윤석의원 등 11명의 의원들이 2013. 12. 20일 발의한 「자원순환촉진기본법안」은 전병헌의원안과 마찬가지로 기존의 폐기물 및 재활용 개념에 바탕을 둔 현행 법령에 의해서는 자원의 효율적인 이용을 위한 제도와 정책의 수립에 한계가 있다는 인식에 바탕을 두고 있다. 이러한 관점에서 이윤석의원안은 '사람의 생활이나 사업활동에서 필연적으로 발생하는 모든 물질'을 '부산물'로 정의하고,[66] '부산물 중에서 재사용·재활용·재제조가 가능한 부산물'을 '순환자원'으로, '부산물 중에서 순환자원을 제외한 것'을 '폐기물'로 각각 분류하고 있다.[67]

그러나 '부산물'의 사전적인 의미는 '주산물(主產物)을 만드는 데에 따라 생기는 물건'으로 되어 있고,[68] 「자원의 절약과 재활용촉진에 관한 법률」 제2조제3호에서도 '부산물'을 '제품의 제조·가공·수리·판매나 에너지의 공급 또는 토목·건축공사에서 부수적으로 생겨난 물건'이라고 정의하고 있어, 이윤석의원안의 정의 규정과는 개념 상 명백한 차이를 보이고 있는데, '사람의 생활이나 사업활동을 통하여 발생되는 모든 물질'에는 사전적 의미와 기존 법률에서 규정하고 있는 부산물뿐만 아니라 주산물 등 다양한 범주의 물질을 포함하고 있음에도 이를 부산물로 통칭하는 것은 무리가 있고, 사회

---

66) 「자원순환촉진기본법안」(의안번호 8681호) 제2조 제2호
67) *Id.* 제2조 제3호 및 제4호
68) 『민중 엣센스 국어사전』(제6판 제6쇄), 민중서림, 2011, 1072쪽

적으로 이미 확립된 의미를 무시하고 새롭게 용어를 정의하는 것은 법령해
석과 적용에 있어 혼란을 일으킬 우려가 크다고 할 것이므로 신중한 검토가
필요하다고 할 것이다.[69]

라. 「자원순환사회형성 기본법안」

2014. 2. 7일 이완영의원 등 13명의 의원들이 발의한 「자원순환사회형성
기본법안」은 기본적으로 순환이용이나 재활용할 수 있는 물질이나 물건은
폐기물에 해당하지 않는 것으로 본다는 점에서 전병헌의원안과 유사하나,
"순환자원"과 "폐기물" 이외에도 "폐자원"을 별도로 정의하고 있다는 점에
서 큰 차이가 있다고 할 수 있다. 즉 이완영의원안에서는 '사람의 생활, 산
업활동 또는 건설공사장 등에서 일단 필요하지 아니하여 버려진 물질이나
물건'을 "폐자원"으로 정의하고 있으며,[70] '폐자원 중 유상으로 거래되거나
순환이용의 가치가 있고, 인체에 무해하며 환경상 위해가 없는 물질이나 물
건'을 "순환자원"으로 정의하고 있다.[71] 한편 "폐기물"은 '폐자원 중 순환
자원을 제외한 물질이나 물건으로서 더 이상 순환이용될 수 없어 에너지회
수를 목적으로 하지 아니하는 소각이나 매립의 대상이 되는 것 중에 환경부
령으로 정하는 물질이나 물건'으로 정의하고 있어,[72] 결국 현행법상 폐기물
에 해당하는 것을 "폐자원"으로 정의하면서, 재활용을 비롯한 순환자원으로
이용될 수 없는 최종처분의 대상만을 "폐기물"로 정의하는 체계를 취하고
있다고 할 수 있다. 동 법안에서는 '그간 혼용되어 온 폐기물, 폐자원, 순환
자원의 패러다임을 재정립하고, 순환자원을 최대한 재이용하여 최종처분대

---

69) 대한민국 국회(환경노동위원회 수석전문위원), 「자원순환사회 촉진기본법안/자원순
    환촉진기본법안 검토보고서」 (2014. 2), 11쪽~12쪽
70) 「자원순환사회형성 기본법안」(의안번호 9320호) 제3조 제2호
71) *Id.* 제3조 제3호
72) *Id.* 제3조 제4호

상이 되는 폐기물을 최소화하는 자원순환사회로의 전환을 촉진'하는 것을
그 목적을 제시하고 있다.[73]

　　그러나 동 법안과 같이 "순환자원"과 별도로 구별되는 개념으로서 "폐자
원"을 따로 정의할 실익이 있는지는 의문이며, "폐자원"의 문언상의 의미와
동 법안에서 규정하고 있는 정의와는 상이한 측면이 있는바, 그러한 체계를
따르는 경우에는 무엇이 관리의 대상이 되는 물질 또는 물건인지에 대하여
오히려 국민들에게 혼란을 야기하고 법률의 해석과 적용에 혼선을 가져올
우려가 크다고 할 것이다.

마. 「자원순환사회 전환 촉진법안」(정부안)

　　정부가 2014. 10. 29일 국회에 제출한 「자원순환사회 전환 촉진법안」[74]
에서는 "폐기물"을 '「폐기물관리법」 제2조 제1호에 따른 폐기물'로 정의하
고 있어 '폐기물'에 대해서 현행법의 정의 규정을 그대로 수용하고 있으며,
이와 함께 동조 제3호에서는 '폐기물 중 사람의 건강과 환경에 유해하지 아
니하게 된 물질 또는 물건으로서 경제성이 있어 유상(有償) 거래가 가능하여
방치될 우려가 없는 등 제9조에 따라 순환자원으로 인정받은 물질 또는 물
건'을 "순환자원"으로 정의하고 있다.[75]

　　정부안에서 규정하고 있는 "순환자원"의 정의 규정의 가장 큰 특징은, 순
환자원의 범주를 본래 폐기물에 해당하는 물질 또는 물건으로 제한하고 있

---

73) *Id.* 제안이유
74) 의안번호 1912177호
75) 2013. 9월 입법예고되었던 당초의 정부안은 앞에서 살펴본 최봉홍 의원 대표발의
　　법률안과 동일하게 순환자원을 정의하였었으나, 입법예고 이후 관계부처, 산업계,
　　전문가 등의 의견을 반영하여 2014.10.29 국회에 제출한 최종안에서는 이를 순환
　　자원 인정제도와 연계하는 내용으로 수정하였다. (2014.10.20배포 환경부 보도자료
　　"자원순환사회 전환 촉진법 제정안, 국무회의 통과" 참조)

을 뿐만 아니라, 환경성(유해성)과 경제성(유상성) 등의 요건을 제시하면서 동 법률안 제9조에서 새로 도입하고자 하는 '순환자원 인정제도'와 연계하고 있다는 점이라고 할 수 있다. 정부안에서 이러한 입장을 취하게 된 것은, 폐기물 중 일정요건을 갖춘 물질이나 물건을 순환자원으로 인정하고 폐기물에서 제외할 수 있도록 하여 사업자의 부담을 완화하되, 그 요건을 명확히 규정함으로써 폐기물이 재활용이 가능하다는 것만으로 관리의 대상에서 벗어나는 것을 방지하고 국민의 안전성을 확보하기 위한 것으로 볼 수 있을 것이다.

바. 법률 제정안의 비교검토

정부안과 4건의 의원발의 법률안 등 모두 5개의 법률안은 각각 상이한 부분이 있으나, 기본적으로 기존의 폐기물 관련 법률에서 정의하고 있는 '폐기물'의 개념을 기본으로 하는 법률안과, 기존의 '폐기물'을 재활용 등 순환이용이 불가능하고 최종처리되어야 하는 물질만을 의미하는 것으로 보고 재활용 또는 순환이용이 가능한 물질은 폐기물에서 제외하는 법률안의 2가지 유형으로 분류할 수 있다.

정부안과 최봉홍의원안은 기존의 「폐기물관리법」에서 규정하고 있는 폐기물의 개념을 그대로 수용하고 있는데 반하여, 전병헌의원안과 이윤석의원안, 이완영의원안은 모두 순환이용이 가능한 자원을 폐기물에서 제외하고 폐기물의 범위를 축소시키고자 하고 있다.

[표 4-2] 법률안의 폐기물 및 관련 용어 비교

최봉홍의원안	정부안	전병헌의원안	이윤석의원안	이완영의원안
○ 현행 「폐기물관리법」상 폐기물 개념 유지	○ 현행 「폐기물관리법」상 폐기물 개념 축소			
○ 폐기물과 별개의 (일정한 부분 중복) 순환자원 개념 도입	○ 폐기물에 포함되는 순환자원 개념 도입	○ 순환 자원을 폐기물에서 제외	○ '부산물' 새로 정의 ○ 폐기물 = 부산물 - 순환자원	○ '폐자원' 개념 도입 ○ 폐기물 = 폐자원 - 순환자원

　　그러나 후자의 법률안들의 경우 순환자원과 폐기물을 구분하는 기준을 오직 해당 물질 또는 물건의 재활용 가능 여부 즉 '유용성'의 존부에만 두고 있고, 환경적인 유해성, 시장가치 등은 그 구분기준에서 고려하지 않고 있는데, 이러한 체계를 따를 경우에는 유용성이 있어 순환자원으로 분류되는 물질의 경우에는 그것이 설사 환경적으로 유해하다고 할지라도 폐기물로서 엄격하게 관리되지 않고 규제대상에서 제외됨으로써 환경과 국민의 건강에 위해를 끼칠 우려가 크다는 문제가 있으며, 해당 물질을 발생시키는 본인에게는 유용한 물질이지만 제3자에게 유상으로 양도될 만한 시장가치는 없는 물건 또는 물질도 순환자원으로 볼 수 있는지 등의 불명확한 사례가 발생할 수 있다고 할 것이다.[76]

---

76) 대한민국 국회(환경노동위원회 수석전문위원), 「자원순환사회 촉진기본법안/자원순환촉진기본법안 검토보고서」 (2014. 2), 10쪽 참고; 동 검토보고서에서는 그간 자원순환법 제정에 있어서 동 법률을 기본법으로 할 것인지 촉진법으로 할 것인지, 그리고 그와 관련되어 순환자원 및 폐기물의 범위에 대한 논란이 있었음을 언급하며, 순환자원과 폐기물의 범위에 대한 충분한 논의 후 사회적 합의 도출을 통하여 범위가 정하여 져야 할 것이라는 의견을 제시하고 있는 점(동 검토보고서 11쪽)을 참고할 필요가 있다.

5. 소결

　재활용될 수 있는 폐기물은 폐기물에서 제외하여야 한다는 견해는, "폐기물"이라는 용어가 가지는 부정적인 이미지가 재활용산업에 좋지 않은 영향을 미치고, 폐기물에 적용되는 규제로 인하여 많은 비용이 들어가고 결과적으로 재활용이 저해된다는 것 등을 근거로, 여전히 경제적·기술적으로 유용한 '소비 후'의 물질이나 생산·유통·소비 단계에서의 잔존물·부산물·방치물 등에 대책 없이 '폐기물'이라는 낙인을 찍어서는 안 된다고 주장한다.[77] 그러나 재활용이 가능한 모든 폐기물에 대해서 재활용을 무조건적으로 추진하여야 하는 것은 아니며, 환경적, 경제적, 기술적 측면에서 검토를 거쳐 인간 및 환경에 위해를 미치지 않는 범위에서 행해져야 하므로, 재활용될 수 있는 물질도 기본적으로 폐기물에 포함해서 관리하는 것이 타당하다고 보아야 할 것이다.[78]

　EU 국가들의 경우, 자원의 순환이용을 극대화하고 직매립·소각되는 폐기물의 양을 최소화 또는 제로화하는 데 있어서 세계적으로 가장 선도적인 정책을 채택하고 성과를 거두고 있음에도 불구하고, 오랜 시간을 거쳐 축적된 판례와 이를 반영한 입법은 재활용가능자원들도 폐기물에 포함된다는 것을 명확히 하고 있다는 점을 주목할 필요가 있다.

　미국 EPA도 귀중한 자원의 회수 및 재이용을 촉진하는 것을 확고한 정책으로 추진하고 있지만, RCRA의 가장 중요한 또는 근본적인 입법 목적은 폐기물로부터 인간의 건강과 환경을 보호하는 것이며, 재활용 촉진은 이러한 가장 중요한 목적과 충돌할 경우에는 그것에 양보해야 하는, 부차적인 목적이라는 입장을 취하고 있다.[79] 이와 관련하여 일본의 경우에는 오히려 재활

---

77) 전재경, 앞의 글 1, 11쪽~13쪽

78) 同旨 안종오, "유해폐기물 법제에 관한 한·미 비교연구", 『경희대학교 대학원 법학박사학위논문』 (2004), 36쪽

79) Preamble to 2007 Proposed Revisions to the Definition of Solid Waste, 72 Fed. Reg.

용되는 폐기물도 폐기물에 명확하게 포함하기 위해서 폐기물에 대한 객관
적인 정의가 필요하다는 의견도 제시되고 있는 것이다.[80] 따라서 일정한 물
질 또는 물건의 재활용 가능 여부와 해당 물질의 폐기물 해당 여부가 직접
적으로 연관되는 것은 아니라고 할 것이며, 폐기물로 인한 국민 건강 또는
환경에 대한 위해의 예방과 자원의 효율적인 활용이라는 두 가지 목적을 적
절하게 조화시킬 수 있도록 폐기물의 개념을 정의하고 이를 바탕으로 폐기
물 관리 법체계를 정립·운영하여야 할 것이다.

가. 재활용 폐기물의 관리 필요성

재활용을 저해하거나 과도하게 간섭하지 않도록 폐기물의 개념을 규정하
고 그 범위를 정하는 방법은 크게 두 가지 접근방식을 생각할 수 있는데,
그 첫째는 일정한 용도로 재활용되는 특정한 종류의 폐기물들을 폐기물의
정의에서 명시적으로 제외하는 것으로, 미국이 취하고 있는 방식이라고 할
수 있으며, 두 번째는 어떤 물질이 최종적으로 처분되는지 또는 재활용되는
지와 관계없이 모든 물질들이 포함되도록 폐기물의 개념을 포괄적으로 정
의하되, 전통적인 폐기물과 재활용되는 폐기물에 대한 규제를 차별화하는
방식으로, 이는 주로 EU국가들이 사용하는 방식이라고 할 수 있다.[81]

일반적으로 재활용과 재사용은 폐기되어야 하는 폐기물의 양을 감소시킴
으로써 환경오염의 위험을 낮추는데 기여하는 것으로 인식되고 있고,[82] 그

14,172, at 14,173 n.1 (2007. 3.26) 및 Preamble to Final Rule on Hazardous Waste
Management System, Definition of Solid Waste, 50 Fed. Reg. 616 n.4 (1985. 6. 4)
(Steven G. Davison, 앞의 글 42, 4쪽에서 재인용)

80) 大塚 直, 『環境法』(第3版), (有斐閣, 2010), 456쪽

81) John Thomas Smith II, 앞의 글 2, 96쪽

82) Ilona Cheyne & Michael Purdue, "Fitting Definition to Purpose: The Search for a
Satisfactory Definition of Waste", Journal of Environmental Law 7(2): 149-168 (1995),

런 측면에서 재활용이 가능한 물질들을 폐기물로 처분하는 것 보다는 재활용을 하는 것이 바람직하다는 것은 의문의 여지가 없다. 그러나 재활용은 또한 적절하게 관리되지 않을 경우에는 인간의 건강과 환경에 위해를 야기할 우려가 있으며, 따라서 주의 깊은 관리 또는 통제가 필요하다. 1998년 외환위기로 인해 발생한 유례없는 전국적인 경제 불황 등으로 다수의 폐기물 배출업체와 처리업체, 재활용신고업체 등이 부도 또는 파산함에 따라서 당초 재활용을 목적으로 보관 중이던 폐기물들 중에 상당한 양이 적정하게 처리되지 못하고 방치되어 2004년까지 885개 사업장에서 총 2,475천여 톤의 방치폐기물이 발생하였고[83] 2011년 말 기준으로는 총 970개소에서 3,057천 톤이 발생하여 아직도 전국 27개 사업장에서 122천 톤의 폐기물이 처리되지 못하고 방치되어 있다는 사실은,[84] 단순히 재활용될 가능성이 있다는 것만으로 폐기물에서 제외하는 것은 경제적인 여건의 변화 등에 따라서 추후에 해당 물질이 부적정하게 처리되거나 방치될 때 발생할 수 있는 환경오염 및 국민 건강에의 위해를 예방할 수 없다는 점에서 수용하기 어렵다는 것을 보여주는 대표적인 사례라고 할 수 있다. 이처럼 '경제성'에 전적으로 또는 크게 의존하는 재활용산업은 경제·사회적 여건 등이 변화함에 따라 그 향방이 불투명해질 우려가 크며,[85] 이러한 상황에서 일정한 물질을 '폐기물'로 관리할 것인가 여부를 재활용 가능 여부에 따라 결정하는 것은 폐기물 관리 체계의 근간이 흔들리는 결과를 가져올 수 있다고 할 것이다.

한편, 헌법재판소는 구「건설폐기물의 재활용촉진에 관한 법률」 및 구「폐기물관리법」에서 직접적인 오염원인자 이외에 그러한 폐기물이 방치된 토지의 소유자에게도 폐기물 처리책임을 확장하여 인정한 것에 대해서 재산

152쪽

83) 환경부, 『2012 환경백서』 (2013), 627쪽

84) 환경부, 『2014 환경백서』 (2014), 357쪽

85) 류효은, "대도시 쓰레기문제와 쓰레기 관리공간에 대한 연구", 『서울대학교 대학원 공학석사 학위논문』 (2014), 27쪽

권 및 사적 자치권 침해를 주장하며 제기된 헌법소원심판에 대한 결정에서, 폐기물이 갖고 있는 사회적인 위험성을 고려하여 사실상 영향력행사 가능성을 보유하는 자에 대하여 그 처리책임을 부담시키는 것은 위험방지의 효과가 있다고 판시하면서 동 규정들을 합헌으로 판단하였는바,[86] 폐기물의 사회적 위험성이나 위해성은 고려하지 않은 채 단지 일정한 폐기물이 재활용이 가능하다는 것만을 사유로 하여 법률 해석이나 입법에 의하여 폐기물의 범위에서 재활용이 가능한 물질 또는 물건들을 일률적으로 제외해야 한다고 주장하는 견해는, 위에서 살펴본 헌법재판소의 결정례의 취지에도 부합하지 않는다고 할 것이다.

이처럼 폐기물을 재활용이 가능한 물질이라는 이유로 폐기물에서 제외하고 관리의무를 면제하는 것은 재활용을 촉진하기 위한 유인시스템으로서의 가치는 있을 것이나, 반면에 폐기물에 대한 규제를 회피하는 수단으로 악용될 소지가 있을 뿐만 아니라 해당 물질에 대한 수요가 감소하거나 대체 물질의 가격이 급격히 하락하는 등의 여건변화가 발생할 경우 제대로 재활용되지 못하고 방치됨으로써 폐기물로서의 문제를 발생시킬 우려도 있다.[87] 미국 EPA의 경우에도 이러한 이유로 시장가치(market value)를 폐기물 분류의 기준으로 채택하는 것을 일관되게 거부해온 것이다.[88] 또한 기술적으로는 재활용이 가능하다고 하더라도 경제성이나 환경성의 측면에서 오히려 재활용하는 것이 바람직하지 못한 경우도 있을 수 있는바, 이런 경우에도 단순히 재활용이 가능한 물질이라는 이유로 폐기물에서 제외해야 한다는 주장은 수긍하기 어렵다. 이런 측면에서, 이미 시장에 의해 자연스럽게 재활

---

86) 헌재결 2010. 5.27, 2007헌바53 전원재판부 결정사건; 이기춘, "판례를 통해서 본 토지임대인에 대한 폐기물처리책임 귀속의 문제", 한국환경법학회,『환경법연구』제34권 3호, 107-137 (2012), 117쪽~120쪽 참고
87) Nancy K. Kubasek and Gary S. Silverman, *Environmental Law(3rd ed.)*, (Prentice Hall, 2000), 246쪽
88) John Thomas SmithⅡ, 앞의 글 30, 5쪽

용되는 것 이상으로 재활용을 하도록 하는 것은 오히려 에너지를 낭비하고
환경오염을 더 일으킬 수도 있다는 지적이 제기되고 있는 것이다.[89]

나. 폐기물 관련 법체계상의 논거

우리 「자원의 절약과 재활용 촉진에 관한 법률」은 재활용가능자원의 정
의에서 '사용되었거나 사용되지 아니하고 버려진 후 수거된 물건과 부산물
중 원재료로 이용할 수 있는 것'이라고 규정함으로써 재활용가능자원이 폐
기물에 포함된다는 것을 명확히 하고 있다. 따라서 재활용되고 있는 물질들
을 현행법상의 '폐기물'에 해당되지 않는다고 보아야 한다는 견해는, 입법론
적으로 주장될 수는 있을지언정 현행 법률의 해석론으로는 제기될 여지가
없다고 생각된다. 또한 폐기물의 관리는 기본적으로 폐기물의 '발생'에서 시
작해서 '수집·운반'의 단계를 거쳐서 '재사용' → '재활용' → '최종처리'의
순으로 규율되고 있는바, 재사용이나 재활용의 가능 여부처럼 발생 이후의
사후적인 처리의 방식에 따라 폐기물의 개념 자체 또는 폐기물의 범위가 유
동적으로 되는 것은 폐기물 관리 법체계를 근본적으로 뒤흔들고 피규제자
의 예측가능성, 법적 안정성을 크게 해하는 결과를 초래할 우려가 있다고
할 것이다. 즉, 일정한 물질이 폐기물에 해당하는지 여부를 결정하기 위해서
는 어떤 물질이 재활용되고 있는지 그리고 그것이 어떻게 재활용되고 있는
지를 미리 알아야만 한다는 결론이 되는바, 이러한 접근방식은 그 타당성
여부는 별론으로 하고 현실적으로 유효하게 작동하기 어렵다고 할 것이
다.[90] 2001년에 의원입법으로 발의되었던 「순환경제사회형성촉진기본법

---

89) 이상돈, "폐기물 감량화 및 재활용 관련 법에 대한 고찰", 한국법제연구원, 『법제연
　구』 제22호, 55-71 (2002), 68쪽

90) R. Michael Sweeney, "Reengineering RCRA: The Command Control Requirements of
　the Waste Disposal Paradigm of Subtitle C and the Act's Objective of Fostering
　Recycling - Rethinking the Definition of Solid Waste, Again", 6 *Duke Environmental*

(안)」과 2006년에 환경부에서 입안했던 「자원순환사회촉진법(안)」에서도 '순환자원'을 각각 '폐기물 중에서 전부 또는 일부를 원재료 및 부품 등으로 이용할 수 있는 유용한 물질'과 '폐기물 중 재사용·재활용 또는 에너지회수 등으로 이용할 수 있는 물질'로 각각 정의하여, 순환자원 또한 폐기물에 포함된다는 것을 명확히 한바 있다.

또한 입법론적으로도, '재활용성' 여부는 고정불변의 것이 아니며, 기술개발의 정도와 처녀원료물질(virgin material)의 가격 등 여러 요인에 따라 지속적으로 변화하는 것이므로, 이러한 가변적인 요소를 기준으로 어떤 물질이 '폐기물'에 해당하는지 여부를 판단하도록 하는 것은 법적 안정성의 측면에서 타당하지 않다고 생각된다. 즉 현재는 특정한 재활용가능 물질에 대한 시장이 존재한다고 하더라도, 그러한 시장이 항상 존재할지에 대한 불확실성이 존재하고 그와 같은 시장의 취약성이 존재하는 한 그러한 물질들을 모두 폐기물에서 제외한다는 것은 바람직하지 않다고 보아야 할 것이다. 그러한 시장은 동등한 천연 원자재의 가격 등 폐기물 배출자가 통제할 수 없는 수많은 요인들에 의해서 영향을 받기 때문에, 규제의 범위를 예측하는 것이 불가능해질 것이다.[91] 이런 이유로 유럽사법재판소도 재활용 또는 재사용을 위하여 수집된 물질들, 즉 일정한 가치를 가지고 경제적인 재이용이 가능한 물질들도 폐기물로 분류될 수 있다고 보고 있다.[92]

따라서 어떤 물질이 생산과정에 직접 또는 간접 투입되는 경우에도 당연히 폐기물이 아닌 것으로 보아야 하는 것은 아니며, 다만, 재활용을 촉진한다는 차원에서 정책적으로 재활용될 수 있는 폐기물에 대하여 특별한 규율을 둘 수는 있을 것이다.[93] 이와 관련하여 현행 「폐기물관리법」에서는 '폐

Law & Policy Forum 1 (1996), 30쪽 참고

91) Ilona Cheyne, "The Definition of Waste in EC Law", *Journal of Environmental Law* 14(1): 61-73 (2002), 65쪽~66쪽

92) Case C-224/95 (*Tombesi*), para.52

93) 박균성, 앞의 글 3, 166쪽~167쪽

기물의 재활용 기준 및 방법'을 폐기물의 종류별로 매우 상세하게 그 시행
규칙에 규정하고 있으며, 새로운 재활용 방법을 개발하는 경우에도 그것이
「폐기물관리법」 시행규칙에 열거된 방식에 포함되지 않으면 적법한 재활용
으로 인정받을 수 없는 문제가 있는바, 자원의 효율적인 재활용을 촉진하기
위해서는 법령에 열거되거나 고시되지 않은 새로운 재활용방법에 대해서도
개별 신청에 의해 허가를 받을 수 있는 제도를 도입하거나 원칙적으로 모든
재활용 방법을 인정하되 환경적으로 위해가 우려되는 등 예외적 경우에 한
하여 재활용을 제한하는 네거티브(negative) 방식의 규제로 전환하는 방안
등을 적극 검토할 필요가 있다고 판단된다.

한편 2013년 9월 환경부에서 당초 입법예고했던 「자원순환사회 전환 촉
진법안」[94] 제2조 제3호에서는 '순환자원'에 대하여 '사람의 생활이나 사업
활동에서 발생된 물질 또는 물건 중 재사용·재생이용 또는 에너지회수를 목
적으로 따로 모아져 있는 등 적정한 용도에 사용할 수 있는 상태에 있거나
분리·선별·파쇄·압축·감용 등 환경부령으로 정하는 처리를 거쳐 재사용··재
생이용 또는 에너지 회수에 바로 사용할 수 있는 상태에 있는 물질 또는 물
건(회수할 수 있는 에너지와 폐열[廢熱]을 포함하며, 「원자력안전법」 제2조
제18호에 따른 방사성폐기물은 제외한다)'이라고 규정하고 있었다. 동 규정
에서는 '순환자원'이 폐기물에 포함된다는 것을 명시하고 있지는 않으며, 오
히려 '사람의 생활이나 사업 활동에서 발생된 물질 또는 물건' 전체를 대상
으로 하고 있어, 「폐기물관리법」에서 정의하고 있는 폐기물 이외에 부산물
등을 모두 포괄하는 것으로 해석하는 것이 가능했다고 할 것이다. 다만, 이
러한 물질 또는 물건들이 모두 순환자원에 해당되는 것이 아니라 그 가운데
'적정한 용도에 사용할 수 있는 상태'에 있거나 '재사용·재생이용 또는 에
너지 회수에 바로 사용할 수 있는 상태'에 있는 물질 또는 물건으로 한정하

---

94) 환경부공고 2013-476호 (2013. 9.13 입법예고) [환경부 대표홈페이지(www.me.
go.kr)>법령/정책>환경법령>입법·행정예고 참고]

고 있어, 이러한 상태에 있지 않은 폐기물, 예를 들면 일정한 처리를 거치지 않고는 바로 사용할 수 없는 물질 또는 물건의 경우에는 '순환자원'에 포함되지 않는다는 것을 전제로 하였다고 할 수 있다.

반면에 2014. 10. 29일 최종적으로 국회에 제출된 법률안에서는 '순환자원'에 대한 정의 규정에 '폐기물 중'이라는 문구를 명시함으로써 '순환자원'이 본래는 폐기물에 해당하는 물질 또는 물건들을 대상으로 하는 개념임을 명확히 하고 있어,[95] 기존 「자원의 절약과 재활용 촉진에 관한 법률」을 비롯한 폐기물 관련 법령 체계와 조화를 이루도록 하고 있으며, 동 정의 규정은 또한 일정한 물질 또는 물건이 '순환자원'에 해당하는지 여부가 동 법률안 제9조에 따른 순환자원 인정 여부에 따라 결정되도록 규정하고 있다는 점에서 뒤에서 검토하는 '폐기물 종료제도'와 '순환자원'의 범위가 연계되도록 하고 있는 특징을 가지고 있다. 이처럼 순환자원에 해당하는지 여부가 법률의 해석에 의해서 결정되는 것이 아니라 법률에 근거를 두고 제정되는 구체적인 고시의 기준을 충족하는지 여부에 따라 결정되도록 함으로써, 피규제자의 입장에서는 법적 확실성 또는 안정성이 확보될 수 있을 것이며, 결과적으로는 자원순환을 더욱 촉진하는 효과를 거둘 수 있을 것이다.

다. 사적 재산권 보장과의 관계

재활용이 가능한 물질이나 물건을 폐기물에서 제외하는 것은 재활용을 촉진하는 역할을 할 수도 있으나, 사적 재산권과의 긴장관계로 인하여 오히려 폐기물의 재활용에 장애가 되거나 법적인 분쟁을 야기하는 원인이 될 수도 있다. 예를 들면 미국의 많은 도시들의 경우에 도로변이나 상가, 주택가의 쓰레기통이나 폐기물 임시적치장 등에서 활용할 수 있는 물건이 있는지

---

95) 「자원순환사회 전환 촉진법안」(정부안) 제2조 제3호.

살피거나 거기서 물건을 수집하는 행위들을 조례 등으로 불법으로 규정하기 시작했으며, 이와 함께 민간에서 운영하는 재활용센터들도 점차 규제를 받기 시작했다고 한다.[96] 우리나라의 경우 고철이나 폐지(廢紙), 폐전선 등의 많은 재활용가능자원들이 사업장이나 주택가 등에서 주로 취약계층에 의해서 수집되고 이를 다시 민간 재활용센터 또는 고물상들이 매입하는 단계를 거쳐서 재활용되고 있는바, 만약 재활용이 가능한 물질 및 물건들을 모두 폐기물에서 제외하게 된다면 이러한 물질들의 수집행위가 사적 소유권을 침해하는 행위로서 제재의 대상이 되거나 법정에서의 공방으로 시비가 확대될 가능성도 크다고 할 것이다. 이는 경제적·정치적·법적으로 결코 바람직하다고 할 수 없는 결과이므로, 재활용이 가능한 물질 또는 물건을 일률적으로 폐기물에서 제외하는 것은 이러한 측면에서 볼 때도 타당하지 않다고 할 것이다.

라. '재활용가능자원' 및 '순환자원'에 대한 입법론적 검토

앞에서 논한 바와 같이 '재활용가능자원' 또한 폐기물에 포함되는 것으로 본다면, 이에 따라 현행 「자원의 절약과 재활용촉진에 관한 법률」에서 규정하고 있는 '재활용가능자원' 및 「자원순환사회 전환 촉진법안」의 '순환자원'의 개념과 그 법적 체계에 대한 검토가 필요하다.

"사용되었거나 사용되지 아니하고 버려진 후 수거된 물건과 부산물중 원재료로 이용할 수 있는 것 (회수할 수 있는 에너지 및 폐열을 포함하되, 방사성물질 및 이에 의하여 오염된 물질을 제외한다)"이라는 현행 '재활용가능자원'의 정의 규정[97]과, "사람의 생활이나 사업활동에서 발생된 물질 또

---

96) 제프 페럴, 『도시의 쓰레기 탐색자 - 소비문화의 풍요의 뒷모습, 쓰레기에 관한 인문학적 고찰』 (2006), 김영배 옮김, (시대의창, 2013), 294쪽~313쪽 참고
97) 「자원의 절약과 재활용촉진에 관한 법률」 제2조 제2호

는 물건 중 재사용·재생이용 또는 에너지회수를 목적으로 따로 모아져 있는
등 적정한 용도에 사용할 수 있는 상태에 있거나 분리·선별·파쇄·압축·감
용 등 환경부령으로 정하는 처리를 거쳐 재사용·재생이용 또는 에너지 회수
에 바로 사용할 수 있는 상태에 있는 물질 또는 물건(회수할 수 있는 에너지
와 폐열[廢熱]을 포함하며,「원자력안전법」제2조제18호에 따른 방사성폐기
물은 제외한다)"이라고 하는 '순환자원'에 대한 최봉홍의원안의 정의 규
정98)은 그 범위와 대상에 있어서 크게 차이가 없는 것으로 보이며, 에너지
회수와 폐열 이용을 포함하고 있다는 점에서도 동일하다. 그러나 '재활용가
능자원'이 '원재료로 이용할 수 있는 것'이라는 해당 물질 또는 물건의 성상
자체에 초점을 맞추고 있는데 비하여, '순환자원'은 '적정한 용도에 사용할
수 있는 상태' 또는 '바로 사용할 수 있는 상태'에 있을 것을 요건으로 제시
하고 있어, 해당 물질 또는 물건이 '원재료로 이용할 수 있는 것'일 뿐만 아
니라, 추가로 '적정한 용도에 사용할 수 있는 상태' 또는 '바로 사용할 수
있는 상태'에 있을 것을 요구하고 있는 것으로 해석할 수 있다.

　반면에, 정부안에서는 '순환자원'을 '폐기물 중 사람의 건강과 환경에 유
해하지 아니하게 된 물질 또는 물건으로서 경제성이 있어 유상 거래가 가능
하여 방치될 우려가 없는 등 제9조에 따라 순환자원으로 인정받은 물질 또
는 물건'으로 정의하고 있어, 이 경우에는 제9조에 따라 신청에 의하여 고시
에서 정하는 요건을 충족한다는 것을 인정받아야 하므로 향후 고시의 제정
및 그에 따른 인정 여부에 따라 순환자원의 구체적인 범위가 결정되게 될
것이다. 다만 정부안과 같이 폐기물 가운데 순환자원으로 인정을 받은 물질
또는 물건만을 순환자원으로 볼 경우에는 처음부터 폐기물에 해당하지 않
는 것으로 해석될 수 있는 물질 또는 물건들, 예를 들면 부산물의 경우에는
동 법률에 의한 순환자원에 해당하지 않는다고 보게 될 것이며, 결과적으로
현재 '재활용가능자원'에 해당하는 물질 또는 물건들을 모두 포함하지 못하

---

98) 「자원순환사회 전환촉진법안」(최봉홍의원안) 제3조 제2호

는 한계가 나타날 수 있다.

생각건대, 자원순환과 관련된 기본법으로서의 성격을 갖는[99] 「자원순환사회 전환 촉진법」이 제정되고 동 법률에서 '순환자원'에 대한 정의 규정을 두는 경우에는 이와 별개로 '재활용가능자원'을 정의할 실익은 크지 않다고 할 것이며, 각각의 정의 규정을 별개로 둘 경우에는 오히려 법해석과 적용상의 혼란을 야기할 우려가 크다고 할 것이다. 따라서 '순환자원'의 정의 규정을 「자원순환사회 전환 촉진법」에 두되, 그 범위는 현재 '재활용가능자원'에 대한 정의 규정에 의해서 포괄되고 있는 물질 또는 물건 등을 모두 포함할 수 있도록 다음과 같이 규정하는 것이 타당할 것이다.

제2조(정의) 3. "순환자원"이란 사람의 생활이나 사업활동에서 발생된 물질 또는 물건 중 사람의 건강과 환경에 유해하지 아니하게 된 물질 또는 물건으로서 경제성이 있어 유상 거래가 가능하여 방치될 우려가 없는 등 제9조에 따라 순환자원으로 인정받은 물질 또는 물건을 말한다.

---

99) 「자원순환사회 전환촉진법안」(정부안) 제4조에서는 '자원순환과 관련되는 다른 법률을 제정하거나 개정하는 경우에는 이 법의 목적과 기본원칙에 부합되게 하여야 한다'고 규정하여 동 법률의 기본법적 성격을 밝히고 있다.

제2절 부산물의 폐기물 해당 여부

일반적으로 부산물이란, '다른 주된 제품(primary product)의 생산공정에서 부수적으로 발생한 물질'을 의미[1] 하는데 반하여 제품은 사용 또는 판매할 목적으로 의도적으로 제조되거나 생산된 것을 의미한다는 점에서 부산물과 제품은 구별된다. 특히 폐기물의 관리와 관련하여 제품과 부산물 사이의 구별을 명확하게 이해하는 것이 중요한데, 가장 기본적인 구별기준은, 전자는 생산이 의도된 것임에 반하여 후자는 그렇지 않다는 것을 들 수 있다. 따라서 만약 어떤 물질이나 물건이 기술적인 선택의 결과로서 의도적으로 생산된다면, 그것은 제품이고 원칙적으로 폐기물이 아니라고 할 것이나, 만약 그것이 해당 공정에서 의도적으로 생산되지 않았다면 그것은 부산물에 해당한다고 할 것이며 폐기물에 해당하는지 여부를 검토할 필요가 있다.[2]

부산물에 대해 현행 「폐기물관리법」에서는 별도의 정의 규정을 두고 있지는 않으나, 「자원의 절약과 재활용촉진에 관한 법률」 제2조 제3호에서는 부산물을 '제품의 제조·가공·수리·판매나 에너지의 공급 또는 토목·건축공사에서 부수적으로 생겨난 물건'이라고 정의하고 있으며, 동조 제4호에서는

---

1) 김홍균, "폐기물재활용 개념 - 폐기물과의 구별 -", 한국법학원, 『저스티스』 통권 제84호, 53-69 (2005), 55쪽 참고

2) U.K. Department for Environment, Food and Rural Affairs, *Guidance on the legal definition of waste and its application* (2012), 44쪽~45쪽

부산물 중에서 사업장에서 대량으로 발생하여 그 전부 또는 일부를 재활용하는 것이 그 자원을 효율적으로 이용하는데 특히 필요한 것으로서 대통령령으로 정하는 부산물은 별도로 '지정부산물'로 정의하고,[3] 지정부산물 배출사업자에게는 별도의 지침을 준수할 의무를 규정하고 이를 위반할 경우 권고 및 조치명령을 할 수 있도록 하고 있다.[4]

부산물은 그 성상이 일반적으로 본래 용도대로 사용된 후 발생하는 폐기물들과는 구별되며, 다른 공정에서 원료로 사용될 수 있는 경우도 많고, 이러한 부산물을 폐기물이 아닌 원료물질 또는 제품으로 판매할 수 있는 경우에는 해당 물질의 배출자의 입장에서는 폐기물에 대한 규제와 이로 인한 비용부담에서 벗어날 수 있기 때문에, 폐기물에 해당하는지 여부에 대해서 실무상 다툼이 특히 많이 발생하는 경우라고 할 수 있다.[5]

1. 학설 및 판례

부산물이 폐기물에 해당하는가에 대해서는, 점유자 또는 소유자가 폐기의 의사가 없고 언젠가 재사용하기 위해 보관하는 가치 있는 2차 물질 혹은 부산물은 폐기물로 관리할 필요가 없다는 견해[6]와, 이러한 부산물도 그것이 즉시 원료로 사용되지 않는 한 폐기물에 포함되는 것으로 보아야 한다는 견

---

3) 동 규정의 위임에 따라 현행 「자원의 절약과 재활용 촉진에 관한 법률」시행령 제3조에서는 철강슬래그와 석탄재를 지정부산물로 규정하고 있다.
4) 「자원의 절약과 재활용촉진에 관한 법률」제25조 및 제25조의2.
5) "쌈무 만들고 난 깨끗한 자투리 연 3억 들여 폐기해야 합니까", 동아일보, 2013. 2.25일자 종합1면 및 종합8면 기사 참조. 동 기사에서는 쌈무를 생산하는 과정에서 발생하는 하루 평균 10여 톤의 부산물을 폐기물로 분류함에 따라 처리비를 들여서 위탁 처리해야 하는 것에 대한 민원사례를 소개하고 있다.
6) 채영근, "폐기물 관련 법령체계의 문제점 및 개선방안", 한국환경법학회, 『환경법연구』제31권 2호, 145-169 (2009), 162쪽~163쪽

해[7]가 대립된다.

전자의 견해를 취하는 입장에서는, 다른 산업공정에서 사용되거나 재사용될 것이 확실한 부산물의 경우에는 그러한 물질이 '폐기'되었다고 할 수는 없으며, 재사용될 수 있는 부산물들을 너무 쉽게 폐기물로 분류하는 것은, 기업들이 부산물을 생산적으로 이용하도록 하는데 반대유인으로 작용할 가능성이 크다는 것을 논거로 제시한다.[8] 즉, 일정한 물질을 폐기물로 분류하는 것은 그것에 대해 규제의 부담을 지우게 되고, 일단 부산물이 폐기물로 분류되면 그것이 활용될 수 있는 잠재적인 가능성을 훼손하는 '낙인(stigma)'으로 작용하게 된다는 것이다.[9]

반면에, 후자의 입장에서는 이전 공정의 파생물이라는 특성이 그러한 물질이 일반적으로 환경적 위험을 야기할 가능성을 증가시키고, 따라서 폐기물 관련 법령의 규제 체계에 의해 통제되어야 한다고 주장한다.[10]

우리 대법원은, 부산물이 폐기물에 해당하는지 여부에 대한 일반적인 입장을 밝힌 바는 없으나, 제련 공정에서 발생하는 부산물의 일종인 철강슬래그에 관한 판결에서, 동 물질은 별도의 재처리를 거치지 않고 바로 복토용으로 재활용할 수 있는 재활용품이며, 따라서 이것을 처리되는 폐기물로서 처리를 위해 허가를 받아야 하는 물건으로 보지 않는다고 판시[11]한바 있다.

---

7) 박균성, "폐기물 관련법령의 기본구조", 한국환경법학회, 『환경법연구』 제26권 2호, 163-185 (2004), 167쪽

8) David Wilkinson, "Time to Discard the Concept of Waste?", 1 *Environmental Law Review* 172 (1999), 188쪽

9) Stephen Tromans, "EC Waste Law - A Complete Mess?", *Journal of Environmental Law* 13(2): 133-156 (2001), 137쪽

10) Eloise Scotford, "Trash or Treasure: Policy Tensions in EC Waste Regulation", *Journal of Environmental Law* 19(3): 367-388 (2007), 377쪽

11) 대법원 1996.10.17. 선고 94도2865 판결

2. 환경부 해석

환경부는 2000년대 초까지 폐기물에 대한 '사람의 생활이나 사업활동에 필요하지 아니하게 된 물질'이라는 정의에서 '필요하지 아니하다'는 것은 해당 물질을 배출하는 자의 입장에서 정의되는 것으로 제3자에의 유용성 여부는 고려의 대상이 아니라는 전제하에, 해당 사업장에서 발생하여 그 사업활동에 필요하지 않게 된 부산물(톱밥, 왕겨, 맥주박 등)은 해당 사업자의 사업자등록증상에 부산물로 등록되었는지 여부와 관계없이 폐기물로 보아야 한다고 해석한 바 있다.[12] 이러한 해석에 따르면 해당 사업장에서 생산되는 주된 제품 이외의 물질들은 모두 폐기물로 관리되어야 한다고 할 것이나, 이는 지나치게 폐기물의 범위를 넓게 해석하는 것으로 볼 수 있다.

환경부도 이후 생산 공정에서 발생하는 부산물이 모두 폐기물에 해당한다는 종래 입장을 변경하여, 옥수수의 씨눈을 제조가공하는 식용유지 제조 과정상 발생하는 식용유의 제조부산물인 단미사료(배아박)가 폐기물에 해당하는지 여부를 질의한 사안에서, 식용유 및 단미사료 제조업 등록업체에서 식용유 제조공정의 부산물로 단미사료가 생산된다면, 해당 단미사료는 폐기물에 해당되지 않는다고 해석[13]한바 있다. 또한 사업장의 공정부산물인 메틸 아세테이트(Methyl Acetate)를 인근 사업장의 제조공정 원료로 사용하고자 사업자등록증에 제품으로 등록한 경우 동 물질이 폐기물에 해당하는지를 질의한 사안에서도, 이 경우 아세트산메틸 제조공정을 등록하고 공장등록증 또는 사업자등록증에 제품으로 등재하였을 경우 해당 물질은 「폐기물관리법」 제2조에 따른 폐기물에 해당되지 않는 것으로 회신하여 일정한 경우 부산물이 폐기물에서 제외된다는 입장을 취하고 있다.[14]

---

12) 환경부 폐기물정책과, 『폐기물관리법 업무편람』, (환경부, 2002), 7쪽
13) 환경부·한국폐기물협회, 『폐기물분야 질의·회신 사례집』(2010), 11쪽
14) *Id.* 20쪽

3. 비교법적 검토

가. EU

EU는 「폐기물 기본지침(Waste Framework Directive)」 제5조에서 부산물
(by-product)을 일반적인 생산잔재물(production residue)과 구별하여 규정하
고 있는데, 이는 구체적인 사건에 대한 유럽사법재판소(ECJ)의 축적된 판례
를 통해 정리된 기준을 입법화한 것으로 볼 수 있다.[15)]

먼저 부산물과 관련된 ECJ의 판례를 살펴보면, 1997년의 *Inter-Wallonie* 사
건에 대한 판결에서 법원은, 폐기물의 개념은 원칙적으로 모든 잔재물
(residue), 산업부산물(industrial byproduct) 또는 생산공정에서 발생하는 기타
물질들을 배제하지 않는다고 하면서, 어떤 물질이 단순히 산업생산공정의
본질적인 일부를 직접 또는 간접적으로 형성한다는 이유로 폐기물의 정의
에서 배제되지 않는다고 판시하였다.[16)]

2000년의 *ARCO Chemie* 사건의 판결에서 ECJ는, 만약 어떤 물질이 '생산
잔재물'에 해당한다면 이것은 해당 물질을 폐기물로 분류할 수 있는 폐기
(discarding)의 증거를 구성하며, 어떤 물질 또는 물건을 처리할 때 발생하는
것이면서 그것이 해당 생산 공정에서 직접적으로 생산하고자 하는 최종제
품이 아닌 것은 폐기물이라는 취지로 판시한바 있다.[17)]

그러나 ECJ는 2002년의 *Palin Granit Oy* 사건에 대한 판결에서는 종전의
입장을 부분적으로 수정하여, 산업공정의 주된 제품이 아닌 생산품도 잔재
물이 아니고, 소유자에 의해 폐기된 것으로 간주되지 않을 수 있는 경우가
있다는 것을 확인했는데, 이를 위해서는 그러한 물질의 재사용이 단순히 가

---

15) U.K. Department for Environment, Food and Rural Affairs, 앞의 글 2, 10쪽
16) Case C-129/96, para.31 및 para.34
17) Eloise Scotford, 앞의 글 10, 376쪽; Case C-418/97 및 C-419/97

능한 것이 아니라 확실하여야 하며, 재사용 전에 추가적인 재처리가 없어야 하고, 계속적인 생산공정의 일부분이어야만 한다는 조건을 제시했다.[18]

한편 2003년의 *AvestaPolarit Chrome Oy* 사건 판결에서는, 광산의 선광(選鑛) 과정에서 발생하는 잔석(殘石)과 모래 잔재물은, 그 소유자가 그것을 갱도의 필수적인 메움(filling-in) 작업을 위해 적법하게 사용하고, 그런 물질들의 확인 및 실제 사용에 대해 충분한 보증을 제공하는 경우에는 폐기물로 분류되지 않는다고 하면서, 반면에 그와 같은 사용이 보증되지 않은 잔석과 모래 잔재물의 경우, 그 사용이 불확실할 뿐만 아니라 일정한 '재활용' 과정을 거쳐야 한다는 것을 이유로, 폐기물에 해당한다고 판시한바 있다.[19]

이에 반하여 2004년의 *Mario Antonio Saetti and Andrea Frediani* 사건의 판결에서는, 정유공장에서 의도적으로 생산되거나 다른 석유연료의 생산과정에서 생산되고 해당 정유공장 및 다른 산업체의 에너지 수요를 충족하기 위해 연료로 사용될 것이 확실한 석유 코크스는, 기술적인 선택의 결과이고 연료로서의 사용이 의도된 것이며, 따라서 제품에 해당하고 생산잔재물이 아니라고 판시하였다.[20]

이러한 ECJ의 판례들을 배경으로 2008년 개정된 「폐기물 기본지침」에서는 '생산 공정에서 의도적으로는 만들어지지 않은 물질로, 폐기물일 수도 있고 아닐 수도 있는 물질'인 생산잔재물 가운데 지침 제5조 제1항의 요건을 충족하는 생산잔재물을 부산물로 규정하고, 이러한 부산물들은 폐기물에 해당하지 않는 것으로 보고 있다. 즉, 생산잔재물은 해당 생산공정에서 직접적으로 생산하고자 하는 최종 제품 이외의 물질인데, 다만 그러한 물질의 생산이 '기술적 선택의 결과'인 경우, 그것은 생산 잔재물이 아닌 제품으로 간주되며, 만약에 생산자가 관련된 물질을 생산하지 않고 주된 제품을 생산

---

18) Case C-9/00, para.35~para.36
19) Case C-114/01, para.36~para.43; Eloise Scotford, 앞의 글 10, 383쪽
20) Case C-235/02, para.45~para.47; U.K. Department for Environment, Food and Rural Affairs, 앞의 글 2, 63쪽~64쪽

할 수 있었음에도 불구하고 그렇게 하지 않은 경우, 즉 의도적으로 주된 제
품과 함께 관련된 물질을 생산한 경우, 이것은 해당 관련 물질이 제품이고
생산 잔재물이 아니라는 증거가 될 수 있다고 한다.[21]

「폐기물 기본지침」 제5조 제1항은 생산잔재물이 부산물로 간주되기 위해
서 반드시 충족해야 할 요건으로 ① 해당 물질 또는 물건의 후속(further) 사
용이 확실할 것, ② 해당 물질 또는 물건이 일반적인 산업 관행 이외의 추가
적인 가공 없이 직접 사용될 수 있을 것, ③ 해당 물질 또는 물건이 생산
공정의 필수적인 부분으로서 생산될 것, ④ 후속 사용이 적법할 것, 즉, 해
당 물질 또는 물건이 특정한 사용을 위한 모든 관련 제품, 환경 및 건강보호
요건들을 충족하고, 전체적으로 환경 또는 인간의 건강에 대한 부정적인 영
향을 야기하지 않을 것 등 4가지 요건들을 규정하고 있으며, 이러한 4가지
요건들을 모두 충족하는 경우에만 부산물로 분류될 수 있다.

따라서 EU의 「폐기물 기본지침」에서 폐기물로부터 제외되는 것으로 규
정하고 있는 부산물의 범위는, 우리 「자원의 절약과 재활용 촉진에 관한 법
률」에서 규정하고 있는 부산물의 범위보다 훨씬 좁다고 할 수 있다. 또한
이러한 4가지 요건들은 모두 서로 다른 해석이 가능한 개념들을 내포하고
있는데, 특히 계속해서 발전하는 산업 관행을 장려할 것인지 아니면 상당기
간에 걸쳐 확립된 관행만을 인정할 것인지 하는 관점에 따라 부산물로 인정
할 것인지 여부가 좌우될 수 있으며, 재이용의 '확실성'이라는 개념 또한 이
러한 물질들에 대한 시장이 계속 변화하는 상황에서는 모호할 수밖에는 없
다는 한계를 가지고 있는 것으로 보인다.[22]

그러나 그러한 한계에도 불구하고, 추가적인 가공이 필요한 경우에도 만
약 그것이 '일반적인 산업 관행'에 해당한다면 허용될 수 있다고 하는 새로

---

21) European Commission, *Guidelines on the Interpretation of Key Provisions of Directive
2008/98/EC on Waste* (2012), 15쪽
22) Eloise Scotford, "The New Waste Directive - Trying to Do it All ... An Early
Assessment", 11 *Environmental Law Review* 75 (2009), 84쪽

운 요건은, 보다 더 정교하고 혁신적인 생산 공정들이 새롭게 개발됨에 따라 그러한 물질들을 다른 공정 또는 사업장에서 사용하기 위해 추가적인 가공이 필요하다고 하더라도 폐기물로 규율되지 않을 수 있는 가능성을 열게 되었다. 현재 EU 집행위원회(Commission)에서는 원료물질이 생산공정에서 사용되기 위하여 필요로 하는 여과, 세척, 또는 건조, 크기나 형태의 변형 또는 나른 물질들과의 결합 등의 저리는 위의 '일반적인 산업 관행'에 해당하는 것으로서, 부산물의 요건을 충족하는 것으로 보고 있다.[23]

나. 독일

독일은 2012년 「순환경제폐기물법(KrW-/AbfG)」을 「순환경제폐기물관리법(KrWG」으로 개정하면서 EU의 「폐기물 기본지침」에 부합하도록 '부산물'에 관한 규정을 별도로 신설하였는데, 동 지침과 동일한 요건을 충족하는 부산물은 「순환경제폐기물관리법」에 의해 규제를 받는 폐기물에 해당하지 않는 것으로 보고 있다.[24]

동 규정에 의해 부산물로 인정받기 위해서는, 일정한 물질이나 물건이 주

---

23) Elizabeth Fisher, Bettina Lange & Eloise Scotford, *Environmental Law - Text, Cases, and Materials*, (Oxford University Press, 2013), 683쪽; 동 규정과 관련해서는, 이러한 요건이 규정됨에 따라 산업계 등 경제 주체들이 더 많은 생산 잔재물들을 폐기물 관련 입법의 적용대상에서 배제하기 위해 더 많은 압력을 행사할 것이라는 우려도 제기되고 있다. (Ludwig Krämer, *EU Environmental Law(7th Edition)*, (Sweet & Maxwell, 2012), 344쪽)

24) 개정 전 법률 제3조 제3항 제1호에 의하면 제조 또는 에너지로의 전환과정에서 행위자가 행위의 목적으로 삼지 않은 동산이 발생하는 경우에 이 동산은 법률상 처분의사가 추정되어 폐기물이 되는 것으로 해석되었으며, 이 경우에 시설의 경영자가 허가를 얻기 위해 시설에 관하여 기술한 내용이 행위자의 행위목적을 판단하기 위한 결정적인 기준이 된다고 보았다. (정훈, "폐기물법상 폐기물의 개념에 관한 고찰", 전남대학교 법률행정연구소, 『법률행정논총』 제21집 제2호, 353-382 (2001), 361쪽 참고)

[그림 4-1] 폐기물과 부산물의 분류 기준[25]

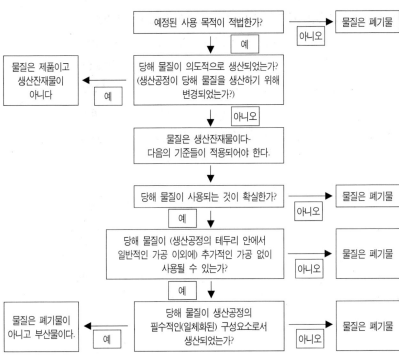

목적을 그 생산에 두지 않은 공정에서 발생하고, ① 그 물질이나 물건이 계속적으로 사용되며, ② 통상의 산업상의 절차로부터 이를 위한 추가적인 생산 공정이 요구되지 않고, ③ 그 물질이나 물건이 생산 공정의 필수적인 구성 부분으로서 생산되며, ④ 계속적인 이용이 합법적일 때, 즉 그 물질이나

---

25) Johannes Klausen, *Das neue Kreislaufwirtschaftsgesetz - Das ändert sich für Sie!*, (Ecomed Sicherheit, 2012), 53쪽 (원출처 : Commission of the European Communities, "Communication from the Commission to the Council and the European Parliament on the Interpretative Communication on waste and by-products" (COM(2007) 59 final) (2007. 2.21), 13쪽)

물건이 제품-환경-건강 보호의 모든 요건을 충족하고 전체적으로 인간과 환경에 해로운 영향을 초래하지 않아야 한다.[26] 또한 동조 제2항에 의해 연방정부는 관련 단체의 의견을 들은 후에 연방상원(Bundesrat)의 승인을 받은 시행령을 통해서 특정한 물질이나 물건이 부산물로 간주되기 위한 기준들을 정하고 인체와 환경에 대한 보호 요건들을 확정할 권한을 가진다. 위와 같은 규정들을 바탕으로, 생산공정에서 발생한 특정한 물질이 폐기물인지 또는 부산물인지는 앞과 같이 단계별로 검토할 수 있다.

다. 프랑스

프랑스는 환경법전[27]의 L541-4-2조에서 부산물로 인정할 수 있는 요건을 규정하고 있는데, 그 내용은 EU의 「폐기물 기본지침」 및 독일 법률의 규정과 거의 유사하다. 즉, 일정한 물질이나 물건이 부산물로 인정되기 위해서는, 우선 그 물질이나 물건이 궁극적으로 활용되는 것이 확실하고, 통상적인 산업상의 실무에서 이루어지는 것 이외에 추가적인 처리 없이 직접 사용이 가능하여야 하며, 그 물질이나 물건이 생산 공정의 필수적인 부분을 이루어서 산출된 것이어야 하고, 그 물질이나 물건의 궁극적인 사용에 관해서 정한 제품, 환경, 건강의 보호에 관련된 모든 규정들에 부합하고, 환경 또는 사람의 건강에 미치는 유해한 부작용이 없어야 한다고 규정하고 있다.[28]

---

26) 『순환경제 촉진 및 환경친화적 폐기물 관리의 보장에 관한 법률』 제4조 제1항
27) 프랑스의 환경법전은 통칙, 자연환경, 자연공간, 동물과 식물, 오염, 위험 및 생활방해의 예방 등 총 7장으로 구성되어 있으며, 이중 제5권 제4편에서 폐기물 제거와 수거에 관한 1975년 7월 15일 법률을 규정하고 있다. (이광윤, "프랑스 환경법전에 관한 연구", 한국환경법학회, 『환경법연구』 제31권 1호, 227-253 (2009), 243쪽~ 244쪽 참고)
28) 박석현 외, 『폐기물 재활용 선진화 방안 마련을 위한 연구』, (환경부·한국환경공단, 2011.12), 291쪽

라. 일본

일본은 우리나라의 경우와 유사하게 「자원의 유효한 이용의 촉진에 관한 법률」제2조 제2항에서 부산물에 대한 정의 규정을 두고 있는데, 동 법률에 의한 부산물은 '제품의 제조, 가공, 수리 혹은 판매, 에너지의 공급 또는 토목건축에 관한 공사에 수반하여 부차적으로 얻어지는 물품(방사성물질 및 그것에 의해 오염된 물질을 제외한다)'으로 규정하고 있다. 따라서 동법에서는 부산물의 개념을 폐기물의 개념과 직접적으로 연관 지어 정의하고 있지는 않는 것으로 볼 수 있으며, 결국 구체적인 부산물이 폐기물에 해당하는지 여부는 「폐기물의 처리 및 청소에 관한 법률」에서 규정하고 있는 폐기물의 정의 규정의 해석에 따라 판단되어져야 할 것이다.

한편 일본의 행정당국의 경우, 특정한 제품의 제조공정에서 부수적으로 발생하는 물질을 다른 회사에서 재생이용하도록 유상으로 양도하면서 한편으로는 해당 폐기물의 판매대금을 상회하는 운반비를 배출자가 수집·운반회사에 지급하는 경우에 대해, 배출자에서 재생이용회사까지의 사이에서는 해당 물질이 산업폐기물이 되며, 따라서 해당 물질을 수집·운반하는 업자는 산업폐기물 수집·운반허가를 필요로 한다고 보았다. 그러나 재생이용하기 위해 유상으로 양수하는 자가 점유자가 된 시점 이후에 관해서는, 해당 물질은 폐기물에 해당하지 않고, 해당 회사는 폐기물처리업 허가를 취득할 필요가 없다고 해석하고 있다.[29] 이러한 해석에 있어서 핵심은, 재생이용이 제조사업으로 확립·계속되고, 판매실적이 있는 제품의 원재료의 일부로서 이용되어야 한다는 것을 들고 있다.[30] 결국 일본의 행정당국은, 부산물도

---

29) 1991.10.18일자 후생성 생활위생국 수도환경부 환경정비과 산업폐기물대책실장 통지(박석현 외, 앞의 글 28, 296쪽에서 재인용)

30) 이와 관련하여 일본 환경성은 폐기물처리법의 적용관계에 대한 2005. 3.25일자 통지에서, 맥주회사가 맥주제조공정에 있어서 불요물로 발생하는 잉여의 맥주효모에 관해, 그것을 원료로 식품을 생산하는 회사에 유상으로 판매하면서 다른 한편으

기본적으로 폐기물에 해당하는 것으로 해석하고 있는 것으로 볼 수 있으며, 단지 재활용을 통해 자원의 효율적인 이용을 촉진하기 위해 재생이용회사에 대하여 폐기물 관련 규제를 일부 면제시켜주고 있는 것으로 볼 수 있을 것이다.

바. 미국

미국 연방 EPA는 부산물을 '생산공정의 주된 제품들 가운데 하나가 아니며 해당 생산 공정에 의해 단독으로 또는 별도로 생산되지 않는 물질'로 규정하고 있으며, 그 대표적인 예로는 슬래그와 같은 공정 잔재물들(process residues)을 들고 있다.[31] 이러한 부산물들이 폐기물에 해당하는지 여부에 대한 일반적인 규정은 두고 있지 않으나, 40 C.F.R. §261.31(불특정발생원으로부터 배출되는 유해폐기물) 또는 §261.32(특정발생원으로부터 배출되는 유해폐기물)에 열거된 부산물들은 원칙적으로 처분을 구성하는 방법으로 사용되거나 에너지 회수를 위해 소각되는 경우, 또는 재생되거나 투기적으로 비축되는 경우에 폐기물에 해당하며, 유해폐기물의 특성을 보이는 부산물들은 원칙적으로 처분을 구성하는 방법으로 사용되거나 에너지 회수를 위하여 소각되는 경우, 투기적으로 비축되는 경우 폐기물에 해당한다고 규정하고 있어,[32] 부산물의 발생공정과 특성, 재활용방법 등에 따라서 폐기물에 해당할 수도 있고 폐기물의 범주에서 제외될 수도 있음을 명확히 하고 있다.

로는 운반을 맥주회사가 별도의 수집운반회사에 위탁하고 맥주효모의 판매대금을 상회하는 운반비를 부담한 경우, 해당 맥주회사와 식품회사 사이에 있어서는 맥주효모가 산업폐기물이지만, 식품회사가 맥주효모를 점유한 이후에는 더 이상 산업폐기물에 해당하지 않는다고 해석하였다. (大塚 直·北村喜宣, 『環境法 ケ-スブ ク』(第2版), (有斐閣, 2009), 245쪽)

31) 40 C.F.R. §261.1(c)(3)
32) 40 C.F.R. §261.2 Table 1

4. 소결

가. 현행 규정의 해석

우리 「폐기물관리법」의 폐기물의 정의 규정을 문언에 충실하게 해석하면, 부산물은 해당 사업장의 입장에서는 제조공정에서 생산·판매하고자 의도했던 주된 제품이 아니므로 '필요로 하지 아니하는' 물질에 해당한다고 할 수 있고, 따라서 「폐기물관리법」의 규제를 받는 폐기물에 해당한다고 해석할 수 있을 것이다. 그러나 부산물은 제품의 생산 공정에서 발생한다는 점에서, 일단 발생한 폐기물을 가공해서 새로운 제품 또는 원료물질로 되기 이전의 중간상태로 만든 '중간가공 폐기물'과는 그 발생원 자체가 다르며, 따라서 완제품으로 사용되다가 버려진 폐기물과 비교할 때 불순물이나 유해물질이 함유될 가능성은 상대적으로 크지 않다고 할 수 있다. 이처럼 제품을 생산하기 위한 원료물질을 가공하는 과정에서 발생하였고 오염되지 않은 경우라면 이러한 물질까지 일률적으로 폐기물로 취급하는 것은 자원을 비효율적으로 활용하는 것일 뿐만 아니라, 관리노력의 낭비를 초래하는 것이 될 것이다.[33]

다른 한편, 우리나라의 실무에서 논해지는 부산물은 EU의 「폐기물 기본지침」이나 독일·프랑스 등의 법률에서 규정하고 있는 부산물보다 넓은 개념이며, 오히려 '생산잔재물'의 개념과 더 유사한 것으로 볼 수 있다는 점에 유의해야 할 것이다. 즉, EU 등은 '생산잔재물'로 분류될 수 있는 물질 또는 물건들 가운데서 일정한 요건을 충족하여 폐기물로 버려질 위험이 없고 따라서 환경이나 인간의 건강에 위해를 미칠 우려가 없는 물질의 경우에만 부산물로 분류하여 폐기물에 대한 규제의 적용대상에서 배제하고자 하는 것으로 보아야 할 것이다. 우리 대법원이 부산물 가운데 폐기물에 해당하지

---

33) 박석현 외, 앞의 글 28, 290쪽

않는다고 판시한 사안에서 '별도의 재처리를 거치지 않을 것'을 요건으로 제시[34]하고, 환경부 또한 관련 질의에 대한 회신에서 '사업자등록증에 제품으로 등록할 것'을 부산물이 폐기물에서 제외되기 위한 요건으로 제시[35]한 것도 이와 동일한 맥락에서 이해할 수 있다.

부산물에 관한 문제를 검토함에 있어서는, 우리나라와 유사한 폐기물 정의 규정을 채택하고 있는 일본의 예도 참고할 수 있을 것이다. 그런데 일본은 행정기관의 해석에 의하여, 발생에서 수집·운반의 단계까지는 부산물의 폐기물성을 인정하면서, 일단 해당 물질이 재생이용하는 회사의 점유 하에 들어간 이후에는 폐기물에 해당하지 않는다고 보고 있다.[36] 이것은 폐기물의 적정한 관리를 확보한다는 측면과 함께, 재활용 또는 재생이용의 활성화라는 정책목표를 조화시키기 위한 방안으로 이해할 수 있을 것이다. 그러나 동일한 부산물이 특별한 중간처리나 가공 과정 등을 거치지 않은 상태에서 단지 동 물질을 재생이용할 회사의 점유 하에 들어갔다는 이유만으로 폐기물의 지위에서 벗어난다고 보는 것은 무리한 해석이라고 생각된다. 또한, 실제 적용에 있어서 국민들의 혼선을 최소화하고 법적 안정성을 확보하기 위해서는, 일본과 같이 행정기관의 해석에 의하여 문제를 해결하는 것보다는 독일 등 EU 국가들과 같이 폐기물로 관리되지 않는 부산물로 분류되기 위한 요건을 관련 법령에서 구체적으로 명확히 규정함으로써 혼란의 여지를 원천적으로 없애는 것이 바람직하다고 판단된다.

결국 사업장에서 발생하는 부산물이 '폐기물'에 해당하는지를 판단함에 있어서는 그러한 물질의 생산적인 이용을 촉진하고 그럼으로써 폐기물의 발생을 예방하는 측면과, 그러한 물질들이 생산적으로 이용되지 못하고 환경을 오염시킬 수 있는 위험에 사전적으로 대처하기 위해서 폐기물로 규제

---

34) 대법원 1996.10.17. 선고 94도2865 판결
35) 환경부·한국폐기물협회, 앞의 글 13, 20쪽
36) 佐藤 泉·池田直樹·越智敏裕, 『實務 環境法講義』, (民事法研究會, 2008), 153쪽

할 필요성 사이에서 신중한 이익형량이 필요하다고 할 것이다. 그러한 측면에서, EU 국가들은 부산물로 분류되기 위해서는 미래에 사용될 것을 요구하는바, 이러한 미래의 사용을 위한 보관을 명목으로 폐기물의 투기 또는 방치가 이루어지는 것을 방지하기 위해서는 그러한 보관에 대해 합리적인 시간적 한도 또는 한계를 함께 설정하는 것이 바람직할 것이다.[37]

나. 부산물 개념의 명확화

어떤 물질이 폐기물에 해당하는지 여부와 관련하여 가장 많이 문제가 되는 것 가운데 하나가 부산물이다. 자원순환을 촉진한다는 측면에서는 부산물을 가급적 폐기물로서의 엄격한 관리 대상에서 제외하는 것이 바람직하다고 할 것이다. 그러나 다른 한편으로는, 해당 물질에 대한 수요가 감소하는 등 여건이 변화하는 경우에는 언제든지 다시 폐기물로서 환경에 부정적인 영향을 미칠 우려가 상존하는 점을 감안할 때, 무조건 폐기물에서 제외하고 규제대상에서 배제하는 것은 바람직하지 않을 것이며, 재활용을 통한 자원순환의 촉진과 환경 및 국민의 건강 보호라는 두 가지 목적을 함께 달성할 수 있도록 폐기물 관련 법률의 규제대상에서 제외되는 부산물의 요건을 명확하게 법률에서 규정하는 것이 필요하다고 할 것이다.

이러한 필요성에 따라 2013년 입법예고된 정부의 「자원순환사회 전환 촉진법안」에서는 EU와 유사하게 제5조에서 '폐기물 제외 기준'을 규정하고 있었으나, 2014. 10월 국회에 제출된 최종 (안)에서는 이를 '폐기물 종료제도(입법예고안 제6조)'와 통합하여 제9조에서 '순환자원의 인정'으로 규정하고 있다. 동 조항은 그 적용대상이 폐기물이라는 점에서 해석상 폐기물에서 원천적으로 제외되는 것으로 볼 수 있는 부산물의 경우에도 일단은 폐기물

---

37) Eloise Scotford, 앞의 글 10, 383쪽

에 해당하는 것으로 보고 반드시 인정절차를 거쳐 순환자원으로 인정되어
야만 폐기물에서 제외되는 것으로 되었다.

　이러한 규정에 대해서는, EU의 「폐기물 기본지침」 및 독일 등의 입법례
를 참고하여, 부산물에 해당하는 일정한 물질 또는 물건이 재활용 되는 것
이 확실하고, 추가적인 가공을 필요로 하지 않으며, 재활용 과정이나 재활용
의 결과로서 생산되는 제품이 환경과 인간의 건강에 부정적인 영향을 미치
지 않는 경우에 한하여 폐기물로서의 관리 대상에서 제외되도록 다음과 같
이 별도로 규정하는 방안을 검토하는 것이 필요하다고 본다.

제○조(부산물) ① 제품의 제조·가공·수리·판매나 에너지의 생산 ·공급 또는
토목·건축공사에서 부수적으로 발생하는 물질 또는 물건으로서 다음 각 호
에 해당하는 물질 또는 물건은 제2조 제1호의 규정에 의한 폐기물에 해당하
지 아니하는 것으로 본다.
1. 해당 물질 또는 물건의 후속 사용이 확실할 것
2. 해당 물질 또는 물건이 일반적인 산업 관행 이외의 추가적인 가공 없이
　직접 사용될 수 있을 것
3. 해당 물질 또는 물건이 생산 공정의 필수적인 부분으로 발생할 것
4. 해당 물질 또는 물건이 모든 관련 제품, 환경 및 사람의 건강을 보호하기
　위한 법령상의 요건들을 충족하고, 전체적으로 환경 또는 사람의 건강에
　부정적인 영향을 야기하지 않을 것
② 제1항 각 호의 요건에 대한 구체적인 기준은 환경부장관이 관계 중앙행
정기관의 장과 협의하여 대통령령으로 정한다.

제3절 '토양'의 폐기물 해당 여부

　수질유해물질을 비롯해서 개별 환경관련 법률에서 규정하고 있는 거의 모든 오염물질들이 토양오염의 원인이 될 수 있다는 점에서, 「토양환경보전법」 뿐만 아니라 「수질 및 수생태계 보전에 관한 법률」, 「폐기물관리법」, 「화학물질관리법」 등 다양한 법률이 토양환경 보전을 위한 준거법이 될 수 있다고 할 것이다.

　이 가운데 특히 문제가 될 수 있는 것은 토양과 폐기물의 관계인바, 토양에 버려지거나 매립된 폐기물은 토양의 일부가 되거나 토양을 오염시키는 원인이 될 수 있다는 점에서 폐기물과 토양은 서로 밀접한 관계가 있다.[1] 이처럼 폐기물 등이 버려진 토양 또는 폐기물과 하나가 된 토양 등과 같이 오염된 토양을 「폐기물관리법」상 폐기물로 분류하여 「폐기물관리법」을 적용할 수 있는지 여부를 포함하여 이러한 토양에 어떠한 법을 적용할 것인지 하는 문제는 폐기물의 정의 규정에 대한 해석 및 토양이 폐기물에 해당한다고 볼 것인지의 문제와 직접적으로 관련된다고 할 수 있다.[2]

---

1) 정훈, "폐기물관리와 토양환경보전에 관한 현행법의 규율현황 및 문제점", 한국환경법학회, 『환경법연구』 제34권 3호, 173-193 (2012), 173쪽~174쪽

2) 조홍식, "토양환경침해에 관한 법적 책임", 한국환경법학회, 『환경법연구』 제20권, 298-343 (1998), 324쪽~325쪽 참고

1. 학설의 검토

토양, 특히 오염된 토양을 폐기물에 해당한다고 볼 수 있는지에 대해서는 학설이 나눠지고 있다. 이것은 특히 폐기물 또는 오염물질이 토양에 매립되거나 유출된 경우에 문제가 되는 것으로서, 이 경우에도 토양에 매립되거나 유출된 폐기물 또는 오염물질을 토양과 별도로 분리하여 처리할 수 있는 경우에는 토양의 폐기물 해당 여부를 논할 필요성이나 실익은 없다고 볼 수 있다. 문제는 토양에 매립된 폐기물이나 오염물질이 토양에 완전히 혼입되어 별도로 분리하여 처리하는 것이 불가능하고, 토양 자체가 오염되어 더 이상 본래의 기능을 할 수 없는 경우인데, 이 경우 그러한 오염토양을 폐기물로 볼 수 있는가에 대해서는 다음과 같은 견해들이 제시되고 있다.

가. 부정설

이 견해는 「토양환경보전법」과 「폐기물관리법」의 입법취지, 보호대상, 규율체계 등에 비추어 볼 때, 오염토양은 폐기물에 해당하지 않는다고 보는 입장이다. 즉, 오염토양은 그것이 본래 위치했던 토지와 분리되었는지 여부와 관계없이 폐기물로 볼 수 없으므로 오염토양에 대해서는 「토양환경보전법」만이 적용된다는 것으로, 「토양환경보전법」이 제15조의3에서 "오염토양은 대통령령이 정하는 정화기준 및 정화방법에 따라 정화하여야 한다"고 규정하고 있고 제15조의4에서는 오염토양을 버리는 행위를 명백히 금지하고 있으므로 오염토양은 입법정책상 「토양환경보전법」에 의한 정화를 통한 재생의 대상일 뿐, 일시적으로 오염되었다고 하여 이를 사람의 생활이나 사업활동에 필요하지 않게 된 물질이라고 할 수는 없다는 것을 논거로 제시하고 있다.[3]

---

3) 신현범, "오염토양에 대한 적용 법률", 법원행정처, 『대법원관례해설』 제88호, 914-

이러한 입장에서는 본래 폐기물 관련 법령에서 규율 대상으로 삼지 않은 자연 상태의 토지를 구성하는 오염토양을 폐기물 관련 법령에서 폐기물로 규정된 '폐사' 또는 '오니'로 보아 폐기물로 처리할 수 있도록 하고, 그 처리 절차가 폐기물 관련 법령에 위반되면 처벌할 수 있다고 하는 것은 죄형법정 주의에서 금지하는 유추해석에 해당한다고 보는 것이다.[4]

그러나 이 견해에 대해서는, 환경이라는 것은 매체별로 나누어지는 것이 아니라 유기적으로 연결된 하나의 체계이며, 오염물질은 매체와 매체를 가리지 않고 이동한다는 점에서 토양을 폐기물과 절대적으로 구별되는 것으로 보는 것은 전체로서의 환경의 보호에 근본적인 한계를 드러낼 수 있고,[5] 「토양환경보전법」에 의한 정화조치가 불가능한 경우에는 그러한 오염토양을 그대로 두는 것보다는 합법적인 매립시설에 매립하는 것이 더 바람직할 수 있음에도 불구하고, 그 가능성을 원천적으로 차단하게 되는 문제가 있다는 비판이 가능하다.[6]

나. 긍정설

이 견해는, 오염된 토양은 그것이 거대한 토양의 합체적 구성요소의 형태로 있든 떨어져 나와 개체의 형태로 있든 환경을 침해하는 것으로 교정의 대상으로 보는 것이 타당하다는 견해로서, 오염토양은 그 자체가 환경을 침해하는 것이므로 유해폐기물로 취급되어야 하고, 따라서 「폐기물관리법」이 적용되어야 한다는 것이다.[7]

이러한 입장에서는 우선, 「폐기물관리법」의 어느 규정을 보더라도 폐기

---

960 (2011), 953쪽~955쪽

4) *Ibid.*

5) 조홍식, 앞의 글 2, 327쪽~328쪽

6) 신현범, 앞의 글 3, 956쪽 참고

7) 조홍식, 『판례환경법』, (박영사, 2012), 463쪽~464쪽

물에 토양이 포함되지 않는다고 제한적으로 해석할 근거가 없으며, 오히려 「폐기물관리법」 제2조에서 폐기물의 종류에 오니를 명시적으로 포함시키고 있는 점을 고려하면 토양을 폐기물에서 무조건 제외하는 것은 법 규정의 문면에 반하는 해석이라고 볼 여지 또한 존재한다고 본다.

둘째로는, 오염된 토양은 폐기물에 해당하지 않는다고 제한적으로 해석할 경우 법의 사각지대에 속하는 부분이 지나치게 방대해져 토양환경의 실효적인 보호를 도모할 수 없게 될 우려가 발생하는 점을 그 근거로 들고 있다. 즉, 「토양환경보전법」에 의한 토양오염우려물질이 아닌 물질에 의해 오염된 토양이나 토양오염우려기준 및 대책기준이 마련되지 않은 지역에서 오염된 토양의 경우에는 「토양환경보전법」의 규제대상에는 포함되지 않는바, 이 경우 오염된 토양을 「폐기물관리법」에 의한 폐기물로 분류하여 관리할 수 없다면 토양환경의 실효적인 보호가 어려워지게 되고, 굴토작업에 의해 얻어진 토사 또한 아무런 규제를 받지 않고 자유롭게 이동됨으로써 그것이 옮겨진 지역의 토양 등을 오염시키는 문제가 발생할 수 있다는 것이다.[8]

셋째로는 오염된 토양을 폐기물에서 제외하거나 제한적으로만 폐기물에 해당한다고 보는 해석론의 배경에는 기존에 환경법의 체계를 매체 중심적으로만 사고하는 고정관념이 자리하고 있다는 점을 들고 있다. 즉 이러한 해석론의 밑바탕에는 바로 매체에 대한 집착이 자리 잡고 있기 때문에, 토양을 폐기물이 아닌 매체로 보고 따라서 원칙적으로 토양은 폐기물이 아니며 예외적으로 폐기물에 해당한다고 보는 경우에도 그것이 거대한 덩어리로서의 토양환경으로부터 구별하여 파악될 수 있는 경우에만 폐기물이 된다고 해석한다는 것이다.[9] 또한, 「폐기물관리법」 위반 시의 형벌이 「토양환경보전법」 위반 시의 형벌보다 더 중한 점에 비추어, 폐기물의 성질을 지닌 오염된 토양의 경우는 「토양환경보전법」이 당초 예상하지 아니한 것으로서

---

8) 조홍식, 앞의 글 2, 324쪽~326쪽
9) Id. 327쪽~328쪽

그 규제범위 밖에 위치하는 것으로 보아야 하고, 전자에 의한 중한 처벌로서 규율하는 것이 형평에 맞는다는 것도 토양 또한 폐기물로 분류할 수 있으며 「폐기물관리법」의 규율을 받아야 한다는 논거로 제시되고 있다.[10]

이 견해에 대하여는, 우리 환경법 해석상 토양은 폐기물 기타 물질에 의하여 오염이 되는 대상이자 정화의 대상이 될 수 있을 뿐이며, 생활에 필요 없게 된 동산으로서의 물질인 폐기물의 개념에 해당하지 않고, 그 결과 토지와 분리되지 않은 오염토양뿐만 아니라 정화공사 등의 목적으로 토지에서 일시 분리된 오염토양도 기본적으로 「폐기물관리법」상 폐기물에 해당하지 않는다는 사정을 도외시한 것이라는 비판이 제기되고 있다.[11]

다. 절충설

위의 긍정설 및 부정설과는 달리, 오염토양도 일정한 경우에 한정하여 폐기물에 해당하고 「폐기물관리법」을 비롯한 폐기물 관련 법률의 규율을 받아야 한다고 보는 견해로서, 이러한 절충설은 다시 그 구체적인 요건과 적용 법률에 대한 입장에 따라서 적출설, 불법원인설, 경합설 등으로 구분할 수 있다.

(1) 적출설

우선, 오염된 토양 그 자체가 폐기물은 아니지만 해당 오염된 토양을 그 것이 일부분을 구성하고 있던 토지에서 파내어 처리하는 경우에는 폐기물에 해당한다고 보는 적출설이 있다.[12] 이는 폐기물의 개념에는 "버린다" 내

---

10) 신현범, 앞의 글 3, 953쪽~954쪽 참고
11) 대법원 2011. 5.26. 선고 2008도2907 판결
12) 김홍균, "폐기물재활용 개념 - 폐기물과의 구별 -", 한국법학원, 『저스티스』통권 제84호, 53-69 (2005), 56쪽; 박균성·함태성, 『환경법』(제6판), (박영사, 2013), 525

지는 "제거한다"는 요소가 포함되는 것이 보통이므로 「폐기물관리법」에 의한 폐기물은 동산에 한한다는 입장에 근거하는 것으로 볼 수 있다.[13]

그러나 이러한 견해에 대해서는, 토양의 분리 여부가 폐기물 여부를 판단하는데 있어서 중요한 기준을 제공하는 것으로 볼 수는 있지만, 이를 절대적인 기준으로 볼 수 있을 것인지에 대해서는 보다 신중한 검토가 필요하다는 견해가 있다. 즉, 현행법은 "필요성"을 폐기물의 개념적 표지로 명시하고 있을 뿐, 영국이나 독일 등 다른 국가들과 달리 버리는 행위 혹은 제거하는 행위 등을 법률의 문언에서 명시적으로 개념요소로 구성하고 있지 아니하며, "동산" 대신에 "물질"이라는 용어를 사용하고 있어서 반드시 폐기물이 "동산"일 것을 요구하는 것인지가 분명하지 않다는 점 등을 고려할 필요가 있다는 것이다.[14]

(2) 불법원인설

이 견해는, 적출설과는 달리, 원칙적으로 오염된 토양은 지하에 방치되어 있든 굴착되어 지상으로 옮겨졌든 폐기물로 보지 않되, 예외적으로 불법매립·투기된 폐기물로 인하여 직접 오염된 토사에 한하여 폐기물에 해당하는 것으로 보고 처리하여야 한다는 입장이다.[15]

쪽; 조홍식, 앞의 글 7, 463쪽 참고

13) 손희만, "폐기물의 재활용촉진을 위한 관련법제의 개선방안에 관한 연구", 『서울시립대학교 대학원 법학박사학위논문』(2009), 178쪽

14) 박종원, "오염토양과 폐기물의 법적 구별과 그 처리책임", 강원대학교 비교법학연구소, 『환경법과 정책』 제8권, 99-132 (2012), 121쪽

15) 박상열, "토양오염과 법률문제", 한국토양환경학회, 『한국토양환경학회지』 제1권 제1호, 3-9 (1996), 6쪽; 조홍식, 앞의 글 7, 463쪽 참고. 1996년 「토양환경보전법」이 발효된 직후 환경부의 해석은 오염된 토양은 원칙적으로 지하에 방치되어 있든 지상으로 옮겨졌든 폐기물로 보지 않되, 예외적으로 불법매립·투기된 폐기물로 인하여 직접 오염된 토사에 한하여 폐기물로 보고 처리하여야 한다는 입장을 취하여 불법원인설을 따른 것으로 보이나, 현재도 이와 동일한 입장을 취하고 있는지는 명확하지 않다.

그러나 이러한 견해에 대하여는, 폐기물이 매립·투기된 원인에 따라 토양이 폐기물에 해당하는지 여부에 대한 결론이 달라진다고 볼 근거가 명확하지 않으며, 지나치게 기교적이라는 비판이 제기되고 있다.[16] 즉, 「폐기물관리법」상 "폐기물"의 개념에 비추어볼 때, 어떠한 이유로 불법 매립·투기된 폐기물로 인해서 직접 오염된 토양만을 폐기물로 보아야 하는지가 제대로 설명될 수 없으며, 이는 법 규정의 문면에 반하는 자의적이고 행정편의적인 해석이라는 것이다.[17] 또한 이에 따를 경우, 토양오염물질이 아닌 다른 물질에 의하여 오염된 토양의 경우에는 자연 상태에 머물러 있든 파내어 처리하든 「토양환경보전법」에 따른 정화책임도 적용될 수 없고 「폐기물관리법」에 따른 처리도 기대할 수 없게 되어, 결국 현행 환경법상 어떠한 규제도 받지 않는 규제의 공백이 우려된다는 점 역시 문제로 지적되고 있다.[18]

한편, 골프장 그린 및 티에 대한 개·보수 작업 후 배출되는 모래가 사업장폐기물에 해당하는지에 대한 최근 질의에 대해서 환경부는, 그러한 모래가 자연 상태의 모래인 경우에는 폐기물이 아니지만, 이물질 등이 혼합된 오염된 모래인 경우에는 폐기물에 해당된다고 회신[19]하여, 불법으로 매립·투기된 폐기물에 의해서 오염된 경우뿐만 아니라 오염의 원인에 관계 없이 오염된 토양은 모두 폐기물에 해당하는 것으로 보는듯한 입장을 취하고 있다.

(3) 회복불가능설

토양이 자연환경의 요소임을 감안할 때 토양은 최대한 정화하여 원상태로 회복하는 것을 정책적 목표로 함이 타당하다는 입장에서, 토양은 원칙적

---

16) 김홍균, 앞의 글 12, 56쪽
17) 조홍식, 앞의 글 2, 326쪽
18) 박종원, 앞의 글 14, 120쪽~121쪽
19) 환경부·한국폐기물협회, 『폐기물분야 질의·회신 사례집』(2010), 11쪽 (2008-05-23)

으로 폐기물의 범주에 해당하는 것으로 볼 수 없으나, 폐기물의 투기 등으로 오염된 토양 가운데 정화를 통해서도 사람의 건강·재산이나 동·식물의 생육에 지장을 초래하지 않을 정도의 자연상태로 회복이 어려운 경우에는 토양으로서의 기능을 상실한 경우이므로 폐기물로 보아 폐기물 처리방법을 따르도록 하고, 그 판단기준은 「토양환경보전법」상의 우려기준과 동일한 정도거나 그 이상으로 하는 것이 합리적이라는 견해이다.[20]

이 견해는, 자연환경의 중요한 구성요소 가운데 하나인 토양의 특성을 고려하는 한편, 정화의 대상이 되는 경우와 처리대상인 폐기물이 되는 경우의 형평성을 유지하고자 한다는 점에서 일응 타당한 측면이 있다고 할 것이나, 「토양환경보전법」상의 우려기준을 초과하는 정도로 오염된 토양의 경우에도 반드시 정화를 통해서 자연상태로 회복되기 어렵다고 볼 수는 없으며, 실제 정화가 완료되기 전까지는 자연상태로의 회복 여부를 예측하기 곤란할 수 있다는 점에서, 구체적인 사례에 적용하는 데는 어려움이 있을 것으로 생각된다.

(4) 경합설

이것은, 오염토양은 기본적으로 「토양환경보전법」에 따라서 정화조치가 이루어져야 하나, 토지에서 분리된 오염토양이 「폐기물관리법」상 폐기물의 성질을 갖춘 경우에는 「폐기물관리법」에서 정한 규제도 받게 된다는 견해이다.[21] 이 견해는 토지에서 분리된 오염토양을 폐기물로 규율할 수 있다는 점에서 앞에서 살펴본 적출설과 유사하나, 「토양환경보전법」과 「폐기물관리법」의 입법취지, 보호대상, 규율체계 등이 상이하기 때문에 오염토양에 대해 상황에 따라 양 법률이 경합적(중첩적)으로 적용될 수 있다고 보는 점

---

20) 이유봉, 『오염토양의 법적 관리체계 개선을 위한 법제분석』, (한국법제연구원, 2013), 87쪽~88쪽
21) 신현범, 앞의 글 3, 953쪽~956쪽

에서 차이가 있다.

이 견해에 따르면, ① 정화조치가 가능한 오염토양은 「토양환경보전법」에 따른 정화조치가 이루어져야 하고 그렇지 않은 경우에는 「토양환경보전법」위반에 해당하고, ② 정화조치가 가능한 오염토양을 토지에서 분리하여 폐기물로 처리하면서 「폐기물관리법」의 규정을 준수한 경우에는 「토양환경보전법」위반에만 해당하며, ③ 정화조치가 가능한 오염토양을 폐기물로 처리하면서 「토양환경보전법」과 「폐기물관리법」을 모두 준수하지 않은 경우에는 양 법률의 위반에 모두 해당하지만 기소권을 독점한 검사가 「토양환경보전법」위반 또는 「폐기물관리법」위반으로만 기소하면 그에 따라 심판하면 충분하다고 보며, ④ 정화가 불가능한 오염토양의 경우에는 「폐기물관리법」위반 여부만 문제가 된다고 본다.[22]

그러나 이 견해에 대하여는, 검사의 판단에 따라 동일한 행위에 대한 적용법률 및 법정형이 달라지는 불공평이 발생할 수 있으며, 「토양환경보전법」상 오염토양은 방사성 오염을 제외하고는 정화 및 재생의 대상으로 명시하고 그 투기행위를 금지하고 있음에도 불구하고 이를 일시적으로 분리하여 동산인 물질에 해당하게 되었다는 사정만으로 이를 '생활에 필요 없게 된 물질로서의 토사'에 해당한다고 의제하여 폐기물로서 처리할 수 있다는 발상은 「토양환경보전법」의 법문을 전면 부정하는 것이라는 비판이 제기된다.[23]

2. 판례

우리 대법원은 토양의 폐기물성을 일반적으로 부정하고 있는 것으로 보

---

22) *Id.* 958쪽
23) *Id.* 959쪽

인다. 즉 피고 A회사가 산업폐기물을 다량 매립하여 유발된 토양오염을 정화함에 있어서 오염토양을 폐기물처리업 허가를 받지 않은 피고 B회사에 위탁처리한 사건에서 대법원은, "구「폐기물관리법」은 물론 그 밖에「건설폐기물의 재활용촉진에 관한 법률」과 그 각 시행령에서도 특정 공사나 작업에 사용된 토사만을 폐기물로 규정하고 있을 뿐, 자연 상태의 토양자체를 구성하는 토사를 폐기물로 규정하고 있지 않는 한편,「토양환경보전법」의 규정을 살피면 오염토양은 토양오염물질이 축적되어 사람의 건강·재산, 동·식물의 생육에 지장을 주는 토양이라고 정의할 수 있다. 따라서 각 법령의 규정을 종합하면, 토양은 폐기물 기타 오염물질에 의하여 오염될 수 있는 대상일 뿐 오염토양이라 하여 동산으로서 '물질'인 폐기물에 해당한다고 할 수 없고, 나아가 오염토양은 법령상 절차에 따른 정화의 대상이 될 뿐 법령상 금지되거나 그와 배치되는 개념인 투기나 폐기의 대상이 된다고 할 수는 없다. 그러므로 오염토양 자체의 규율에 관하여는「폐기물관리법」의 규정은 성질상 적용될 수 없다 할 것이고, 이는 오염토양이「폐기물관리법」상의 폐기물이나 그 구성요소인 오염물질과 섞인 상태로 되어 있다거나 그 부분 오염토양이 정화작업 등의 목적으로 해당 부지에서 반출되어 동산인 '물질'로서의 상태를 일시 갖추게 되었다 하더라도 이는 마찬가지라 할 것"이라고 판시한바 있다.[24] 이러한 입장을 따르면, 오염토양은 그 원인이 불법매립·투기된 폐기물로 인한 것인지, 적출되었는지 여부 등과는 관계없이,「토양환경보전법」에 의한 정화의 대상이 되는 것은 별론으로 하고,「폐기물관리법」의 적용을 받는 폐기물에는 해당되지 않는다고 보아야 할 것이다.

반면에, 관로준설공사를 시행한 후 발생한 토사가 폐기물에 해당하는지 여부가 문제가 된 사건에서 대법원은 원심이 이 건 토사가「폐기물관리법」제2조 제1호에서 정하는 폐기물에 해당하고, 설령 피고인들이 이 사건 토사를 유실된 고속도로의 법면 보수공사에 사용하려 하였다 하더라도 폐기물

---

24) 대법원 2011. 5.26. 선고 2008도2907 판결

로서의 성질을 상실하지 않는다고 판단한 것은 정당하다고 판시하였으며,[25] 골재 제조업, 폐기물 중간처리업 등을 영위하는 甲 회사가 건설현장에서 발생하는 토사를 공급받아 세척시설을 이용하여 모래와 흙으로 분리한 후 흙을 인근지역 농민인 乙에게 공급한 사건에서, ① 「폐기물관리법」 제2조 제1호에 규정된 '오니' 등은 폐기물의 종류를 한정한 것이 아니라 이를 예시한 것임이 조문상 분명하고, ② 「폐기물관리법」이 사업장폐기물 중 주변 환경을 오염시킬 수 있거나 인체에 위해를 줄 수 있는 유해한 물질을 지정폐기물로 규정하여 보다 엄격한 규제를 하고, 그 나머지는 일반폐기물로 규정하고 있는 점에서 볼 때 단지 오염되지 않았다거나 유해성이 없다는 이유만으로는 폐기물에 해당하지 않는다고 할 수 없으며, ③ 원고가 스스로 사업장폐기물 배출자 신고를 하면서 자신의 사업장에서 발생하는 폐기물의 종류를 '무기성 오니'라고 표시하였으며, 피고도 원고가 자진 신고한 바에 따라 원고의 사업장에서 배출한 이 사건 흙을 '무기성 오니'라 호칭하여 이 사건 처분을 한 것으로 보이고, ④ 이 사건 흙은 모래 및 골재를 생산하는 원고의 사업목적상 객관적으로 사업 활동에 더 이상 필요하지 아니하게 된 물질임이 분명하다는 이유로, 원고의 사업장 내에서 발생한 이 사건 흙이 오니가 아니라 이토(泥土)라 하더라도 「폐기물관리법」 제2조 제1호가 규정하고 있는 폐기물에 해당한다고 판시하였다.[26]

첫 번째 판결과 두 번째 및 세 번째 판결은 그 대상이 토양 또는 흙이라는 점에서 유사하나, 이를 폐기물에 해당한다고 볼 것인지 여부에 대한 판단은 정반대로 내려졌다. 이들 사건의 차이점은, 첫 번째 사건에서의 토양은 대법원이 판시한 것처럼 다른 오염물질에 의한 '오염의 대상'이었던데 반하여, 두 번째 및 세 번째 사건에서의 흙은 '처리의 대상'이었다는 점을 들 수 있을 것이다. 그러나 첫 번째 사건에서도 오염된 토양은 오염의 대상인 동

---

25) 대법원 2006. 5.11. 선고 2006도631 판결
26) 대법원 2010. 9.30. 선고 2009두6681 판결

시에 정화 또는 처리의 대상이 되며, 이 경우 두 번째 및 세 번째 사건에서의 흙과 실질적인 차이를 발견하기 어렵다고 생각되는바, 위에서 살펴본 토양 또는 흙의 폐기물성에 대한 대법원의 최근 판례들은 서로 모순되거나 다소 명확하지 않은 측면이 있음을 부인하기 어렵다고 할 것이다.[27]

3. 비교법적 검토

가. EU

EU의 「폐기물 기본지침」 제2조 제1항(b)는 동 지침의 적용범위에서 '굴착되지 않은 오염토양과 토지에 영구적으로 결합되어 있는 건물들을 포함한 (원래의 장소에 있는) 토지'를 제외하고 있다. 여기서 '원래의 장소에 있는'이 의미하는 것은 본래의 위치에 있다는 것이며, 따라서 동 예외는 본래의 위치에 있으면서 굴착 또는 철거 등에 의해 교란되지 않은 토지, 토양 및 건물들에 대해 적용된다고 본다.[28]

이 예외규정은 2008년 개정된 「폐기물 기본지침」에 새롭게 도입된 것으로서, 사고에 의하여 유류가 누출되어 토양과 지하수를 오염시킨 사건에서 유류의 점유자가 동 물질을 '폐기'했다고 판시한 EU사법재판소의 'Van de Walle and Others' 판결을 계기로, 폐기물 분야의 입법을 어떻게 토양보호 입법과 조정할 것인가에 대해 이루어진 논의에 따른 것이었다. 동 판결에서

---

27) 김홍균, 『환경법』(제3판), (홍문사, 2014), 516쪽에서는 특히 대법원 2006도631 판결과 관련하여, 법원이 준설공사에서 발생하는 토사에 대해서 오염 여부를 불문하고 폐기물이라고 판시하고 있어 더욱 혼란을 초래하고 있다는 비판을 제기하고 있다.

28) European Commission, *Guidelines on the Interpretation of Key Provisions of Directive 2008/98/EC on Waste* (2012), 41쪽

EU사법재판소는, 유출된 유류가 그것에 의해 오염된 토양과 쉽게 분리될 수 없으므로 핵심적인 문제는 그 오염된 토양이 전체로서 폐기물로 분류될 수 있는가라는 전제하에, 주유소에서 유출된 유류에 의해 오염된 토양은 그러한 물질을 유출시킨 사람이 그것을 폐기해야 하는 의무에 기초하여 폐기물로 분류되어야 한다고 보았으며, 또한 해당 토양이 굴착되었는지 여부는 그 토양을 폐기물로 분류하는 것과 아무런 관련이 없다고 판시한바 있다.[29]

현행 EU 지침 하에서는, 그러한 오염된 토양은 폐기물에서 제외되고 토양보호를 위한 수단들이 그것에 적용될 것이다. 이 예외조항에 따라, ① 주유소(service station) 앞마당 밑의 굴착되지 않은 오염토양, ② 건물 지붕 위의 석면 타일, ③ 건축 전의 미개발 현장 등은 「폐기물 기본지침」의 적용을 받지 않게 되었다. 또한, 동 지침 제2조(1)(c)에서는 '건설 활동 중에 굴착된 오염되지 않은 토양 및 기타 자연적으로 발생되는 물질로서 해당 물질이 굴착된 해당 현장에서 자연적인 상태로 건설 목적으로 사용될 것이 확실한 경우'도 적용범위에서 제외하고 있는데, 이 예외의 배경은, '처분'의 정의가 충족된다고 하더라도 이러한 종류의 물질에 폐기물 관리 법령을 공통적으로 적용하는 것이 부적절하다고 판단했기 때문으로 볼 수 있다.[30] 이 규정에 따라 지침의 적용범위에서 제외되기 위해서는, 해당 물질이 ① 오염되지 않고, ② 건설 활동 중에 굴착되었어야 하고, ③ 동일한 현장에서 건설 목적을 위해 그 자연 상태에서 사용될 것이 확실하여야 한다. 따라서 EU 「폐기물 기본지침」의 제2조(1)(b) 및 제2조(1)(c)에서 규정하고 있는 예외조항들을 종합적으로 고려할 때, EU에서는 '굴착된 오염토양'은 「폐기물 기본지침」의 적용을 받는 것으로 해석할 수 있을 것이다.

---

29) Case C-1/03, para.52~para.53; Owen McIntyre, "The All-Consuming Definition of 'Waste' and the End of the 'Contaminated Land' Debate?", *Journal of Environmental Law* 17(1): 109-127 (2005), 109쪽~127쪽 참고

30) European Commission, 앞의 글 28, 42쪽

나. 독일

2012년 2월 24일 개정되기 이전 독일의 「순환경제폐기물법(KrW-/AbfG)」 제3조 제1항에서는 폐기물의 요건들 가운데 하나로 "동산(beweglichen Sachen)"을 규정하였으나, 개정된 법률에서는 "물질 또는 물건(Stoffe oder Gegenstände)"이라고 규정하여 '동산'이라는 표현을 '물질 또는 물건'으로 변경하였다. 그러나 이러한 변경에도 불구하고 개정 법률이 종전 법률에 비해 폐기물의 개념 정의를 달리한 것으로는 볼 수 없으며, 이러한 독일의 폐기물법제에서는 토지와 부착된 것은 토지의 구성부분일 뿐이고 토양의 일부분인 오염토양 그 자체는 폐기물이 아니지만, 만일 토지에서 분리된 경우에는 그 '오염토양'은 폐기물이 될 수 있다고 본다.[31] 따라서, 독일의 경우에는 유해한 물질이 토양으로 유입된 경우 그 오염된 지역으로부터 삽으로 퍼내어 분리된 오염토양은 동산으로서 폐기물법에 따른 폐기물에 해당한다고 보는 이른바 "삽 이론"이 주장되었다.[32] 이러한 논의는 EU 「폐기물 기본지침」의 규정과 부합하게 현행 「순환경제폐기물관리법」 제2조 제2항 제10호에서 분리되지 않은 오염된 토양을 포함하여 본래의 위치에 있는 토양(Böden in situ)을 동법의 적용대상인 폐기물에서 제외함으로써 입법적으로 해결이 되었다고 할 수 있다.

다. 미국

미국의 「자원보전재생법(RCRA)」의 규정에 따르면 토양은 원칙적으로는 고형폐기물에 해당하지 않는다고 할 것이나, RCRA의 Subtitle C의 요건기준

---

31) 정훈, 앞의 글 1, 185쪽
32) 박종원, 앞의 글 14, 120쪽

에 따라 토양에 유해폐기물 목록에 포함되어 있는 폐기물이 포함되어 있거나 토양이 유해폐기물의 특성을 나타내는 경우에는 반드시 유해폐기물로 간주되어 유해토양처리기준에 따라 처리되어야 한다.[33)

미국 연방항소법원은 1989년 *Chemical Waste Management, Inc. v. EPA* 판결에서, 유해폐기물로 오염된 토양 또는 지하수와 같은 환경매체는 그 자체가 유해폐기물로 취급되어야 한다고 판시한바 있다.[34) 즉, 유해폐기물은 그것이 토양과 같은 환경매체와 결합된 경우에도 그 특성이 변화된다고 볼 수 없으며, 유해폐기물과 혼합된 폐기물 또는 유해폐기물에서 유래한 폐기물도 유해폐기물이라는 원칙과도 부합한다는 점에서 법원은 유해폐기물에 오염된 토양 또는 지하수는 그 자체가 유해폐기물이라고 정의한 EPA의 규정이 타당하다고 판시하였다.[35) 그러나 이 경우 유해폐기물로 오염된 토양이 본래 위치에서 분리되었는지가 해당 토양을 폐기물로 볼 것인지 여부를 판단하는 기준이 되는지는 명확치 않은바, 폐기물에 해당한다는 결정의 요건으로 토양이 분리되어 있을 것을 요구하지 않고 있는 이상, 분리여부가 결정적인 기준이 된다고는 볼 수 없을 것이다.

라. 일본

일본의 「폐기물처리법」에서는 오염토양을 폐기물 또는 산업폐기물에 포함되는 것으로 명시적으로 규정하고 있지는 않으나, 종래부터 '진흙'에 준하는 것으로 보아 매립 처분하여 왔으며, 그 경우 「산업폐기물 처리기준」에 따라 '금속 등을 포함한 산업폐기물에 관한 판정기준'에 의거하여 ① 중금

---

33) 이유봉, 앞의 글 20, 82쪽~83쪽. 이 경우에는 토양에 특화된 매립처분제한 기준 (Land Disposal Restrictions: 40 C.F.R. 268.49)이 적용되어야 한다고 한다.
34) 박종원, 앞의 글 14, 119쪽
35) 869 F.2d 1526 (D.C. Circuit, 1989)

속 등에 의해 오염된 경우, ② 휘발성 유기화합물에 의해 오염된 경우, ③ 다이옥신류에 의해 오염된 경우로 각각 구분하여 차단형 최종처분장 또는 관리형 최종처분장에 매립 처분하도록 하고 있다.[36] 또한 「토양오염대책법」 상 토양오염정도에 관한 기준 가운데 오염토양제거 등 토양오염처리에 대한 기준인 '제2토양용출량기준'을 「폐기물처리법」의 특별관리 사업폐기물의 판정기준과 동일한 수준으로 실정함으로써 법 적용에 있어 형평성을 유지하고 있는 점에 주목할 필요가 있다.[37]

4. 소결

오염토양이 폐기물에 해당하는지 여부와 오염토양에 대해 「폐기물관리법」을 적용할 것인지 또는 「토양환경보전법」을 적용해야 할 것인지의 문제는 서로 연관되어 있는 문제이기는 하나, 각각 구분하여 검토할 필요가 있다.

가. 토양의 폐기물성

토양은 자연 상태 그대로 존재하는 것만으로도 홍수나 지반침하 등을 방지하고, 자연생태계를 구성하는 중요한 요소로서 유익한 기능을 제공하는 것이므로, 토양이 자연의 원래 위치로부터 분리되었을 경우에는 '필요하지 아니한 물질'이 되었다고 볼 수 있는 개연성은 보다 크다고 할 것이나, 경작지에 대한 객토의 경우에서 볼 수 있는 것처럼 토양 자체가 그 유용성에 기초하여 거래의 대상이 되는 경우도 있어, 반드시 원래 위치로부터 분리되면

---

36) 이유봉, 앞의 글 20, 72쪽~73쪽
37) Id. 84쪽~85쪽

'필요하지 아니한 물질'이 되었다고 보기는 어렵다고 생각된다. 또한 사안에 따라서는 원래 위치로부터 분리되지 아니한 상태라고 하더라도, 유독물 또는 유해물질에 의해 오염되어 이미 토양으로서의 기능을 상실한 경우도 있을 수 있다고 할 것이다. 그렇다면 토양의 오염 여부, 토양을 오염시킨 물질과의 분리 가능성을 포함한 객관적인 성상이나 주관적인 의사 등을 종합적으로 고려하여 그 전부 또는 일부를 "필요성"이 없는 폐기물로 보아야 할 경우도 있을 것이며, 반드시 원래 위치로부터의 분리여부에 의해 폐기물에 해당하는지 여부가 결정된다고 볼 것은 아니라고 판단된다.[38] 즉, 오염된 토양은 그것이 거대한 토양의 구성요소의 형태로 자연의 원래 위치에 있든, 떨어져 나와 있든, 환경을 침해하는 것으로서 교정의 대상이 된다고 보아야 할 것이다.[39]

EU「폐기물 기본지침」의 폐기물 정의 규정에 대한 해석상 폐기물은 '동산'으로 한정된다는 점에 이견이 없음에도 불구하고 토양에 관한 예외규정을 별도로 두고 있는 것 또한, '동산'에 해당하지 않는다는 것을 이유로 오염토양이 폐기물에서 당연히 제외된다고 볼 것은 아니라는 근거들 가운데 하나가 될 수 있을 것이다. 'Van de Walle and Others' 사건에 대한 2004년의 판결에서 EU 사법재판소는, '자연적 요소'로서의 토양은 폐기물이 될 수 없다는 주장에 대해, 해당 사건에서 문제가 되는 토양은 불확정한 자연적 요소로서의 '토양'이 아니라 폐기 또는 회수의 대상이 될 수 있는, 정확하게 결정할 수 있는 양의 오염된 흙이라고 지적하면서 그 폐기물성을 인정하였는데,[40] 이처럼 모든 오염된 토양이 폐기물에 해당한다는 법원의 해석은 영국을 비롯하여 산업화의 역사가 오래된 국가들로부터의 우려를 야기하였고, 결국 입법적으로 해결하는 방안을 모색하여「폐기물 기본지침」을 개정함으

---

38) EU사법재판소도 *Van de Walle and Others* 사건에서 동일한 입장을 취한바 있다. (Owen McIntyre, 앞의 글 29, 116쪽 참고)
39) 조홍식, 앞의 글 2, 327쪽~328쪽
40) Owen McIntyre, 앞의 글 29, 119쪽

로써 굴착되지 않은 오염토양을 폐기물에서 제외하고, 토양보호에 관한 법률을 적용하도록 명시적으로 규정한 것이다.[41]

이러한 입법적인 해결방안을 강구하지 아니한 상태에서, 단순히 앞에서 살펴본 대법원 판례와 같이 "토양은 폐기물 기타 오염물질에 의하여 오염될 수 있는 대상일 뿐 오염토양이라 하여 동산으로서 '물질'인 폐기물에 해당한다고 할 수 없고, 나아가 오염토양은 법령상 절차에 따른 정화의 대상이 될 뿐, 법령상 금지되거나 그와 배치되는 개념인 투기나 폐기의 대상이 될 수 없다"고 폐기물성을 부정할 경우에는, 「토양환경보전법」의 규율을 받지 않는 오염토양을 파내어 다른 곳에 버리는 경우에도 이것을 '폐기물투기' 행위로 볼 수 없게 되고, 경우에 따라 '토양오염' 행위에 해당하는 경우에만 제재나 처벌이 가능하게 되어 법의 사각지대 또는 흠결이 발생하고, 오염된 토양이 아무런 제한 없이 다른 지역으로 옮겨져 그 지역의 토양과 지하수 등을 오염시킬 우려가 큰 것이다.[42]

또한 「폐기물관리법」 제2조 제1호에서 규정하고 있는 '오니' 등은 폐기물의 종류를 한정적으로 열거한 것이 아니라 예시한 것에 불과하며, 「폐기물관리법」이 사업장폐기물 중에서 특히 주변 환경을 오염시킬 수 있거나 인체에 위해를 줄 수 있는 해로운 물질을 "지정폐기물"로 정하여 보다 엄격한 관리의 대상으로 하는 한편, 그 이외의 물질들은 "사업장일반폐기물"로 관리하고 있다는 점을 볼 때, 결국 폐기물성 여부의 판단에 있어 핵심은 오염 여부에 있는 것이 아니라 필요성 유무에 있다고 할 것이며, 오염 여부는 폐기물의 종류를 판단하기 위한 하나의 기준일 뿐이라고 보아야 할 것이다.[43] 대법원도 '단지 오염되지 않았다거나 유해성이 없다는 이유만으로는

---

41) Andrew Waite, "A New Garden of Eden? Stimuli to Enforcement and Compliance in Environmental Law", 24 *Pace Environmental Law Review* 343 (2007), 347쪽~348쪽; European Commission, 앞의 글 28, 41쪽
42) 정훈, 앞의 글 1, 186쪽; 박상열, 앞의 글 15, 6쪽
43) 박종원, 앞의 글 14, 117쪽

폐기물에 해당하지 않는다고 할 수 없다'고 판시한바 있음을 참고할 필요가 있다.[44]

따라서, 이러한 점들을 종합적으로 고려할 때 토양의 경우에도 오염 등의 사유로 인하여 토양으로서의 본래의 기능을 수행할 수 없고 불필요하게 된 경우까지 이를 폐기물의 범주에서 제외하는 것은 타당하지 않으며, 자연의 원래 위치에서 분리되었는지 여부에 관계없이 폐기물의 정의 규정에서 제시하고 있는 요건에 부합할 경우에는 폐기물로 분류되어야 한다고 보아야 할 것이다. 다만, 토지와 함께 부동산에 해당하는 건축물의 경우에는 그것이 철거된 경우에 비로소 폐기물에 해당하는 것으로 보는바, 토지의 경우에도 이와 유사하게 처리를 목적으로 토양이 굴착된 경우뿐만 아니라 토양이 굴착되어 분리되지는 않았다 하더라도 처리대상이 되는 구역을 특정할 수 있는 경우 해당 구역의 토양이 폐기물에 해당한다고 보아야 할 것이다.

나. 법적용의 문제

토양, 특히 오염토양이 폐기물에 해당된다고 하더라도, 이를 「폐기물관리법」 등 폐기물 관련 법령을 적용하여 동법의 규정에 따라서 처리하는 것이 바람직한가의 문제는 앞에서 언급한 것처럼 「토양환경보전법」의 적용과 관련하여 다시 검토할 필요가 있다.

폐기물이 토양에 투기되거나 매립된 경우, 토양과 폐기물이 전혀 섞이지 않은 경우도 있을 수 있고, 완전히 혼재된 경우도 있을 수 있으며, 그 중간 상태인 경우도 있을 수 있는바, 현실적으로는 폐기물과 오염토양을 분리하는 것이 사실상 곤란한 경우가 많고, 폐기물로 처리하는 것이 오염토양의 정화를 택하는 쪽보다 용이하고 비용이나 시간 등의 측면에서 유리하기 때

---

44) 대법원 2010. 9.30. 선고 2009두6681 판결

문에 오염토양을 폐기물로 취급하여 처리하는 경우가 많은 것으로 알려지고 있다.[45)

그러나 토양은 공산품과 같은 일반적인 재화들과는 달리 생성에 오랜 시간이 소요되는 유한자원인 까닭에 토양을 폐기물로 처리함으로써 토양 자체의 손실을 가져오는 것보다는, 가급적 정화과정을 통하여 재사용될 수 있도록 하는 것이 정책직으로도 바람직할 뿐만 아니라 「토양환경보전법」을 별도로 제정하여 운영하고 있는 취지에도 부합할 것이다.

「토양환경보전법」은 토양오염물질의 사용량 증가, 폐기물매립지 등 토양오염유발시설에 의한 토양오염의 요인 증가, 토양오염 심화 등에도 불구하고 「폐기물관리법」 등을 비롯한 개별 법률을 통해 단편적으로 규제하는 것만으로는 효과적인 대처가 어렵다는 인식에 기초하여 제정되었다.[46) 따라서 「토양환경보전법」에 따른 정화조치의 대상이 되어야 할 오염토양임에도 불구하고 「폐기물관리법」에 의한 폐기물로 분류될 수 있다고 하여 이에 대해 「폐기물관리법」을 우선적으로 적용하여 폐기물로 처리하는 것은 오염토양 정화에 대한 유인을 상당 부분 저해함으로써 유한한 자원으로서의 토양이 정화되어 재활용될 수 있는 가능성을 축소하게 되며, 결국 「토양환경보전법」을 따로 제정한 취지에 역행하는 결과가 초래된다는 점을 고려할 때,[47) 「토양환경보전법」상의 우려기준을 초과하는 오염토양에 대해서는 「폐기물관리법」상의 폐기물 개념을 충족한다고 하더라도 「폐기물관리법」보다 우선하여 「토양환경보전법」이 적용되어야 하는 것으로 해석하는 것이 타당할 것이다. 반면에 양 법률의 벌칙규정과 관련된 측면에서는, 「폐기물관리법」 제63조는 사업장폐기물을 무단으로 투기하거나 매립하는 경우 7년 이하의 징역이나 5천만원 이하의 벌금에 처하도록 규정하고 있는데 반하여, 「토양

45) 박종원, 앞의 글 14, 100쪽
46) 의안번호 140826호 「토양환경보전법안」 (1994.10), 1쪽 제안이유 참고
47) 김홍균, 앞의 글 27, 516쪽 참고

환경보전법」 제15조의4는 오염토양을 버리거나 매각하는 경우 2년 이하의 징역 또는 1천만 원 이하의 벌금에 처한다고 규정하고 있어, 오염토양으로 볼 경우에는 그 법정형이 더 가벼우며, 따라서 토양오염의 방지에 더 소홀해질 우려도 배제할 수 없는바,[48] 「토양환경보전법」의 벌칙 규정을 강화하는 등 양 법률에서 규정하고 있는 벌칙의 형평성을 기함으로써 이러한 문제를 해결하여야 할 것이다.

그러나 현행법상 「토양환경보전법」에 의한 정화조치의 대상이 한정되어 있는 점, 그리고 이러한 오염토양을 「폐기물관리법」에 의한 폐기물에 해당하지 않는다고 해석할 경우에는 어느 법에 의해서도 관리되지 않는 규제의 공백 또는 사각지대가 발생할 우려가 크다는 점 등을 감안할 때, 「토양환경보전법」이 규정하고 있는 토양오염물질 이외의 오염물질에 의해 오염된 토양과 같이 「토양환경보전법」이 적용되지 않는 오염토양에 대해서는 매립원인의 불법성 여부 또는 굴착 여부에 관계없이 「폐기물관리법」을 적용하여 관리하여야 할 것이다.[49]

따라서 「폐기물관리법」 제3조의 적용범위에 관한 조항에 다음과 같이 토양에 관한 예외규정을 신설하여 「토양환경보전법」에 따라 토양정화의 대상이 되는 오염토양은 「폐기물관리법」의 적용대상에서 제외되는 것으로 명확하게 규정하되,[50] 그 이외의 오염토양은 「폐기물관리법」에 의한 폐기물로 관리할 수 있음을 분명하게 하는 것이 타당할 것이다.

---

48) 정훈, 앞의 글 1, 191쪽
49) 박균성·함태성, 앞의 글 12, 525쪽~526쪽에서는 분리된 오염토양에 한하여 「폐기물관리법」을 적용하는 것이 타당하다는 견해를 취한다.
50) 박종원, 앞의 글 14, 118쪽~119쪽 및 박균성·함태성, 앞의 글 12, 525쪽~526쪽에서는 토양오염우려기준을 초과하는 토양에 한하여 그 적용이 배제되는 것으로 명시하는 것이 바람직하다는 견해를 제시하고 있으나, 토양오염우려기준이 정해져 있지 않은 물질에 의해 오염된 경우와 우려기준 미만으로 오염된 경우를 모두 포괄하기 위해서는 「토양환경보전법」에 의해 정화의 대상이 되는 오염토양을 적용배제 대상으로 규정하는 것이 명확하다고 판단된다.

제3조(적용 범위) ① 이 법은 다음 각 호의 어느 하나에 해당하는 물질에 대하여는 적용하지 아니한다.

1.~8. (생략)

9. 토양환경보전법 제15조 및 제15조의3에 따라 정화의 대상이 되는 오염토양

제4절 '폐기물 종료(End-of-Waste)'의 인정 여부

1. 개념

'폐기물 종료(End-of-Waste)'란 폐기물이 일정한 요건을 충족할 경우 더이상 폐기물이 아닌 상태로 시장에서 자유롭게 거래될 수 있도록 非폐기물(순환자원 또는 제품)로 간주하는 것으로, EU를 비롯한 유럽에서 처음 그개념이 도입되었다. '폐기물 종료'는 일정한 물질 또는 물건이 당초에는 폐기물에 해당했다는 것을 전제로 하는 개념이므로, 부산물과 같이 당초부터폐기물에서 제외되는 물질 또는 물건에 대해서는 적용되지 않는다고 할 것이다. 따라서 이와 같이 특정한 물질 또는 물건이 '폐기물 종료'에 해당하는지 여부를 판단하는 '폐기물 종료기준'은, 다양한 폐기물의 종류별로 일정한시점을 기준으로 非폐기물로 간주하기 위한 요건을 명확히 한 것이라고 할수 있다.[1] '폐기물 종료'의 지위를 설정하는 것은, 새로운 종이제품을 제조함에 있어 재활용 종이(폐지)를 사용하는 제지공장이나 연료로 재활용된 유류를 사용하는 제조설비와 같이 생산공정에서 이전에 폐기물이었던 물질을사용하는 사업장에게 특히 중요하다.[2]

---

1) 조지혜 외, 『유해성에 따른 「폐기물 종료기준」의 해외 현황 및 정책적 시사점』(한국환경정책·평가연구원, 2012), 30쪽 및 33쪽 참고
2) Elizabeth Fisher, Bettina Lange & Eloise Scotford, Bettina Lange & Eloise Scotford, *Environmental Law - Text, Cases, and Materials*, (Oxford University Press, 2013), 684쪽

'폐기물 종료' 제도를 도입·운영하는 경우, 해당 요건을 충족하는 물질 또는 물건은 더 이상 폐기물 관련 법령의 규제를 받지 않게 됨에 따라, 원료 물질로의 재활용 등 효율적인 활용을 촉진하는 효과를 기대할 수 있다. 따라서 자원과 에너지의 대부분을 수입에 의존하고 있는 우리나라도 이러한 개념을 도입함으로써 폐기물의 재활용을 증진시키고 결괴적으로는 전연자 원의 사용을 술이며 최종처분되는 폐기물의 양을 감소시키는 한편, 폐기 물 관리에 있어서 법적 불확실성을 해소하는 방안을 검토할 필요가 있을 것이다.

현행「폐기물관리법」에서도 동 법에서 정하고 있는 폐기물의 재활용 용 도 또는 방법에 따른 재활용 활동을 통해 재활용기준에 적합하게 생성된 물 질은 폐기물의 지위를 벗어나 폐기물로서의 통제를 받지 아니하게 될 수 있 다.3) 그러나 이러한 재활용 용도 또는 방법들은 그 적용대상이나 구체적 기 준에 있어서 여러 가지 미흡한 점이 있다는 지적이 제기되고 있으며,4) 또한 이를 충족하는 경우에도 중간가공폐기물과 같이 여전히 폐기물의 범주에 포함되는 경우도 있는바, 재활용의 대상이 되는 폐기물의 종류별로 그 관리 실태를 분석하고 외국 입법례에 대한 심도 있는 검토를 통해 구체적이고 명 확한 법적 기준을 마련하여, 자원의 효율적인 활용을 촉진하고 국민의 건강 과 재산에 피해가 발생하는 일도 예방할 수 있도록 해야 할 것이다.

2. 학설의 검토

재활용 관련 기술이 지속적으로 발달함에 따라 과거에는 못 쓰게 되어 버

---

3)「폐기물관리법」제13조의2
4) 박석현 외,『폐기물 재활용 선진화 방안 마련을 위한 연구』, (환경부·한국환경공단, 2011.12), 100쪽~117쪽 참고

리던 물건들도 현재는 '사람의 생활에 필요한' 자원으로 인식되고 있는 것이 많으며, 따라서 일정한 물질이 배출되는 해당 사업장에서는 필요하지 않은 경우에도 다른 사업장 또는 사람의 생활에 필요한 용도로 사용될 수 있는 경우에는 더 이상 폐기물로 엄격하게 관리될 필요가 없다는 견해가 제시되고 있다.[5] 이는 가급적 폐기물의 범위를 좁게 해석하고, 폐기물과 구별되는 별도의 '순환자원' 또는 '재활용가능자원'이라는 개념을 인정하고자 하는 입장과도 일맥상통하는 것으로 볼 수 있다. 이러한 입장에서는 실제 법률 적용에 있어서는 폐기물이 어떠한 요건을 충족할 경우, 어느 시점에 더 이상 폐기물이 아닌 것으로 되는지를 결정하는 것이 중요한 관건이 될 것이다.

우리 현행 법률은 이와 같은 '폐기물 종료'에 대해서 아무런 명시적인 규정을 두고 있지 않으며, 이에 대한 학설의 태도 또한 명확하지 않은 것으로 보인다. 다만, 우리 「폐기물관리법」은 제13조에서 폐기물의 처리기준 등에 대해 규정하고 있으며, 동법 제13조의2와 제13조의3에서는 각각 "재활용에 대한 구체적인 기준"과 "재활용 제품 또는 물질에 관한 유해성 기준"을 규정하고 있는데, 이 가운데 특히 제13조의2와 동 조항의 위임에 따라 폐기물의 종류별로 재활용 방법을 규정하고 있는 동법 시행규칙 별표5의2가 폐기물 종료에 대한 기준의 역할을 한다는 견해가 있다.[6] 그러나 이에 대해서는, 동 규정들을 폐기물의 종료에 대한 구체적인 기준의 제시로 보기에는 폐기물 종류별, 재활용용도 및 방법별로 너무 간략하게 규정되어 있으며, 특히 유해성 관리의 측면에서 보완이 필요하다는 평가가 제시되고 있다.[7] 생각건대, 위의 「폐기물관리법」의 규정은 '폐기물'의 적법한 재활용 방법을 정하

---

5) 채영근, "폐기물 관련 법령체계의 문제점 및 개선방안", 한국환경법학회, 『환경법연구』 제31권 2호, 145-169 (2009), 161쪽

6) 조지혜 외, 앞의 글 1, 25쪽~26쪽 참고

7) 김정대 외, 『폐섬유 및 폐고무 재활용중간가공물 품질인증기준 설정 연구』(한국환경공단, 2011), 38쪽 및 199쪽 참고

는 것을 주된 목적으로 하며, 일정한 처리공정을 거친 물질 또는 제품이 폐기물로서의 지위를 잃는지 여부와 폐기물의 지위에서 벗어나는 시점을 직접적으로 규정하는 것은 아니라는 점에서 이에 대한 보다 심도 있는 검토가 필요하다고 본다.

3. 판례

대법원은 2002도3116 판결[8])에서 '사업장의 사업활동에 필요하지 아니하게 된 물질은 비록 그 물질이 재활용의 원료로 공급된다는 사정만으로 폐기물로서의 성질을 상실하지는 않지만, 그 물질을 공급받은 자가 이를 파쇄, 선별, 풍화, 혼합 및 숙성의 방법으로 가공한 후 완제품을 생산하는 경우에 있어서는 그 물질을 공급받는 자의 의사, 그 물질의 성상 등에 비추어 아직 완제품에 이르지 않았다고 하더라도 위와 같은 가공공정을 거쳐 객관적으로 사람의 생활이나 사업활동에 필요하다고 사회통념상 승인될 정도에 이르렀다면 그 물질은 그 때부터는 폐기물로서의 속성을 잃고 완제품생산을 위한 원료물질로 바뀌었다고 할 수 있다'고 판시하였으며, 2008도3108 판결[9])에서도, '밭에서 퇴비로 사용하기 위하여 닭털, 계분, 왕겨, 톱밥을 혼합하여 이를 발효시킨 후 임야로 옮겨 매립하고 일부는 그곳에 적치한 사건에서 매립물은 3년에 걸친 숙성의 가공과정을 거친 것으로서 폐기물로서의 속성을 잃고 퇴비의 원료로 사용될 수 있게 된 이상 이미 폐기물에 해당한다고 볼 수 없다'고 판시하였다.

반면에 2002도6081 판결[10])에서는, '폐기물중간처리업자가 사업장폐기물 배출자들로부터 위탁받은 폐수처리오니와 일반폐기물 재활용계약에 따라

---

8) 대법원 2002.12.16. 선고
9) 대법원 2008. 6.12. 선고
10) 대법원 2003. 2.28. 선고

수거한 오니를 비료 및 암반녹화식생토의 원료로 사용할 것이라 하더라도 그 성상이 변경된 것으로 볼 수 없어 아직 폐기물로서의 속성을 상실하지 않았으므로 이 사건 물질은 여전히 폐기물에 해당한다'고 판시한바 있다.

이들 판례들은, 비록 결론은 상반되나, 모두 발생 또는 배출 시점에는 폐기물에 해당하던 것이 일정한 요건을 갖추면 더 이상 폐기물이 아닌 원료 또는 제품으로 간주될 수 있음을 전제로 한 것이라고 볼 수 있다. 그 요건과 관련해서는, 위의 2008도3108 판결에서는 2002도3116 판결과 마찬가지로, '가공과정을 거쳐 객관적으로 사람의 생활이나 사업활동에 필요하다고 사회통념상 승인될 정도에 이르렀다면 그 물질은 그 때부터는 폐기물로서의 속성을 잃고 완제품 생산을 위한 원료물질로 바뀌었다고 할 것'이라고 판시하였다. 결국 위의 대법원의 판례들을 종합적으로 검토하면, 폐기물의 속성이 상실되었는지 여부에 대한 구체적인 판단은 개별적인 사안별로 제반 상황을 종합적으로 고려하여 내려져야 할 것인바,[11] 재활용 목적으로 유가로 거래된다고 하더라도 폐기물의 속성을 변화시키는 처리공정을 거치지 않은 상태에서 배출되거나 위탁받는 경우에는 폐기물에 해당하지만, 폐기물의 속성을 변화시키는 처리공정을 거치는 경우에는 배출자의 의사와 그 물질의 성상, 상업적 목적의 유가거래 여부 등을 종합적으로 판단하여 객관적으로 사람의 생활이나 사업활동에 필요하다고 사회통념상 승인될 수 있는 정도에 다다른 경우에는 폐기물로서의 속성을 잃고 원료 등으로 전환된다는 입장을 우리 대법원은 취하고 있는 것으로 볼 수 있을 것이다.[12]

---

11) 김홍균, 『환경법』(제3판), (홍문사, 2014), 514쪽
12) 박석현 외, 앞의 글 4, 72쪽

4. 비교법적 검토

가. EU

(1) '폐기물 종료(End-of-Waste)' 제도의 도입

EU는 2008년 기존 「폐기물 기본지침」을 개정하면서 '폐기물 종료(End-of-Waste)'라는 지위를 제6조에 새롭게 규정하였다. 이것은 법적인 명확성이라는 관점에서, 폐기물로 간주되는 물질이 언제 폐기물이기를 그치는지, 폐기물의 지위에서 벗어나는지를 판단하는 기준을 설정한 것으로서, 일반적으로, 폐기물은 재생이용을 포함한 재활용 공정(recovery operation)을 거쳐야 하며, 폐기물이 아닌 물질로 재분류되기에 앞서 동 조항에서 규정하고 있는 4가지 조건을 충족하여야 한다.[13]

즉, 폐기물의 정의를 충족하는 물질 또는 물건이 재활용 공정(재생이용 포함)을 거친 후 非폐기물(non-waste)로서의 지위를 취득하고, 폐기물 입법의 적용범위에서 벗어날 수 있는 조건들을 규정함으로써 폐기물 종료의 개념을 구체화하고 있는데, 이것은 폐기물이 더 이상 폐기물이 아닌 상태로 전환되었다는 것을 판단할 수 있는 환경적 기준을 수립함으로써 법적인 불확실성을 제거하고, 재활용이 가능한 폐기물에 대한 불필요한 행정적 규제를 최소화하며, 결과적으로 폐기물의 회수·재활용 시설에 대한 투자 확대를 유도함으로써, 재활용을 활성화하고 높은 수준의 환경보호를 확보하는 동시에, 천연자원의 소비와 최종처분되는 폐기물의 양을 줄이는 것을 목표로 한 것이었다.[14]

---

13) Hazel Ann Nash, "The Revised Directive on Waste: Resolving Legislative Tensions in Waste Management?", *Journal of Environmental Law* 21(1): 139-149 (2009), 143쪽

14) Alejandro Villanueva et. al., *Study on the selection of waste streams for End of Waste assessment*, (IPTS, 2010), 7쪽; Institute for Prospective Technological Studies, *End Of*

EU에서도 이러한 입법이 있기 전에는 폐기물이 어떠한 요건을 충족할 경우에 폐기물의 지위에서 벗어나는가에 대해서 많은 논의가 있어 왔다. 유럽 사법재판소는 먼저 1999년의 *Mayer Parry* 사건에서, 재활용(recovery) 공정에 의하여 재사용될 수 있도록 준비된 물질은 해당 재활용 공정이 완료되었을 때 더 이상 폐기물이 아니라고 하면서, 처리 결과 생산된 새로운 물질 또는 제품이 당초 폐기물이 구성되어졌던 물질에 상응하는 특성을 보유하고 따라서 그 본래의 물질의 생산에 다시 사용될 수 있어야 한다는 요건을 제시[15]하였다.

이후 2000년의 *ARCO Chemie* 사건에 대한 판결에서는, "폐기물 기본지침에 포함된 '폐기물' 용어 정의는 일반적으로 유효하고 포괄적인 폐기물의 정의를 설정하기에는 너무 모호하다. 대신에 특정한 상황에서 처리된 물질이 폐기물로 간주되어야 하는지 여부에 대한 결정은 사안별(case-by-case basis)로 내려져야 한다"는 견해를 밝힌 바 있고,[16] 다시 2001년의 *Castle Cement* 사건에 대한 판결에서는, 주로 솔벤트(solvent)와 폐기물로부터 추출된 액체들에서 생산된 대체액상연료와 관련하여, 해당 물질을 생산하기 위해 사용된 폐기물들은 그 물질이 연료 또는 에너지를 생산하기 위한 다른 수단으로서 사용되어야지만 비로소 「폐기물 기본지침」에서 규정하는 재활용(recovery)이 이루어진 것으로 볼 수 있다고 판시하였다.[17]

개정된 「폐기물 기본지침」의 '폐기물 종료' 제도는 판례에서 지적된 이러한 현실적인 문제를 해결하기 위한 입법적 노력의 일환으로 도입된 것이라

Waste Criteria, (IPTS, 2008), 14쪽~15쪽

15) Maria Lee, "Resources, Recycling and Waste", 6 *Environmental Law Review* 49 (2004), 50쪽

16) Elisa de Wit, "Clarifying the Definition of "Waste" in Europe and the United Kingdom", 16 *Natural Resources & Environment* 125 (2001), 127쪽

17) Helen Keele, "When Does Waste Cease to be Waste?", 3 *Environmental Law Review* 212 (2001), 212쪽~213쪽

고 할 수 있다.

(2) '폐기물 종료(End-of-Waste)'의 주요내용

폐기물 종료에 관한 기준을 세우고 결정을 내리는 것에 관한 「폐기물 기본지침」의 접근방식은 두 가지 측면을 가지고 있는데, 우선 특정한 폐기물 (예를 들면, 콘크리트 혼합재, 종이, 유리, 금속, 다이이 및 섬유)의 경우, 폐기물 종료의 기준들은 EU 수준에서 「폐기물 기본지침」 제6조 제1항에 열거된 (누적적) 조건들에 따라서 커미톨로지(comitology) 절차[18]에 의해 정해질 수 있으며, 일단 그 기준들이 공동체 수준에서 만들어지면, 이것들은 회원국들에게 구속력을 가진다. 회원국들은 EU 수준에서 설정된 기준의 범위에 대해서 다른 폐기물 종료기준을 적용할 수 없으나, 「유럽연합의 기능에 관한 협약」(TFEU: Treaty on the Functioning of the EU) 제193조에 따라서 정해진 조건 하에서, 더 엄격한 예방적 조치를 취하는 것은 예외적으로 허용된다. 그러나 만약 EU 수준에서 기준이 정해지지 않은 경우에는, 회원국은 적용 가능한 판례법을 고려하여, 사안별로 일정한 폐기물이 더 이상 폐기물이 아닌지 여부에 대해 결정할 수 있다.[19] 유럽사법재판소는 *Commission v.*

---

18) 커미톨로지는 집행위원회(Commission)와 회원국 정부 관료들이 공동으로 정책을 결정하는 전통적인 유럽연합의 정책결정 방식이다. 유럽통합 초기에는 집행위원회의 규모가 작고 전문성도 결여되었는데, 이에 따라서 회원국 관료들이 특히 기술적 문제에서 유럽공동체의 정책결정과 집행에 많이 관여하였다. 이러한 집행위원회와 회원국 관료들 간의 연합은 이후 집행위원회의 특징 중 하나로 자리 잡았다. 커미톨로지 위원회는 업무영역에 따라 관리위원회, 규제위원회, 자문위원회(Advisory Committee) 등의 3개의 위원회로 나뉘며 각각이 고유한 기능과 정책결정 방식을 갖는다. 커미톨로지 위원회의 주요 임무는 집행위원회 결정이 기존의 법률에 근거하여 적절한 내용과 절차를 담고 있는가를 심사하고, 이후 정책집행에 따른 문제를 감시하며 이를 각료이사회에 통보하는 것이다. 커미톨로지 위원회는 이슈에 따라 한시적으로 구성되며, 통상적으로 2~300여개가 활동하고 있다.(한국유럽학회 유럽연합(EU)학술용어사전 편찬위원회, 『유럽연합(EU) 학술용어사전』(높이깊이, 2007), 64쪽~65쪽 참조)

Italy 사건에 대한 2007년 12월 판결에서 "지침은 점유자가 일정한 물질 또는 물건을 버리고자 의도했는지를 판별하는 유일한 결정적 기준을 제공하지 않으므로, 회원국들은 공동체의 규정이 없는 상황에서, 공동체 법률의 효과성이 그것에 의해서 훼손되지 않는다면, 지침에 정의된 다양한 사안들의 입증의 유형을 자유롭게 선택할 수 있다"고 판시하여 각 회원국들이 국내법에 의해 종료기준을 마련할 수 있음을 인정한바 있다.[20]

EU 수준에서의 폐기물 종료기준을 충족하기 위한 조건들은 「폐기물 기본지침」 제6조 제1항 (a)에서 (d)까지에 규정되어 있는데, ① 해당 물질 또는 물건이 보통 특정한 목적들을 위해 사용될 것; ② 그러한 물질 또는 물건에 대한 시장이나 수요가 존재할 것; ③ 해당 물질 또는 물건이 특정 목적을 위한 기술적 요구사항을 충족하고 제품에 대해서 적용 가능한 현존하는 입법과 기준에 부합할 것; ④ 해당 물질 또는 물건의 사용이 전체적으로 환경 또는 인간-건강에 부정적인 영향을 초래하지 않을 것 등을 요구하고 있다. 이 가운데 ①과 ② 요건은, 특정한 물질이 폐기되기 보다는 유용한 목적에 사용될 가능성이 높음을 확인하기 위한 것으로서, 수요와 공급에 관한 확고하게 확립된 시장 조건의 존재, 해당 물질에 대해 지불되는 검증 가능한 시장 가격, 거래 명세 또는 기준의 존재 등에 의해 입증될 수 있으며, ③의 요건은 동일한 목적에 사용되는 처녀(virgin) 원료물질에 적용되는 확립된 관련 기술적인 명세 또는 기술적 기준들의 이행에 의해, ④의 요건은 제품에 대한 입법이 환경 또는 인간 건강에 대한 영향을 충분히 최소화하는데 적절한지 또는 해당 물질 또는 물건을 폐기물 관리 체계에서 배제하는 것이 환경 또는 건강에 더 큰 위험을 야기할 것인지를 검토함으로써 확인할 수 있다고 본다.[21]

---

19) European Commission, *Guidelines on the Interpretation of Key Provisions of Directive 2008/98/EC on Waste* (2012), 22쪽~23쪽

20) Case C-194/05, para.44; U.K. Department for Environment, Food and Rural Affairs, *Guidance on the legal definition of waste and its application* (2012), 12쪽

한편 폐기물 종료가 인정되는 경우에도, 폐기물 배출자 또는 점유자의 구체적인 의무들은, 재활용 과정이 지침의 목적에 적합하게 완료되고 따라서 건강과 환경에 대하여 발생할 수 있는 폐기물 관련 위험들이 최소화될 때까지 유효하며, 이런 관점에서 EU의 폐기물 종료의 개념은 재활용 과정의 완료에 대한 이해 및 재활용 그 자체에 대한 이해와 밀접하게 연계되어 있는데,[22] 어떤 물질이 폐기물 종료에 도달하고 더 이상 폐기물로 관리되지 않는 시점은 재활용 및 재생이용 과정의 완료와 동시로 해석할 수 있다.[23] 재활용은 「폐기물 기본지침」 제3조 제15항에 '다른 물질들을 대체함으로써 유용한 목적에 기여하는 폐기물 또는 그러한 기능을 수행하기 위해 준비되는 폐기물이 주된 결과물인 모든 공정'으로 정의되어 있는데, 이러한 정의는 어떤 물질이 실제로 다른 물질들을 대체하는 공정뿐만 아니라 어떤 폐기물을 그것이 더 이상 폐기물과 관련된 위험과 연관되지 않으면서 다른 공정들에서 원료 물질로 사용될 수 있도록 준비하는 공정들도 포함한다. 이러한 경우에 재활용 공정의 완료시점은, 일반적으로, 사람의 건강과 환경에 대하여 어떠한 폐기물과 관련된 위험도 제기하지 않으면서, 후속 공정을 위한 유용한 투입이 가능하게 되는 시점으로 간주될 수 있다.[24]

나. 독일

독일 연방대법원(BGH)은 폐기물 관련법에 따른 허가 등을 받지 않고 2003년부터 2008년까지 처리된 준설토를 약 20만톤 이상 골재채취광산 일부에 채워 넣은 사건에 대한 2013. 10. 23일 판결에서, 이러한 물질(준설토)

---

21) IPTS, 앞의 글 14, 8쪽; European Commission, 앞의 글 19, 23쪽 참고
22) European Commission, 앞의 글 19, 22쪽
23) Id. 25쪽
24) Ibid.

의 폐기물로서의 속성은 해당 폐기물에 대한 발생 이후의 처리에도 불구하
고 해당 물질이 광산에 반입되는 시점까지는 사라지지 않으며, 이 사건 행
위 당시에 유효했던 「순환경제폐기물법(KrW-/AbfG)」 제4조 제3항에 따른
재활용의 결과로서의 폐기물성의 종료는 재활용처리절차의 종료와 동시에
폐기물법에 의해 폐기물의 소유자 또는 점유자에게 부여되는 의무의 이행
을 전제로 한다고 판시하였다.[25] 결국, 독일 법원은 폐기물이 폐기물로서의
속성을 상실하고 폐기물이 아닌 원료물질 또는 제품으로 취급되기 위해서
는 재활용절차가 종료되었을 뿐만 아니라, 해당 폐기물의 소유자 또는 점유
자가 폐기물 관련 법령에 의한 의무사항들을 모두 이행하였어야만 한다는
입장을 취한 것으로 볼 수 있다.

　한편 독일은 EU의 「폐기물 기본지침」을 받아들여 2012. 2. 24일 개정
된 「순환경제폐기물관리법」 제5조에서 폐기물성의 종료(Ende der Abfallei-
genschaft) 제도를 명시적으로 도입하고 그 구체적인 요건들을 규정하고 있
다.[26] 즉, 「순환경제폐기물관리법」 제5조 제1항에 따르면, 일정한 물질 또
는 물건이 재활용 절차를 거치고, ① 그 물질이나 물건이 통상적으로 특정
한 목적에 사용되며, ② 그에 대한 시장이나 수요가 존재하고, ③ 특정한 목
적에 해당하는 기술적인 요건과 그 생산에 관한 일체의 법적 규정 및 표준
을 충족시키며, ④ 그 사용이 전체적으로 인간의 건강이나 환경에 유해한
영향을 초래하지 않도록 만들어진 경우에는 그 폐기물성이 종료된다. 또한
이와 관련하여 연방 정부에게 관련 단체의 의견을 청취한 후 연방 상원
(Bundesrat)의 승인을 받아 시행령을 만들어 제1항에서 언급된 요건들에 따
라 특정 물질과 물건에 대하여 폐기물성이 종료되는 조건들을 더 상세하게
정하고, 인체와 환경의 보호 요건들을 특히 유해물질에 대한 한계치를 통해

---

25) BGH 5 StR 505/12 (2013.10.23), 12쪽 (독일 연방대법원 홈페이지(http://juris.
　　bundesgerichthof.de)에서 내려 받음)
26) 조지혜 외, 앞의 글 1, 13쪽

서 확정할 수 있는 권한을 부여하고 있다.[27]

다. 프랑스

프랑스는 환경법전 내 L541-4-3조에서 폐기물 종료에 관한 조건을 명시하고 있는데, 폐기물이 폐기물로서의 지위가 종료된 것으로 인정받기 위해서는, 허가, 등록 또는 신고 대상인 L511-1조에 의한 시설이나, 허가 또는 신고 대상인 L214-1조에 의한 시설에서 처리된 후 재회수 공정을 거친 다음, ① 그 물질이나 물건이 특정한 목적에 통상적으로 사용되고, ② 그 물질이나 물건에 대한 수요가 존재하거나 시장이 존재하며, ③ 그 물질이나 물건이 특정 목적에 대한 기술적 요건을 충족하고, 그 물건이 제품에 적용되는 입법과 표준을 준수하며, ④ 그 물질이나 물건의 사용이 환경이나 인체건강에 전반적으로 부정적인 영향을 미치지 않아야 한다. 이에 따른 구체적 기준들은 관련 행정당국이 정하며, 경우에 따라서 오염 인자의 한계치를 포함하여 물질이나 물건의 환경에 대한 부정적인 영향을 고려하여 정하도록 하고 있다.[28] 따라서 프랑스의 경우에도 EU의 『폐기물 기본지침』에서 제시하고 있는 요건들을 수용하여 폐기물 종료에 대해 규정하고 있는 것으로 볼 수 있을 것이다.

라. 미국

미국 연방 환경보호청(EPA)은 일정한 물질이 재활용 공정을 거쳐서 완전히 회수가 완료되지는 않았다고 하더라도 폐기물에서 제외될 정도로 충분

---

27) 「순환경제폐기물관리법」, 제5조 제2항
28) 조지혜 외, 앞의 글 1, 12쪽

히 '상품과 유사한(commodity-like)' 경우에는 폐기물로 분류되는 것에서 특례를 신청할 수 있도록 하고, 그러한 경우에 해당하는지 여부를 판단하기 위한 기준을 규정하고 있는데, 그 구체적인 기준들은, ① 해당 물질이 거친 처리의 정도와 추가적으로 필요한 처리의 정도, ② 재활용된 후 해당 물질의 가치, ③ 재활용된 물질이 유사한 원료물질과 비슷한 정도, ④ 재활용된 물질에 대한 최종시장이 확보된 정도, ⑤ 재활용된 물질이 손실을 최소화하기 위해 취급된 정도, ⑥ 기타 관련 요소들이다.[29]

또한 EPA는 '유해 2차 물질'(hazardous secondary material)의 재활용을 보다 안전하고 비용 효과적으로 촉진하기 위해 DSW(Definition of Solid Waste) 법령을 제정하였는데, 동 법률의 적용을 받는 폐기물이 '유해 2차 물질'로서 재활용이 가능하다고 판단될 경우에는 폐기물에서 제외하는 예외조항을 두고 있다. 이와 함께 '非폐기물 확정절차(Non-waste Determination Procedure)'와 '합법적인 재활용(Legitimate Recycling)'에 관한 조항을 두고 있는데, '유해 2차 물질'이 가치 있는 성분으로 기여하거나 재활용 공정에서 촉매를 대체하는 경우 또는 상품화된 제품에서 효과적인 대체재로 사용되는 경우와 재활용 공정이 가치 있는 제품 또는 중간재를 생산하는 경우 등에 합법적 재활용 규정이 적용되며, 합법적으로 재활용되지 않는 '유해 2차 물질'은 폐기물이다.[30] 또한 배출자 및 재활용업자는 이러한 '유해 2차 물질'을 가치 있는 상품으로 관리하여야 하는데, 이와 비슷한 천연 원료물질이 있는 경우에는 최소한 그러한 물질의 관리에 부합하는 방법으로 관리되어야 하고, 만일 '유해 2차 물질'이 가치 있는 원료처럼 관리되지 않는다면 이런 행동은 해당 '유해 2차 물질'이 재활용되지 않을 것이며 환경에 배출되고 폐기될 수 있다는 것을 말해주는 징표로 해석될 수 있으며,[31] 따라서

---

29) 40 C.F.R. 260.31 (Standards and criteria for variances from classification as a solid waste) (c)
30) 조지혜 외, 앞의 글 1, 17쪽
31) 박석현 외, 앞의 글 4, 281쪽

폐기물로 취급되어야 할 것이다.

유해성 측면에서는, 유사제품은 함유하고 있지 않는 유해물질을 재활용제품이 상당량 가지고 있는 경우 또는 유사제품에 함유되어 있는 유해 물질을 훨씬 더 높은 농도로 함유하고 있거나 유사제품에는 없는 유해 특성을 지니고 있을 경우에는 비합법적인 재활용이 된다.[32] 예를 들면, 재활용을 통해서 만들어진 페인트 속에 카드뮴과 같은 중금속이 상당량 들어있는데 반해서 천연원료로 생산된 페인트에서는 이러한 중금속이 검출되지 않는다면, 이것은 중금속이 재활용 과정을 통해 제품 속에 버려진다는 사실을 암시하며, 따라서 적법한 재활용에 의한 제품으로서 폐기물의 지위를 벗어난다고 할 수 없다.[33]

마. 영국

영국은 기본적으로 EU 「폐기물 기본지침」의 규정에 따라서 폐기물 종료 제도를 도입·운영하고 있으며, 동 지침 제6조 제1호 및 제2호에 의한 EU 차원의 폐기물 종료 기준이나, 제6조 제4호 의해 채택된 국가별 폐기물 종료 의정서도 존재하지 않는 상황에 대응하기 위해, 영국 환경청은 기업체나 다른 조직들이 특정한 유형의 폐기물에 대해서 폐기물 종료 신청을 할 수 있는 체계를 마련하여 운영하고 있다. 또한 영국에서는 다른 어떤 물질보다도, 특정한 폐기물 유래 연료가 연료로서 사용되기 전에 폐기물의 지위에서 벗어났는지 여부를 둘러싸고 많은 논의가 이루어져 왔으며, 이에 따라 영국 환경청은 "폐윤활유로부터 처리된 연료유의 생산과 사용"을 위한 국가별 폐기물 종료 의정서를 개발했다.[34]

---

32) 40 C.F.R. 260.43(c)(2)
33) 박석현 외, 앞의 글 4, 285쪽
34) U.K. Department for Environment, Food and Rural Affairs, 앞의 글 20, 55쪽~56쪽

한편, 영국 법원은 일정한 폐기물이 어느 시점에 폐기물의 지위에서 벗어나는가와 관련된 *Environment Agency v Thorn International UK Ltd* 사건에 대한 판결에서, 전기·전자제품을 구매하여 수리 후 다시 판매하는 회사가 구입한 물품들은 비록 그것들이 재판매되기 전에 수리되어야 하지만 폐기물이 아니라고 판시하여 일정한 재활용 공정을 거치지 아니한 경우에도 폐기물에 해당하지 않는 것으로 보았으나, 영국 환경청은 이 판결을 재활용을 위해 취득된 버려진 전기·전자제품들이 모두 수리되어 재사용될 가능성이 매우 높은 것으로 보이는 경우들에 한정하여 적용하려는 입장을 취하고 있다.[35] 이와 같이 예외적인 경우 이외에는, 고철의 재활용 공정을 통해 추출되어 철강 생산에 사용되는 2차 원재료는 그것이 실제로 철강 제품으로 재활용될 때까지는 계속 폐기물로 분류된다고 판시한 유럽사법재판소의 *Niselli* 사건에 대한 판결[36] 및 유사한 취지의 *ARCO Chemie* 사건 판결과 마찬가지로, 재활용 공정을 거쳐 생산된 물질이 불순물을 포함하고 있고 따라서 원재료와 같이 사용될 수 없는 경우 그 물질은 여전히 재활용이 완료되지 않은 것이며 폐기물로 보아야 한다는 것이 영국 정부의 해석이라고 할 수 있다.[37]

바. 일본

일본은 『폐기물의 처리 및 청소에 관한 법률』이나 『순환형사회형성추진기본법』에서 폐기물의 종료 또는 이와 유사한 제도에 대한 규정을 명시적으로 두고 있지는 않다. 그러나 일본은 폐기물의 감량화를 추진하기 위해 폐기물의 재생 이용이 생활환경의 보전에 지장을 주지 않는 것으로 환경성령(環境省令) 및 고시에서 정하는 일정한 요건에 적합한 경우에는 환경대신의

---

35) *Id.* 53쪽~54쪽
36) Case C-457/02, para.52
37) Maria Lee, 앞의 글 15, 52쪽

인정을 받아 폐기물처리업 및 폐기물 처리시설 설치허가를 받지 않고도 해당 폐기물을 처리할 수 있거나 처리시설의 설치가 가능하도록 규제를 완화한 '재생이용 인정제도'를 운영하고 있다.[38] 이 제도는 1997. 12월부터 시행되었으며, 2009. 10월 기준으로 폐고무, 폐플라스틱 등 총 111건이 인정을 받았다.[39] 한편, 폐기물의 적정 처리를 확보하기 위해, 재생이용 인정을 받은 자에 대해서도 처리기준의 준수, 장부의 기재 및 보존 의무 등의 규제는 여전히 적용된다.

'재생이용 인정제도'에 따라 환경대신의 인정을 받기 위한 기준으로는, ① 신청한 폐기물의 재생이용이 해당 폐기물의 재생이용 촉진에 기여하는 것일 것(유용성), ② 재생품의 성상에 대한 표준규격이 존재하며, 해당 재생품 이용자의 수요에 적합하도록 성상에 대한 기준이 완비되어 있어 재생품의 이용이 예상될 것(시장수요의 존재), ③ 입고된 폐기물은 재생품의 원료로 사용할 것, ④ 입수된 폐기물의 주된 사용 목적이 연료로 사용하는 것이 아닐 것, ⑤ 연료로서 사용되는 재생품을 얻기 위한 것이 아닐 것, ⑥ 일반적인 사용에 있어 생활환경보전 상 지장이 없는 재생품을 얻기 위한 것일 것(유해성 기준), ⑦ 입수된 폐기물의 전부 또는 대부분을 재생이용 용도에 쓰이는 시설에 투입할 것, ⑧ 재생공정에 수반하여 폐기물을 거의 발생시키지 않을 것(단 자원으로 이용하는 것이 가능한 금속에 관련된 재생공정의 경우는 이에 제한받지 않음), ⑨ 재생이용 공정에서 배출되는 배기가스 중 다이옥신 농도가 $0.1ng/m^3$ 이하일 것(유해성 기준), ⑩ 기타 환경대신이 정하는 폐기물별로 환경대신이 정하는 기준에 적합할 것 등을 제시하고 있다.[40] 이들 기준들은 앞에서 살펴본 유럽과 미국에서 적용하고 있는 폐기물 종료기준들과 대체로 유사한 것으로 보인다.

---

38) 조지혜 외, 앞의 글 1, 19쪽
39) 신희덕, 『일본 산업폐기물 행정의 실상과 과제(모니터링 분석)』 (한국과학기술정보연구원, 2010), 3쪽
40) 『廢棄物の處理及ぴ淸掃に關する法律』 시행규칙 제6조의4 및 제12조의4

한편, 일본 환경성은, 산업폐기물을 재생이용하기 위해 유상으로 양수인에게 인도하는 경우의 수집·운반에 있어서는, 인도인측이 운송비를 부담하고 해당 운송비가 매각대금을 상회하는 경우 등 해당 산업폐기물의 인도에 관계된 사업전체에 있어서 인도인 측에 경제적 손실이 발생하는 경우에는 폐기물처리법이 적용되지만, 재생이용하기 위해 유상으로 양수받은 자가 점유자가 된 시점 이후에 대해서는 폐기물에 해당하지 않는다고 해석한바 있다.[41] 일본 환경성은 이와 함께 유상양도를 위장한 탈법적인 행위를 방지하기 위해, 폐기물에 해당하는가 여부를 판단함에 있어서, ① 물질의 성상이 재생이용에 적합하지 않은 유해성을 지닌 것 또는 오물에 해당하지 않는 것일 것, ② 재생이용하기 위해 유상으로 양수받은 자에 의한 해당 재생이용이 제조사업으로서 확립·계속되고, 매각실적이 있는 제품의 원재료의 일부로서 이용하는 것일 것, ③ 재생이용하기 위해 유상으로 양수받은 자에 있어서, 명목의 여하에 관계없이 처리요금에 상당하는 금품을 수령하지 않을 것, ④ 재생이용을 위한 기술을 보유한 자가 한정되어 있거나 사업활동 전체로서는 계열회사와 거래를 하는 것이 이익이 되는 등의 이유에 의해 원격지에 수송하는 등, 양도거래의 상대방을 선정하는데 있어 합리적인 이유가 인정될 것 등의 4가지 유의점을 제시했다.[42] 따라서 위의 4가지 요건을 충족하는 경우에는 폐기물의 지위가 종료되고 더 이상 폐기물로서 규제를 받지 않는다고 할 것이다.

---

41) 2005. 3.25일 環境省大臣 官房·廢棄物·리사이클對策部 産業廢棄物課長通知, 環境産廢第050325002號 (佐藤 泉·池田直樹·越智敏裕, 『實務 環境法講義』, (民事法硏究會, 2008), 153쪽에서 재인용).

42) *Ibid.*

5. 소결

가. '폐기물 종료'의 도입 필요성

발생당시 또는 배출 시에는 폐기물에 해당되었다고 하더라도 이후 성상과 속성의 변화로 인해 더 이상 폐기물로 관리할 필요가 없어진다면 폐기물에서 제외하는 것이 자원의 효율적인 이용을 촉진하고 효율적으로 폐기물을 관리하는 방안이 될 수 있을 것이다. 현행「폐기물관리법」또는「자원의 절약과 재활용 촉진에 관한 법률」이 명시적으로 폐기물 종료에 관한 규정을 두고 있지는 않으나,「폐기물관리법」제13조의2와 동 조항의 위임에 따라 폐기물의 종류에 따른 재활용 방법을 규정하고 있는 동법 시행규칙 별표5의 2가 폐기물 종료에 대한 일응의 기준으로서 역할을 한다고 할 수 있을 것이다. 이와 관련하여 폐유리를 재활용처리공정을 거쳐 원료로 판매하고 있는 경우에 제품으로 볼 수 있는지에 대한 질의에 대해 환경부는, 폐유리를「폐기물관리법」제46조 제1항 제6호 및 동법 시행규칙 제66조 제3항에 따른 재활용 신고시의 재활용처리공정대로 파쇄·분쇄하여 유리제품이나 건축토목자재의 원료로 가공하는 경우에는 제품으로 판매가 가능하다고 회신한바 있는데, 다만 이 경우 일정한 규격의 용기 또는 상자에 넣거나 포장하여야만 한다는 요건을 제시한바 있다.[43] 환경부의 회신은 폐기물이 일정한 공정을 거쳐 가공된 물질에 대해 폐기물의 지위에서 제외되는 경우를 인정한 것으로 볼 수 있으나, 유럽 및 미국·일본 등의 기준과 비교할 때, 해당 물질이 일정한 품질기준을 충족하고 사람의 건강이나 환경에 유해성이 없어야 한다는 점에 대해서는 전혀 고려하지 않고 있다는 점에서 보완이 필요하다고 할 것이다.

---

43) 환경부·한국폐기물협회,『폐기물분야 질의·회신 사례집』(2010), 12쪽 (2008-09-19) 및 22쪽 (2009-04-16)

EU는 앞에서 살펴본 바와 같은 폐기물 종료기준의 도입을 통해, 기존에 폐기물로 분류되었던 물질이 자원으로 구분되어 관리 받게 됨으로써 해당 물질의 품질에 대한 소비자들의 신뢰도를 제고시키고 편견을 완화시키는 한편, 폐기물로서의 불필요한 관리부담을 줄이고, 특정 물질이 충족시켜야 할 기술적·환경적인 최소한의 요건들을 정의함으로써 해당 물질의 고품질화를 촉진하여 환경적·경제적 편익을 발생시킬 것으로 전망하고 있다.[44] 이에 따라 EU는 2011. 3. 31일에 이사회 규칙(Council Regulation) (EU) No 333/ 2011로 쇠, 강철 및 알루미늄 조각에 대한 폐기물 종료기준들을 채택하였다. 우리나라에서도 폐지·고철 등 압축, 파쇄 등을 통하여 원료로 공급될 수 있는 상태로 가공된 물질까지 폐기물로 관리하는 것은 과도한 규제라는 의견이 제시되고 있는바,[45] 우리 폐기물 관련 법체계에도 폐기물 종료제도를 명시적으로 도입하는 방안을 적극적으로 검토할 필요가 있다고 생각된다. 폐기물 관련 법령들은 폐기물의 수집, 운반, 보관, 처리 및 처분 등에 의해 야기될 수 있는 위해로부터 인간의 건강과 환경을 보호하기 위해 각종 규제를 하고 있으나, 이러한 위험이 거의 없고 그러한 물질들이 다시 원료 물질 등으로 사용될 것이 확실한 경우에까지 이러한 행정적 부담을 지울 필요가 있는가에 대해서는 의문이 제기될 수 있다.[46] 또한 폐기물 종료제도를 통해 폐기물에서 제외되기 위한 명확한 환경성 및 품질에 관한 기준을 마련함으로써 사용자들의 신뢰를 높이는 한편, 단순히 법적으로 최초에 폐기물로 분류되었다고 해서 이를 재활용할 물질에 대해서 부정적인 선입견을 가지고 사용을 꺼리는 문제도 상당 부분 해결할 수 있을 것이다.

그러나 다른 한편으로는, 폐기물을 중간처리(가공)한 물질을 계속해서 폐기물로 관리할지 아니면 폐기물로서의 관리를 종료하고 원료 또는 제품으

---

44) 조지혜 외, 앞의 글 1, 35쪽~37쪽; IPTS, 앞의 글 14, 19쪽 참고
45) 김홍균, "폐기물재활용 개념 - 폐기물과의 구별 -", 한국법학원, 『저스티스』 통권 제84호, 53-69 (2005), 55쪽; 채영근, 앞의 글 5, 161쪽~162쪽 참고
46) IPTS, 앞의 글 14, 19쪽

로서 취급할지 여부는 경제적인 측면뿐만 아니라 해당 물질(제품)의 유용성
과 유해성, 환경에 미치는 영향 등을 종합적으로 검토하여 판단해야 할 것
이다. EU, 독일, 프랑스, 미국 등 '폐기물 종료' 또는 이와 유사한 제도를 도
입·운영하고 있는 국가들의 경우에도 이러한 측면에서 엄격한 기준을 충족
하는 경우에만 폐기물로서 관리되는 대상에서 제외하는 방식을 취하고 있
는 것을 참고할 필요가 있다.

　2010. 7. 23일 개정된 「폐기물관리법」에서는 제13조의3을 신설하여, 폐
기물을 재활용하여 만든 제품 또는 물질이 사람의 건강이나 환경에 위해를
줄 수 있다고 판단되는 경우에는 그 재활용제품 또는 물질에 대한 유해성
기준을 설정하고, 이를 위반할 때에는 해당 제품 등의 회수, 파기 등 필요한
조치를 명령할 수 있도록 하였다. 이는 종전에 이러한 유해성 기준이 없어
서 시멘트, 폐침목을 재활용한 건축자재용 목재, 플라스틱 재활용 대야 등에
서 6가크롬, 수은, 납, 카드뮴 등이 검출되어 인체유해성 논란이 있었음에도
이를 규제할 수 있는 효과적인 법적 수단이 없다는 반성에서 비롯된 것이었
다.[47] 따라서 폐기물 종료기준을 도입하는 경우에는 현행법의 재활용제품에
대한 유해성 기준을 종합적으로 검토하여 종료기준에 포함할 수 있도록 하
는 것이 바람직하다고 생각된다.[48]

나. '폐기물 종료'의 도입방안

　현행 「폐기물관리법」을 비롯한 폐기물 관련 법률들은 무엇이 폐기물이고

---

47) 이병길, "자원순환 추진과 국민건강 확보 추구 - 폐기물관리법", 대한민국 국회, 『국
　　회보』 2010년 8월호, 96-97 (2010), 96쪽
48) OECD에서는 이러한 기준으로서의 요건을 '일반적 고려사항', '특성 및 명세', '환
　　경적 영향' 및 '물질의 용도 및 목적' 등으로 분류하여 제시하고 있다. (OECD
　　Waste Management Policy Group, *Final Guidance Document for Distinguishing Waste
　　from Non-Waste*, ENV/EPOC/WMP(98)1/REV1, 10.7.98, 7쪽~8쪽 참고)

언제부터 폐기물로 보는가에 대해서는 규정하고 있으나, 폐기물이 재활용
공정 등을 거쳐서 새로운 원료물질 또는 제품이 되는 경우, 언제부터 폐기
물의 지위를 벗어나는지에 대해서는 아무런 명시적인 규정을 두고 있지 않
다. 일본의 판례와 같이 재활용 공정으로 운반되면 바로 그 물질이나 물건
이 폐기물 지위에서 벗어난다고 해석하는 것은 우리 「폐기물관리법」의 목
적이나 체계와 부합하지 않는다고 할 것이다. 그러나 폐기물이 일정한 공정
을 거쳐 더 이상 폐기물로 관리할 필요가 없게 된 경우에도 여전히 폐기물
로 보아 관리하는 것은 과도한 규제라고 할 수 있으며, 자원순환을 촉진한
다는 측면에서도 바람직하지 않다. 따라서 폐기물이 폐기물로서의 지위를
벗어나 더 이상 폐기물로 관리되지 않게 되는 시점과 그 요건에 대한 일반
적인 원칙을 명확히 법률에서 규정하고, 하위 법령에서 폐기물의 종류별로
구체적인 종료기준을 제시하는 것이 필요하다고 할 것이다.[49)]

어떠한 물질이 폐기물인지 여부를 평가하기 위해 사용되는 고려사항들
가운데 많은 것들은 그러한 폐기물이 언제 더 이상 폐기물로 간주되지 않는
지를 평가함에 있어서도 적용될 수 있을 것이나, 폐기물 종료와 관련해서는
추가적으로 고려되어야 할 요소들이 있다.[50)] EU의 폐기물 종료기준에서는
앞에서 살펴본 바와 같이, '인체 건강 및 환경적 위해성이 없어야 한다'는
요건을 반드시 충족할 것을 요구하고 있어, 인체와 환경에 대한 위해성을
최우선으로 고려하고 있다. 따라서 우리나라에서도 폐기물로서 엄격한 관리
를 받는 지위로부터 벗어나 자원으로 관리하도록 하는 기준을 정함에 있어
서 해당 물질 또는 물건에 함유되어 있는 유해물질이 인체와 환경에 노출되
어 부정적인 영향을 줄 우려가 있는지를 사전에 충분히 고려할 수 있도록
해야 할 것이다.

우리나라의 폐기물 관리 현실과 외국의 입법례 등을 종합적으로 고려할

---

49) 조지혜 외, 앞의 글 1, 59쪽
50) OECD Waste Management Policy Group, 앞의 글 48, 11쪽

때, ① 재활용 과정을 거친 물질이나 제품이 KS규격과 같은 일정한 품질 기준에 적합하고, ② 동 물질이나 제품에 대한 수요와 시장이 안정적으로 존재하는 등 사회통념상 항상 경제적 가치를 가지며, ③ 그러한 물질이나 제품으로부터 환경과 인체에 대한 유해성이 초래되지 않는 등 유용성·환경영향 등에 대한 구체적 판정기준을 충족하는 경우에는, 해당 중간처리 또는 재활용 과정이 완료된 시점에 그러한 공정을 거친 물질 또는 제품은 폐기물에서 제외되는 것으로 보되, 종료의 구체적인 요건과 기준 등은 하위 법령에 규정하는 것이 타당할 것이다.[51]

2013. 7월 국회에 최봉홍의원 대표발의로 제출된 「자원순환사회 전환 촉진법안」[52]에서는 '순환이용에 따른 폐기물 종료의 인정' 제도를 도입하여, 폐기물이 순환이용 과정을 통해 일정한 조건을 충족하였다고 인정되는 경우에는 환경부장관에게 인정서를 받아 폐기물에서 제외할 수 있도록 하고, 사후관리를 위하여 재인정과 인정취소 절차 등을 규정하고 있다.

정부에서 2013. 9월에 입법예고한 「자원순환사회 전환 촉진법안」도 위의 의원발의 법률안과 동일한 폐기물 종료 인정제도를 규정하고 있었으나, 2014. 10. 29일 국회에 최종적으로 정부안으로 제출된 「자원순환사회 전환 촉진법안」에서는 이를 수정하여, '순환자원의 인정' 제도를 도입하는 것으로 제시하고 있다. 즉, 동 법률안 제9조 제1항에서 환경부장관은 ① 폐기물 중 사람의 건강과 환경에 유해하지 아니하게 된 물질 또는 물건으로서, ② 경제성이 있어 유상거래가 가능하여 방치될 우려가 없는 등 환경부장관이 산업통상자원부장관과 공동으로 고시하는 기준을 충족하는 물질 또는 물건을 순환자원으로 인정할 수 있도록 하고, 동조 제4항에서는 이러한 인정을 받은 순환자원은 폐기물로 보지 아니한다고 규정하고 있다.

국회에 계류되어 있는 또 다른 법률안인 「자원순환사회 촉진기본법안」[53]

---

51) 同旨 박석현 외, 앞의 글 4, 86쪽
52) 의안번호 5944호

역시 이와 유사한 '순환자원과 폐기물의 상호 전환 및 종료신고' 제도를 규정하고 있으나, 동 법률안에서는 일정한 물질 또는 물건에 대해 폐기물에서 제외되는 순환자원으로의 인정 여부를 사업자 개인의 판단에 따르도록 하면서 단순한 요건만을 갖추어 신고만 하면 되도록 하고 있으며 사후관리에 대한 규정 또한 부재하다는 점에서 전자의 법률안 및 정부안과 중대한 차이가 있다고 할 수 있다. 이는 재활용이 가능한 모든 폐기물을 순환자원으로 간주하여 폐기물에서 제외하는 입장에 따른 것이라고 할 수 있을 것이다.

생각건대 위의 「자원순환사회 촉진기본법안」과 같은 입장에 따르면, 재활용이 가능한 물질 또는 물건들은 모두 순환자원으로 폐기물의 범주에서 제외되고, 따라서 환경상 위해한 물질을 투기·방치해도 폐기물이 아니기에 이에 대한 마땅한 규제수단이 없어져 결과적으로 심각한 환경오염을 야기할 우려가 있으며, 특히 수입되는 폐기물들도 순환자원으로 폐기물에서 제외됨에 따라 이들 물질에 대한 수입허가 등 폐기물로 관리할 수 있는 통제수단을 상실하게 되어 외국으로부터 폐기물들이 원료로 무분별하게 수입되어 자칫하면 우리나라가 국제적인 폐기물 처리장으로 전락할 우려도 있다고 할 것이다. 또한 생산자 또는 폐기물을 발생시킨 원인자에게 폐기물 처리에 대한 책임을 물을 수 있는 근거도 없어지는 결과가 됨에 따라 임의 배출이나 부적정한 투기가 심화될 우려가 있을 뿐만 아니라, 폐기물의 재활용을 위해 필요로 하던 허가나 신고 등도 더 이상 필요 없이 누구나 자유롭게 영업을 할 수 있게 됨에 따라 재활용을 빙자한 무분별한 처리를 조장하고 기존에 법령에 따라 적법하게 허가를 받거나 신고 등을 하고 폐기물을 자원화 하는 영업을 영위해 온 재활용산업계가 큰 타격을 입게 되는 결과를 초래할 우려도 있을 것이다.

따라서 위와 같은 측면들을 종합적으로 고려할 때, 우리 폐기물 관련 법령에도 폐기물 종료에 관한 규정의 도입을 적극적으로 검토할 필요가 있다

---

53) 의안번호 7903호, 전병헌의원 대표발의 (2013.11.30 발의)

고 생각된다. 다만, 동 제도를 어느 법에 규정할 것인가에 대해서는 심도 있는 검토가 필요하다. 현재 국회에 계류중인 법률안과 같이 새롭게 제정이 추진되고 있는 「자원순환사회 전환 촉진법」에 이를 규정할 경우에는 일정한 물질 또는 물건이 폐기물에 해당하는지를 판단하기 위해 기존의 「폐기물 관리법」과 「자원순환사회 전환 촉진법」을 모두 검토할 필요가 있으므로 자칫 폐기물을 배출하는 사업사의 입장에서는 오히려 부담이 더 커지는 결과를 가져올 우려도 있다.

또한 국회에 제출된 정부안의 경우 당초 입법예고안의 '폐기물 제외 기준'과 '폐기물 종료의 인정'을 통합하여 규정하고 있으나, 처음부터 폐기물에 해당하지 않는 것으로 규제대상에서 제외되는 것과 폐기물에는 해당하지만 법령에서 규정하는 절차에 따라 폐기물에서 제외되는 것과는 명백한 차이가 있다고 할 수 있으므로 당초안대로 두 조항을 별도로 분리하여 규정하는 방안을 검토할 필요가 있다. 이러한 관점에서, 동 제도의 도입으로 발생할 수 있는 부정적인 영향을 예방하고 자원의 효율적인 이용을 극대화한다는 제도의 취지를 살리기 위해서는 '폐기물 종료 제도'를 아래와 같은 내용으로 신설하는 것이 타당하다고 생각된다.

제○조(폐기물의 종료) ①환경부장관은 폐기물이 제13조의2의 규정에 따른 재활용 공정을 거치고, 다음 각 호의 요건을 충족하는 것으로 인정되는 경우에는 해당 물질 또는 물건은 더 이상 제2조 제1호의 규정에 의한 폐기물이 아닌 것으로 본다.
1. 재활용 공정을 거친 물질 또는 물건이 특정한 목적에 통상적으로 사용될 것
2. 해당 물질 또는 물건에 대한 수요가 안정적으로 존재할 것
3. 해당 물질 또는 물건이 원료물질 또는 제품으로서 특정한 용도를 위한 기술적 요건 및 법적 요건과 표준을 충족할 것
4. 해당 물질 또는 물건의 사용이 사람의 건강 또는 환경에 위해를 끼칠 우려가 없을 것
② 제1항에 따른 폐기물의 종료를 인정받고자 하는 자는 환경부령으로 정하는 바에 따라 환경부장관에게 신청하여야 한다. 이 경우 환경부장관은 제3항

의 기준에 적합한 경우 그 인정사유를 명확하게 기재하여 신청인에게 인정
서를 발급하여야 한다.

③ 제1항 각 호의 요건에 따른 구체적인 인정기준, 인정절차와 방법 등 세부
적인 사항은 환경부장관이 관계 중앙행정기관의 장과 협의하여 폐기물의 종
류별로 정하여 고시한다.

④ 제1항 제4호의 규정에 의한 위해를 끼칠 우려는 해당 물질 또는 물건에
함유된 위해우려물질의 종류 및 농도 등을 종합적으로 고려하여 판단하되,
그 구체적인 기준은 대통령령으로 정한다.

⑤ 제2항에 따라 폐기물에서 종료된 물질 또는 물건이 여건의 변화에 따라
제1항 각호에 따른 기준을 충족하지 못하게 된 경우에는 폐기물 종료를 인
정받은 자 또는 해당 물질이나 물건의 사용자는 이를 즉시 환경부장관에게
신고하고 해당 물질이나 물건을 폐기물의 처분 기준과 방법에 따라 적정하
게 처리하여야 한다.

다. 중간가공폐기물과의 관계

중간가공폐기물은 「폐기물관리법」 제13조 제1항에서 "제13조의2의 용도
또는 방법에 따라 재활용을 하기 쉬운 상태로 만든 폐기물"로 정의되어 있
으며, 이러한 중간가공폐기물에 대해서는 대통령령으로 완화된 처리기준과
방법을 정할 수 있도록 규정하고 있다.[54] 따라서 중간가공폐기물은 비록 일
반폐기물에 비해서 완화된 규제의 적용을 받는다고 하더라도 여전히 폐기
물로서의 지위에 머물러 있는 물질인 것이다. 그럼에도 불구하고 「폐기물관
리법」 시행규칙 별표5의2에서는 제43호 및 제44호에서 중간가공 폐기물을
제조하는 경우를 폐기물의 재활용 기준 및 구체적인 재활용 방법으로 규정
하고 있다. 따라서 「폐기물관리법」에서 정하고 있는 '재활용 용도 또는 방
법'을 폐기물을 폐기물이 아닌 상태의 물질로 만드는 행위로 보는 경우에는
중간가공폐기물과의 관계에서 논리적으로 모순이 발생할 수 있다.

---

54) 「폐기물관리법」 제13조 제1항

이러한 논리적인 충돌을 해소하기 위해서는, 현행 「폐기물관리법」상 중간가공폐기물을 제조하는 행위는 재활용 활동에는 포함되지만, 재활용 과정이 종료된 상태에 도달한 것은 아니기 때문에 해당 물질은 폐기물의 속성과 지위를 여전히 가지는 것으로 해석하는 것이 타당할 것이다.[55] 결국 이런 측면에서도 현행 「폐기물관리법」의 '재활용 용도 또는 방법'은 EU 등에서 도입하고 있는 '폐기물 종료'와는 구별되는 것으로 보아야 할 것이다.

---

55) 박석현 외, 앞의 글 4, 90쪽

제5절 폐기물의 분류체계 검토

1. 폐기물 분류체계의 중요성

「폐기물관리법」의 적용대상인 '폐기물'에 해당하는 것으로 판단되는 물질 또는 물건을 누가 처리해야 하는가에 관한 책임의 소재와 폐기물의 관리를 감독하는 책임을 지는 규제기관 및 재활용, 소각 등과 같은 구체적인 처리방법 등은 폐기물의 분류체계에 따라 구체적으로 결정된다.[1] 따라서 폐기물의 분류체계는 폐기물의 개념 및 정의에 못지않게 폐기물의 관리에 있어서 중요한 의미를 가지고 있을 뿐만 아니라, 폐기물을 배출하는 일반 국민 또는 사업자에 대한 규제 여부 및 그 정도 등을 결정함에 있어서도 기본적인 요소가 됨으로써 국민들의 권리와 의무에도 중대한 영향을 미칠 수 있는 것이다. 즉, 실제 가정이나 사업장 등에서 다종다양하게 발생하는 폐기물들이 그 특성에 맞게 적정하게 재활용되고 처리되기 위해서는 그 전제로서 폐기물이 적정하게 분류되어야 하며, 따라서 폐기물의 분류체계는 폐기물의 종류에 따른 분리수거, 적절한 처리와 사후관리의 전제조건이며 동시에 규제조건이 된다.[2] 예를 들면, 「폐기물관리법」을 비롯한 폐기물 관련 법령에

---

1) John and Sharron McEldowney, *Environmental Law*, (Longman, 2010), 217쪽; 홍준형, 『환경법특강』(박영사, 2013), 375쪽

2) 박균성·송동수·함태성, "사업장생활계폐기물 관리의 법적 문제와 개선방안", 한국환경법학회, 『환경법연구』제30권 2호, 415-436 (2008), 416쪽; 박균성, "폐기물 관

서는 폐기물의 종류별로 각각 배출과 수집·운반, 재활용 및 최종처리의 요
건 등이 달리 규정되어 있으며, 일정한 종류의 폐기물을 수집·운반 또는 처
리하는 업을 영위하기 위해서는 각각의 업종에 대해서 요구되는 요건을 갖
추어 신고 또는 허가를 받아야 하고, 재활용·소각·매립 등의 폐기물 처리시
설의 경우에도 일정한 시설요건 등을 충족하는 경우에만 허가를 받을 수 있
는 것이다.

2. 폐기물 분류체계의 현황 및 문제점

이처럼 우리 폐기물 관련 법체계에서 중요한 의미를 갖는 폐기물 분류체
계에는 그 동안 몇 차례 중요한 변화가 있었다.

[표 4-3] 폐기물 분류체계의 변화3)

연 도	관련 법률	분류내용
1961년~ 1973년	오물청소법	• 오물 : 쓰레기·재·오니·분뇨·동물의 사체 기타 폐기물
1973년~ 1986년	오물청소법 환경보전법 (1981년 개정법)	• 오물 : 쓰레기·재·오니·분뇨·동물의 사체 기타 사람의 일상 생활에 필요로 하지 아니하게 된 물질 • 산업폐기물 : 사업활동에 수반하여 발생 하는 오니·잔재물· 폐유·폐산· 폐알칼리·폐고무·폐합성수지 등의 폐기물
1986년~ 1990년	폐기물관리법	• 일반폐기물 : 일상생활에 수반하여 발생 하는 쓰레기·분뇨 등 산업폐기물 외의 폐기물 • 산업폐기물 : 사업활동에 수반하여 발생 하는 오니·잔재물· 폐유·폐산· 폐알카리·폐고무·폐합성수지 등 폐기물로서 보 건사회부령이 정하는 것
1991년~ 1995년	폐기물관리법	• 일반폐기물 : 특정폐기물외의 폐기물 • 특정폐기물 : 사업활동에 수반하여 발생 하는 오니·폐유·폐

런법령의 기본구조", 한국환경법학회,『환경법연구』제26권 2호, 163-185 (2004),
175쪽

		산·폐알카리·폐고무·폐합성수지 등 환경 및 국민보건에 유해한 물질로서 대통령령이 정하는 물질
1996년~ 현재	폐기물관리법	• 생활폐기물 : 사업장폐기물외의 폐기물 • 사업장폐기물 : (일반)사업장폐기물, 지정 폐기물(1999년 감염성폐기물 포함)

따라서 1981년에 「환경보전법」이 개정되면서 산업폐기물에 대한 개념이 도입되기 전까지는 오물 이외에 별도의 폐기물의 분류가 존재하지 않았다는 것을 알 수 있으며, 당연히 폐기물의 특성 등에 따른 차등화된 관리 또한 이루어지지 않았다고 할 수 있다. 1986년 제정 당시의 「폐기물관리법」에서는 폐기물을 발생원을 기준으로 해서 일반폐기물과 산업폐기물로 구분하여 규율하였었으나, 이후 1991년에 개정된 법률에서는 이를 유해성을 기준으로 일반폐기물과 특정폐기물로 분류하는 체계로 변경하였다. 동법에서는 특정폐기물을 "사업활동에 수반하여 발생하는 오니·폐유·폐산·폐알카리·폐고무, 폐합성수지 등 환경 및 국민보건에 유해한 물질로서 대통령령이 정하는 물질"로(제2조 제3호), 일반폐기물은 "특정폐기물을 제외한 폐기물"로(제2조 제2호) 각각 규정하였다.

그러나 1995년에 개정된 「폐기물관리법」에서는 분류체계를 다시 변경하여 기본적으로 발생원(배출자)을 기준으로 생활폐기물과 사업장폐기물로 분류하는 체계를 채택하였으며, 그 이후 이러한 분류체계는 현재까지 큰 변화 없이 시행되고 있다. 다만 이 가운데 사업장폐기물은 다시 배출원과 유해특성에 따라 건설폐기물, 지정폐기물, 의료폐기물 등으로 세분화되어 왔으며, 지정폐기물의 경우에는 개정 전 법률의 특정폐기물과 실질적으로 동일하나 그 명칭이 변경된 것이라고 할 수 있다. 현행법에 따른 폐기물의 분류와 관리대상, 기준 등은 다음과 같다.[4]

---

3) 환경부, 『환경 30년사』 (2010), 416쪽 참고
4) 「폐기물관리법」 제2조 제2호 내지 제5호, 「건설폐기물의 재활용 촉진에 관한 법률」 제2조 제1호

[표 4-4] 폐기물의 분류현황 및 기준

용 어	관리 대상	비 고
생활폐기물	사업장폐기물 외의 폐기물	- 가정 및 소규모 사업장(1일 300kg 미만 배출)
사업장폐기물	「대기환경보전법」, 「수질 및 수 생태계 보전에 관한 법률」 또는 「소음·진동 관리법」에 따라 배출 시설을 설치·운영하는 사업장이나 그 밖에 대통령령으로 정하는 사업장에서 발생되는 폐기물	- 1일 300kg 이상 배출 사업장 - 지정폐기물 배출 사업장
- 사업장일반 폐기물	건설·지정폐기물 외의 폐기물	
- 건설폐기물	「건설산업기본법」제2조 제4호에 해당하는 건설공사로 인하여 건설 현장에서 발생되는 5톤 이상의 폐기물로서 대통령령으로 정하는 것	- 「건설폐기물의 재활용촉진에 관한 법률」로 관리
- 지정폐기물	사업장폐기물 중 폐유·폐산 등 주변 환경을 오염시킬 수 있거나 의료폐기물 등 인체에 위해를 줄 수 있는 해로운 물질로서 대통령령으로 정하는 폐기물	- 유해성폐기물 및 유해물질 함유 폐기물
· 의료폐기물[5]	보건·의료기관, 동물병원, 시험· 검사기관 등에서 배출되는 폐기물 중 인체에 감염 등 위해를 줄 우려가 있는 폐기물과 인체 조직 등 적출물, 실험동물의 사체 등 보건·환경 보호상 특별한 관리가 필요하다고 인정되는 폐기물로서 대통령령으로 정하는 폐기물 (발생기관과 폐기물의 종류를 별도로 규정)	- 인체 감염우려 등 보건상 특별 관리 필요

이 가운데 건설폐기물에 대해서는 「폐기물관리법」에서는 정의 규정을 두고 있지는 않으며, 대신 「건설폐기물의 재활용촉진에 관한 법률」에서 별도의 규정을 두고 있는데, 동법 제2조 제1호에서는 건설폐기물을 "「건설산업기본법」 제2조 제4호에 해당하는 건설공사(이하 "건설공사"라 한다)로 인하여 건설현장에서 발생하는 5톤 이상의 폐기물(공사를 시작할 때부터 완료할

---

5) 의료폐기물은 1999년 당시까지 보건사회부에서 관리해오던 감염성폐기물을 이관 받아 지정폐기물의 한 유형으로 관리해오던 것으로서, 2007년 개정된 「폐기물관리법」에서 '감염성폐기물'이라는 용어를 '의료폐기물'로 변경하였다.

때까지 발생하는 것만 해당한다)로서 대통령령으로 정하는 것"으로 정의하고 있다. 이에 따라 동법 시행령 제2조 및 별표1에서는 폐콘크리트, 폐벽돌, 건설오니 등 17종을 건설폐기물로 열거하고 있는데, 별표1의 제18호는 '건설공사로 인하여 발생되는 그 밖의 폐기물(생활폐기물과 지정폐기물은 제외한다)'을 규정하고 있어 실질적으로는 생활폐기물과 지정폐기물 이외에 건설공사 현장에서 발생되는 폐기물들은 모두 건설폐기물로 분류되는 것으로 해석할 수 있을 것이다.

또한 위와 같은 일반적인 분류 이외에, 「폐기물관리법」 시행규칙에서는 수분 함량이 85%를 초과하는 폐기물을 '액상폐기물'로 분류하는 것을 전제로 폐기물의 처리방법을 규정하고 있으며[6] '고형폐기물'과 '유기성 폐기물' 등의 용어를 사용[7]하고 있을 뿐만 아니라, 「자원의 절약과 재활용촉진에 관한 법률」에서는 '포장폐기물'이라는 용어를 사용하고 있으나 어떤 물질이나 물건이 이에 해당하는지에 대해서 별도의 규정을 두고 있지는 않다.[8]

현행 「폐기물관리법」 및 관련 법령에서 채택하고 있는 분류체계와 관련해서는, 여러 법률과 하위법령에 규정이 산재되어 있고 여러 기준에 의한 폐기물의 분류가 혼재되어 있을 뿐만 아니라 발생량에 따라 동일한 성상의 폐기물이 달리 분류되는 등 그 규정방식과 분류기준 등이 많은 경우에 폐기물의 배출자에게 혼란을 초래하고 이로 인해 법령의 이행과 집행에 있어 많은 문제점을 야기하고 있으며, 결과적으로는 국가가 폐기물 관리정책에 있어 중요한 목표로 제시하고 있는 '자원순환' 촉진을 저해하는 결과를 초래

---

6) 「폐기물관리법」 시행규칙 별표5 3. 나. 3)
7) 「폐기물관리법」 제13조의2 제1항 제5호
8) 다만, 「자원의 절약과 재활용촉진에 관한 법률」 제2조 제14호에서는 '포장재'를 "제품의 수송, 보관, 취급, 사용 등의 과정에서 제품의 가치·상태를 보호하거나 품질을 보전하기 위한 목적으로 제품의 포장에 사용된 재료나 용기 등"으로 정의하고 있는바, 포장폐기물은 이러한 포장재가 사용되고 난 후 발생한 폐기물이라고 해석할 수 있다.

하고 있다는 비판이 제기되고 있다.[9]

3. 주요 쟁점

가. 사업장폐기물의 세부 분류 근거

(1) 현행 규정

현행 「폐기물관리법」은 동법 시행령과 시행규칙에서 사업장폐기물의 한 유형으로 '사업장일반폐기물'이라는 분류를 전제로 여러 규정들을 두고 있으나,[10] 실제로 '사업장일반폐기물'로 분류되는 폐기물이 무엇인지에 대해서는 명문의 정의 규정을 두고 있지 않으며, 구체적 분류기준에 대해서도 아무런 규정이 없다. 그 결과 '사업장일반폐기물'은 사업장폐기물 중에서 별도로 정의 규정을 두고 있는 '건설폐기물'과 '지정폐기물'을 제외한 여타 모든 사업장폐기물을 포괄하는 것으로 이해되고 있는 실정이다.

또한 이와 같은 사업장일반폐기물은 해당 폐기물의 발생원과 성질 및 상태 등에 따라서 다시 세부적으로 '사업장배출시설계폐기물'과 '사업장생활계폐기물' 등으로 분류되고 있으나, 이에 대해서도 법률에서는 직접 규율하고 있지 않으며, 부령인 「폐기물관리법」 시행규칙 별표5 제3호 가목 1)[11]에

---

9) 손희만, "폐기물의 재활용촉진을 위한 관련법제의 개선방안에 관한 연구", 『서울시립대학교 대학원 법학박사학위논문』 (2009), 155쪽~158쪽 참고

10) 예를 들면, 「폐기물관리법」 시행령 제14조 제3호는 주변지역 영향 조사대상 폐기물 처리시설의 하나로 '매립면적 15만 제곱미터 이상의 사업장일반폐기물 매립시설'을 규정하고 있으며, 동법 시행규칙 제13조 제2항, 별표5 제3호 등에서도 '사업장일반폐기물'이라는 용어를 사용하고 있다.

11) '1) 법 제2조 제3호에 따른 배출시설 또는 영 제2조 제1호부터 제5호까지의 규정에 따른 시설의 운영으로 배출되는 폐기물(이하 "사업장배출시설계 폐기물"이라 한다)은 해당 사업장에서 배출되는 사업장배출시설계 폐기물 외의 폐기물 및 영 제2조

서 규정되고 있을 뿐이다. 그 내용으로 미루어 보건대, '사업장배출시설계폐기물'은 사업장의 배출시설의 설치·운영 등으로 인해 발생하는 폐기물을 의미하고, '사업장생활계폐기물'은 사업장일반폐기물 가운데 생활폐기물과 성상이 유사하여 생활폐기물의 기준 및 방법으로 수집·운반·보관·처리할 수 있는 경우의 폐기물들, 즉 포장폐기물, 음식물쓰레기 등을 의미한다고 볼 수 있다.

(2) 문제점

현행 「폐기물관리법」의 사업장폐기물에 관한 세부분류 관련 규정에 대해서는, 어떠한 종류의 폐기물로 분류되는가에 따라서 해당 폐기물의 관리주체(처리책임자), 처리에 필요한 비용과 그 부담주체, 처리절차 및 처리시설, 처리방법 등이 모두 달라지는 상황에서 폐기물의 분류와 같은 중요한 내용을 법률의 특별한 위임근거도 없이 법률이 아닌 시행규칙 상의 별표에서 정하는 것은 법률유보의 원칙, 특히 의회유보의 원칙에 반한다고 할 수 있다는 비판이 제기되고 있다.12)

즉, 「폐기물관리법」 제13조 제2항 및 동법 시행령 제7조 제2항과 시행규칙 제14조에 근거하여 시행규칙 별표5에서는 폐기물의 종류별로 처리에 관한 구체적인 기준과 방법을 규정하고 있는데, 동 별표 제3호에서는 사업장일반폐기물의 처리기준 및 방법을 규정하면서 다시 이를 '사업장배출시설계폐기물'과 '사업장생활계폐기물'로 나누어 수집·운반과 보관, 처리에 각각 상이한 기준과 방법을 준수하도록 하고 있다. 예를 들면 수집·운반의 경우 사업장배출시설계폐기물은 사업장배출시설계폐기물 수집·운반업자가, 사업

제7호 및 제9호에 따른 사업장에서 배출되는 폐기물(이하 "사업장생활계 폐기물"이라 한다)과 혼합되지 아니하도록 하여야 한다.'
12) 이계수, "행정법령을 읽는 법: 폐기물관리법을 소재로", 민주주의법학연구회, 『민주법학』 제47호, 245-290 (2011), 268쪽; 박균성·송동수·함태성, 앞의 글 2, 420쪽

장생활계폐기물은 사업장생활계폐기물 수집·운반업자가 각각 하도록 하면서, 특히 사업장생활계폐기물로서 생활폐기물과 성질과 상태가 비슷하여 생활폐기물의 기준 및 방법으로 수집·운반할 수 있는 폐기물은 지방자치단체의 조례로 정하는 바에 따라 생활폐기물 수집·운반업자가 수집·운반할 수 있도록 하고 있는 것이다. 따라서 사업장배출시설계폐기물의 배출자(사업자)는 반드시 사업상배출시설계폐기물 수집·운반업자에게 그 수집·운반을 위탁해야 하는 반면, 사업장생활계폐기물로 분류되면 조례에서 허용하는 경우에는 지방자치단체의 위탁을 받은 생활폐기물 수집·운반업자에게 수집·운반을 할 수 있고, 현실적으로 생활폐기물의 수집·운반 수수료는 사업장배출시설계폐기물의 수집·운반 수수료보다 훨씬 낮은 수준이므로 배출자는 실질적으로 부담이 크게 경감되는 효과를 거둘 수 있게 된다. 이처럼 폐기물의 분류에 따라서 사업자의 부담이 크게 달라지고, 특히 이러한 처리기준이나 방법을 위반했을 때에는 위반행위와 환경에 미치는 영향 등에 따라 벌칙 또는 과태료 부과의 대상[13]이 되는바, 이것은 곧 국민의 권리의무에 관한 사항으로서 그 규제 내용은 법률로 정하여 국민의 예측가능성을 보장하여야 함에도 불구하고 이러한 중요한 의미를 갖는 폐기물의 분류를 법률에 근거도 없이 시행규칙의 별표에서 규정하고 있는 것은 국민의 권리 보호 및 법치행정의 구현이라는 측면에서 문제가 있다고 할 것이다.[14]

---

13) 「폐기물관리법」 제13조를 위반하여 폐기물을 매립한 자는 3년 이하의 징역이나 2천만원 이하의 벌금에 처할 수 있고(법 제65조 제1호, 징역형과 벌금형 병과 가능), 제13조를 위반하여 폐기물을 처리하여 주변 환경을 오염시킨 자는 2년 이하의 징역이나 1천만원 이하의 벌금에 처할 수 있다(법 제66조 제1호). 또한 주변 환경의 오염 없이 단순히 제13조를 위반하여 폐기물을 처리한 자에 대해서는 1천만원 이하의 과태료를 부과한다(법 제68조 제1호).

14) 송동수, "폐기물 관련 법제의 변화와 전망", 강원대학교 비교법학연구소, 『환경법과 정책』 제4권, 113-144 (2010), 127쪽 참고

나. 생활폐기물과 사업장폐기물의 분류기준의 모호성

(1) 현행 규정

현행 「폐기물관리법」에서 사업장폐기물은 '「대기환경보전법」, 「수질 및 수생태계 보전에 관한 법률」 또는 「소음·진동관리법」에 따라 배출시설을 설치·운영하는 사업장이나 그 밖에 대통령령으로 정하는 사업장에서 발생하는 폐기물'로 정의되어 있어 원칙적으로 발생원을 기준으로 하여 분류가되며, 생활폐기물은 사업장폐기물 외의 폐기물을 뜻하는 것으로 정의되어 있다(「폐기물관리법」 제2조 제2호 및 제3호). 이러한 법률의 위임에 따라 대통령령에서는 폐수종말처리시설, 공공하수처리시설, 분뇨처리시설 등을 설치·운영하는 사업장, 가축분뇨 공공처리시설, 폐기물처리시설을 설치·운영하는 사업장, 지정폐기물을 배출하는 사업장과 함께, 폐기물을 1일 평균 300킬로그램 이상 배출하는 사업장, 「건설산업기본법」 제2조제4호에 따른 건설공사로 폐기물을 5톤(공사를 착공할 때부터 마칠 때까지 발생되는 폐기물의 양을 말한다)이상 배출하는 사업장, 일련의 공사 또는 작업으로 폐기물을 5톤(공사를 착공하거나 작업을 시작할 때부터 마칠 때까지 발생하는 폐기물의 양을 말한다)이상 배출하는 사업장을 규정하고 있다.[15] 따라서 배출시설을 설치·운영하는 사업장이나 폐수종말처리시설·공공하수처리시설·분뇨처리시설·폐기물처리시설 등을 설치·운영하는 사업장에서 발생하는 폐기물의 경우에는 폐기물의 발생량에 관계없이 사업장폐기물로 분류·처리되어야 하나, 그 외의 사업장에서 발생하는 폐기물의 경우에는 그 양이 얼마인가에 따라 사업장폐기물로도 또는 생활폐기물로도 분류될 수 있다.

---

15) 「폐기물관리법」 시행령 제2조

(2) 문제점

현행 「폐기물관리법」에서는 배출시설을 설치·운영하는 사업장이 아닌 경우에도 대통령령에서 정하는 사업장에서 발생하는 폐기물은 사업장폐기물로 분류하고 있는데, 그 적용 및 집행에 있어서 여러 문제점들이 제기되고 있다.

우선 생활폐기물과 사업장폐기물의 분류기준과 관련해서는, 배출되는 폐기물의 발생량을 기준(1일 평균 300킬로그램, 건설공사로 인한 폐기물의 경우에는 5톤)으로 생활폐기물과 사업장폐기물을 분류하는 체계는 '생활'과 '사업장'이라는 용어의 일반적인 사용례나 의미에 부합하지 않는다는 문제점이 지적될 수 있다. 즉, 현행 분류체계에 따르면 사업장에서 발생한 폐기물의 경우에도 발생량이 1일 평균 300킬로그램에 미치지 못하는 경우, 건설공사 또는 일련의 공사나 작업으로 발생하는 폐기물의 경우에는 그 공사를 착공하거나 작업을 시작할 때부터 마칠 때까지 발생하는 전체 폐기물의 양이 5톤에 미치지 못하는 경우에는 '생활폐기물'로 분류가 되는데, 이는 '사업장'에서 발생한 폐기물은 '사업장폐기물'이라고 인식하고 개인의 일상생활에서 발생하는 폐기물은 '생활폐기물'로 인식하는 일반인의 이해와는 배치되는 것이며,[16] 사업장에서 배출되는 폐기물임에도 불구하고 유해성이 없고 소량이라는 이유로 생활폐기물로 분류하고 지방자치단체가 그 처리책임을 지도록 하는 것은 주민들의 세금으로 사업자가 당연히 부담해야 할 폐기물 처리비용을 부담하도록 하는 결과가 되어 오염원인자 책임원칙에 반할 뿐만 아니라 형평성의 관점에서도 문제가 있다고 할 것이다.[17]

또한 폐기물의 전체 발생량 또는 1일 평균 발생량을 분류의 기준으로 함

16) 이종영, "폐기물법제의 체계 및 개선방안", 한국환경법학회, 『환경법연구』 제28권 2호, 69-92 (2006), 76쪽; 박균성, 앞의 글 2, 178쪽

17) 김홍균, 『환경법』(제3판), (홍문사, 2014), 520쪽; 김연태, "폐기물의 개념 및 분류·처리체계 - 독일의 순환관리 및 폐기물법을 중심으로 -", 한국환경법학회, 『환경법연구』 제25권 1호, 165-208 (2003), 168쪽; 박균성, 앞의 글 2, 178쪽

에 따라, 배출자의 입장에서는 사전에 자신이 배출하는 폐기물이 사업장폐기물에 해당할지, 생활폐기물로 배출하여 처리할 수 있는 것인지를 배출시점에 명확하게 알 수 없다는 점에서, 특히 분류기준(1일 평균 300킬로그램 또는 공사 전체 5톤)이 되는 양에 근접한 폐기물이 발생할 것으로 예상되는 경우에는 혼란과 함께 사업장폐기물에 대한 규제를 회피하고자 하는 시도를 야기할 우려가 있다. 즉 사업장폐기물로 분류되는 경우에는 사업자가 모든 처리책무를 지고 이에 따른 경제적인 부담을 질 수밖에 없는 현실에서는, 폐기물의 배출자들이 발생량을 정확히 관리하고 이에 따라 적정하게 처리할 것을 기대하기가 어려운 것이 사실이며, 관할 행정청이 모든 배출사업장을 일일이 관리·감독하는데도 한계가 있어 결과적으로 법의 실효성을 크게 약화시키는 요인이 된다고 할 수 있다.

발생량이 「폐기물관리법」 시행령에서 규정하는 사업장폐기물의 기준에 미치지 못하더라도 「폐기물관리법」에서 규정하고 있는 유해성이 큰 폐기물의 경우에는 지정폐기물로 분류되어 엄격한 관리를 받고 있지만, 이에 해당하지 않는 경우에는 결국 많은 경우에 폐기물의 발생량이 생활폐기물과 사업장폐기물을 구별하는 가장 중요한 기준이 되고, 발생량 기준에 미달하는 사업장에서 발생하는 폐기물들을 생활폐기물로 처리토록 허용함으로써, "발생원에 따라 생활폐기물과 사업장폐기물로 분류하여 원인자 처리책임 및 발생지 처리책임이 철저히 적용되도록" 한다는 당초 법률 개정의 취지[18]를 전혀 구현하지 못하고 있다는 비판이 가능하다. 이처럼 일정한 경우 사업장에서 발생되는 폐기물이 모두 사업장폐기물이 되는 것이 아니라 일정한 양 이상을 배출하는 경우에 한하여 사업장폐기물로 분류되고 그 미만인 경우에는 발생원에 관계없이 생활폐기물로 분류하여 처리토록 하는 것은, 결국 폐기물의 처리책무를 지고 그 비용을 부담하는 주체를 누구로 정하는 것이

---

18) 대한민국 국회(환경노동위원회 수석전문위원), 「폐기물관리법중개정법률안 심사보고서」(1995. 7), 2쪽

적정하고 어떠한 성상의 폐기물을 어떻게 처리하는 것이 적당한가에 대한 문제의식이 결여되어 있는데서 비롯하는 것[19]이라고 할 수 있으며, 논리적인 근거를 찾기 어렵다고 할 것이다.

또한 지정폐기물은 법령에서 규정하고 있는 유해물질의 함유 여부 및 함유량 등에 따라 구분되는 것이나, 일단 지정폐기물로 분류되면 발생량에 관계없이 사업장폐기물의 일종인 지정폐기물로 분류되고, 그 중에서도 강화된 관리기준과 이에 따른 높은 처리비용을 부담하게 되므로 실제 현장에서는 지정폐기물을 제대로 지정폐기물로 분류하여 엄격하게 관리하지 않고 사업장일반폐기물로 처리하는 사례가 발생할 우려 또한 상존하고 있다.

다. 지정폐기물 용어 및 분류기준의 불명확성

(1) 현행 규정

현행 「폐기물관리법」 제2조 제4호는 지정폐기물을 "사업장폐기물 중 폐유·폐산 등 주변 환경을 오염시킬 수 있거나 의료폐기물 등 인체에 위해를 줄 수 있는 해로운 물질로서 대통령령으로 정하는 폐기물"을 말한다고 정의하고 있다. 지정폐기물은 연혁적으로는 1986년부터 '특정산업폐기물'로 불렸으나, 1991년에 특정폐기물로 명칭이 변경되었고, 다시 1993년부터는 지정폐기물로 변경되어 현재까지 유지되고 있다.

한편, 현행 「폐기물관리법」에 의한 지정폐기물로 분류되기 위해서는 일정한 물질이 ① '주변환경을 오염시킬 가능성' 또는 '인체에 위해를 줄 우려'가 있으면서, ② 대통령령으로 규정되어 있어야 하는데, 실제로는 대통령령뿐만 아니라 관련된 환경부령의 규정과 환경부고시 등을 모두 살펴보아야 하는 복잡한 입법방식을 취하고 있다. 즉, 동법 시행령에서는 지정폐기물

---

19) 채영근, "폐기물 관련 법령체계의 문제점 및 개선방안", 한국환경법학회, 『환경법연구』 제31권 2호, 145-169 (2009), 164쪽

을 다시 ①특정시설에서 발생되는 폐기물(폐합성 고분자화합물, 오니류, 폐
농약), ②부식성 폐기물(폐산, 폐알칼리), ③유해물질함유 폐기물(광재, 분진,
폐주물사 및 샌드블라스트 폐사, 폐내화물, 소각재, 폐촉매, 폐흡착제 및 폐
흡수제 등), ④폐유기용제, ⑤폐페인트 및 폐래커, ⑥폐유, ⑦폐석면, ⑧폴
리클로리네이티드비페닐(PCB) 함유 폐기물, ⑨폐유독물, ⑩의료폐기물 등
10종의 폐기물로 구체적으로 열거하고 있으며,[20] 마지막으로 별표1 제11호
에서는 '그 밖에 주변환경을 오염시킬 수 있는 유해한 물질로서 환경부장관
이 정하여 고시하는 물질'을 규정함으로써 필요에 따라서는 법령의 개정 없
이도 고시에 의해 지정폐기물을 추가할 수 있는 근거를 두고 있다. 아울러
대통령령에서 규정하고 있는 유해물질함유 폐기물의 경우에는, 환경부령으
로 정하는 물질을 함유한 것으로 한정하고 그 구체적인 물질과 기준은 다시
환경부령 별표1에서 규정하고 있는데, 여기에서도 환경부장관이 고시로 물
질을 추가할 수 있도록 근거를 두고 있다.[21]

(2) 문제점

「폐기물관리법」상의 지정폐기물은 그 명칭으로는 폐기물의 유해성을 비
롯한 특성이나 발생원을 기준으로 한 것으로 보기는 어려우며, 해당 분류에
포함되는 폐기물을 규정하는 방식에 의한 것이라고 할 수 있다. 이것은 이
러한 폐기물을 처리하는 시설의 주변 지역에 거주하는 주민들의 부정적인
인식을 최소화함으로써 그 입지에 대한 반대를 예방하는 등의 현실적인 필
요성을 감안하여 중립적인 용어를 사용한 것으로 볼 수 있으나, 국민들의
알권리와 행정절차에의 참여권을 보장하고 정확한 이해를 돕는 한편, 행정
의 투명성과 공정성을 확보한다는 차원에서 미국, 일본 등 외국의 경우와

---

20) 「폐기물관리법」 시행령 제3조 및 별표1
21) 「폐기물관리법」 시행규칙 별표1, 제1호 타목 및 제2호 다목 ("그 밖에 환경부장관
　　이 정하여 고시하는 물질")

같이 폐기물의 특성을 명확하게 나타내는 용어로 변경하는 것이 필요하다
고 할 것이다.[22]

지정폐기물의 분류기준과 관련하여, 「폐기물관리법」에서는 '주변환경 오
염가능성'이나 '인체 위해 우려' 등의 포괄적이고 모호한 기준만을 제시하
면서 구체적으로는 대통령령에서 지정폐기물에 해당하는 물질을 열거하는
방식을 취하고 있는데, 실제로는 환경부령과 고시까지 종합적으로 살펴보아
야 어떤 물질이 지정폐기물에 해당하는지를 알 수가 있어, 현실적으로 폐기
물을 배출하는 사업자나 일반 국민들이 폐기물을 배출하는 시점에서 그것
이 지정폐기물에 해당하는지 여부를 판단하는 것이 매우 어려울 수 있다.
또한 「폐기물관리법」시행령 별표1에서 제시하고 있는 지정폐기물 분류의
경우, '부식성 폐기물'과 같이 해당 폐기물의 특성에 따라 분류하는 것이 있
는 반면에 다른 유형은 단순히 특정물질의 함유 여부에 따라 분류하도록 하
고 있어, 체계적으로 일관성이 결여되어 있다고 할 수 있다. 아울러, 현행
법령은 지정폐기물과 지정폐기물이 아닌 폐기물이 혼합된 경우나 지정폐기
물을 중간처리 등을 해서 파생되는 물질을 어떻게 분류할 것인가에 대해서
도 명확한 규정을 두고 있지 않아 현장에서 법 적용 시 혼선이 발생할 우려
도 있다.

라. 생활폐기물 가운데 유해폐기물의 분류체계 흠결

(1) 현행 규정

현행 「폐기물관리법」에서는 사업장폐기물 가운데 사람이나 환경에 미치
는 유해성이 특히 높은 폐기물들은 지정폐기물로 별도로 분류하여 엄격하
게 관리하도록 규정하고 있으나, 생활폐기물 가운데 유해한 성분을 함유하

---

22) 안종오, "유해폐기물 법제에 관한 한·미 비교연구", 『경희대학교 대학원 법학박사
　　학위논문』(2004), 26쪽

는 등 유해성이 있는 폐기물에 대해서는 이처럼 별도로 엄격하게 관리할 수 있는 체계를 전혀 규정하고 있지 않다.[23]

(2) 문제점

「폐기물관리법」에서는 생활폐기물 가운데 유해폐기물에 대한 별도의 관리체계를 두고 있지 않으나 실제로는 폐형광등과 폐약품, 폐유기용제 등 제대로 수거·처리되지 않으면 사람의 건강이나 환경에 유해한 영향을 미칠 수 있는 폐기물들이 사업장이 아닌 일반 가정 등에서도 많이 발생하고 있다. 따라서 이러한 '생활계 유해폐기물'의 분리수거체계 및 재활용시스템을 정비한 후 이들 폐기물을 일반적인 생활폐기물들과 분리하여 특별히 규율하여야 한다는 주장이 제기되고 있다.[24] 즉, 사업장폐기물이나 생활폐기물 여부를 막론하고 유해폐기물은 모두 별도의 시설을 갖춘 자만이 처리하도록 하여야 한다는 것이다.[25]

한편, 현행 「폐기물관리법」 시행령 제2조는 사업장폐기물로 분류되는 폐기물을 발생시키는 사업장을 구체적으로 명시하고 있으며, 제6호에서 '법 제2조제4호에 따른 지정폐기물을 배출하는 사업장'을 규정하고 있다. 따라

---

23) 미국은, 가정폐기물(household waste)의 경우 적은 양의 유해폐기물 성분만을 함유하고 있음을 근거로, 엄격한 요건이 적용되는 유해폐기물 관련 조항에서 예외를 인정하고 있다. (Emily Abbott, "When the Plain Meaning of a Statute is not so Plain: The Supreme Court's Interpretation of RCRA's Clarification of the Household Waste Exclusion: City of Chicago v. Environmental Defense Fund", 6 *Villanova Environmental Law Journal* 345 (1995), 353쪽 참고)

24) 박균성, 앞의 글 2, 177쪽; 고문현, "폐기물 관련법제의 변화와 전망에 대한 토론문", 강원대학교 비교법학연구소, 『환경법과 정책』 제4권, 145-148 (2010), 147쪽; 현재 폐형광등과 폐전지는 별도로 분리배출하도록 하고 있으나, 이러한 분리배출이 아직 보편화되어 있지 못하며 특히 폐전지류의 경우에는 대부분 종량제 봉투에 담아 배출하고 있는 것으로 보인다.

25) 김창권, "생활계 유해폐기물의 적정 관리방안", 『상명대학교 대학원 경제학과 박사학위논문』 (2012), 125쪽

서 지정폐기물이 적은 양이라도 발생하면 그 발생량이 1일 300kg에 미치지 못하는 경우에도 이는 사업장폐기물에 해당한다고 해석되고 있다. 그러나 다른 한편으로 동법 제2조 제4호에서는 지정폐기물을 '사업장폐기물 중 주변 환경을 오염시킬 수 있거나 의료폐기물 등 인체에 위해를 줄 수 있는 해로운 물질로서 대통령령으로 정하는 폐기물'이라고 정의하고 있어, 1일 발생량이 300kg에 미치지 못하는 경우와 같이 발생량에 따른 기준에 의해서는 사업장폐기물에 해당하지 않는 소량의 유해 폐기물도 이를 지정폐기물에 해당하는 것으로 보아 엄격하게 관리할 수 있는지에 대해서는 해석상 이견이 제기될 여지도 있다고 할 것인바, 이러한 경우에는 사업장폐기물로 분류되지 않는 유해폐기물에 대한 엄격한 관리체계를 마련할 필요성이 더 커진다고 할 수 있을 것이다.

마. 음식물류 폐기물의 법적 근거 불명확

(1) 현행 규정

「폐기물관리법」 제14조 및 제15조 등은 '음식물류 폐기물'을 별도의 폐기물의 유형으로 전제하고 수수료의 징수나 배출자의 협조 의무 등을 규정하고 있으나,[26] 구체적으로 무엇이 '음식물류 폐기물'에 해당하는지에 대해서는 별도로 정하고 있지 아니하다. 다만, 동법 제15조 제3항에서는 '농·수·축산물류 폐기물을 포함한다'는 규정을 두고 있어, 그 대체적인 범위를 짐작할 수 있는 단서를 제공하고 있을 뿐이다.

'음식물류 폐기물'로 분류되는 폐기물들을 그 사전적 의미를 중심으로 따져보면, 가장 좁게는 음식물을 소비하고 남은 음식물로서 버려지는 것을 의미하는 것으로 볼 수 있으며, 보다 광의로는 음식물의 조리를 준비하는 과

---

26) 「폐기물관리법」 시행규칙 별표5 "폐기물의 처리에 관한 구체적 기준 및 방법" 제2호에서는 음식물류 폐기물의 기준 및 방법을 별도로 규정하고 있다.

정에서 식재료를 다듬고 난 후 버려지는 폐기물 등도 포함되는 것으로 볼
수 있을 것이다. 또한 가장 광의로는 위에서 살펴본 「폐기물관리법」 제15조
제3항과 같이 음식물의 조리 및 섭취과정과 직접적인 관계없이 일반적으로
발생되는 모든 '농·수·축산물류 폐기물'을 포함하는 것으로 볼 수 있다.

(2) 문제점

음식물류 폐기물에 대한 법률적인 개념 정의가 「폐기물관리법」을 비롯한
폐기물 관련 법령에 명확하게 존재하지 않음에 따라, 「폐기물관리법」과 「비
료관리법」 등에서는 '음식물류 폐기물'이라는 용어를 사용하고 있음[27])에 반
하여 「사료관리법」과 같은 법률에서는 '남은 음식물'이라는 용어를 사용[28])
하는 등 개별 법률에서 서로 상이한 용어를 사용하고 있으며, 각각의 용어
가 의미하는 바와 그 범위에 대해서도 정확한 판단이 어려운 상황이다. 또
한 이에 따라 현재 지방자치단체별로 분리배출·수거되고 있는 '음식물류 폐
기물'로 분류되어야 하는 물질들이 어떤 것들인가에 대해 많은 혼란과 물음
이 제기되고 있는 실정이다. 이에 대해 환경부는 지침이나 홍보자료 등을
통해서 범위를 제시하고 있으나, 가령 가정에서 발생하는 과일의 씨앗이나
닭뼈, 생선뼈, 계란이나 견과류의 껍데기, 양파 껍질 등은 음식물류 폐기물
에 해당하는 것인지 아닌지에 대해 국민들이 명확하게 알기 어려운 측면이
있는 것이 사실이다. 이에 따라 음식물류 폐기물 분리수거정책의 실효성이
떨어지고, 이물질이 다량으로 혼입됨에 따라 음식물류 폐기물을 재활용하여
생산되는 퇴비, 사료 등 제품의 품질이 저하되며 결국 이에 대한 수요 감소
로 재활용 자체가 차질을 빚는 문제를 야기하고 있다.[29])

---

27) 「비료관리법」 제2조 제3호
28) 「사료관리법」 제14조 제1항 제7호
29) 최창원 외, "음식물쓰레기 정책의 변천과 재활용 정책의 실태분석", 한국정책학회,
  『한국정책학회 하계학술대회 자료집』, 731-757 (2012), 744쪽 및 753쪽

4. 비교법적 검토

가. 일본

일본은 「폐기물의 처리 및 청소에 관한 법률」[30] 제2조에서 폐기물을 크게 일반폐기물과 산업폐기물로 분류하고 있는데, 동조 제2호에서 '일반폐기물'을 '산업폐기물 이외의 폐기물'로 규정하여 이를 적극적으로 정의하고 있지는 않으며, 대신 동조 제4호에서 '산업폐기물'에 대해 상세한 정의 규정을 두고 있는데, 산업폐기물은 '사업활동에 수반하여 발생한 폐기물 중, 연소재, 오니, 폐유, 폐산, 폐알칼리, 폐플라스틱류 기타 시행령에서 정하는 폐기물'과 '수입된 폐기물(항행폐기물과 휴대폐기물 제외)'이다. 또한 동조 제3호와 제5호에서는 일반폐기물과 산업폐기물 가운데 '폭발성, 독성, 감염성 기타 사람의 건강 또는 생활환경에 관한 피해를 발생시킬 우려가 있는 성상을 가진 것으로서 시행령에서 정하는 것'을 각각 '특별관리 일반폐기물'과 '특별관리 산업폐기물'로 규정하고 있다.

위와 같이 일본은 일반폐기물에 대해서 우리나라의 생활폐기물과 동일하게 소극적인 정의방식을 택하고 있으나, 산업폐기물의 경우에는 '배출시설을 설치·운영하는 사업장이나 그 밖에 대통령령으로 정하는 사업장에서 발생하는 폐기물'을 사업장폐기물로 규정하고 있는 우리 「폐기물관리법」[31]과는 달리 '사업활동에 수반하여 발생한 폐기물로서 시행령으로 정하는 폐기물'로 규정하고 있어, 기본적으로 산업폐기물에 포함될 수 있는 폐기물의 범위가 우리나라의 사업장폐기물보다 더 넓은 것으로 해석할 수 있다. 우리 법의 정의 규정을 문언에 따라 엄격하게 해석하면, 사업장이라 하더라도 배

---

30) 1971.12.25 법률 제137호(2012. 8. 1 최종개정, 법률 제53호) (http://law.e-gov.go.jp/htmldata/S45/S45HO137.html)
31) 「폐기물관리법」 제2조 제3호

출시설이 설치·운영되고 있지 않는 사업장에서 발생하는 폐기물은 대통령
령으로 달리 정하지 않는 경우에는 원칙적으로 사업장폐기물에 포함되지
않는다고 볼 수 있는데 반하여, 일본의 경우에는 사업활동에 수반하여 발생
한 폐기물로서 법률과 시행령에서 규정하고 있는 폐기물은 산업폐기물에
해당하는 것이며, 해당 사업활동이 이루어지는 사업장이 배출시설이 설치·
운영되는 사업장인지 여부는 해당 폐기물이 산업폐기물에 해당하는지를 결
정하는 데 있어 판단기준이 되지 못하기 때문이다. 이처럼 우리 법률의 규
정과의 차이점에도 불구하고 일본의 경우에도 실제 해석상으로는 폐기물을
크게 생활계폐기물과 사업계폐기물로 구분하면서, '일반폐기물'에는 사업계
폐기물 가운데 산업폐기물로 분류되는 것 이외의 일반폐기물과 유사한 '사
업계일반폐기물'도 포함되는 것으로 보고 있는바, 이처럼 사업자가 배출하
는 물질도 지방자치단체가 그 처리책임을 부담하는 일반폐기물에 포함하는
것은 타당하지 못하다는 비판이 제기되고 있다.[32]

나. EU

EU의 2008년「폐기물 기본지침」에서는 폐기물 가운데 산업폐기물 또는
사업장폐기물을 별도로 분류하고 있지는 않으며, 대신 '유해폐기물
(hazardous waste)'과 '유기폐기물(bio-waste)'에 대한 정의 규정을 두고 있는
데, '유해폐기물'은 '별표Ⅲ에서 열거된 유해특성들 가운데 하나 이상을 보
이는 폐기물'로 정의[33]하고 있으며, 이에 따라 별표Ⅲ에서는 유해특성들로
폭발성(爆發性), 산화성(酸化性), 고인화성(高引火性), 자극성(刺戟性), 인화성
(引火性), 위해성(危害性), 독성(毒性), 발암성(發癌性), 부식성(腐蝕性), 감염성

---

32) 大塚 直, 『環境法』(第3版), (有斐閣, 2010), 458쪽~459쪽
33) Directive 2008/98/EC of the European Parliament and of the Council of 19
    November 2008 on waste and repealing certain Directives, Article 3(2)

(感染性), 생식독성(生殖毒性), 돌연변이 유발성, 과민성(過敏性), 생태독성(生態毒性) 등 15개 특성들을 제시하고 있다. 또한 '유기폐기물'은 '생분해성 정원 및 공원 폐기물과 가정, 음식점, 음식공급업자 및 소매시설에서 발생하는 음식 및 주방폐기물, 식품가공사업장에서 발생하는 이와 유사한 폐기물'을 뜻하는 것으로 규정34)하고 있다.

한편 EU의 「폐기물 기본지침」은, 폐기물이 동 지침의 폐기물 목록에 등재되어 있지 않더라도 그것이 별표Ⅲ의 유해특성들 가운데 하나 이상을 보이는 경우에는 회원국들은 그것을 유해폐기물로 간주하여야 하고, 이와 반대로 폐기물 목록에 유해폐기물로 나타나는 폐기물의 경우에도 그것이 별표Ⅲ의 유해특성 가운데 어떤 것도 나타내지 않는다는 것을 보여주는 증거가 있으면, 그것을 非유해폐기물로 볼 수 있다고 규정35)하고 있다. 또한 유해폐기물의 분류기준이 되는 농도 이하로 특정한 폐기물을 희석 또는 혼합하는 행위에 의해서는 해당 폐기물의 분류를 변경하지 못한다고 규정36)하여, 유해폐기물로 분류되는 것을 회피하기 위한 희석 행위 등을 규제하고 있다.

EU에 있어서 폐기물의 분류, 특히 유해폐기물와 관련하여 제기되고 있는 주된 문제점으로는, 회원국들이 각각의 국내법에서 "특별폐기물", "화학폐기물", "특별관리폐기물" 등과 같이 상이한 용어들을 사용함에 따라,37) 유해폐기물이 국가간에 이동하는 경우 적용되는 법령간에 모순·충돌 또는 공백이 발생할 수 있다는 점을 들 수 있을 것이다.

---

34) *Id.* Article 3(4)
35) *Id.* Article 7(2) 및 (3)
36) *Id.* Article 7(4)
37) Ludwig Krämer, *EU Environmental Law(7th Edition)*, (Sweet & Maxwell, 2012), 347쪽

다. 독일

독일의 「순환경제폐기물관리법」 제3조 제1항 제2문에서는 폐기물들을 '재활용되는 폐기물(Abfälle zur Verwertung)'과 '처리되는 폐기물(Abfälle zur Beseitigung)'로 구분하고 있으며, 그 구별기준은 사실상의 재활용 여부로서, 재활용폐기물로 분류되기 위해서는 폐기물이 어떠한 형태로든 이용되어야 하고 그 이용의 주된 목적이 원료물질을 대체하는데 있어야만 한다.[38]

한편 동법 제3조 제5항은 "이 법에서 의미하는 위험폐기물은 제48조 제2 문의 규정에 의한 법규명령 또는 그 법규명령의 근거 하에 규정되어진 폐기 물이다. 이 법에서 의미하는 위험하지 않은 폐기물은 나머지 폐기물이다"라 고 규정하여, 폐기물을 위험폐기물과 위험하지 않은 폐기물로 분류하고 있 다. 독일에서는 2006년 이전까지 위험폐기물에 관한 명확한 법적인 정의가 없는 상태에서 용어상의 의미로 '유해한 성질을 가진 다양한 종류의 폐기 물'로 이해되었으나, 2006. 7월 법 개정으로 EU 기준에 맞추어 위험폐기물 에 관한 개념정립이 이루어졌다.[39] 제3조 제5항의 규정에 따라 「순환경제 폐기물관리법」 제48조에서는 연방정부로 하여금 EU 규정에 맞추어 폐기물 을 분류하고 위험폐기물을 확정하도록 하고 있는데, 현재 「순환경제폐기물 관리법」 제3조 제1항 제1문의 규정에 따른 폐기물 목록에는 839개의 폐기 물이 나열되어 있고 그 중에서 405개가 위험폐기물로 분류되어 있다.[40] 또

---

38) 정훈, "폐기물법상 폐기물의 개념에 관한 고찰", 전남대학교 법률행정연구소, 『법 률행정논총』 제21집 제2호, 353-382 (2001), 356쪽
39) 조희원, "유럽법에 따른 독일의 유해폐기물 관련 법률", 한국법제연구원, 『최신 외 국법제정보』 2009-09호, 42-50 (2009), 42쪽 참고
40) 손현, 『폐기물관리법상 폐기물 분류체계 분석』(법제분석지원 Issue Paper 12-25-⑨), (한국법제연구원, 2012), 25쪽; 홍의표, "독일의 폐기물 분류체계", 한국법제연 구원, 『주요 외국의 폐기물 분류체계 분석』(법제분석지원자료 12-25-24), 99-114 (2012), 111쪽

한 개정된 「순환경제폐기물관리법」 제3조 제5항의 정의 규정은 위험성이 법규명령뿐만 아니라 당국의 결정을 통해서도 발견될 수 있음을 규정하였는데, 이것은 이미 예전부터 실무에서 행해지고 있던 것을 명확하게 한 것이다.[41] 「순환경제폐기물관리법」은 이러한 폐기물의 물질적인 위험도에 따라 폐기물에 대한 감독의 정도를 차별화하고 있으며,[42] 위험폐기물은 제48조의 기준에 따라 특별한 보관감독에 따라야 한다.

또한 「순환경제폐기물관리법」 제3조 제6호에서는 '비활성폐기물'을, 동조 제7호에서는 '유기(바이오)폐기물'을 각각 별도로 규정하고 있는데, '비활성폐기물'은 물리적, 화학적 또는 생물학적으로 변화되지 않고, 용해, 연소 및 다른 방법으로 물리적으로나 화학적으로 반응하지 않는 광물성 폐기물 등을 뜻하며, '유기(바이오)폐기물'은 생물학적으로 분해되는 식물, 동물 또는 진균류물질로부터 유래하는 정원·공원폐기물, 자연경관보호 폐기물, 가정이나 음식점 및 음식공급업체, 소매업체 등에서 발생하는 식료품폐기물 및 음식물쓰레기와 식료품가공업체 등에서 발생하는 유사한 폐기물 등을 뜻하는 것으로 정의하고 있는데, 이러한 「순환경제폐기물관리법」에 의한 유기(바이오)폐기물의 범위는 EU의 「폐기물 기본지침」에 의한 유기(바이오)폐기물의 범위보다 더 넓은 것으로 해석되고 있다.[43] 이와 함께 동법 제11조에서는 바이오폐기물의 순환관리에 관한 내용을 별도로 규정하고 있다.

한편 「순환경제폐기물관리법」에서는 우리 「폐기물관리법」과 같이 생활폐기물과 사업장폐기물을 별도로 정의하고 이에 따라 폐기물을 분류하도록 규정하고 있지는 않으나, 동법 제17조 제1항에서는 '개인의 가사활동에서 발생한 폐기물'의 배출자 또는 점유자가 폐기물을 재활용할 수 없거나 재활

41) Johannes Klausen, *Das neue Kreislaufwirtschaftsgesetz - Das ändert sich für Sie!,* (Ecomed Sicherheit, 2012), 46쪽
42) Hans-Joachim Koch ed., 『ドイツ環境法 (Umweltrecht, 3.)』 (2010), 岡田正則 (Okada Masanori) 監譯, (早稻田大學比較法研究所叢書 38, 2012), 308쪽
43) Johannes Klausen, 앞의 글 41, 29쪽

용하려 하지 않는 경우에는 주(州) 법에 의하여 처리의무를 부담하는 법인에게 폐기물을 인도하도록 규정하고 있으며, '가사활동이 아닌 다른 영역에서 발생한 폐기물'에 대해서는 배출자 또는 점유자가 자신의 시설에서 처리하지 않거나 중대한 공익상의 이유로 인도할 것이 요구되는 경우에 한하여 공법상의 처리주체가 보충적인 처리의무를 부담하도록 규정하고 있다.[44]

라. 미국

미국의 경우 RCRA는 고형폐기물을 유해폐기물이 아닌 고형폐기물과 유해폐기물인 고형폐기물로 분류하고 있으며, RCRA는 주로 유해폐기물의 관리에 초점을 맞추고 있다.[45] 非유해폐기물의 경우 RCRA의 D장에 의해 각 주가 주된 규제권한을 가지고 있으며, 따라서 연방 환경보호청(EPA)은 非유해폐기물에 대해서는 제한된 권한만을 가진다.[46] 유해폐기물은 다시 ① EPA가 F(특정되지 않은 원인으로부터 발생된 유해폐기물), K(특정 원인으로부터 발생된 유해폐기물), P(급성 유해폐기물), U(독성 폐기물) 등 일정한 목록의 형태로 열거하여 지정한 유해폐기물, ② 인화성, 부식성, 폭발성, 유독성 등 EPA가 정한 4가지 특성에 부합하는 유해폐기물, ③ 지정 유해폐기물과 혼합된 폐기물(mixture rule) 및 지정 유해폐기물로부터 파생된 폐기물(derived rule), 유해폐기물이 폐기물로 간주되지 않는 물질과 혼합되어 다른 물질에 함유된 경우(contained rule) 등 기타 유해폐기물로 분류된다.[47]

---

44) 「순환경제폐기물관리법」 제20조 제1항 및 제17조 제1항

45) Rachel Zellner, "Recovering RCRA: How the Ninth Circuit Mischaracterized Burning Agricultural Byproducts as Reuse in Safe Air for Everyone v. Meyer", 29 *Environs: Environmental Law & Policy Journal* 251 (2006), 254쪽

46) Jo Jeanne Lown, "Eco-Industrial Development and the Resource Conservation and Recovery Act: Examining the Barrier Presumption", 30 *Boston College Environmental Affairs Law Review* 275 (2003), 289쪽

이와 관련하여 2003년도의 *American Chemistry Council (ACC) v. EPA* 사건
에서 ACC측은 유해폐기물과 일반폐기물의 혼합물 및 유해폐기물의 처리,
보관 등에서 발생하는 폐기물을 유해폐기물로 분류하고 RCRA의 규율을 받
도록 한 규정이 유해폐기물에 대한 법률의 정의에 부합하지 않는다고 다투
었으나, 법원은 이에 대해 *Chevron* 원칙을 적용하여, 1단계로 의회가 EPA로
하여금 혼합폐기물과 파생폐기물을 규제하도록 의도했는지는 명확하지 않
으며, 2단계로 혼합폐기물과 파생폐기물이 유해폐기물에 포함된다는 EPA의
법률 해석은 합리적이었다고 판단한바 있다.[48] 따라서 이러한 원칙에 따라
소각재와 같이 유해폐기물로 등재된 폐기물로부터 파생된 폐기물은 해당
폐기물이 유해한 특성을 보이는가에 관계없이 RCRA 하에서 유해폐기물로
분류된다.[49]

한편, 미국 법에서 일정한 폐기물들은 그것이 특정한 특성을 보이기 때문
에 유해폐기물로 분류되기도 하나, 대부분의 유해폐기물들은 EPA가 해당
폐기물을 유해폐기물의 목록에 포함시켰기 때문에 유해폐기물로서 지정되
고 있다.[50]

---

47) 40 C.F.R. §261.3(Definition of hazardous waste)
48) 337 F.3d 1060 (D.C. Cir. 2003), 1064쪽~1065쪽; Jim Nickovich, "EPA Broadens
RCRA Definition of "Hazardous Waste" to Include Mixtures and Derivative", 31
Ecology Law Quarterly 781 (2004), 784쪽~785쪽에 따르면 이 판례는 EPA가 유해한
혼합물질과 파생물질들을 환경에서 배제할 수 있도록 한, 폐기물 관리 정책 분야에
서의 중요한 승리로 평가받고 있다고 한다.
49) Jonathan H. Adler, "Reforming Our Wasteful Hazardous Waste Policy", 17 *N.Y.U.
Environmental Law Journal* 724 (2008), 730쪽~731쪽
50) Hilary Sigman, "Hazardous Waste and Toxic Substance Policies", *Public Policies for
Environmental Protection(2nd ed.)*, Paul R. Portney & Robert N. Stavins eds. (RFF
Press, 2000), 218쪽

마. 영국

영국의 경우에는 폐기물을 유해성과 함께 발생원에 따라서 분류하고 있는데, 우선 「1990년 환경보호법」에서는 "가정폐기물(House Waste), 산업폐기물(Industrial Waste), 상업폐기물(Commerical Waste) 또는 그와 유사한 폐기물"을 "통제폐기물(Controlled Waste)"이라고 정의하고 있으며,[51] 대기로 방출되는 가스상의 유출물과 방사성 폐기물, 채광 및 채석폐기물, 농업폐기물, 동물의 사체, 경작에 사용되는 자연적·비위험적 물질, 액체상의 폐기물을 제외한 폐수, 폭발성 물질 등은 별도의 법률에 의해 통제된다는 전제하에 지침의 형식으로 통제되는 폐기물에서 제외되는 "非통제폐기물(Non-Controlled Waste)"로 분류하고 있다.[52] 한편, 특별한 유해특성을 가진 폐기물들은 영국에서 과거 "특별폐기물(Special Waste)"로 분류되었었으나, 「2005년 유해폐기물 규정(The Hazardous Waste Regulations 2005)」에 의해 "유해폐기물"로 용어가 변경되었고, 범위 또한 EU 「폐기물 기본지침」의 그것과 동일하게 조정되었다.[53]

바. 국제협약 및 국제기구 결정에 따른 폐기물 분류

폐기물은 발생지 또는 발생지 인근 지역에서 처리하는 것이 폐기물의 운반과정에서의 누출이나 불법투기 등으로 인한 위해를 예방하기 위해서 바람직하나, 해당 폐기물을 발생시킨 국가에서 처리가 어려운 경우 또는 다른 국가에서 해당 폐기물을 재사용하거나 재활용하고자 하는 경우에는 폐기물

---

51) Environmental Protection Act 1990 Section75 Subsection(4)
52) 홍동희, "폐기물의 개념 및 분류체계에 관한 연구", 한국환경정책·평가연구원, 『환경정책연구』 제3권 제2호, 113-137 (2004), 124쪽
53) The Hazardous Waste Regulations 2005(2005 No.894), PART11, Regulation74

의 수출 및 수입이 이루어질 수 있으며, 실제로 매년 많은 양의 폐기물들이 수출·입 되고 있다.54) 이처럼 폐기물의 수출·입 과정에서 유해폐기물들이 부적정하게 처리되어 발생할 수 있는 환경오염과 건강상의 피해 등을 방지하기 위하여 국제 사회는 1989년에 "유해폐기물의 국가간 이동 및 그 처리의 통제에 관한 바젤협약(이하 '바젤협약'이라 한다)"을 채택하였고 동 협약은 1992년에 빌효되었는데, 동 협약에서는 폐기물을 "유해폐기물"과 "그 밖의 폐기물"로 분류하고 있다.

또한 우리나라는 1996년 12월에 경제협력개발기구(OECD: Organisation for Economic Cooperation and Development)의 회원국으로 가입하였으며, OECD 이사회 결정은 회원국에 법적 구속력이 있기 때문에 OECD 회원국들 간 회수가능 폐기물의 국가 간 이동을 규율하는 이사회 결정문 C(2001)107/최종안 역시 국내에서 적용이 되도록 하여야 한다. OECD는 초기에 폐기물을 녹색, 황색, 적색 폐기물로 분류하였으나, 이후 이러한 분류를 폐지하고 현재는 '녹색 통제절차에 속하는 폐기물'과 '황색 통제절차에 속하는 폐기물'로 분류하고 있다.

(1) 바젤협약

바젤협약에서 "유해폐기물"은, (a) 부속서Ⅲ에 포함된 어떠한 특성이라도 보유할 경우, 부속서Ⅰ에 포함된 모든 범주에 속하는 폐기물과, (b) (a)의 범위에 속하지 아니하나 수출·수입 및 경유 당사자의 국내법에 의하여 유해폐기물로 정의되거나 간주되는 폐기물을 말하며, "그 밖의 폐기물"은 국가 간에 이동되는 부속서Ⅱ의 모든 범주에 속하는 폐기물을 뜻한다.

---

54) 우리나라의 연간 폐기물 수출량은 2012년의 경우 287,138톤(허가대상 275톤, 신고대상 286,863톤)이며, 수입량은 2,177,353톤(허가대상 255,890톤, 신고대상 1,921,463톤)으로, 수출입 물량 모두 최근 6년간 지속적으로 증가하고 있음(환경부, 『주요 환경 통계』 (2013. 8) 참고)

바젤협약의 부속서 I 에서는 통제대상 폐기물을 구체적으로 열거하고 있는데, 우선 통제대상 폐기물의 범주로서 병원·의료센터 및 의원에서 의료행위로부터 발생되는 의료폐기물, 의약품의 제조 및 조제과정에서 발생되는 폐기물, 산업폐기물 처리과정에서 발생되는 잔재물을 비롯한 18종을 규정하고 있으며, 베릴륨 및 그 화합물과 6가크롬 화합물, 구리화합물 등 27종의 성분을 함유한 폐기물들도 통제대상 폐기물로 규정하고 있다. 또한 부속서 III 에서는 유해폐기물의 유해특성을 규정하고 있는데, 그러한 특성으로는 폭발성, 인화성, 산화성, 유독성, 감염성, 부식성, 생태독성 등을 규정하고 있다.55)

(2) OECD의 폐기물 분류

OECD 결정문 C(2001)107/최종안(이하 "해당 OECD 결정문"이라 함)에서 '녹색 통제절차에 속하는 폐기물'은 해당 OECD 결정문 부록3에 열거되어 있는데(부속서A 참조), 이 폐기물은 일반적으로 유해 특성을 나타내지는 않으나 OECD 지역 내에서 회수를 위하여 국가 간 이동 시 인간 건강 및 환경에 부정적인 위험을 제기하는 것으로 간주되는 유형의 폐기물이다. 이 부록은 다시 다음의 두 부분으로 구성되는데, 제1부(Part I)에는 바젤협약 제1조 (1)항 a호에 따라 유해한 것으로 간주되지 않는 폐기물 등 이 협약의 부속서 IX에 열거된 폐기물이 수록되어 있으며, 제2부(Part II)에는 수많은 위험 기준에 따라(해당 OECD 결정문 부록6 참조) OECD 지역 내에서 회수되는 경우 인간 건강 및 환경에 어떠한 위험도 제기하지 않는 폐기물로 평가된 녹색 통제절차에 속하는 폐기물들이 추가적으로 수록되어 있다.56)

---

55) 환경부, 『폐기물의 국가간 이동 관련 법령 및 바젤협약 업무편람』(2008. 5), 220쪽~222쪽
56) 국립환경과학원, 『OECD 회수가능 폐기물의 국가간 이동 통제를 위한 설명서』(국립환경과학원, 2013), 18쪽

한편 황색 통제절차에 속하는 폐기물은 해당 OECD 결정문 부록4에 열거되어 있는데(부속서A 참조), 이 폐기물은 항상은 아니지만 일반적으로 하나 이상의 유해 특성을 나타내며, 그러한 유해성 혹은 해당 OECD 결정문에 명시된 다른 이유로 인해 이 폐기물은 OECD 지역 내에서 회수를 위해 국가간 이동이 이루어지는 경우 인간 건강과 환경에 위험을 제기할 수 있으며, 그러므로 해당 OECD 결정문에 의해 득성한 통제절차를 따라야만 한다. 부록4는 두 부분으로 구성되어 있으며, 제1부(Part Ⅰ)에는 바젤협약 부속서 Ⅱ과 Ⅷ에 열거된 폐기물이 수록되어 있는데, 부속서 Ⅱ에는 이 협약에 의거하여 특별히 고려해야 하는 폐기물의 범주가 정의되어 있고, 부속서 Ⅷ은 바젤협약 제1조 (1)항에 따라 유해한 것으로 특징 지워진 폐기물의 목록이다. 제2부(Part Ⅱ)에는 위험 기준(해당 OECD 결정문 부록6 참조)에 따라 OECD 지역 내에서 회수되는 경우 인간 건강과 환경에 위험을 제기하는 것으로 평가되어 황색 통제절차에 의해 통제되는 폐기물들이 추가적으로 수록되어 있다.[57)]

(3) 국내법에 의한 수출입 통제대상 폐기물의 분류

우리나라는 바젤협약의 국내 이행을 위하여 1992. 12월에 「폐기물의 국가간 이동 및 그 처리에 관한 법률」을 제정하고, 1994년 바젤협약에 가입하였는데, 동 법률에서는 폐기물을 "유해폐기물의 국가간 이동 및 그 처리의 통제에 관한 바젤협약(이하 "협약"이라 한다) 부속서 등에 규정된 폐기물 및 협약 제11조의 규정에 의한 양자간·다자간 또는 지역적 협정에서 수출입의 규제가 필요한 것으로 정하는 물질로서 대통령령이 정하는 것"으로 정의하고 있으며, 이에 따라 동법 시행령 제2조에서는 '1. 바젤협약 부속서1 또는 부속서8에서 정한 폐기물로서 부속서3에 규정한 유해한 특성을 가지는 것, 1의2. 부속서2에서 정한 폐기물과, 2. 협약 제3조 제1항 내지 제3항 및 협약

---

57) *Id.* 20쪽

제11조에 의하여 우리나라가 협약사무국에 통보하거나 통보받은 폐기물'을
규정하고 있다.

한편, 2008. 8월부터는 폐기물의 수출입 관리를 더욱 강화하기 위해「폐
기물관리법」을 개정하여, 허가대상이 아닌 폐기물 중에서 환경부장관이 고
시하는 폐기물에 대해서는 환경부령이 정하는 바에 따라 사전에 유역(지방)
환경청장에게 신고하도록 하고 있으며,[58] 현재 신고가 필요한 폐기물로 폐
타이어, 폐합성고분자화합물, 동식물성 잔재물, 분진 등의 25개 품목이 지
정·고시되어 있다.

5. 소결

가. 분류체계 개편의 필요성

우리나라에서 폐기물의 분류는「폐기물관리법」과「자원의 절약과 재활용
촉진에 관한 법률」,「건설폐기물의 재활용 촉진에 관한 법률」,「폐기물의
국가간 이동 및 그 처리에 관한 법률」,「유해화학물질관리법」등 폐기물 관
련 개별법 및 각 법률의 하위법령에서 매우 다양하게 규정되고 있는데, 폐
기물 관리의 일관성과 실효성을 확보하기 위해서는 이러한 분류체계에 대
해서 기본적인 사항들은 통일을 기할 필요가 있다고 생각된다. 따라서 폐기
물에 대한 분류체계는 폐기물 분야의 기본법이라고 할 수 있는「폐기물관리
법」에서 총괄적으로 규정하는 것이 타당할 것이다.

또한 폐기물의 분류를 비롯하여 그 관리에 관한 사항들은 전문적이고 기
술적인 측면이 강하므로 모든 사항들을 법률에서 정하는 것은 어려운 측면
이 있고 법규명령으로 구체화하는 것이 타당한 부분도 있는 것이 사실이나,

---

58)「폐기물관리법」제24조의2 제1항(2007. 8. 3 신설)

사업장폐기물의 세부적인 분류와 관련된 사항들은 국민의 재산권을 비롯한 기본권에 영향을 미치는 중요한 사항이기 때문에 법률인 「폐기물관리법」에서 직접 규정하여야 한다고 본다. 이러한 측면에서 사업장일반폐기물과 그 하위분류로서의 사업장배출시설계폐기물 및 사업장생활계폐기물에 대한 정의 규정과 분류의 기준 등은 「폐기물관리법」에 구체적으로 규정을 두거나, 「폐기물관리법」에는 이에 대한 기본적인 규정을 두고 세부적인 사항들은 시행령과 시행규칙에서 규정하는 것이 타당할 것이다.[59]

「폐기물관리법」은 1986년 제정된 이래 수차례 개정되었고, 현행법에서는 폐기물을 기본적으로 생활폐기물과 사업장폐기물로 분류하고 있는데, 「폐기물관리법」상의 생활폐기물과 사업장폐기물을 구별하는 기준은 앞에서 살펴본 바와 같이 발생원에 따른 분류를 기본으로 하고는 있으나, 엄밀히 말하면 유해성과 배출량에 따른 분류방식을 병행하고 있다고 보는 것이 정확할 것이다. 그러나 이러한 방식은, 사업장에서 발생하는 분류기준 미만의 소량의 폐기물의 경우에는 생활폐기물로 분류하여 관리함에 따라 배출자책임의 원칙이 관철되지 않는다는 문제점이 있다. 또한, 가정에서 발생하는 폐페인트, 폐유기용제 등의 유해폐기물들은 현행 「폐기물관리법」상 지정폐기물에 해당하지 않아 적절히 관리되지 않는다는 문제점이 제기되고 있는바,[60] 일본의 경우와 같이 이를 별도로 분류하여 다른 생활폐기물보다 더 엄격하게 관리하는 것이 필요하며, 유해성이 있는 폐기물의 경우에도 함유하고 있는 유해물질에 따라 법령에서 열거된 종류에 해당하는 경우에만 지정폐기물로 관리되고 있는 것도 재고의 필요가 있다.

아울러 사업장폐기물의 분류기준 가운데 하나인 발생량의 산정 기준과 방법 등에 대해 세부적인 사항이 규정되어 있지 않음에 따라 실제 적용에

---

59) 손상진, "자원순환사회 구축을 위한 폐기물관련법제 개선방안에 관한 연구", 『서울시립대학교 법학박사 학위논문』 (2009), 181쪽
60) 안종오, 앞의 글 22, 95쪽

있어 많은 혼란과 분쟁을 야기할 소지가 있는바, 하위 법령 등에서 이러한 문제점들을 보완하는 것이 필요하다고 생각된다. 이와 관련해서는, 폐기물의 배출원과 특성별 분류체계를 명확히 하여, 사업장폐기물은 업종에 따라서 배출하는 폐기물의 특성이 다르기 때문에 이에 따라 세분화하고, 농촌에서 발생하는 쓰레기도 현행 「폐기물관리법」에 따른 분류에 의하면 생활폐기물에 해당하나 일반적인 생활폐기물과는 다르게 발생되고 수집·처리되는 측면이 있어[61] 생활폐기물과 구분하여 규정할 필요성이 있으므로 현행 「폐기물관리법」에 의한 폐기물의 분류를 보다 세분화하여야 한다는 견해[62]가 제시되고 있는바, 우리나라의 폐기물 발생 및 처리에 있어서의 특성들을 감안하여 폐기물 관리 법제 전반에 걸쳐 통일적으로 적용될 수 있는 분류체계를 마련하는 것이 필요하다고 판단된다. EU의 경우에는 유기폐기물(Bio-waste)을 별도로 분류하여 관리하고 있는데, 이러한 점을 참고하여 우리나라의 경우에도 음식물쓰레기와 농어촌에서 발생하는 임목잔재물 등을 함께 유기폐기물로 관리하는 방안도 검토할 필요가 있을 것이다.

나. 개편방안

폐기물의 분류는 어떤 물질이 어떤 종류의 규제를 받을 것인가를 결정하는 전제조건이 되므로 폐기물의 배출자들에게 매우 중요한 사항이다. 따라서 이를 가급적 법률에서 명확하고 상세하게 규정하는 것이 바람직하며, 법률에 명확한 정의나 위임근거도 없이 시행령, 시행규칙, 고시 등 하위법령에서 폐기물의 유형을 나누고 이에 따른 처리방법 등을 규정하고 있는 현행 법령들은 개정되는 것이 바람직할 것이다. 이와 함께 폐기물의 분류체계를

---

61) "매년 9만t 쌓이는 폐기물에… 농촌들녘 신음", 국민일보 2013. 3.13일자, 사회 10면 참고
62) 이종영, 앞의 글 16, 77쪽

일목요연하게 국민들이 쉽게 이해할 수 있도록 정비하고, 바젤협약 및 OECD 결정문에 의한 수·출입 통제 폐기물과의 관계도 명확하게 해야 할 것이다.

이러한 관점에서 폐기물 관리의 기본적인 필요성과 폐기물의 특성 등에 비추어 볼 때, 폐기물은 우선 그 유해성 여부에 따라 '일반관리 폐기물'과 '특별관리 폐기물'로 크게 분류하는 것이 타당할 것이다. 이를 바탕으로, '일반관리 폐기물'은 다시 그 배출원을 기준으로 '일반관리 생활폐기물'과 '일반관리 사업장폐기물'로 분류하여 처리책무와 비용부담 등에 있어서 '배출자(원인자) 책임의 원칙'이 관철될 수 있도록 하면서, '특별관리 폐기물'은 다시 각각의 폐기물의 배출원과 특성 등을 종합적으로 고려하여 '특별관리 생활폐기물'과 '특별관리 사업장폐기물', '의료폐기물', '음식물류 폐기물' 등으로 분류하여 사업장에서 발생하는 폐기물들뿐만 아니라 가정에서 발생하는 폐기물들 중에서도 유해성이 있거나 환경에 미치는 영향이 큰 폐기물들은 별도로 보다 엄격하게 관리할 수 있도록 하는 것이 바람직하다고 생각된다. 특히 현재 「폐기물관리법」에 특별한 명시적 근거나 위임 없이 동법 시행규칙에서 규정하고 있는 사업장배출시설계폐기물과 사업장생활계폐기물에 대해서는 법률에 그 정의 규정을 두고, 세부적인 내용은 시행령에서 규정하는 것이 필요하다. 이 경우 사업장배출시설계폐기물의 정의는 "사업장의 배출시설의 설치·운영 등으로 발생하는 폐기물로서 대통령령으로 정하는 사업장에서 배출되는 폐기물"로, 사업장생활계폐기물은 "해당 사업장에서 배출되는 사업장배출시설계폐기물 이외의 폐기물 및 생활폐기물과 성상이 유사한 폐기물로서 대통령령으로 정하는 사업장에서 배출되는 폐기물"로 각각 법률에 규정하고, 대통령령에서 각각의 폐기물이 배출되는 사업장과 유형을 구체적으로 규정하는 것이 타당하다고 할 것이다.[63]

음식물류 폐기물의 경우에는, 현재는 금지되고 있는 주방용 오물분쇄기의

---

63) 손상진, 앞의 글 59, 182쪽 참고

허용 여부에 따라 이를 별도로 분류하고 관리하는 체계를 채택할 것인지를 결정해야 할 것이다. 그러나 주방용 오물분쇄기가 허용될 경우에도 처음부터 전국적으로 허용되는 데는 어려움이 있을 것이며, 오수관과 우수관의 분리 등 하수관거의 정비 여부 등에 따라 지역별로 단계적으로 허용될 가능성이 클 것인바, 그러한 경우에는 법률에서 음식물류 폐기물을 별도로 분류하고 그에 맞는 재활용 등 처리방법을 규정하는 것이 타당할 것이다. 또한 현행 「폐기물관리법」에서는 지정폐기물의 유해특성에 대해서는 극히 제한적으로만 규정하고 있고, 하위 법령에서 지정폐기물의 종류와 기준 등이 구체적으로 규정됨에 따라 일반 국민이나 사업자들의 이해가 지극히 어려운 측면이 있는바, 지정폐기물로 분류되어야 하는 폐기물의 유해특성들을 법률의 정의 규정에서 구체적으로 명시하는 방안을 검토할 필요가 있다.

이와 같은 방향에 따라 폐기물을 분류할 경우, 전체적인 폐기물 분류 체계와 각각의 폐기물의 범위는 아래와 같은 모습을 보이게 될 것이다.

[표 4-5] 폐기물의 분류 체계(안)

1. 일반관리 폐기물 : 특별관리 폐기물 이외의 폐기물

1-1 일반관리 생활폐기물 : 가정에서 배출되는 일반관리 폐기물
1-2 일반관리 사업장폐기물 : 사업장에서 배출되는 일반관리 폐기물
1-2-1 사업장배출시설계폐기물
1-2-2 사업장생활계폐기물

2. 특별관리 폐기물 : 유해성 등 폐기물의 특성상 특별한 관리가 필요한 폐기물

2-1 특별관리 생활폐기물 : 가정에서 배출되는 폐기물 가운데 유해성이 있어 특별한 관리가 필요한 폐기물
2-2 특별관리 사업장폐기물 : 사업장에서 배출되는 폐기물 가운데 유해성이 있어 특별한 관리가 필요한 폐기물

2-3 의료폐기물 : 보건·의료·교육기관, 동물병원, 시험·검사기관 등에서 배출되는 폐기물 중 인체에 감염 등 위해를 줄 우려가 있는 폐기물과 인체 조직 등 적출물, 실험동물의 사체 등 보건·환경보호상 특별한 관리가 필요하다고 인정되는 폐기물로서 대통령령으로 정하는 폐기물
2-4 음식물류 폐기물 : 가정 및 사업장에서 배출되는 남은 음식물과 농·수·축산물류 폐기물
2-5 건설폐기물 : 「건설산업기본법」 제2조제4호에 해당하는 건설공사로 인하여 공사를 시작할 때부터 완료할 때까지 해당 건설현장에서 발생하는 폐기물로서 대통령령으로 정하는 것
2-6 영농폐기물 : 농업, 임업 등 1차 산업을 영위하는 과정에서 발생하는 폐기물

제 5 장

폐기물 관련 법률체계에 대한 검토

제1절 현황 및 문제점

1. '자원순환' 촉진을 위한 법률체계 현황

대량생산·대량소비·대량폐기를 기본적인 경제활동 구조로 하는 사회에서
는 물질의 건전한 순환이 저해될 뿐만 아니라, 인간의 생존기반인 환경에
과도한 부하를 주고 그 지속가능성을 위협하는 결과가 초래된다. 따라서 이
러한 종래의 사회구조에서 벗어나서 자원의 효율적인 이용과 폐기물의 재
활용을 통해 자원순환사회를 구축하는 것이 환경정책의 시급한 과제로 대
두되게 되었고, 이러한 자원순환사회시스템을 법제도로 정착시키고자 하는
노력이 특히 독일을 비롯한 EU 국가들과 일본 등을 중심으로 구체화된바
있다.[1]

폐기물을 둘러싼 여러 가지 문제들에 대한 기본적인 접근방식으로는 우
선 폐기물로 인해 환경과 인간의 건강에 발생할 수 있는 위해를 예방하고
그 영향을 최소화하는데 초점을 맞추는 접근방식과, 폐기물의 자원으로서의
가치와 활용가능성, 경제적 효율성의 극대화 등에 더 큰 비중을 두는 접근
방식이 있다. 전자를 환경적 접근방식이라고 한다면, 후자는 경제적 접근방
식이라고 명명할 수 있을 것이다.

우리나라를 비롯한 대부분의 국가들에서 폐기물이 사회적인 문제로 대두

---

1) 박균성·함태성, 『환경법』(제5판), (박영사, 2012), 473쪽

되기 시작한 초기에 있어서는 청소와 위생이라는 관점으로부터, 그리고 그 이후에는 환경적인 접근방식으로부터, 폐기물을 방치하는 경우 발생할 수 있는 문제들을 예방하기 위한 법제도와 정책을 강구하는데 주안점이 놓였다고 할 수 있으나, 20세기 말부터 많은 국가들, 특히 독일을 비롯한 EU 국가들과 일본 등의 선진국들을 중심으로 폐기물의 자원으로서의 가치를 강조하고 사회전체의 구조를 자원순환사회로 변화시키고자 하는 움직임이 두드러지게 나타나고 있으며, 이에 따라 폐기물 문제에 대해서도 경제적 접근방식이 힘을 얻게 되었다. 즉, 폐기물을 모아 두고 이를 재사용 또는 재활용하는 것은, 예전에는 주로 경제적인 목적만을 위한 것이었지만 이제는 개별 가정과 사업장들을 전 지구적인 문제와, 현재의 일상을 미래의 생활과 연결시켜 생각하도록 하는 도덕적인 행위가 되었고, 사회의 구성원들이 환경에 대해 염려한다는 상징이 되었을 뿐만 아니라, '자원순환'이라는 것이 국가가 법적인 문제로 적극적으로 관리하고 촉진해야 하는 사항이 된 것이다.[2]

[그림 5-1] 자원순환사회의 기본개념[3]

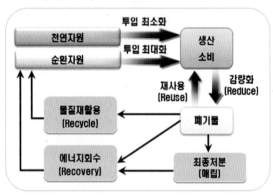

---

2) 수전 스트레서, 『낭비와 욕망 - 쓰레기의 사회사』(1999), 김승진 옮김, (이후, 2010), 442쪽

3) 환경부, "팜 껍질·임지 잔재 폐기물의 바이오에너지 활용 촉진방안 검토" (2012), 6쪽

우리나라의 폐기물 관리 정책을 비롯한 각 분야별 환경정책과 법령들은 헌법 제35조의 환경권에 관한 조항과 함께, 「환경정책기본법」을 그 바탕으로 하고 있다. 「환경정책기본법」은 특히 제10조 제1항에서 "국가 및 지방자치단체는 자원과 에너지를 절약하고 자원의 재사용·재활용 등 자원의 순환적 사용을 촉진하는데 필요한 시책을 마련하여야 한다"고 규정하여 자원의 절약과 순환이용을 환경정책의 기본적인 원칙으로 제시하는 한편, 국가와 지방자치단체로 하여금 이를 촉진하기 위한 시책을 마련토록 의무를 부여하고 있다. 또한 2008년 제정된 「녹색성장기본법」도 제24조에 '자원순환 촉진'에 관한 규정을 두고 있는데, 동조 제1항에서는 '자원을 절약하고 효율적으로 이용하며 폐기물의 발생을 줄이는 등 자원순환의 촉진과 자원생산성 제고를 위하여 자원순환 산업을 육성·지원하기 위한 다양한 시책을 마련'할 의무를 정부에게 지우고 있으며, 동조 제2항에서는 제1항에 따른 자원순환 산업의 육성·지원 시책에 포함되어야 할 사항들을 규정하고 있다.[4)]

이러한 원칙 하에서, 현행 폐기물 관련 법률들은 폐기물관리에 관한 기본법으로서의 성격을 가진 「폐기물관리법」을 중심으로, 폐기물의 발생억제와 재활용 촉진에 관한 사항들을 규율하는 법률(「자원의 절약과 재활용 촉진에 관한 법률」), 특정한 폐기물의 재활용을 촉진하기 위한 법률(「건설폐기물의 재활용 촉진에 관한 법률」, 「전기·전자제품 및 자동차의 자원순환에 관한 법률」), 폐기물 처리시설의 설치를 촉진하고 주변지역 주민들의 지원에 관한 사항들을 규정하고 있는 법률(「폐기물처리시설 설치촉진 및 주변지역지원등에 관한 법률」) 등이 각 단계별 또는 대상별로 규율하고 있으며, 사회·

---

4) 「녹색성장기본법」 제24조 제2항에서는 자원순환산업의 육성·지원 시책에 포함되어야 할 사항으로, 1. 자원순환 촉진 및 자원생산성 제고 목표설정, 2. 자원의 수급 및 관리, 3. 유해하거나 재제조·재활용이 어려운 물질의 사용억제, 4. 폐기물 발생의 억제 및 재제조·재활용 등 재자원화, 5. 에너지자원으로 이용되는 목재, 식물, 농산물 등 바이오매스의 수집·활용, 6. 자원순환 관련 기술개발 및 산업의 육성, 7. 자원생산성 향상을 위한 교육훈련·인력양성 등에 관한 사항을 규정하고 있다.

경제적 여건의 변화에 대응하고 제도적인 미비점들을 보완하기 위하여 개정을 거듭하고 있다.

[표 5-1] 개별 법률의 자원순환 관련 규정 현황

법률명	자원순환 관련 규정
환경정책기본법	· 자원 등의 절약 및 순환적 사용 촉진 시책 마련 (제10조 제1항)
폐기물관리법	· 폐기물 중간처리에 재활용 포함 (제2조제6호) · 재활용 정의 규정 (제2조제7호) · 폐기물 처리기준에 재활용 관련 규정 (제13조) · 재활용신고자의 준수사항 (제46조제6항)
자원의 절약과 재활용촉진에 관한 법률	· 자원순환, 재사용, 재생이용, 에너지회수 등의 정의 규정 (제2조) · 자원순환 기본원칙, 자원순환기본계획 (제2조의2, 제7조) · 자원순환 촉진(발생억제, 재사용, 재활용 등) (제2장) · 자원순환 촉진을 위한 기반 조성 (제4장)
녹색성장기본법	· 저탄소 녹색성장 기본원칙(제3조) · 녹색경제·녹색산업 구현을 위한 기본원칙 (제22조) · 자원순환 촉진(제24조)
환경친화적 산업 구조로의 전환 촉진에 관한 법률	· 자원순환형 산업구조로의 전환 촉진(제20조)

2. 현행 법률체계의 문제점

「폐기물관리법」을 비롯한 현행 폐기물 관련 법체계에 대해서는, 동 법률 등이 폐기물 법제에 대한 종합적이고 체계적인 인식을 바탕으로 마련된 것이 아니고, 사회 상황의 변화에 따라 그때그때 대증적으로 마련되었다는 점에서 법률 간에 체계적인 조화가 결여되어 있고, 폐기물 법제의 새로운 패러다임으로 제시되고 있는 '자원순환사회'의 구현이라는 관점에서 미흡한 점이 있다고 지적되어 왔다.[5] '자원순환사회'라는 개념은 단순한 물질순환

뿐만 아니라 자연과 인간사회 간의 순환을 그 핵심으로 하고 있어서 다양한 구체적인 정책수단을 개발하는데 유용한 개념임에도 불구하고[6] 아직 우리 나라에서는 법과 제도에 실질적으로 충분히 구현되지는 못하고 있다고 할 수 있다.

사회의 발전단계와 변화추이, 폐기물 관리제도 또는 규정상의 미비점을 시급히 해결해야 할 필요성 등에 대응하여 법률의 제·개정이 이루어지는 것은 일정 정도는 불가피하며, 필요한 측면도 있다. 그러나 현재는 폐기물 관리와 관련하여 핵심적인 개념들을 여러 법률에서 각기 규정하고 있을 뿐만 아니라 자원순환과 관련된 여러 규정들 역시 개별 법률에 산재되어 있어 통일된 정책 목표를 제시하는 데는 한계가 있고, 관련 법률들 간에 유기적인 역할분담이나 연계성이 부족하여 통합적인 자원순환 법체계를 구축하는 데 미흡한 측면이 있는 것이 사실이며, 이로 인해 규제를 받는 사업자와 국민들에게 불필요한 혼란과 부담을 줄 우려가 있는 것 또한 사실이라고 할 수 있다.[7]

이러한 문제점을 해결하기 위해, 폐기물을 바라보는 관점과 정책적인 방향의 변화에 맞추어 관련 법체계를 재정비하고자 하는 노력이 있었고, 특히 자원순환사회로의 이행이라는 새로운 시대적 흐름에 따라 「(가칭)자원순환사회 전환 촉진법」 또는 이와 유사한 명칭의 법률을 제정하고 기존 「폐기물관리법」을 비롯한 폐기물 관련 법률들을 정비해야 한다는 주장이 지속적으로 제기되어 왔다.[8] 즉, 현행 「폐기물관리법」은 폐기물의 처리에 중점을 두

---

5) 조성규, "폐기물관리법제의 법적 문제", 행정법이론실무학회, 『행정법연구』 제27호, 49-78 (2010), 50쪽 및 68쪽; 정훈, "폐기물 관련 법체계와 자원순환기본법의 제정필요성", 한국환경법학회, 『환경법연구』 제31권 2호, 115-143 (2009), 117쪽 및 125쪽 참고
6) 이시재, "일본의 순환형사회 형성추진 사례의 연구", 한국환경사회학회, 『환경사회학연구 ECO』 제11권 2호, 7-44 (2007), 9쪽 및 42쪽 참고
7) 국내 폐기물 관련 법령의 체계 등에 대한 평가에 관해서는, 김광임 외, 『폐기물 관리제도 개선 방안 연구』, (환경부, 2003.12), 101쪽~105쪽 참고

고 폐기물 처리시설 설치기준, 처리기준, 처리업체의 지도·감독 등을 위주로 마련된 규제중심적인 법률로, "사전예방적·자원순환형 폐기물 관리정책"에 부합되지 않는다고 보거나,[9] 우리 법제가 「폐기물관리법」을 기본적인 축으로 하여 폐기물의 적정처리를 도모하면서 그 연장선에서 분리수거 등을 바탕으로 재활용을 도모하는 부분적이고 불완전한 자원순환형 사회를 구축하고 있다는 견해[10] 등이 그러한 입장이라고 할 수 있다. 이러한 관점에서 우리 폐기물 관련 법체계를 '자원순환사회'로의 이행을 촉진할 수 있는 새로운 폐기물 관리의 패러다임을 바탕으로 개선·보완하기 위한 검토가 필요하다고 할 것이며, 구체적인 방안으로는, 일본과 같이 기본법을 제정하는 방안과, 지나치게 분법화 되어 있다는 지적이 제기되고 있는 개별 법률들을 정비하는 방안 등을 검토할 수 있을 것이다.

---

8) 전재경, 『자원순환사회 법제 연구』, (한국법제연구원, 2012), 195쪽; 송동수, "폐기물 관련 법제의 변화와 전망", 강원대학교 비교법학연구소, 『환경법과 정책』 제4권, 113-144 (2010), 126쪽~127쪽; 오용선, "자원순환사회 폐기물 관리의 법적·제도적 체계 설계", 한국환경법학회, 『환경법연구』 제28권 1호, 303-329 (2006), 316쪽; 정훈, 앞의 글 5, 139쪽 등

9) 김광임 외, 앞의 글 7, 1쪽

10) 김창조, "자원순환형 사회구축을 위한 법제도", 경북대학교 법학연구원, 『법학논고』 제19집, 25-51 (2003), 27쪽

제2절 자원순환 촉진을 위한 법제 검토

1. 기존의 논의에 대한 검토

기존의 폐기물 관련 법체계에 대한 문제의식을 바탕으로, 주요 폐기물 관련 법률들의 입법목적과 기능 등을 분석하고, 이에 따라 법률별로 위상을 재정립하는 등 법체계를 정비해야 한다는 주장이 다양하게 제기되어 왔다.

가. 통합법률 제정방안

이것은 순환경제 개념의 도입과 그 이행을 위한 제도, 폐기물의 처리, 자원의 절약과 재활용 촉진에 관한 법률 등을 하나의 법률로 모두 통합하는 방안으로, 독일의『순환경제의 촉진과 폐기물의 환경친화적 관리를 위한 법률』이 그 대표적인 사례라고 할 수 있다.[1] 이러한 법체계를 취하는 경우에는 폐기물의 처리와 재활용 등을 종합적으로 규정하는 완결된 법률을 통해서 체계적으로 관리할 수 있다는 점이 장점으로 제시되고 있다.[2]

---

[1] 김광임 외,『폐기물 관리제도 개선 방안 연구』, (환경부, 2003.12), 148쪽, 154쪽~156쪽, 181쪽 참고

[2] 박균성, "폐기물 관련법령의 기본구조", 한국환경법학회,『환경법연구』제26권 2호, 163-185 (2004), 181쪽

반면에 이처럼 하나의 법률로 통합할 경우에는 입법이 지나치게 방대해 지고 따라서 일반 국민이나 기업의 입장에서는 법률에 대한 이해가 더 어려워질 우려가 있으며, 우리나라의 경우에는 특히 환경부와 산업통상자원부, 국토교통부, 농림축산식품부 등 다른 유관 부처들과의 협의 또는 협조가 용이하지 않을 경우에는 자칫 법률이 선언적이고 실효성이 없는 규정들 위주로 제정될 우려가 있다고 할 것이다. 또한 폐기물에 관한 거의 모든 내용들을 포괄함으로써 빈번하게 법률을 개정해야 하는 문제가 대두될 가능성이 매우 높다고 할 것이다.

나. 기본법 제정 및 폐기물처리/재활용 법률 정비방안

두 번째는, 폐기물이 발생하기 이전 단계에서부터 발생 후 처리까지, 즉 자원투입 → 생산 → 소비 → 수거 → 재사용 → 재활용, 에너지화 → 최종 처리의 전체적인 순환과정을 체계적으로 관리하는, 폐기물에 관한 총체적인 기본법으로서 「자원순환기본법」을 제정하고, 현행 「폐기물관리법」과 「자원의 절약과 재활용촉진에 관한 법률」은 그 아래 「폐기물처리법」과 「폐자원재활용법」 2개의 법률로 개정하는 것이 바람직하다는 견해이다.[3]

이와 유사한 입장을 취하는 견해들로는, 모법(母法) 성격의 「자원순환사회기본법」을 제정하고 기존의 「폐기물관리법」과 「자원의 절약과 재활용촉진에 관한 법률」을 「폐자원의 안전처리와 재활용사업촉진법」, 「생활계폐자원관리법」, 「산업계폐자원관리법」으로 구분해서 조정해야 한다는 주장[4]과,

---

3) 송동수, "폐기물 관련 법제의 변화와 전망", 강원대학교 비교법학연구소, 『환경법과 정책』 제4권, 113-144 (2010), 126쪽~127쪽

4) 오용선, "자원순환사회 폐기물 관리의 법적·제도적 체계 설계", 한국환경법학회, 『환경법연구』 제28권 1호, 303-329 (2006), 316쪽; 한편, 동 논문에서 '모법'이라는 용어를 어떤 의미로 사용하였는지를 명확히 밝히지는 않고 있으나, 전체적인 주장의 취지를 바탕으로 살펴보면 여타 폐기물 관리에 관한 법률들과 비교할 때 기본

「자원순환기본법」 아래에 크게 「폐기물처리법」과 「폐기물재활용법」으로 2
별하고 물질별 개별 재활용법을 두는 방안5) 등도 제시되고 있다. 이러한 견
해들은, 기존 법률들이 지나치게 분화되어 있다는 전제하에, 이들을 체계적
으로 정리하고 현행 폐기물 관련 법률의 규제대상인 폐기물을 자원화가 가
능한 폐자원(또는 순환자원)과 협의의 폐기물로 분류하여 규제방법을 차별
화함으로써 자원순환을 촉진할 수 있다는 것을 주된 논거로 제시하고 있다.

이러한 체계를 취하는 경우에는 폐기물의 적정처리와 자원의 효율적인
이용 및 재활용에 관한 사항을 체계적으로 규정하면서도 기본법과 두 개별
법을 분법 함으로써 법률을 간소화하고 통합 법률에 비해 법률 개정이 상
대적으로 용이하다는 장점이 있다고 할 수 있으나, 다른 한편으로는 폐기
물의 처리와 자원의 효율적인 이용 및 재활용이 분리되어 규정됨에 따라
두 법률 간에 상호 모순 또는 충돌이 발생할 우려가 있다는 점이 단점으로
지적된다.6)

다. 기존 폐기물 관련 법률을 확대 개편하는 방안

기존 법체계 전체를 개편하는 것이 아니라 일부 폐기물 관련 법률을 확대
개편하는 방안 또한 제시되고 있는데, 이는 다시 세분하여 현행 「폐기물관
리법」을 「자원순환 기본법」 또는 「자원순환사회 전환 촉진법」이나 이와 유
사한 법률로 바꾸는 방안과, 「자원의 절약과 재활용 촉진에 관한 법률」을
「자원순환 기본법」 등으로 바꾸는 방안에 대하여 각각 검토할 수 있다.

원리적·방침적 성격을 가진 법률이라는 의미로 사용한 것으로 보인다.
5) 정훈, "폐기물 관련 법체계와 자원순환기본법의 제정필요성", 한국환경법학회, 『환
   경법연구』 제31권 2호, 115-143 (2009), 139쪽
6) 박균성, 앞의 글 2, 181쪽

(1) 「자원의 절약과 재활용촉진에 관한 법률」을 개정하는 방안

이 견해는 현행의 「자원의 절약과 재활용촉진에 관한 법률」을 대신하는 (가칭) 「자원순환형사회형성촉진법」을 제정하여 기존의 재활용에 관한 사항을 규율하는 것과 함께 폐기물법제 전체를 아우르는 기본법의 역할을 하도록 하고, 종래의 「폐기물관리법」은 (가칭) 「폐기물안전처리법」으로 개정하여 폐기물의 처리에 관한 사항들을 규율하도록 하는 것이 자원순환형사회의 구축을 촉진할 수 있다는 견해이다.[7]

이 견해는, 자원순환형사회의 형성은 "폐기물로부터 독립한" 순환자원의 개념을 필요로 하고, 이와 같은 체계로 정비하는 것이 폐기물 관련 법률에 대한 국민들의 접근과 이해를 용이하게 하면서 효율적인 법집행을 가능하게 한다는 것을 논거로 하고 있다. 또한, 현행 「폐기물관리법」은 '처리' 위주로 만들어져 있기 때문에 이것을 「자원순환 기본법」 또는 「자원순환형사회형성촉진법」으로 바꾸기 위해서는 현행 「폐기물관리법」의 내용을 전반적으로 모두 바꾸어야 한다는 것을 이유로 「자원의 절약과 재활용촉진에 관한 법률」을 개정하여 「자원순환 기본법」 또는 「자원순환형사회형성촉진법」으로 개편하는 것이 타당하다는 의견 또한 제시되고 있다.[8] 그러나 이와 같은 방안을 취할 경우에는, 재활용 또는 자원순환을 촉진한다는 측면에서 법률을 정비하는 데는 용이할 수 있으나, 이와 함께 폐기물 분야에서 기존에 기본법으로서의 역할을 해온 「폐기물관리법」을 정비하고 동법과의 관계를 규정하는데 있어 어려움이 있을 것으로 예상된다.

7) 김세규, "자원순환형사회 구축의 일환으로서의 생산자책임재활용제도에 관한 소고", 한국비교공법학회, 『공법학연구』 제12권 제4호, 501-529 (2011), 522쪽
8) 김광임 외, 앞의 글 1, 135쪽~136쪽 및 154쪽 참고; 조성규, "폐기물관리법제의 법적 문제", 행정법이론실무학회, 『행정법연구』 제27호, 49-78 (2010), 74쪽

(2) 「폐기물관리법」을 개정하는 방안

이것은 현행 「폐기물관리법」과 「자원의 절약과 재활용촉진에 관한 법률」을 보완하여, 「폐기물관리법」을 자원순환사회를 위한 기본법으로서의 성격을 가지면서 폐기물의 적정처리에 관한 사항을 규정하는 법(가칭 「자원의 순환을 위한 폐기물관리법」)으로 개편하고, 「자원의 절약과 재활용촉진에 관한 법률」은 자원의 순환과 재활용 촉진에 관한 구체적인 규제사항을 정하는 법(가칭 「자원의 순환 및 재활용촉진법」)으로 하자는 주장인데, 이러한 안에 따르면 가칭 「자원의 순환을 위한 폐기물관리법」이 가칭 「자원의 순환 및 재활용촉진법」에 대해 일반법의 지위를 갖게 된다고 한다.9)

이 안은 현행 폐기물 관련 법체계에 근본적인 변화를 가져오지 않으면서 자원순환사회로의 전환을 촉진할 수 있고, 통합적인 규율과 분법화의 장점을 조화시키는 것이 가능하다는 점을 장점으로 제시하고 있다.10) 반면에, 폐기물의 안전처리를 통해 국민의 건강과 환경보전을 기본적인 목적으로 하는 「폐기물관리법」을 개편할 경우 '자원순환사회'의 구현이라는 새로운 목표를 달성하는데 필요한 법적·제도적 기반을 구축하는데 한계가 있을 수 있다. 특히 현행 「폐기물관리법」과 「자원의 절약과 재활용촉진을 위한 법률」을 「자원의 순환을 위한 폐기물관리법」과 「자원의 순환 및 재활용촉진법」으로 개편하는 방안은, 현행 법률들과의 근본적인 차이가 명확하지 않아 법체계 개편의 의미가 유명무실해질 우려가 있다고 할 것이다.

2. 비교법적 검토

자원순환의 개념을 중심으로 별도의 법률을 제정한 국가로는 독일과 일

---

9) 박균성, 앞의 글 2, 181쪽
10) *Ibid.*

본을 그 대표적인 사례로 검토할 수 있는데, 각 법률의 지위와 규율의 범위 등은 상이하지만, 독일은 1994년에, 일본은 2001년에 각각 동 개념을 입법화하였다. 그리고 중국도 유사한 법률을 2008년 제정하여 2009년부터 시행하고 있다.

가. 독일

독일에서는 1972년의 「폐기물의 처리에 관한 법률」(Abfallbeseitigungsgesetz), 1986년의 「폐기물의 발생억제 및 처리에 관한 법률」(Abfallgesetz), 1994년에 제정된 「순환경제폐기물법」(Kreislaufwirtschafts- und Abfallgesetz)을 거쳐[11] 2012년 개정된 「순환경제폐기물관리법」(Kreislaufwirtschaftsgesetz -KrWG)에 의해 폐기물관리가 규율되고 있다.

「순환경제폐기물관리법」은 폐기물의 환경친화적인 처리뿐만 아니라 폐기물의 발생억제와 재활용 등을 통한 자원순환형 사회의 촉진을 목적으로 하는 법률로써, '폐기물처리'를 광의와 협의의 둘로 나누어, 광의의 처리는 폐기물의 재활용과 (협의의) 처리를 포괄하는 것으로, (협의의) 처리는 재활용할 수 없는 폐기물을 순환관리에서 영구적으로 제외시키는 것으로 각각 구별하고 있다.[12] 따라서 동법은 형식적으로는 종래부터의 폐기물 법제의 연장선상에 있다고 할 수 있지만, 내용적으로는 협의의 폐기물 문제에만 머무르지 않고 자원·에너지·환경 등을 포괄하는 사회·경제구조 내에서 폐기물을 바라보는 특징이 있다고 평가되며,[13] 폐기물과 재활용이라고 하는 두 분

---

11) 김연태, "폐기물의 개념 및 분류·처리체계 - 독일의 순환관리 및 폐기물법을 중심으로 -", 한국환경법학회, 『환경법연구』 제25권 1호, 165-208 (2003), 170쪽 참고
12) 정훈, "자원절약과 환경친화적인 폐기물처리를 위한 폐기물법의 규율방향", 한국환경법학회, 『환경법연구』 제24권 1호, 179-211 (2002), 181쪽
13) 高橋信隆, 『"循環型社會法システム", 環境法學の挑戰』, (日本評論社, 2002), 257쪽 (박균성·함태성, 『환경법』(제5판), (박영사, 2012), 475쪽에서 재인용)

야를 통합하여 새롭게 하나의 법제로 체계화한 것으로, 단순히 추상적이고 선언적인 내용만을 담고 있는 것이 아니라 자원순환사회 형성의 이념을 구체적인 규정으로 담고 있는 법률이라고 할 수 있을 것이다.[14)

이처럼, 독일의 경우에는 소위 '집행법' 또는 '실시법'으로서의 성격도 지니고 있는 「순환경제폐기물관리법」을 중심으로 동 법률에 근거한 법규명령들을 골간으로 하여 법체계가 구성되어 있다는 점에서, 소위 '기본법' 또는 '통합법'으로서의 성격을 가지고 있는 「순환형사회형성추진기본법」을 중심으로 그 아래 개별 법률들이 위치하는 형태를 취하고 있는 일본의 법체계와는 구별된다고 할 수 있다.[15)

이러한 법체계는 상위의 법률과 하위의 개별법령들이 자원순환사회의 형성이라는 이념을 공유하면서 구체적으로 실현할 수 있는 틀을 갖추게 됨으로써 법의 실효성 확보라는 측면에서 유리한 장점이 있는 반면에, 환경행정의 현실이 환경 부서에 의한 일원적 집행이 용이하지 않은 경우에는 곤란한 점이 많을 뿐만 아니라 법령 간의 연계성이 제대로 확보되지 않을 경우에는 성과를 거두기 어렵다는 단점을 갖고 있다.[16)

---

14) 함태성, 『자원순환형사회의 확립을 위한 폐기물관련법제의 개선방안 연구』(한국법제연구원, 2005), 80쪽

15) 함태성, "독일과 일본의 폐기물법제 비교·검토를 통한 한국의 폐기물법제의 체계 재정립방안 연구", 한국토지공법학회, 『토지공법연구』제30집, 453-475 (2006), 467쪽

16) 손상진, "자원순환사회 구축을 위한 폐기물관련법제 개선방안에 관한 연구", 『서울시립대학교 법학박사 학위논문』(2009), 192쪽~193쪽

나. 일본

일본에서는 독일의 자원순환사회로의 전환을 위한 법제 개선 노력으로부터 영향을 받아서 자원순환사회의 형성을 구체화하고자 하는 움직임이 일어났는데, 이와 함께 구체적으로는 폐기물 발생량의 증가와 폐기물처분장의 부족, 폐기물 불법투기 증가 등의 난제들을 해결하기 위해 2000년 5월에「순환형사회형성추진기본법」을 제정, 2001년 1월부터 시행함에 따라 순환형사회의 형성을 향한 움직임이 구체화하게 되었다.17) 동법에서는 폐기물 등의 발생억제, 순환자원의 순환적인 이용 및 적정한 처분이 확보되는 것에 의해 천연자원의 소비를 억제하고 환경에의 부하가 가능한 한 저감되는 사회를 '순환형 사회'로 개념정의하고 있다.18)

일본의「순환형사회형성추진기본법」은 기존에 개별적으로 운영되어 온 폐기물 및 재활용 관련 법률들의 상위에 위치하는 것으로서, 종래의 폐기물법제와 재활용법제는 그대로 유지하면서 이것과는 별도로 양자를 하나로 묶어주는 통합법 내지 기본법으로 제정되었으며, 개별 관련법을 통합하는 이념법으로서의 성격을 지니고 있다고 할 수 있다.19) 따라서 일본은「순환형사회형성추진기본법」을 제정하면서 기존의「폐기물의 처리 및 청소에 관한 법률」역시 그대로 존치하고 있으며, 폐기물에 관한 정의 규정 또한 여전히 동법에 두고 있다. 이와 함께, 재활용과 관련된「자원의 유효한 이용의 촉진에 관한 법률」과「使用後자동차의 재자원화 등에 관한 법률」,「식품순환자원의 재생이용 등의 촉진에 관한 법률」,「용기포장에 관한 분별수집 및 재상품화의 촉진에 관한 법률」,「건설공사에 관한 자재의 재자원화 등에 관

---

17) 한귀현, "폐기물법제의 최근 동향에 관한 소고 - 일본의 폐기물처리법을 중심으로 -", 한국비교공법학회,『공법학연구』제12권 제2호, 389-421 (2011), 390쪽~391쪽
18)「순환형사회형성추진기본법」제2조 제1호
19) 박균성·함태성, 앞의 글 13, 476쪽; 함태성, 앞의 글 15, 465쪽

한 법률」 등 개별 법률들도 그대로 유지하는 체계를 취하고 있다. 따라서
일본의 법체계에서 「순환형사회형성추진기본법」은 자기완결적인 법률이라
고 하기는 어렵고, 그 이념은 별개의 법률들, 실시법들에 의해 구체화되는
것을 전제로 하고 있다고 할 수 있다.[20]

　일본의 「순환형사회형성추진기본법」은 이러한 체계적인 한계로 인하여,
동법 제정 당시부터 상당한 수의 조항들이 기존의 환경기본법의 조문들과
유사하여 제정의 필요성에 의문이 있으며, 법률의 기본적 성격과 목적이 애
매할 뿐만 아니라, 기술적·경제적으로 순환이용이 가능한 제품에 한하여 민
간기업에 순환이용에 대한 책무를 부여함으로써 민간기업에게 책임회피의
탈출구를 마련해주고 여전히 대량생산·대량소비·대량리싸이클을 초래할 가
능성이 크다는 비판도 제기된바 있다.[21]

　일본과 같은 법체계를 채택하는 경우, 그 동안 서로 별개로 나누어져 있
던 폐기물관련 법제와 재활용관련 법제를 하나의 이념 아래 통합할 수 있는
계기가 될 수 있고 상위법으로서의 기본법이 포괄적·추상적으로 규율됨에
따라서 법을 집행하는 과정에서 서로 협력하고 새로운 기준을 마련하는 등
관련 부처 간의 정책협력시스템을 새롭게 형성할 수 있는 계기가 될 수 있
다는 장점이 있는 반면에, 위에서 살펴본 것처럼 기본법이 구체적이고 실질
적인 규정이 아니라 선언적·원칙적 내용 중심으로 규정됨에 따라 법의 실효
성에 의문이 제기되고 그 결과 기본법과 개별법들 사이에 괴리가 발생하는
등 자원순환사회의 형성이라는 이념이 공허해지는 결과를 초래할 수 있다
는 점을 문제점으로 지적할 수 있을 것이다.[22]

---

20) 新美育文·松村弓彦·大塚 直, 『環境法大系』, (商事法務, 2012), 569쪽~570쪽
　　참고
21) 오길종, "일본의 폐기물재활용관련법의 제·개정 동향에 관한 고찰", 『자원순환형사
　　회 구축을 위한 포럼』 제1권 (환경부, 2002), 24쪽~25쪽
22) 손상진, 앞의 글 16, 195쪽~197쪽

다. 중국

중국은 순환경제의 발전을 촉진하고, 자원이용의 효율성을 제고하는 한편, 환경보호 및 개선과 지속가능한 발전을 실현하는 것을 목적으로, 2008. 8. 29일에 「순환경제촉진법」을 제정하여 2009. 1. 1일부터 시행하고 있다.[23] 동 법률에서는 '순환경제'를 생산, 유통 및 소비 등 과정에서 진행되는 감량화, 재이용, 자원화 활동을 총칭하는 것으로 정의하고 있으며,[24] 순환경제의 발전을 국가경제 및 사회의 발전을 위한 중요한 전략으로 규정하고, 중앙정부와 지방정부로 하여금 순환경제발전계획을 수립하도록 하는 한편, 순환경제 평가지표체계의 확립, 생산자책임제도의 확대 등과 함께, 포장폐기물의 감량화와 물 절약 관리제도 등에 대해서도 규정하고 있다.[25]

중국은 폐기물에 대해서는 「고체폐물오염환경방치법(固體廢物汚染環境防治法)」에서 폐기물의 회수와 이용에 대한 규정을 하고 있으며, 반면에 「순환경제촉진법」에서는 기술, 공정, 설비 및 제품의 포장 디자인, 건축 설계, 건설, 시공 등에 대해서도 폭넓게 기본적으로 적용되어야 할 원칙 등을 규정하고 있어, 폐기물 분야에 국한된 것이 아니라 자원의 순환이용 내지는 순환경제에 관한 일종의 기본법으로서의 지위를 가지고 있는 것으로 볼 수 있을 것이다. 중국의 「순환경제촉진법」에 대해서는, 동법 시행으로 환경보호와 효율적인 자원 이용에 대한 정책이 본격적으로 추진될 수 있게 되었다는 긍정적인 평가도 있으나, 정부·기업·개인의 책임과 의무가 명확히 규정되어 있지 않고 순환경제를 발전시키기 위한 지원체계가 미흡하다는 비판도 제기되고 있다.[26]

---

23) 「순환경제촉진법」 제1조
24) 「순환경제촉진법」 제2조
25) 유향란, 『중국 순환경제촉진법 제정의 현황과 전망』(2008 세계법제연구보고서 5) (법제처, 2008), 8쪽~18쪽 참고
26) 김성은, "중국의 환경법제와 『순환경제촉진법』의 제정", 한중법학회, 『중국법연구』

3. 우리나라에서의 입법추진 경과

우리나라에서도 독일·일본 등의 입법으로부터 영향을 받아 '자원순환사회'로의 이행 또는 순환경제체제로의 전환을 촉진하기 위한 법률을 제정하려는 시도가 국회 및 행정부에서 여러 차례 이루어졌으나 실질적인 성과를 거두지는 못하였다.

2013. 2월 임기가 시작된 박근혜정부에서는 (가칭)「자원순환사회 전환촉진법」 제정을 대통령선거 과정에서 공약으로 제시한바 있으며, 이에 따라 박근혜정부 국정과제의 일환으로 환경부가 그 입법을 추진하고 있을 뿐만 아니라 복수의 의원발의 법률안도 국회에 제출되어 있는바,27) 이하에서는 그 대략적인 내용을 살펴보고 바람직한 입법 방안을 검토해 보고자 한다.

가. 「순환경제사회형성촉진기본법안」

우선 제16대 국회에서 당시 이부영 의원은 생산에서 유통·소비·폐기에 이르기까지 보다 효율적으로 자원을 이용하고, 제품의 재순환을 촉진함으로써 자원의 소비를 억제시킴과 동시에 폐기물의 양을 극소화시켜 환경부하를 줄이는 '순환경제사회'로의 전환을 촉진하기 위해 2001. 12월 「순환경제사회형성촉진기본법안」을 대표 발의하였으나, 국회 상임위원회에서는 구체적인 논의가 이루어지지 못한 채 2004. 5월 제16대 국회의 임기만료와 함께 자동 폐기되고 말았다.

「순환경제사회형성촉진기본법안」은 총 27개 조항으로 구성되었는데, 안 제3조에서 '순환경제사회'와 '순환자원' 등을 정의하고, '순환경제사회 형성

제13집, 235-256 (2010), 251쪽

27) 「자원순환사회 전환 촉진법안」(2013. 7.11, 최봉홍의원 대표발의) 및 「자원순환사회 촉진기본법안」(2013.11.20, 전병헌의원 대표발의)

및 폐기물 처분의 기본원칙'을 안 제4조에서 규정하고 있다. 또한 확대생산자책임의 일반원칙을 확립하도록 하고(안 제8조), 정부로 하여금 '순환경제사회 형성 촉진 및 환경친화적 폐기물 처리 기본계획'을 책정하도록 규정(안 제11조)하고 있다.

동 법안에 대한 당시 국회 환경노동위원회 전문위원의 검토보고서[28]에서는, 제정안이 담고 있는 내용들 가운데 상당부분이 현행 「환경정책기본법」, 「폐기물관리법」, 「자원의 절약과 재활용촉진에 관한 법률」 등에 반영되어 있는 내용으로서 이 법이 제정될 경우에 이들 관련 법률들을 전반적으로 개정해야 하는 현실적인 어려움이 있을 것으로 판단된다는 점을 지적하면서, 일본의 경우에는 폐기물 관련 법률이 「가전제품재활용법」, 「포장폐기물재활용법」, 「건설폐기물재활용법」 등으로 분법화되어 있으므로 제정안과 유사한 「자원순환형사회형성촉진법」이 기본법으로서 그 필요성이 있으나, "우리와 같이 폐기물관련법이 「폐기물관리법」과 「자원의 절약과 재활용촉진에 관한 법률」로 통합되어 있는 상황에서는 제정안은 우리 법체계와 현실적으로 부합하지 못한 측면이 있으므로 향후 사회발전과 개별법의 진전에 따라 중장기적으로 자원의 순환적 이용에 관한 기본법의 제정을 검토해야 할 것"이라는 의견을 제시한바 있다. 그러나 우리나라의 경우에도 폐기물 관련 법률들이 그동안 지속적으로 분법화되어 왔고, 현재는 「건설폐기물의 재활용촉진에 관한 법률」과 「전기·전자제품 및 자동차의 자원순환에 관한 법률」 등이 별도로 운영되고 있는바, 위와 같은 검토보고서의 내용은 더 이상 논리적으로 설득력을 갖지 못한다고 할 것이다.

---

28) 대한민국 국회(환경노동위원회 수석전문위원), 「순환경제사회형성촉진기본법안 검토보고서」【이부영의원 대표발의】(2003. 6), 3쪽 및 6쪽

나. 「자원순환형경제사회형성촉진기본법안」

제17대 국회에서는 다시 「자원순환형경제사회형성촉진기본법안」이 당시 이호웅 의원의 대표발의로 2004. 11월에 제출되었으나, 역시 실질적인 논의 가 이루어지지 못한 채 폐기되었다. 「자원순환형경제사회형성촉진기본법 안」역시 2001년도에 제출되었던 법안과 마찬가지로 총 27개 조항으로 구 성되었고, 법률안 제3조에서 '자원순환형 경제사회'와 '순환자원' 등에 대한 정의를 규정하고 있는데, 특기할 것은 2001년의 법률안과 비교할 때, 안 제 3조에서 정의하고 있는 개념들이 2001년 법률안의 '순환경제사회'가 2004 년 법률안에서는 '자원순환형 경제사회'로 바뀐 것 외에는 모두 정확하게 일치하고 있는 것을 비롯해서, 다른 조항들도 일부 용어의 미세한 차이 이 외에는 거의 동일하다는 점이다. 따라서 2001년에 발의된 법안과 2004년에 발의된 법안은 실질적으로 동일한 법안이라고 할 수 있을 것이다.

동 법률안에 대한 당시 국회 환경노동위원회 전문위원 검토보고서[29]에서 는, 제정 법률안에서 담고 있는 내용들이 기존의 「환경정책기본법」, 「폐기 물관리법」 및 「자원의 절약과 재활용 촉진에 관한 법률」에 이미 전반적으 로 유사하게 반영되어 있는 내용들이며, 자원의 순환적 이용에 관한 기본법 의 제정은 관계부처, 산업계 등의 충분한 의견수렴과 함께 개별법의 진전에 따른 중장기적인 검토가 필요할 것으로 보인다는 지적을 하면서, 2001년에 발의되었던 「순환경제사회형성촉진기본법안」에 대한 검토의견과 유사하게, "일본의 경우에는 「가전제품재활용법」(경제산업성), 「포장폐기물재활용법」 (환경성), 「건설폐기물재활용법」(건설성) 등 폐기물 종류별로 서로 다른 부 처에서 재활용에 관한 법률을 별도로 제정·운영하고 있어 제정안과 유사한 「자원순환형사회형성촉진법」이 기본법으로서 제정될 필요성이 있었"다고

29) 대한민국 국회(환경노동위원회 수석전문위원), 「자원순환형경제사회형성촉진기본 법안 검토보고서」【이호웅의원 대표발의】(2005. 2), 6쪽~7쪽

할 수 있으나, 우리나라의 경우에는 일본과는 법체계와 부처 간의 역할 분담 등 여건이 상이하다는 것을 강조하였다.

우리나라의 경우에 모든 종류의 폐기물들의 재활용에 관한 법률들을 환경부에서 운영하고 있다는 점에서는 일본과 여건이 상이한 것은 사실이라고 할 수 있으나, '자원순환' 또는 '자원순환사회'의 개념이 단순히 폐기물에만 국한되는 것은 아니라고 할 것이며, 또한 설사 폐기물에만 국한하여 검토하는 경우에도 재활용의 일종이라고 할 수 있는 재제조 등에 대해서는 산업통상자원부 소관의 「환경친화적 산업구조로의 전환촉진에 관한 법률」에서 규정30)하고 있는 등 일본과 유사한 여건 또한 존재하고 있는바, 위의 검토보고서에서 제시하는 주장이 우리나라에서 「자원순환형경제사회형성촉진기본법」 또는 이와 유사한 법률의 필요성을 부정할 충분한 논거가 된다고는 보기 어려울 것이다.

위에서 살펴본 두 법률안들의 구성과 조항들을 개략적으로 비교하면 다음과 같다.

[표 5-2] 2001년 법안과 2004년 법안 비교

순환경제사회형성촉진기본법안 (2001년 발의)	자원순환형경제사회형성촉진 기본법안 (2004년 발의)
제1장 총칙 제1조(목적) 제2조(기본이념) 제3조(정의) 제4조(순환경제사회 형성 및 폐기물 처분의 기본원칙) 제5조(정책의 유기적인 연대 고려) 제6조(국가의 책무)	제1장 총칙 제1조(목적) 제2조(기본이념) 제3조(정의) 제4조(자원순환형 경제사회 형성 및 폐기물 처분의 기본원칙) 제5조(정책의 유기적인 연대 고려) 제6조(국가의 책무)

---

30) 「환경친화적 산업구조로의 전환촉진에 관한 법률」 제2조 제3호, 제4장 (자원순환형 산업구조의 구축) 제20조 내지 제23조의5 등 참고

제7조(지방자치단체의 책무) 제8조(사업자의 책무) 제9조(국민의 책무) 제10조(연차보고 등)	제7조(지방자치단체의 책무) 제8조(사업자의 책무) 제9조(국민의 책무) 제10조(연차보고 등)
제2장 기본계획 제11조(기본계획) 제12조(실천목표) 제13조(기본계획과 국가의 다른 계획과의 관계) 제14조(환경부장관의 권고 등) 제15조(진행상황에 관한 정보의 공개)	제2장 기본계획 등 제11조(기본계획의 수립 등) 제12조(실천목표) 제13조(기본계획과 국가의 다른 계획과의 관계) 제14조(정책시행의 권고 등) 제15조(진행상황에 관한 정보의 공개)
제3장 순환경제사회형성 촉진을 위한 기본정책 제16조(폐기물의 적절한 순환적 이용 및 처분을 위한 기본정책) 제17조(재생품의 사용촉진) 제18조(제품 등에 대한 사전 평가를 위한 조치) 제19조(원상회복 등을 위한 조치) 제20조(폐기물 억제에 관한 경제적 조치) 제21조(공공시설의 정비) 제22조(행정기관의 정비 등) 제23조(지방자치단체의 적절한 정책수립을 위한 조치) 제24조(지방자치단체에 대한 재정조치) 제25조(교육 및 홍보) 제26조(민간단체 등의 자발적인 활동을 촉진하기 위한 조치) 제27조(국제적 협조를 위한 조치)	제3장 자원순환형 경제사회형성 촉진을 위한 기본정책 제16조(폐기물의 적절한 순환적 이용 및 처분을 위한 조치) 제17조(재생품의 사용촉진) 제18조(제품 등에 대한 사전 평가를 위한 조치) 제19조(원상회복 등을 위한 조치) 제20조(폐기물 억제에 관한 경제적 조치) 제21조(공공시설의 정비) 제22조(행정기관의 정비 등) 제23조(지방자치단체의 적절한 정책수립을 위한 조치) 제24조(지방자치단체에 대한 재정조치) 제25조(교육 및 홍보) 제26조(민간단체 등의 자발적인 활동을 촉진하기 위한 조치) 제27조(국제적 협조를 위한 조치)
부칙 이 법은 공포한 날부터 시행한다.	부칙 이 법은 공포 후 1년이 경과한 날부터 시행한다.

다. 2006년도 정부입법(안)

의원입법이 무산된 후 2006년에는 환경부가 정부입법 형태로 다시 「자원

순환사회촉진법」의 입법을 추진하였으나, 산업통상자원부(당시 산업자원부)
와의 이견으로 동 법률 제정안을 국회에 제출도 하지 못하고 다시 무산되었
고, 대신 동 법률안에 포함하고자 했던 사항들 가운데 다수의 내용이 2008.
3월 개정된 「자원의 절약과 재활용촉진에 관한 법률」에 반영되었다.31) 이
에 따라 동법 제2조 제1호에 "자원순환"에 대한 정의 규정이 신설되었는데,
'환경정책상의 목적을 달성하기 위하여 필요한 범위 안에서 폐기물의 발생
을 억제하고 발생된 폐기물을 적정하게 재활용 또는 처리(「폐기물관리법」
제2조 제6호에 따른 최종처리를 말한다. 이하 같다)하는 등 자원의 순환과
정을 환경친화적으로 이용·관리하는 것을 말한다'고 규정하고 있다.

이처럼 자원순환사회에 대응할 수 있는 기본법의 제정과 이를 바탕으로
한 개별법의 체계적인 정비가 필연적이라는 학계 다수의 의견32)에도 불구
하고 「자원순환기본법」 또는 이와 유사한 내용의 법률을 제정하려는 노력
은 결실을 맺지 못해 온 것이 현실이다. 그 원인으로는 우선, 동 법률의 제
정 필요성과 시급성에 대한 입법부의 낮은 이해과 관심, 환경부와 산업통상
자원부 등 관련 부처들 간의 이견 등을 들 수 있을 것이나, 더 근본적으로는
'자원순환사회'가 우리 경제의 지속가능한 발전을 위한 필수적인 패러다임
이며 피할 수 없는 시대적 흐름 내지는 요구라는 인식이 공유되지 못하고
이에 대한 사회적 합의가 이루어지지 못한 채 일부 전문가 또는 시민단체
등을 중심으로 입법이 논의되고 시도되었다는 한계를 들 수 있을 것이다.

그러나 2000년대 들어와서 전 세계적인 경제위기와 기후변화를 비롯한
환경위기 등으로 우리 사회에서도 기존의 경제성장 패러다임만으로는 발전
에 한계가 있을 수밖에 없다는 인식이 확산되어 왔으며, 이러한 사회적인
분위기를 바탕으로 다시 (가칭)「자원순환사회 전환 촉진법」의 제정이 추진

---

31) 정훈, 앞의 글 5, 132쪽
32) 이종영, "폐기물법제의 체계 및 개선방안", 한국환경법학회, 『환경법연구』 제28권
    2호, 69-92 (2006), 89쪽; 정훈, 앞의 글 5, 128쪽 참고

되고 있다.

라. 2014년도 정부입법(안)

2012년 12월에 치러진 제18대 대통령선거에서는 「자원순환사회 전환촉진법」의 제정이 공약사항 가운데 하나로 제시[33]되었고, 2013년 2월 임기를 시작한 박근혜정부에서는 이러한 대선공약의 이행을 위해 '자원·에너지가 선순환 하는 자원순환사회 실현'을 국정과제로 선정하여 추진하고 있는데, 그 가운데 핵심적인 내용의 하나가 바로 공약으로 제시되었던 「자원순환사회 전환촉진법」의 제정·시행이다.[34] 환경부에서는 2013년 9월 동 법률(안)을 입법예고하였고 관계부처 및 산업계를 비롯한 이해관계자 등의 의견수렴을 통해 2014년 10월 정부(안)을 확정하여 국회에 제출하였는데, 국회 심의 과정을 거쳐 계획대로 동 법률이 제정될 경우에는 2017년 1월부터 시행될 것으로 전망된다.[35]

동 법률(안)은, 현행 「폐기물관리법」 및 「자원의 절약과 재활용촉진에 관한 법률」이 그간의 개선에도 불구하고 여전히 그 법적기반이 대량생산·대량소비 및 대량폐기형의 사회경제구조에 맞추어져 있으며, 이러한 자원순환과 관련된 현행 법률들과 정책수단으로는 21세기 자원·에너지 위기와 환경

---

33) 새누리당, 『세상을 바꾸는 약속, 책임있는 변화』(제18대 대통령선거 새누리당 정책공약) (2012), 321쪽; 제18대 대통령직인수위원회, 『박근혜정부 국정비전, 국정목표 및 국정과제』(2013. 2), 160쪽
34) 환경부, "미래를 준비하고, 국민행복을 완성하는 '환경복지' 실현" (2013년도 환경부 업무보고 보도자료) (2013. 4), 6쪽; 이와 관련해서는 현행 「폐기물관리법」과 별도로 재활용 관련 규정들을 분리해서 재활용이 가능한 물품을 순환자원으로 인정 관리하는 '자원순환 기본법'의 제정이 추진되고 있다는 내용의 보도가 있었으나 (2013. 4. 8일자 파이낸셜뉴스 1면 및 5면 참조), 이를 환경부에서 추진하고 있는 정확한 입법방향으로 보기에는 어려운 것으로 생각된다.
35) 「자원순환사회 전환 촉진법안」(의안번호 12177호) 부칙 제1조

문제를 극복할 수 있는 지속가능한 사회의 구현이 불가능하므로 우선적으로 자원순환사회로의 전환을 추진하는 것이 필수적이라는 인식을 바탕으로 하고 있음을 강조하고 있다. 이에 따라 제품의 생산에서부터 유통·소비·폐기에 이르기까지 보다 효율적으로 자원을 이용하고, 제품 등의 순환적인 이용을 촉진함으로써 자원의 소비를 억제시킴과 동시에 폐기물의 양을 극소화시켜 환경부하(環境負荷)를 줄이는 자원순환사회로의 전환을 촉진하기 위해 동 법률의 제정을 추진하게 되었으며, 이러한 목적을 달성하기 위해 자원순환과 관련하여 동법이 다른 법률의 기본이 되고, 우선 적용되어야 한다는 취지를 밝히고 있다.[36]

(1) 「자원순환사회 전환 촉진법안」의 주요내용

「자원순환사회 전환 촉진법안」에서는 우선, 동법의 목적을 "자원을 효율적으로 이용하여 폐기물의 발생을 최대한 억제하고 발생된 폐기물의 순환이용 및 적정한 처분을 촉진하여 천연자원과 재생 불가능한 에너지의 소비를 줄임으로써 환경을 보전하고 지속가능한 자원순환사회를 만드는 데 필요한 기본적인 사항을 규정"하는 것으로 제시하고 있으며,[37] 자원순환사회, 순환자원 등 자원순환사회와 관련된 용어를 새로이 정의하고,[38] 자원순환사회로의 전환을 촉진하기 위해 경제활동 및 폐기물 전 과정 관리의 기본원칙을 명시하고 있다.[39] 또한, 고시로 규정되는 일정한 조건을 충족하는 폐기물을 순환자원으로 인정하고 폐기물에서 제외하는 제도를 규정[40]하는 한편,

---

36) 환경부공고 2013-476호(2013. 9.13), 「자원순환사회전환촉진법」 입법예고안; 「자원순환사회 전환 촉진법안」제안이유; "자원순환사회 전환 촉진법 제정안, 국무회의 통과" (환경부 보도자료) (2014.10.20) 참고
37) 「자원순환사회 전환 촉진법안」제1조
38) *Id.* 제2조
39) *Id.* 제3조
40) *Id.* 제9조 내지 제10조

자원순환사회로의 전환을 촉진하기 위해 국가·지방자치단체·사업자 및 국민의 역할분담을 명확히 하여 각각의 책무를 규정하고 있다.[41] 아울러, 자원순환사회로의 전환을 위한 시책으로서, 자원순환 목표관리, 순환자원의 사용 촉진, 제품 등의 자원순환성 평가, 순환자원의 품질표시 등을 추진하도록 하고,[42] 특히 자원순환사회의 기반을 조기에 구축하기 위해 순환이용할 수 있는 폐기물을 소각·매립하는 경우 그로 인한 사회적 비용을 부담금으로 부과할 수 있도록 하는 폐기물처분부담금의 부과·징수, 순환자원거래소의 설치·운영, 자원순환지원센터의 지정·운영 등을 규정하고 있다.[43]

(2) 평가 및 과제

「자원순환사회 전환 촉진법안」은 그 입법취지로, 기존의 폐기물관리에 관한 법률들이 갖고 있는 한계를 넘어서서 지속가능한 자원순환사회로의 전환을 촉진하는 것을 제시하고 있고, 이를 달성하기 위하여 순환자원 인정제도, 국가의 자원순환목표 설정, 제품 등의 자원순환성평가, 폐기물처분부담금 제도 등 여러 가지 새로운 제도와 시책을 규정하고 있다는 점에서 이전의 법안들에 비해 크게 진일보한 법안이라고 할 수 있으며, 동 법안이 국회에서 통과될 경우 우리나라의 폐기물 관리 및 자원순환 관련 정책이 한 단계 더 도약할 수 있는 계기가 될 것으로 생각된다.

다만 동 법안과 관련해서는 법체계적인 측면 및 세부적인 사항에 대해 몇 가지 검토할 과제가 있는 것으로 보이는바, 우선 법체계적인 측면에서 동 법안은 일본의 「순환형사회형성추진기본법」과 유사한 형태를 취하고 있을 뿐만 아니라 동 법안 제4조에서 '자원순환과 관련되는 다른 법률을 제정하거나 개정하는 경우에는 이 법의 목적과 기본원칙에 부합되게 하여야 한다'

---

41) *Id.* 제5조 내지 제7조
42) *Id.* 제14조 내지 제20조
43) *Id.* 제21조 내지 제28조

고 규정함으로써 '기본법'으로서의 법적 성격과 역할을 전제로 하고 있다고
볼 수 있으나,[44] 반면 동 법안에는 매우 구체적이고 실시법적인 성격을 지
닌 조항들도 함께 포함되어 있는바, 이처럼 상이한 성격의 요소들이 서로
잘 조화되도록 하면서 전체 법체계 내에서 동법과 기존의 다른 개별법들 간
의 관계에 있어서 혼란이 발생하지 않도록 하기 위해서는 동 법안의 제정과
관련 법령의 정비를 연계하여 검토할 필요가 있다고 판단된다. 예를 들면
법안 제9조 및 제10조에서 규정하고 있는 순환자원의 인정에 관한 규정들
은 폐기물의 범위와 직접적으로 관련된 것으로서, 「폐기물관리법」의 '폐기
물'에 대한 정의 및 적용범위 등과 충돌이 발생하지 않도록 관련 규정들을
정비하는 방안을 검토할 필요가 있으며, 이러한 측면에서 동 인정 제도를
「폐기물관리법」에 규정하는 것이 체계적으로 바람직하다는 주장이 제기될
수도 있을 것이다. 또한 동 법안에서 새로 도입이 추진되고 있는 폐기물처
분부담금의 경우, 기존 생산자책임재활용제도 및 폐기물부담금제도, 폐기물
종량제 시행에 따른 비용부담 등과의 관계를 어떻게 정리할 것인지에 대해
심도 있는 검토가 필요한 것으로 판단된다.[45]

마. 2013년도 의원발의법안

'자원순환사회'로의 전환이 국정과제의 하나로 선정되고 사회적으로도
자원과 에너지의 효율적인 활용과 순환이용이 중요한 과제로 대두됨에 따
라 국회에서도 이를 입법화하기 위한 구체적인 노력들이 이루어지고 있으

---

44) 대한민국 국회(환경노동위원회 수석전문위원), 「자원순환사회 전환 촉진법안 검토
보고서」, 【정부 제출, 의안번호 제12177호】 (2014.11), 29쪽
45) 동 법안 제21조 제2항에서는 폐기물부담금의 부과되는 경우 등에 대해서는 처분부
담금을 감면할 수 있도록 하고 있으며, 제3항에서는 감면 기준 등을 대통령령으로
정하도록 규정하고 있는바, 하위 법령 마련 시 이에 대한 심도 있는 검토가 필요할
것으로 보인다.

나, 그 입법방향이나 폐기물 관리에 대한 접근방식에 있어서는 상이한 부분들이 나타나고 있는바, 이에 대한 심도 있는 검토가 필요하다.

(1) 「자원순환사회 전환 촉진법안」

2013. 7. 11일 최봉홍의원이 대표발의한 「자원순환사회 전환 촉진법안」은 '생산으로부터 유통·소비·폐기에 이르기까지 보다 효율적으로 자원을 이용하고, 제품 등의 순환적 이용을 촉진함으로써 자원의 소비를 억제시킴과 동시에 폐기물의 양을 극소화시켜 환경부하를 줄이는 자원순환사회로의 전환을 촉진'하는 것을 목적으로 하고 있으며, 기본적인 체계와 내용이 정부에서 추진하고 있는 법률안과 거의 유사하다고 할 수 있다.

또한 동 법률안에서는 "폐기물"을 「폐기물관리법」 제2조 제1호에 따른 폐기물'로 정의하고 있어 현행 '폐기물'의 개념을 그대로 수용하고 있고(제3조 제2호), 이러한 '폐기물'과 별도로 '사람의 생활이나 사업활동에서 발생된 물질 또는 물건 중 재사용·재생이용 또는 에너지회수를 목적으로 따로 모아져 있는 등 적정한 용도에 사용할 수 있는 상태에 있거나 분리·선별·파쇄·압축 등 환경부령으로 정하는 처리를 거쳐 재사용·재생이용 또는 에너지 회수에 바로 사용할 수 있는 상태에 있는 물질 또는 물건'을 "순환자원"으로 정의하고 있다(제3조 제3호). 아울러 자원의 순환이용을 촉진하기 위한 제도로서, 동 법안 제5조에서는 일정한 제품, 물질 또는 물건은 「폐기물관리법」에 따른 폐기물에 해당하는 경우에도 동조에서 규정하는 요건을 충족하는 경우에는 폐기물에서 제외하도록 하는 '폐기물 제외 기준'을, 제6조에서는 당초 폐기물로 분류된 물질 또는 물건이 순환이용 과정을 통해서 일정한 요건을 충족하는 경우에는 폐기물의 범주에서 제외할 수 있도록 하는 '순환이용에 따른 폐기물 종료의 인정' 제도를 도입하고 있다.

(2) 「자원순환사회 촉진기본법안」

2013. 11. 20일 전병헌의원이 대표발의한 「자원순환사회 촉진기본법안」
은 자원순환체계의 구축 및 지속가능한 자원순환사회의 촉진을 법의 목표
로 한다는 점[46]에서는 정부에서 제출한 법률안이나 최봉홍의원이 대표발의
한 법률안과 유사하다고 할 수 있으나, "순환자원"의 개념을 "폐기물"에 우
선시키고 그 범위를 크게 확장하는 한편, 동 법안에 의한 "폐기물"을 현행
「폐기물관리법」에서 규정하고 있는 개념과는 상이하게 정의하고 있다는 점
에서 큰 차이를 가지고 있다.

즉, 동 법안 제3조 제3호에서는 '사람의 생활이나 산업활동 등에서 발생
및 배출되는 유용성의 물질 또는 물건으로, 재사용·재제조·재생이용 또는
에너지 회수를 목적으로 사용될 수 있도록 적정하게 모아져 있는 상태에 있
는 것이나 분리·수거, 선별 등의 과정을 거치면 바로 순환이용할 수 있는
상태에 있는 것'을 "순환자원"으로 정의하고 있으며, 반면에 "폐기물"은 동
조 제4호에서, '사람의 생활이나 산업활동 등에서 발생 및 배출되는 물질 또
는 물건 중 순환자원으로 분류되지 아니한 것 또는 기술적으로 더 이상 순
환이용될 수 없어 환경적으로 안전한 처리를 요하는 것'으로 정의하고 있다.

이러한 개념정의는 순환이용 또는 재활용할 수 있는 물질이나 물건은 폐
기물에 해당하지 않고, 자원순환을 촉진하기 위해서는 이러한 물질 등을 폐
기물에서 제외하는 것이 타당하다는 견해를 바탕으로 한 것으로 볼 수 있으
나, 자원순환의 촉진이 반드시 폐기물의 범위를 축소하고 '순환자원'의 범위
를 확대함으로써만 가능하다고 볼 근거는 없으며, 오히려 폐기물이 아닌
'순환자원'의 범위를 과도하게 확대할 경우에는 종전에 폐기물로 관리되던
물질 및 물건들이 관리대상에서 제외되고, 시장의 여건변화 등으로 인해
적절하게 재사용 또는 재활용되지 않을 경우에는 주변 환경이나 사람의 건
강에 위해를 미칠 우려가 있다는 점에서 신중한 접근이 필요하다고 할 것

---

46) 의안번호 7903호, 2쪽~3쪽

이다.

한편 동 법안의 제9조에서는 폐기물로 취급되던 물질 또는 물건이 순환자원에 해당하게 되어서 이를 순환이용하려는 경우 일정한 조건을 충족할 경우에는 신고에 의해 순환자원으로의 전환을 인정하고, 반대로 순환자원이 순환자원으로서의 요건을 충족하지 못하게 되어 폐기물로 처분하여야 하는 경우에는 지체 없이 환경부장관에게 신고하고 이를 폐기물의 처분방법에 따라 적정하게 처리하도록 규정하고 있는바, 이처럼 순환자원으로의 전환을 사업자 등의 신고에 의존하도록 할 경우에는 실제 적용에 있어 필요한 조건의 충족 여부를 확인하고 관련 규제의 이행을 담보하는 것이 매우 어려울 뿐만 아니라 이로 인하여 분쟁이나 갈등을 유발할 우려도 크다고 할 것이다.

(3) 「자원순환촉진기본법안」

2013. 12. 20일 이윤석의원이 대표발의한 「자원순환촉진기본법안」은, 사람의 생활이나 사업활동에서 필연적으로 발생하는 모든 물질을 자원으로 인식하는 한편, 자원순환 촉진 기본계획의 수립, 자원순환 촉진 지표의 설정, 자원순환사업의 육성 등 자원순환형 사회 구축을 위한 법적 근거를 마련하는 것을 목적으로 제시하고 있다.[47)]

동 법안의 가장 특징적인 요소는, '사람의 생활이나 사업활동에서 필연적으로 발생하는 모든 물질'을 '부산물'로 정의하고, 이 중에서 재사용·재활용·재제조가 가능한 것을 '순환자원'으로, 부산물 중에서 순환자원을 제외한 것을 '폐기물'로 정의하고 있는 점이다(제2조 제2호 내지 제4호). 이것은 전병헌의원 대표발의법안과 마찬가지로, 순환이용이 가능한 물질 등은 전통적인 '폐기물'의 범위에서 제외되어야 한다는 입장에 기초한 것으로 볼 수 있으나, '사람의 생활이나 사업활동에서 발생하는 모든 물질'을 '부산물'로

---

47) 의안번호 8681호, 1쪽

정의하는 것은 기존의 폐기물 관련 법령의 규정이나 사회의 일반적인 통념
에 명백히 반하는 것이어서 법 적용상의 혼란을 야기할 우려가 있다고 할
것이다.

(4) 「자원순환사회형성 기본법안」

2014. 2. 7일 이완영의원이 대표발의한 「자원순환사회형성 기본법안」은,
'그간 혼용되어 온 폐기물, 폐자원, 순환자원의 패러다임(paradigm)을 재정
립하고, 순환자원을 최대한 재이용하여 최종처분대상이 되는 폐기물을 최소
화하는 자원순환사회로의 전환을 촉진하기 위하여 그 기본이념과 자원순환
에 관한 정책의 수립 및 조정 등에 관한 원칙을 제시하며, 각 분야의 역할과
책무 등 기본적인 사항을 정하여 환경보전과 효율적인 자원순환체계를 구
축함으로써 지속가능한 자원순환사회와 경제가 촉진될 수 있도록 하는 한
편, 폐기물의 발생을 근본적으로 줄이고 재이용이 가능한 순환자원을 최
대한 이용할 수 있도록 하고, 벌칙 중 형벌을 없애고 과태료로 완화하는
등 자원순환사회의 조기 정착을 유도하고, 자원순환과 관련되는 다른 법
률의 기본이 되며 우선 적용될 수 있도록' 하는 것을 제안이유로 제시하고
있다.[48]

이 법률안의 경우에도 앞서 살펴본 전병헌의원 대표발의법안, 이윤석의원
대표발의법안의 경우와 마찬가지로 기본적으로 순환이용될 수 있는 물질은
폐기물에 포함되지 않는 것으로 분류되어야 한다는 입장에 바탕을 두고 있
다고 할 수 있으나, '사람의 생활, 산업활동 또는 건설공사장 등에서 일단
필요하지 아니하여 버려진 물질이나 물건'을 '폐자원'으로 정의하고, 이 가
운데 '유상으로 거래되거나 순환이용의 가치가 있고, 인체에 무해하며 환경
상 위해가 없는 물질이나 물건'을 '순환자원'으로, 그 이외의 물질이나 물건
으로서 환경부령으로 정하는 것을 '폐기물'로 정의하고 있어 자원순환과 관

---

48) 의안번호 9320호, 1쪽~2쪽

런된 의원법률안들 가운데 '폐기물'의 범위를 가장 제한적으로 좁게 규정하고 있다는 특징이 있다.

즉 '폐자원'을 기존 법령에서의 '폐기물'을 의미하는 것으로 사용하면서, 순환자원과 폐기물이 이에 포함되는 것으로 규정하고 있는 것이다(제3조 제2호 내지 제4호). 그러나 이러한 정의규정을 채택할 경우에는, 기존의 폐자원과 폐기물에 대한 일반적인 개념과 상반됨에 따라 사업자나 일반 국민들에게 혼란을 초래할 우려가 크며, 기존의 폐기물 관련 법령 체계 전반에 대한 큰 폭의 수정이 불가피하다는 측면에서 신중한 검토가 필요한 것으로 보인다.

위에서 살펴본 4건의 의원발의 법률안들의 유사점과 차이점들을 비교하면 다음과 같다.

[표 5-3] 의원발의 법안 유사점 및 차이점[49]

구분	최봉홍의원안	전병헌의원안	이윤석의원안	이완영의원안
유사점	1. 자원순환 기본계획 수립 2. 자원순환위원회 구성 3. 국가, 지자체, 사업자 책무 4. 매립·소각 부담금 5. 기금설치 6. 자원순환종합단지 7. 자원순환육성을 위한 자금지원			
차이점	1. 「폐기물 관리법」상 폐기물 개념 사용	1. 순환자원을 폐기물에서 제외	1. 폐기물 : 부산물 중 순환자원을 제외한 것 2. 부산물 개념 도입	1. 폐자원 = 순환자원 + 폐기물
	2. 폐기물 종료 인정 및 인정취소	2. 순환자원과 폐기물 상호전환 및 종료 신고		2. 순환자원과 폐기물의 상호전환 신고
	3. 자원순환 부과금			
	4. 자원순환 진흥원 설립		3. 국가자원 관리 전담 기관 설립	
	5. 순환자원 거래소		4. 부산물 정보 관리 체계 구축	

6. 자원순환 연구개발 센터 지정 및 취소	3. 자원순환 연구 개발 센터 지정		
		5. 원재료 사용 표준 제정	
			3. 친환경적 폐기물 처분

4. 평가

앞에서 살펴본 것처럼, '자원순환사회'를 우리 사회가 향후 나아가야 할 기본방향으로 설정하는 경우에는 폐기물관리뿐만 아니라 자원관리와 재산권에 대한 규제 등 다양한 분야에서 기존의 법체계를 수정·보완할 필요가 있을 것이나, 21세기에 진입한 후에도 우리 국민들과 입법자들은 이러한 방향전환이 우리 사회에서 필요하지 않거나 최소한 아직은 시기상조라는 판단을 했던 것으로 볼 수 있을 것이다. 이를 뒷받침하는 사례로, '순환형사회'를 형성하기 위한 시책을 펴나가는 것에 대해서 최근에 우리나라와 일본의 일반 시민들의 인식을 조사한 결과를 보면, 일본의 경우에는 '폐기물 처리장이나 천연자원의 고갈 등 환경의 변화에 따라 순환형사회 형성을 위한 이행은 어쩔 수 없다'라고 답한 비중이 33%로 전체 응답자 가운데 가장 많았던 반면에, 우리나라의 경우에는 '현재의 생활수준을 떨어뜨리지 않고 대체재 사용이나 재활용을 적극적으로 진행하면 좋겠다'는 응답이 54%로 압도적으로 많았고, 일본처럼 순환형사회 형성을 위한 이행의 불가피성을 인정한 응답자는 겨우 7%에 그쳐, 우리 국민들이 일본보다 순환형사회 형성의 필요성에 대한 인식의 정도가 낮고 상대적으로 소극적인 것으로 나타났다.50)

---

49) 대한민국 국회(환경노동위원회 수석전문위원), 「자원순환사회 촉진기본법안/자원순환촉진기본법안 검토보고서」 (2014. 2), 8쪽을 바탕으로 수정·보완

그럼에도 불구하고, 전 세계적으로 나타나고 있는 화석연료, 광물 등 천연자원의 고갈 현상, 과도한 자원과 에너지 소비로 인한 기후변화현상, 유해폐기물로 인한 환경 및 건강 피해의 사례들과 함께, 독일·일본 등 선진국의 입법례 등을 고려할 때, 향후 우리나라의 폐기물 관리정책의 방향을 '자원순환사회'로의 전환에 맞추어야 한다는 점에 대해서는 더 이상 이론을 제기하기 어려울 것이다. 이것은 폐기물과 자원의 소비 또는 이용이 서로 밀접한 관련을 가지고 있다는 점에서도 그 근거를 찾을 수 있다. 즉, 폐기물은 인간의 생존과 활동을 위하여 필요한 자원을 사용한 결과 발생하는, 자원소비의 결과물이기 때문에 이렇게 발생하는 폐기물들이 다시 자원으로 환원되지 못하게 되면, 현대와 같이 지구가 자원을 생성하는 속도보다도 훨씬 더 빠르게 자원을 사용하고 있는 사회에 있어서는 필연적으로 자원의 고갈을 가져오게 될 것이고, 결과적으로 우리 인류의 삶은 더 이상 지속될 수 없을 것이기 때문이다.[51] 문제는, 이러한 정책방향의 전환을 어떻게 법적으로 뒷받침하고 구체화할 것인가라고 할 수 있으며, 그 방법론에 대해서는 위에서 살펴본 것처럼 다양한 견해들이 제시되고 있다.

가. (가칭)「자원순환사회 전환 촉진법」의 제정방안

앞에서 살펴본 것처럼, 자원순환을 촉진하기 위한 목적으로 또는 자원순환사회의 형성 혹은 자원순환사회로의 전환을 유도하기 위한 목적으로 선진국에서 제정되어 시행되고 있는 법률들은 몇 가지 유형으로 나누어 볼 수 있다.

먼저 폐기물 관리 또는 재활용에 관한 법률들과는 별도의 기본법으로서

---

50) 안병곤, "한일 양국의 생활쓰레기문제를 통해서 본 환경실태에 대한 의식조사", 한국일본근대학회, 『일본근대학연구』 제33집, 455-476 (2011), 471쪽~472쪽
51) 이종영, 앞의 글 32, 90쪽

의 지위를 갖는 법률로서, 일본이 이러한 유형을 취하고 있는 것으로 볼 수 있다. 두 번째 유형은 자원순환과 폐기물 관리를 함께 아우르는 법률로서, 독일의 법률이 이러한 유형을 취하고 있다. 그러나 이러한 법 형식상의 차이점에도 불구하고, 두 유형 모두 폐기물의 개념을 전제로 자원순환의 개념을 이해하고 있다는 점에서는 유사하다고 볼 수 있다. 이러한 입법 형식의 차이는 가 국가의 법문화의 전통 또는 선호하는 입법 방식의 차이에서 비롯된다고 할 수 있을 것이며, 따라서 우리나라에서 (가칭)「자원순환사회 전환촉진법」 또는 「자원순환기본법」을 제정하고자 하는 경우, 위의 입법 형식들 가운데 특정한 형식을 반드시 따라야 할 이유는 없다고 생각된다.

생각건대, 이처럼 자원순환의 원리가 적용되어야 하는 범위와 대상을 넓게 이해하는 것은 우리 사회를 자원과 에너지가 선순환 되는 지속가능한 사회로 전환하기 위해서는 궁극적으로 필요한, 바람직한 방향이라고 생각된다. 그러나 우리나라에서 실제로 이러한 개념에 터 잡아 법률의 제정을 추진할 것인가를 결정함에 있어서는 먼저 고려해야 할 사항들이 몇 가지 있다. 먼저 자원순환이 단순히 폐기물 또는 폐자원의 재사용, 재활용, 에너지 회수 등과 관련된 개념이 아니라 자원의 개발과 제품의 설계 및 생산에서부터 폐기까지 전 단계에 관한 기본원리로서 적용되기 위해서는 현재 환경부의 관련 법률들뿐만 아니라 산업통상자원부, 농림식품부, 해양수산부 등 관련 부처들의 다양한 법률들에 대한 검토와, 이를 바탕으로 한 포괄적이고 기본적인 법률의 제정이 필요하다는 점이다.

반면에 독일 및 일본과 같이 폐기물의 개념을 전제로 하는 자원순환 관련 법률의 제정을 추진하는 경우에는 환경관련 법률들, 특히 폐기물의 관리와 재활용 등에 괄한 법률에 대한 검토를 바탕으로 상대적으로 용이하게 입법이 이루어질 수 있을 것이다. 이러한 법률은 폐기물 분야의 자원순환에 관한 기본법으로서의 지위를 가질 수 있을 것이나, 어디까지나 헌법과 환경 분야 전체에 대한 기본법이라고 할 수 있는 「환경정책기본법」의 하위의 법

률로 이해할 수 있을 것이다. 자원순환이 사회 전체의 기본원리 또는 원칙
으로 자리 잡는 것이 가장 바람직하다는 것에 대해서는 의문의 여지가 없을
것이나, 우리나라에서 그간 관련 법률들의 입법 추진 경과와 국민들의 자원
순환에 관한 관심 및 문제의식의 정도 등을 종합적으로 고려할 때, 현 단계
에서 가장 바람직한 입법방안은 폐기물의 개념을 전제로, 폐기물 발생의 최
소화와 함께 폐기물의 재사용, 재활용 및 에너지회수 등을 포괄하는 「자원
순환사회 전환 촉진법」의 제정이라고 생각된다.

이와 같은 「자원순환사회 전환 촉진법」의 제정방안을 보다 구체적으로
검토함에 있어서는 다시 이것을 현행 「폐기물관리법」이나 「자원의 절약과
재활용촉진에 관한 법률」 등 폐기물 관리와 재활용에 관한 법률들과 별개의
법률로 제정할 것인지, 또는 이러한 법률들을 통합한 형태로 제정할 것인지
가 논의되어야 한다. 기존에 우리나라에서는 독일과 같이 기존의 법제를 통
합화하여 새로운 법체계를 정비하는 방안, 일본과 같이 기존의 개별 법률들
은 그대로 두고 기본법을 제정하여 하나의 이념 하에 통합하는 방안, 현행
법체계의 틀을 가급적 많이 변화시키지 않으면서 기존의 「폐기물관리법」
또는 「자원의 절약과 재활용촉진에 관한 법률」을 확대하여 개편하는 방안
등이 논의가 되어 왔으며, 이를 단계적으로 추진하여 단기적으로는 「자원의
절약과 재활용촉진에 관한 법률」을 확대 개편하여 가칭 「자원순환형사회
형성촉진법」을 제정하고 폐기물법제의 기본법 역할을 하도록 하고, 장기적
으로는 기본법을 제정하여 자원순환형사회의 틀을 만들어가는 것이 타당하
다는 의견[52]도 제시된바 있다.

이 문제를 검토함에 있어서는, 별도의 법률을 제정한 일본에서의 논의를
참고할 필요가 있다고 생각된다. 일본에서는 동 법률의 제정이 갖는 긍정적
인 측면에 대한 평가와 함께, 다른 한편으로는 기존의 폐기물 관련 법률들
과의 중복문제 등이 제기되고 있으며, 이와 관련하여 동 법률을 별도의 법

---

52) 함태성, 앞의 글 15, 473쪽~474쪽

률로 제정·시행하는 의미가 약하다는 지적이 있는 것이 사실이다. 즉, 일본 「순환형사회형성추진기본법」에는 실체적인 규정이 극히 적기 때문에 실제로 동법만으로 할 수 있는 것은 거의 없고, 따라서 실질적인 목표를 달성하기 위해서는 개별법의 제·개정이 여전히 필수적이라는 것이며, 장기적으로는 「폐기물의 처리 및 청소에 관한 법률」과 「자원의 유효한 이용의 촉진에 관한 법률」을 통합하는 것이 바람직하다고 평가되고 있다.[53]

우리나라의 경우에도 과거 자원순환에 관한 법률 제정이 성과를 거두지 못하면서, 현행 「자원의 절약과 재활용촉진에 관한 법률」에 이미 상당 부분 동법에 규정하고자 했던 사항들이 포함되어 있는 실정이다. 또한, 현행 「폐기물관리법」은 재활용을 제외한 처리에 관한 조항들을 위주로 하고 있으며, 재활용에 관한 법률들은 대상에 따라 세분화되어 있는바, '자원'으로서의 폐기물의 발생예방 또는 최소화에서부터 그 발생 및 수거·운반, 보관, 중간처리, 최종처리까지 전체적인 순환과정에 관한 기본 사항들을 주요 내용으로 하는 (가칭)「자원순환사회 전환 촉진법」을 제정하고, 기존의 「폐기물관리법」과 재활용 관련 법률들을 (가칭)「폐기물처리법」과 (가칭)「자원의 재사용 및 재활용 촉진법」으로 재정비하는 것이 법체계적인 정합성을 높이는 방안이 될 수 있을 것이다. 그러나 현실적으로는, 기본법에 담겨야 할 사항과 「폐기물처리법」 및 「자원의 재사용 및 재활용 촉진법」에 규정되어야 할 사항을 구분하는 것이 용이하지 않을 수 있으며, 일반 국민과 기업의 입장에서는 여전히 어떤 규정이 어떤 법에 포함되어 있는지를 파악하기 쉽지 않다는 문제가 남을 수 있다. 따라서 이러한 문제들을 해결하는 한편, 여타 현행 폐기물관련 법률들과의 중복 문제를 예방하고, 현재 복잡하게 얽혀있는 「폐기물관리법」, 「자원의 절약과 재활용촉진에 관한 법률」 등의 관계도 일목요연하게 정리하기 위해서는, 독일의 입법례와 같이 폐기물의 관리에 관한 전반적인 내용들, 즉 자원순환에 관한 규정들과 폐기물 관리에 관한 규정들을

---

53) 大塚 直, 『環境法』(第3版), (有斐閣, 2010), 561쪽

포괄하는 단일의 법률을 제정하는 것이 궁극적으로는 가장 바람직한 방안
이라고 판단된다.

구체적으로 입법을 추진함에 있어서는 외국의 입법례에 대한 검토와 함
께 우리나라의 폐기물 발생 현황과 특성, 법체계 등을 종합적으로 감안하여
실효성 있는 법률안을 마련하여야 할 것인바, 아래에서는 「자원순환사회 전
환 촉진법안」에 담겨야 할 주요내용에 대하여 살펴보고자 한다.

나. (가칭)「자원순환사회 전환 촉진법」에 규정되어야 할 주요내용

「자원순환사회 전환 촉진법」의 제정을 추진하는 경우 동 법률에 규정되
어야 할 사항을 검토하기 위해서는 우선 2001년과 2004년에 각각 국회에서
발의되었던 법률안들의 내용을 살펴볼 필요가 있다. 앞에서 검토한 바와 같
이, 두 법률안에서 규정하고 있는 주요내용들은, 순환경제사회 또는 자원순
환형 경제사회에 대한 정의 규정과 폐기물 처분의 기본원칙에 관한 규정 및
각 경제주체의 책무와 기본계획 수립 등의 총론적이고 선언적인 성격의 규
정들이 대부분을 차지하고 있다. 한편 두 법률안이 발의되던 당시와는 달리,
현행 「폐기물관리법」과 「자원의 절약과 재활용촉진에 관한 법률」에는 순환
경제사회 내지는 자원순환형 경제사회에 관한 규정들이 다수 반영되어 있
어, 이들 법률들과의 관계를 바탕으로 「자원순환사회 전환 촉진법」 제정 시
에 포함되어야 할 내용들이 정리되어야 할 것이다.

(1) 단일한 통합 법률 제정 시 주요내용

폐기물 관리와 재활용을 포괄하는 자원순환에 관한 통합 법률을 제정하
는 방안은 독일의 모델과 유사한 것으로서, 독일의 폐기물법제에서는 폐기
물 배출의 단계에서부터 자원으로 활용함으로써 우선적으로 폐기물의 발생
자체를 방지하고, 가능한 한 폐기물이 적게 발생하도록 유도하는 자원순환

사회의 기초를 다질 수 있는 틀을 마련하고 있다.[54] 이러한 입법모델을 따를 경우에는, 폐기물법제가 통일적이고 일원적으로 정비될 수 있고, 이를 통해 법집행이 용이해지고 법의 실효성을 확보하는데도 유리할 것이다.[55] 우리나라의 경우, 「폐기물관리법」과 「자원의 절약과 재활용촉진에 관한 법률」, 「건설폐기물의 재활용 촉진에 관한 법률」 등을 통합하여 (가칭)「자원순환사회 전환 촉진법」을 제정하는 방안을 검토할 수 있다. 이 경우, 폐기물과 순환자원에 관한 정의 규정을 포함한 각 법률의 총칙에 관한 규정은 통합하여 규정하고, '자원순환'과 '재사용', '재활용', '에너지회수' 및 '최종 처리' 등은 각각 별도의 장으로 규정하는 것이 타당할 것이다. 이와 함께, 기존에 개별법에서 별도로 규정하고 있던 건설폐기물, 폐자동차, 폐전기·전자제품의 재활용과 처리에 관한 사항들은, 공통적으로 적용될 수 있는 사항들은 함께 규정하되, 각각의 폐기물에 대해서 그 특성을 감안하여 상이하게 적용되어야 할 사항들은 별도의 절에서 규정하는 방안을 검토할 수 있을 것이다. 아울러, 현재 우리나라의 폐기물 관리에 있어 많은 문제점들을 야기하고 있는 음식물류 폐기물과 영농폐기물(또는 농촌폐기물) 등에 대해서도 별도로 관련 규정을 신설하고, 폐기물별로 그 발생원과 성상에 적합하게 관리가 이루어질 수 있도록 하는 것이 통합 법률을 제정하는 취지에도 부합할 뿐만 아니라, 폐기물 관리에 관한 전반적인 법제도를 국민들이 쉽게 이해할 수 있도록 함으로써 법률의 집행력을 제고하는 역할을 할 수 있을 것이다.

(2) 별도 「자원순환사회 전환 촉진법」제정 시 주요내용

앞에서 검토한 것처럼 통합 법률로서 「자원순환사회 전환 촉진법」의 제정을 추진하는 것이 가장 바람직하다고 생각되나, 동 법률을 제정하기 위해서는 현행 폐기물 관련 법제에 대한 전면적인 개편이 필요하므로, 중앙정부

---

54) 함태성, 앞의 글 15, 468쪽
55) *Id.* 469쪽

뿐만 아니라 지방자치단체와 관련 업계 및 전문가 등의 폭넓은 참여하에 심도 있는 검토가 필요하다고 할 것이다. 따라서 현 단계에서 자원순환사회로의 전환을 촉진하기 위해서는, 이러한 작업과 병행하여, 우선적으로 별도의 「자원순환사회 전환 촉진법」을 제정하는 방안을 검토할 수 있을 것이다.[56] 이처럼 기존의 폐기물 관련 법률들과는 별도로 기본법적 성격의 「자원순환사회 전환 촉진법」을 제정하는 경우에는, 과거에 발의되었던 법안들과 유사하게 선언적 규정들만을 담아서는 별도 법률을 제정하는 실질적 효과를 기대할 수 없다고 생각된다. 따라서 이러한 입법 방식을 취할 경우에는, 현재 개별 법률들에 규정되어 있는 자원순환 관련 규정과 기본원칙들, 폐기물 최소화에 관한 규정 등은 새로 제정되는 법률로 일원화하는 것이 타당하다고 판단된다. 이와 더불어, 자원순환사회로의 전환을 추진하기 위한 국가와 지방자치단체의 책무, 자원순환기본계획과 시행계획의 수립·시행, 자원순환통계조사 등 중앙 정부와 지방자치단체들이 주요한 계획의 수립과 의사결정 과정에서 이러한 원칙들을 반영할 수 있도록 하는 제도적인 장치들과, 국가적인 자원순환 목표의 설정 및 순환자원의 품질을 확보하기 위한 인증제도, 자원순환성 평가, 폐기물의 매립·소각 등에 대한 부담금 부과제도 등 각 경제주체들의 자원순환을 위한 노력을 유도하기 위한 조항들을 규정하여야 할 것이다. 이와 함께, 기존의 「자원의 절약과 재활용촉진에 관한 법률」은 폐기물의 재사용과 재활용, 에너지회수에 관한 법률로서 정비하고, 「폐기물관리법」은 더 이상 재사용, 재활용 또는 에너지회수를 할 수 없는 폐기물들을 최종적으로 안전 처리하는 것에 관한 법률로 개정하여야 할 것이다.

---

56) 이러한 입법 방식은 현재 일본이 채택하고 있는 방식과 유사한 것으로, 기존의 「폐기물관리법」과 「자원의 절약과 재활용 촉진에 관한 법률」등은 존치하고 이와 별도로 「자원순환사회 전환 촉진법」을 제정하는 방안이다.

제 6 장

결 론

폐기물의 개념과 그 구체적인 범위, 관리 또는 규제의 방법과 정도는 시대에 따라 달라질 수 있으나, 폐기물을 국가가 법률에 의해 관리해야 하는 이유와 필요성은 동일하다. 즉, 자연 상태에서 제대로 순환 또는 처리되지 않는 폐기물이 국민의 건강과 환경에 악영향을 미치는 것을 예방하고 불가피한 영향을 최소화하기 위해 국가는 폐기물에 대한 관리주체와 방법 등을 정하고 이를 준수하도록 하는 것이다. '자원순환사회' 또는 '순환형 경제사회' 등의 개념은 자원과 에너지의 희소성이 커지고 현대 사회의 과소비, 과잉개발로부터 미래 세대들이 지속가능하게 발전할 수 있는 기반을 보전하기 위한 고려에서 그 중요성이 나날이 커지고 있다는 점에는 이론이 있을 수 없으나, 그렇다고 해서 그것이 다시 자원으로 활용되거나 에너지회수에 이용될 수 있는 물질들은 모두 폐기물에서 제외해야 한다는 결론으로 당연히 연결될 수는 없다. 재활용 또는 에너지회수 등 자원순환을 촉진하기 위해 지금까지 폐기물로 분류되어 왔던 물질들을 폐기물의 범주에서 제외하고 이와 관련된 규제의 적용대상에서 배제하거나 규제들을 철폐 또는 완화하는 것은, 이에 따른 환경적인 영향을 심도 있게 검토하지 않은 채 이루어진다면, 자칫하면 국민의 건강과 환경에 대한 피해를 대가로 기업들의 이익만을 보장하는 결과를 가져올 우려도 있는 것이다.

따라서 우리의 폐기물 관리 법제는 헌법상의 환경권 조항과 민주주의, 법치주의 원칙을 바탕으로, 「환경정책기본법」 및 「폐기물관리법」 등에서 규정하고 있는 기본원칙들과 조화되는 방향으로 해석되고 또한 정비되는 것이 바람직 할 것이다. 이를 위해서는 우선 국민의 건강과 환경 보호, 자원순환 촉진과 지속가능한 발전이라는 양 측면에서의 정책적 필요성을 함께 고려하고, 궁극적으로는 이에 대한 사회적인 합의를 바탕으로 무엇을 폐기물로 관리해야 할 것인지를 명확히 규정하는 한편, 법의 목적을 올바로 구현할 수 있도록 폐기물 관리체계를 투명하고 객관적으로 정비해야 할 것이다.

우리나라의 폐기물 관련 법제의 제반 쟁점들에 대한 입법론적 섬토에 있어서는 기본적으로 폐기물의 특성과 폐기물 관리의 목적 및 필요성에 대한 검토가 전제되어야 할 것이다. 현대사회에서 폐기물은 단순히 산업 활동이나 일상생활에서 배출자가 더 이상 필요로 하지 않는 물질로서의 성격만을 가지는 것이 아니라, 적정하게 관리되지 못한다면 국민의 건강과 환경에 위해를 끼칠 수 있는 물질이라는 특별한 속성을 함께 가지고 있다.[1] 물론 모든 폐기물들이 이러한 성격을 가지고 있는 것은 아니고, 극히 일부의 유해 폐기물(특히, 현행법상 지정폐기물 및 의료폐기물)만이 이러한 성격을 가지고 있다고 볼 수도 있으나, 문제는 일상생활에서 사용되는 물건과 물질들 가운데 점점 더 많은 물건과 물질들이 이러한 유해성을 가진 또는 잠재적으로 가질 수 있는 것들로 나타나고 있으며, 이에 대해 적절한 관리가 이루어지지 못할 경우에는 일반 국민들이 이러한 위험성을 명확히 인식하지도 못한 상태에서 피해가 현실화될 수 있다는 점이다. 따라서 이러한 폐기물의 특성을 바탕으로 법령에 의한 규제와 관리의 대상, 방법, 수준 등이 정해져야 할 것이다.

그러나 또 다른 한편으로는, 그간의 자연자원에 대한 과도한 개발과 소비 수준의 급격한 상승으로 인해 우리 세대뿐만 아니라 미래 세대의 지속가능한 발전에 대한 우려가 높아지고 있고, 이에 따라 우리 사회도 자원을 절약하고 재이용(재사용) 또는 재활용을 극대화하는 등 자원순환사회로 나아가

---

1) Ilona Cheyne, "The Definition of Waste in EC Law", *Journal of Environmental Law* 14(1): 61-73 (2002), 61쪽~62쪽 참조

야 한다는 데에 대한 사회적 합의 또한 이루어져 가고 있는 것이 사실이다. 따라서 폐기물 법제에 대한 입법론적 검토를 함에 있어서는, 국민의 건강과 환경 보호라는 목표와 함께, 자원순환을 제고하여 자원을 효율적으로 사용하도록 하고 지속가능한 발전을 이루도록 해야 한다는 과제 또한 조화롭게 고려되어야 할 것이다.

또 한 가지 고려되어야 할 사항은, 공익의 보호를 위해 폐기물로 관리되는 물질과 물건의 범위를 확대하고 그 규제의 정도를 강화하면 할수록 국민의 재산권과 자유에 대한 제한은 강화될 수밖에 없는 측면이 있다는 점이다. 이와 관련해서는 공익과 사익이 충돌하는 경우, 사익의 제한 가능성과 제한하는 경우 어느 정도까지 제한할 수 있는가에 관한 논의가 마찬가지로 적용될 수 있을 것이다.

결국 폐기물 관련 법제에서는, 국민의 건강과 환경의 보호라는 공익과 사업자 또는 일반 국민 개개인의 사익이 함께 고려되어야 하며, 폐기물로 인한 위해의 예방이라는 측면과 자원의 효율적인 활용을 촉진해야 한다는 측면이 조화되어야 한다는 특징을 가지고 있는바, 입법론적인 측면에서도 이러한 특징을 바탕으로 검토가 되어야 하며, 어느 한 측면만을 강조해서는 폐기물 관련 법제가 달성해야 할 목표를 온전히 성취해낼 수 없을 것이다. 즉 폐기물 관련 법령들이 제대로 작동하고 효력을 유지하기 위해서는, 단순히 환경적인 측면만을 생각해서는 안 되고, 이러한 법령들을 통해 어떻게 국민들의 삶의 질을 보장할 것인지, 국민들의 행복추구권을 보장할 것인지에 대한 고려도 필요한 것이다.[2]

---

2) Daniel Farber, "Sustainable Consumption and Communities: Bringing the American Way of Life into the Twenty-first Century", 29 *Pace Environmental Law Review* 344, 360쪽 참조

1. 폐기물의 개념

현행 「폐기물관리법」상 폐기물의 개념에 대한 해석과 관련하여, 동 법률 제2조 제1항의 정의 규정에 따른 '필요성' 여부를 판단함에 있어서는 1차적으로는 해당 물질이나 물건의 소유자 또는 점유자의 주관적인 의사를 고려하여야 할 것이다. 그러나 소유자 또는 점유자의 의사가 명확하지 않거나, 소유자 또는 점유자의 명시적인 의사에도 불구하고 객관적으로 해당 물질 또는 물건이 더 이상 그 본래의 용도로 사용되거나 다른 유용한 용도로 사용될 가능성이 없다고 판단될 때에는 해당 물질 또는 물건은 폐기물에 해당하는 것으로 해석하는 것이 타당할 것이다. 우리 판례[3]는 사업장에서 배출되는 물질의 경우 '해당 사업장의 사업활동에 필요하지 아니하게 된' 경우에는 폐기물에 해당한다고 판시하고 있으며, 이 경우 소유자 또는 점유자의 주관적 의사뿐만 아니라 그 물질의 성상 등 객관적인 요소를 함께 고려하여야 한다는 입장을 취하고 있는바, 이는 '필요성' 여부의 판단을 객관화하기 위한 노력으로 볼 수 있다.

입법론적으로는 우리 헌법 제35조 제1항의 환경권 조항과 「환경정책기본법」 제2조의 기본이념에 비추어볼 때 '객관적 폐기물개념'을 도입할 근거는 충분하다고 판단되는바, 이를 반영하여 사업자 또는 일반 국민 개개인의 재산권을 비롯한 사익(私益)과 국민 건강 및 환경의 보호라는 공익(公益)이 조화될 수 있도록 '주관적 폐기물 개념'과 '객관적 폐기물 개념'을 모두 포함하면서, 폐기물 관련 법령의 해석 및 적용상의 혼선을 사전에 예방하고 법적 안정성을 보장할 수 있도록 폐기물의 요건 또는 개념표지들을 법률에서 보다 정치하게 규정하는 방안으로 개정을 검토할 필요가 있다고 판단된다.

이러한 관점에서 보면, 현행 「폐기물관리법」의 폐기물에 대한 정의 규정

---

3) 대법원 2012. 4.13. 선고 2010도16314 판결, 대법원 2009. 1.30. 선고 2008도8971 판결, 대법원 2002.12.26. 선고 2002도3116 판결 등 참고

은 "소유자 또는 점유자가 버리거나 버리고자 하는 물질이나 물건, 사람의 건강 또는 환경보전을 위하여 적정하게 처리되어야 하는 물질이나 물건으로서 대통령령이 정하는 것을 말한다. 다만, 해당 물질이나 물건의 소유자 또는 점유자가 버릴 의사가 없고 해당 물질이나 물건이 사람의 건강 또는 환경에 위해를 끼칠 우려가 없음을 입증하는 경우에는 폐기물에 해당하지 아니한다."고 개정하는 것이 바람직할 것이다.

2. 폐기물의 범위 및 분류체계

재활용이 가능한 물질을 폐기물에서 제외하고 엄격한 관리의 대상에서 면제하는 것이 타당한지를 판단함에 있어서는, 자원의 효율적인 활용을 촉진함으로써 기대되는 사회·경제적 편익과 함께 재활용이 가능한 물질들이 제대로 처리되지 못할 경우 국민건강과 환경에 미칠 수 있는 위해 등을 종합적으로 고려할 필요가 있다. 폐기물의 관리는 그 발생에서부터 수집·운반, 재사용, 재활용, 최종처리의 순서로 규율되며, 일정한 물질이 재사용 또는 재활용이 가능한가의 문제는 사후적인 처리의 문제인바, 그 재활용 여부에 따라 폐기물의 개념이나 범위가 유동적으로 되도록 하는 것은 폐기물 관리 법체계를 근본적으로 흔들고 피규제자의 법적 안정성 또한 크게 해하는 결과를 초래할 우려가 있으므로 수용하기 어렵다고 할 것이다. 다만, 사회 전체적으로 폐기물의 발생을 최소화하는 한편 자원과 에너지를 최대한 효율적으로 이용하는 '자원순환사회'의 실현이 중요한 과제로 대두되고 있음을 감안할 때, 이러한 자원순환사회의 실현을 촉진하기 위해서 재활용될 수 있는 물질 또는 물건들에 대해서는 정책적으로 규제를 완화하고 특별한 예외를 인정하는 것은 가능할 것이다.

이러한 측면에서 현행 「폐기물관리법」에서 규정하고 있는 '폐기물의 재활용 기준 및 방법'을 개정하여, 법령에 구체적으로 열거되거나 고시되지 않은 새로운 재활용방법에 대해서도 개별 신청에 의해 허가를 받을 수 있는 체계를 도입하는 방안 등을 적극적으로 검토할 필요가 있다. 이와 함께 생산공정 등에서 발생하는 '부산물'에 대한 규정을 명확히 하고, 폐기물이 폐기물로서의 지위에서 벗어나서 제품 또는 원료물질로 취급되는 시점을 명확히 히는 '폐기물 종료' 제도를 도입함으로써 자원의 순환이용을 촉진할 수 있을 것이다.

토양이 폐기물에 해당하는가에 대해서는 다양한 견해가 존재하나, 오염 등의 사유로 토양으로서의 본래의 기능을 수행할 수 없고 불필요하게 된 토양은 자연의 원래 위치에서 분리되었는지 여부와는 관계없이 폐기물로 분류되어야 할 것이다. 다만, 토지와 함께 부동산에 해당하는 건축물의 경우 그것이 철거되어야 비로소 폐기물에 해당하는 것으로 본다는 점을 감안할 때, 토지의 경우에도 이와 유사하게 처리를 목적으로 토양이 굴착되어 분리되었거나 굴착되어 분리되지는 않았더라도 폐기물로 처리되어야 할 대상이 되는 구역을 특정할 수 있는 경우에 해당 구역의 토양이 폐기물에 해당한다고 보아야 할 것이다.

폐기물의 분류체계는 일정한 폐기물을 처리할 책임을 지는 주체와 그 처리방법 등을 결정하는 기준이 된다는 점에서 중요한 의미를 가지나, 우리나라의 경우 세부적인 분류의 근거가 법률의 근거 없이 하위법령에 위임되어 있고, 생활폐기물과 사업장폐기물의 분류기준이 모호하며, 생활폐기물 가운데 유해한 폐기물에 대한 분류 및 관리체계가 미비한 문제점 등이 있어 이를 합리적으로 개편하고, 각 폐기물의 특성에 맞는 관리가 이루어지도록 할 필요가 있다. 즉, 폐기물은 우선 그 유해성 여부에 따라 '일반관리 폐기물'과 '특별관리 폐기물'로 분류하고 '일반관리 폐기물'은 다시 배출원을 기준으로 '일반관리 생활폐기물'과 '일반관리 사업장폐기물'로 분류하여, 처리책무와 비용부담 등에 있어서 '배출자(원인자) 책임의 원칙'이 관철될 수 있도

록 하고, '특별관리 폐기물'은 '특별관리 생활폐기물'과 '특별관리 사업장폐
기물', '의료폐기물', '음식물류 폐기물' 등으로 분류하여 사업장에서 발생하
는 폐기물뿐만 아니라 가정에서 발생하는 폐기물 중에서도 유해성이 있거
나 환경에 미치는 영향이 큰 폐기물들은 별도로 엄격하게 관리할 수 있도록
하는 것이 바람직할 것이다. 아울러 현재 「폐기물관리법」에 특별한 근거나
위임 없이 동법 시행규칙에서 규정하고 있는 사업장배출시설계폐기물과 사
업장생활계폐기물에 대해서는 법률에 명확한 정의 규정을 두고, 지정폐기물
로 분류되어야 하는 폐기물의 유해특성을 정의 규정에서 구체적으로 명시
하는 것이 필요하다.

3. 폐기물 관련 법률체계

　자원의 효율적인 이용과 폐기물의 재활용을 통해 자원순환형 사회를 구
축하는 것이 시급한 국가적 과제로 대두되게 되었고, 이에 따라 자원순환형
사회시스템을 법제도로 정착시키고자 하는 노력이 우리나라에서도 2000년
대 초부터 수차례 있었으나 성과를 거두지 못하였다.
　이처럼 과거 자원순환에 관한 법률 제정이 성과를 거두지 못하면서, 현행
「폐기물관리법」 및 「자원의 절약과 재활용촉진에 관한 법률」에 이미 상당
한 부분 동법에 규정하고자 했던 사항들이 포함되어 있는바, 현행 폐기물관
련 법률들과의 중복 문제를 예방하고, 복잡하게 얽혀있는 「폐기물관리법」과
「자원의 절약과 재활용촉진에 관한 법률」 등 사이의 관계를 일목요연하게
정리하기 위해서는, 자원순환에 관한 규정들과 폐기물 관리에 관한 규정들
을 포괄하는 통합 법률로서 자원순환에 관한 법률을 제정하는 것이 가장 바
람직한 방안이라고 판단된다. 이와 함께, 현재 우리나라의 폐기물 관리에 있
어 특별히 많은 문제점들을 야기하고 있는 음식물류 폐기물과 영농폐기물

등에 대해서도 별도의 규정을 신설하여, 폐기물별로 발생원과 성상에 적합한 폐기물 관리가 이루어질 수 있도록 함으로써 국민들이 폐기물 관리 법제를 전반적으로 쉽게 이해할 수 있도록 하고 법률의 실효성도 높일 수 있을 것이다.

현재 정부에서는 기존의 폐기물 관련 법류들과는 별도로 기본법적인 성격을 가지는 (가칭)「자원순환사회 전환 촉진법」의 세정이 추진되고 있는바, 폐기물로 인한 국민건강 및 환경에 대한 위해를 예방해야 한다는 기본적인 측면과 자원과 에너지의 효율적인 활용 및 순환이용을 촉진해야 한다는 측면이 조화될 수 있는 법률의 제정과 그에 수반하는 법체계의 정비가 함께 검토되어야 할 것이다.

참고문헌

Ⅰ. 국내문헌

1. 단행본

가천의과학대학교 산학협력단,『국내 유해폐기물의 적정관리 방안 연구』, 국립환경과학원 (2007).

강만옥 외,『자원순환 활성화를 위한 폐기물교환 Asia Network 구축방안 연구』, 과학기술부/환경부 (2007).

공성용,『고령화 사회의 생활패턴 변화 및 환경이슈 조사 연구』, 한국환경정책·평가연구원 (2010).

구마모토 가즈키,『일본의 순환형사회 만들기 무엇이 잘못 되었는가』, 이승무 옮김, 순환경제연구소 (2012).

국립환경연구원·한국폐기물학회,『자원순환형 폐기물관리의 현황과 전망』, 국립환경연구원 (2004).

김광임 외,『폐기물 관리제도 개선 방안 연구』, 환경부 (2003).

_____,『산업계 유기성폐기물의 자원화 촉진방안 연구』, 한국환경정책·평가연구원 (2012).

_____,『국내 자원순환지표 변화 추이』, 한국환경정책·평가연구원 (2010).

김정대 외,『폐섬유 및 폐고무의 재활용중간가공물 품질인증기준 설정 연구』, 한국환경공단 (2011).

김준호,『민법강의-이론과 사례-』(신정3판), 법문사 (2002).

김홍균,『환경법』(제3판), 홍문사 (2014).

박균성·함태성,『환경법』(제6판), 박영사 (2013).

_____,『환경법』(제5판), 박영사 (2012).

박석현 외,『폐기물 재활용 선진화방안 마련을 위한 연구』, 환경부·한국환경공단 (2011).

박은정,『왜 법의 지배인가』, 돌베개 (2010).

비 존슨,『나는 쓰레기 없이 산다』, 박미영 옮김, 청림Life (2013).

손 현,『폐기물관리법상 폐기물 분류체계 분석』, 한국법제연구원 (2012).

＿＿＿,『주요 외국의 폐기물 분류체계 분석』, 한국법제연구원 (2012).

손영배,『한국의 쓰레기 2천년사』, 문지사 (1997).

수전 스트레서,『낭비와 욕망-쓰레기의 사회사』, 김승진 옮김, 이후 (2010).

스티븐 버트먼,『낭만의 고고학기행 - 동굴에서 들려오는 하프소리』, 김석희 옮김, 한길사 (1994).

신선경 외,『자원순환정책과정』, 국립환경인력개발원 (2013).

에드워드 흄즈,『102톤의 물음 : 한없이 인간적이고 어처구니없지만 흥미진진하고 사실인 쓰레기에 대한 모든 고찰』, 박준식 옮김, 낮은산 (2013).

엘리자베스 L. 클라인,『나는 왜 패스트 패션에 열광했는가』, 윤미나 옮김, 세종서적 (2013).

유정수,『쓰레기로 보는 세상 - 자원 재활용의 허와 실』, 삼성경제연구소 (2006).

이수철 외,『농촌폐기물 적정관리 대책 연구』, 환경부 (2012).

이순자,『환경법』(제3판), 법원사 (2012).

이유봉,『오염토양의 법적 관리체계 개선을 위한 법제분석』, 한국법제연구원 (2013).

이종영 외,『폐기물 관련 법체계 개선 및 법령 정비 방안』, 환경부 (2009).

이희선 외,『자원순환정책 중장기 발전방안 마련 연구』, 한국환경정책·평가연구원 (2010).

전재경,『자원순환사회 법제 연구』, 한국법제연구원 (2012).

＿＿＿,『산업구조 전환과 자원순환 촉진 법체계의 연구』, 한국법제연구원 (2008).

제프 페럴,『도시의 쓰레기 탐색자 - 소비문화와 풍요의 뒷모습, 쓰레기에 관한 인문학적 고찰』, 김영배 옮김, 시대의창 (2013).

조지혜·이희선·양은모,『유해성에 따른「폐기물 종료기준」의 해외 현황 및 정책적 시사점』, 한국환경정책·평가연구원 (2012).

조현권,『환경법』, 법률문화원 (2006).

조홍식,『판례환경법』, 박영사 (2012).

＿＿＿,『사법통치의 정당성과 한계』(제2판), 박영사 (2010).

최봉석,『환경법』(개정판), 청목출판사 (2014).

클라우스 보셀만,『법에 갇힌 자연 vs 정치에 갇힌 인간』, 진재운·박선영 옮김, 도요새 (2011).

한국법철학회, 김도균 엮음,『한국 법질서와 법해석론』, 세창출판사 (2013).

한국환경정책·평가연구원,『토양정화체계 개선방안 연구』, 환경부 (2012).

한기주·강홍윤, 『주요 산업의 자원순환 촉진을 위한 방안 연구 - 사업장 생산공정
　　폐기물을 중심으로 -』, 산업연구원 (2012).

한귀현, 『독일환경법론』, 한국법제연구원 (2002).

＿＿＿, 『환경법의 기본원리』, 세종출판사 (1997).

허영, 『한국헌법론』(全訂3판), 박영사 (2007).

＿＿, 『한국헌법론』(신4판), 박영사 (2004).

헤더 로저스, 『사라진 내일』, 이수영 옮김, 삼인 (2009).

홍준형, 『환경법특강』, 박영사 (2013).

＿＿＿, 『환경법』(제2판), 박영사 (2005).

환경부, 『2014 환경백서』, 환경부 (2014).

＿＿＿, 『2012 환경백서』, 환경부 (2013).

＿＿＿, 『2012 전국 폐기물 발생 및 처리 현황』, 환경부 (2013).

＿＿＿, 『2012 지정폐기물 발생 및 처리 현황』, 환경부 (2013).

＿＿＿, 『주요 환경 통계』, 환경부 (2013).

＿＿＿, 『농촌폐기물 적정관리 대책 연구』, 환경부 (2012).

＿＿＿, 『질의회신 사례집』, 환경부 (2012).

＿＿＿, 『질의회신 사례집』, 환경부 (2011).

＿＿＿, 『질의회신 사례집』, 환경부 (2010).

＿＿＿, 『환경30년사』, 환경부 (2010).

＿＿＿, 『환경관련 법령해설 및 행정실무』, 환경부 (2008).

＿＿＿, 『폐기물관리 규제개선방안 연구(업계 건의사항 및 질의사례 중심)』, 환경
　　부 (2006).

환경부 폐기물정책과, 『폐기물관리법 업무편람』, 환경부 (2002).

환경부 폐기물정책연구회, 『자원순환형사회 구축을 위한 포럼 제1권』, 환경부 (2002).

환경부·한국폐기물협회, 『폐기물분야 질의·회신 사례집』, 환경부 (2010).

2. 논문

고문현, "폐기물 관련법제의 변화와 전망에 대한 토론문", 강원대학교 비교법학연구소, 『환경법과 정책』 제4권, pp.145-148 (2010).

김광수, "독일의 폐기물법 개정이 우리나라 폐기물 정책에 주는 시사점", 한국환경법학회, 『환경법연구』 제23권 2호, pp.211-234 (2001).

김남진, "행정법의 변천과 기본원리", 고시연구사, 『고시연구』 제31권 3호, pp.14-23 (2004).

김두형, "사업장 일반 및 지정·의료폐기물 관리 및 질의회신사례", 국립환경인력개발원, 『자원순환정책과정』(2013)

김상겸, "폐기물관련법제에 관한 헌법적 고찰", 한국환경법학회, 『환경법연구』 제26권 3호, pp.25-42 (2004).

김성은, "중국의 환경법제와 「순환경제촉진법」의 제정", 한중법학회, 『중국법연구』 제13집, pp.235-256 (2010).

김세규, "자원순환형사회 구축의 일환으로서의 생산자책임재활용제도에 관한 소고", 한국비교공법학회, 『공법학연구』 제12권 제4호, pp.501-529 (2011).

김연태, "폐기물의 개념 및 분류·처리체계 -독일의 순환관리 및 폐기물법을 중심으로-", 한국환경법학회, 『환경법연구』 제25권 1호, pp.165-208 (2003).

김중수, "한일폐기물법제에 있어서의 원인자부담원칙", 한국환경법학회, 『환경법연구』 제33권 2호, pp.191-215 (2011).

김창권, "생활계 유해폐기물의 적정 관리방안", 『상명대학교 대학원 경제학전공 박사학위논문』 (2012).

김창조, "자원순환형 사회구축을 위한 법제도", 경북대학교 법학연구원, 『법학논고』 제19집, pp.25-51 (2003).

김천수, "폐기물을 재활용하는 경우에 있어, 폐기물의 기준", 법원도서관, 『대법원판례해설』 제43호, pp.765-775 (2003).

김홍균, "폐기물재활용 개념 - 폐기물과의 구별 -", 한국법학원, 『저스티스』 통권 제84호, pp.53-69 (2005).

_____, "환경법상 사전배려원칙의 적용과 한계", 한국법학원, 『저스티스』 통권 제119호, pp.262-291 (2010).

김현준, "저탄소 녹색성장 기본법의 법적 성질 및 다른 법률과의 관계", 한국공법학회, 『공법연구』 제39집 제2호, pp.489-518 (2010).

노명준, "국제환경법의 원칙", 한국환경법학회, 『환경법연구』 제24권 1호, pp.369-

395 (2002).

노청석·최동일, "중국의 고체폐물오염방치법", 한국환경법학회, 『환경법연구』 제 26권 3호, pp.69-94 (2004).

류효은, "대도시 쓰레기문제와 쓰레기 관리공간에 대한 연구", 『서울대학교 대학 원 공학석사 학위논문』(2014).

민달기, "국내 폐기물 분류체계 개선에 관한 연구", 한국폐기물자원순환학회, 『한 국폐기물자원순환학회지』 제28권 제2호, pp.184-190 (2011).

박경철, "환경법의 근본이념과 기본원칙", 강원대학교 비교법학연구소, 『강원법학』 제22권, pp.67-100 (2006).

박균성, "폐기물 관련법령의 기본구조", 한국환경법학회, 『환경법연구』 제26권 2 호, pp.163-185 (2004).

_____, "폐기물관리의 원칙과 체계", 한국환경법학회, 『환경법연구』 제20권, pp.16-56 (1998).

박균성·송동수·함태성, "사업장생활계폐기물 관리의 법적 문제와 개선방안", 한국 환경법학회, 『환경법연구』 제30권 2호, pp.415-436 (2008).

박병도, "국제환경법상 오염자부담원칙의 우리나라 환경법에의 수용", 한국환경법 학회, 『환경법연구』 제34권 1호, pp.331-359 (2012).

박상열, "토양오염과 법률문제", 한국토양환경학회, 『한국토양환경학회지』 제1권 1호, pp.3-9 (1996).

박수혁·최연홍·김태환, "한국 폐기물법과 정책의 추진방향에 관한 연구", 한국환 경법학회, 『환경법연구』 제23권 2호, pp.289-331 (2001).

박종원, "오염토양과 폐기물의 법적 구별과 그 처리책임", 강원대학교 비교법학연 구소, 『환경법과 정책』 제8권, pp.99-132 (2012).

박지현, "EU의 폐기물관련 환경규제의 변화와 전망", 『국제경제법연구』 제8권 2 호, pp.115-143 (2010).

박효진, "경계물로서의 쓰레기", 『서울대학교 환경대학원 석사학위 논문』(2012).

방극채, "폐기물의 처리책임에 관한 비교법적 연구", 『전남대학교 대학원 박사학 위 논문』(2008).

소병철, "법치주의 현실 개선과 행정입법의 사법적 통제에 관한 연구", 『서울시립 대학교 대학원 법학박사학위 논문』(2010).

손상진, "자원순환사회 구축을 위한 폐기물관련법제 개선방안에 관한 연구", 『서 울시립대학교 대학원 법학박사학위 논문』(2009).

손희만, "폐기물의 재활용촉진을 위한 관련법제의 개선방안에 관한 연구", 『서울시립대학교 대학원 법학박사학위 논문』 (2009).

송동수, "폐기물 관련법제의 변화와 전망", 강원대학교 비교법학연구소,『환경법과 정책』제4권, pp.113-144 (2010).

신현범, "오염토양에 대한 적용 법률", 법원도서관,『대법원판례해설』제88호, pp.914-960 (2011).

안병곤, "한일 양국의 생활쓰레기문제를 통해서 본 환경실태에 대한 의식조사", 한국일본근대학회,『일본근대학연구』제33집, pp.455-476 (2011).

안종오, "우리나라 유해폐기물법제의 개선방향", 경희대학교 법학연구소,『경희법학』제40권 제2호, pp.231-274 (2005).

_____, "유해폐기물 법제에 관한 한·미 비교연구",『경희대학교 대학원 법학박사학위논문』(2004).

오길종, "일본의 폐기물재활용관련법의 제·개정 동향에 관한 고찰", 환경부,『자원순환사회 구축을 위한 포럼』제1권, pp.21-41 (2002).

오용선, "자원순환사회 폐기물 관리의 법적·제도적 체계 설계", 한국환경법학회,『환경법연구』제28권 1호, pp.303-329 (2006).

유향란, "중국 순환경제촉진법 제정의 현황과 전망", 법제처,『2008 세계법제연구보고서』, pp.5-28 (2008).

윤용희, "환경정책기본법 제7조의2 해석에 관한 연구",『서울대학교 대학원 법학석사학위 논문』(2008).

이계수, "행정법령을 읽는 법: 폐기물관리법을 소재로", 민주주의법학연구회,『민주법학』제47호, pp.245-290 (2011).

이광윤, "프랑스 환경법전에 관한 연구", 한국환경법학회,『환경법연구』제31권 1호, pp.227-253 (2009).

이기춘, "판례를 통해서 본 토지임대인에 대한 폐기물처리책임 귀속의 문제", 한국환경법학회,『환경법연구』제34권 3호, pp.107-137 (2012).

이병길, "자원순환 추진과 국민건강 확보 추구 - 폐기물관리법", 대한민국 국회,『국회보』2010.10월호, pp.96-97 (2010).

이비안, "불확정개념의 해석과 환경법의 퇴보", 한국환경법학회,『환경법연구』제34권 1호, pp.259-292 (2012).

이상돈, "폐기물 감량화 및 재활용 관련 법에 대한 고찰", 한국법제연구원,『법제연구』제22호, pp.55-71 (2002).

이승무, "자원순환 사회 발전을 위한 기본법 제정방향", 국회의원 전병헌·국회의원 오영식·국회의원 홍영표·국회의원 이상직·자원순환거버넌스,『자원순환사회발전을 위한 기본법 제정을 위한 공청회 자료집』, pp.17-21 (2013).

이시재, "일본의 순환형사회 형성추진 사례의 연구", 한국환경사회학회, 『환경사회학연구(ECO)』 제11권 2호, pp.7-44 (2007).

이유봉, "공법과 사법간의 갈등에 대한 분석연구 -환경사례를 중심으로-", 『서울대학교 대학원 법학박사 학위논문』 (2008).

이종영, "저탄소 녹색성장 기본법의 제정에 따른 폐기물관련 법령의 대응방안", 『환경법연구』 제31권 2호, pp.49-86 (2009).

_____, "폐기물법제의 체계 및 개선방안", 한국환경법학회, 『환경법연구』 제28권 2호, pp.69-92 (2006).

전재경, "폐기물과 순환자원의 법적 개념의 변화와 적용", 한국환경법학회, 『환경법연구』 제30권 3호, pp.609-627 (2008).

_____, "자원순환기본법 제정의 필요성 및 방향", 국회의원 이완영·한국자원순환단체연대회의, 『자원순환사회를 위한 정책토론회 자료집』, pp.11-18 (2013).

전훈, "사전배려원칙과 사법적 통제 - 프랑스 꽁세이데타 판결을 중심으로 -", 한국비교공법학회, 『공법학연구』 제15권 제1호, pp.243-261 (2014).

정서용, "기업 구조조정에서 발생하는 환경문제에 대한 대응 : 미국의 폐기물 관리제도를 중심으로", 한국환경법학회, 『환경법연구』 제25권 1호, pp.401-431 (2003).

정이근, "공익과 사익의 이익형량과 선택 - 폐기물관리법 규정과 발치한 치아를 소재로 -", 부산대학교 법학연구소, 『법학연구』 제52권 제3호 (통권 69호), pp.83-102 (2011).

정회성·안형기, "자원순환사회를 향한 환경정책 과제와 방향", 한국정책과학학회, 『한국정책과학학회 춘계학술대회 자료집』, pp.33-50 (2008).

정훈, "폐기물관리와 토양환경보전에 관한 현행법의 규율현황 및 문제점", 한국환경법학회, 『환경법연구』 제34권 3호, pp.173-193 (2012).

____, "한국 환경행정소송의 최근 동향과 쟁점, 향후 과제", 강원대학교 비교법학연구소, 『환경법과 정책』 제7권, pp.107-145 (2011).

____, "폐기물 관련 법체계와 자원순환기본법의 제정필요성", 한국환경법학회, 『환경법연구』 제31권 2호, pp.115-143 (2009).

____, "유럽공동체의 폐기물법체계", 한국환경법학회, 『환경법연구』 제27권 4호, pp.203-224 (2005).

____, "자원절약과 환경친화적인 폐기물처리를 위한 폐기물법의 규율방향", 한국환경법학회, 『환경법연구』 제24권 1호, pp.179-211 (2002).

____, "폐기물법상 폐기물의 개념에 관한 고찰", 전남대학교 법률행정연구소, 『법률행정논총』 제21집 제2호, pp.353-382 (2001).

____, "폐기물처리에 관한 법적 고찰", 『전남대학교 대학원 법학박사 학위논문』 (2001).

조성규, "폐기물관리법제의 법적 문제", 행정법이론실무연구회, 『행정법연구』 제27호, pp.49-78 (2010).

조현권, "폐기물의 개념", 환경보전협회, 『환경보전』 25권 3호, pp.37-39 (2003).

조홍식, "환경법의 해석과 자유민주주의", 서울대학교 법학연구소, 『서울대학교 법학』 제51권 제1호, pp.241-288 (2010).

____, "경제학적 논증의 법적 지위 - 배제적 법실증주의의 관점에서 -", 서울대학교 법학연구소, 『서울대학교 법학』 제48권 제4호, pp.124-178 (2007).

____, "폐기물관리법상 사업장폐기물 배출사업자의 법적 책임", 서울대학교 법학연구소, 『서울대학교 법학』 제45권 제2호, pp.97-155 (2004).

____, "리스크法 - 리스크관리체계로서의 환경법", 서울대학교 법학연구소, 『서울대학교 법학』 제43권 제4호, pp.27-128 (2002).

____, "환경법 소묘 - 환경법의 원리, 실제, 방법론에 관한 실험적 고찰", 서울대학교 법학연구소, 『서울대학교 법학』 제40권 제2호, pp.318-357 (2000).

____, "토양환경침해에 관한 법적 책임", 한국환경법학회, 『환경법연구』 제20권, pp.298-343 (1998).

조희원, "유럽법에 따른 독일의 유해폐기물 관련 법률", 한국법제연구원, 『최신 외국법제정보』 2009-09호, pp.42-50 (2009).

채영근, "폐기물 관련 법령체계의 문제점 및 개선방안", 한국환경법학회, 『환경법연구』 제31권 2호, pp.145-169 (2009).

____, "산업폐기물의 적정처리를 위한 법적 방안 연구", 한국환경법학회, 『환경법연구』 제26권 2호, pp.331-359 (2004).

최봉석, "폐기물의 에너지원화를 위한 입법적 과제", 한국환경법학회, 『환경법연구』 제31권 3호, pp.349-383 (2009).

최봉철, "문언중심적 법해석론 비판", 한국법철학회, 『법철학연구』 제2권, pp.271-296 (1999).

최창원 외, "음식물쓰레기 정책의 변천과 재활용 정책의 실태분석", 한국정책학회, 『한국정책학회 하계학술대회 자료집』, pp.731-757 (2012).

키타무라 요시노부, "현실을 직시하자! 산업폐기물법제를 둘러싼 최근의 법정책동향", 한국환경법학회, 『환경법연구』 제28권 2호, pp.183-194 (2006).

한귀현, "폐기물법제의 최근 동향에 관한 소고 - 일본의 폐기물처리법을 중심으로 -", 한국비교공법학회, 『공법학연구』 제12권 제2호, pp.389-421 (2011).

함태성, "독일과 일본의 폐기물법제 비교·검토를 통한 한국의 폐기물법제의 체계 재정립방안 연구", 한국토지공법학회, 『토지공법연구』 제30집, pp.453 -475 (2006).

홍동희, "폐기물의 개념 및 분류체계에 관한 연구", 한국환경정책·평가연구원, 『환경정책연구』 제3권 제2호, pp.113-137 (2004).

Michael Kotulla, "유럽연합의 통합환경관리지침과 독일법으로의 전환 - 폐기물법을 중심으로 -", 한국환경법학회, 『환경법연구』 제29권 2호, pp.237-252 (2007).

3. 보고서 및 자료집

국립환경과학원, 『OECD 회수가능 폐기물의 국가 간 이동 통제를 위한 설명서』 (2013).

국회의원 최봉홍 의원실, 『자원순환사회 어떻게 할 것인가?』 (2013).

국회 환경노동위원회, 『「자원순환사회전환촉진법안」 제정을 위한 공청회 자료집』 (2015).

김경민, 『「자원순환사회 전환 촉진법」안의 주요내용과 개선과제』 (이슈와 논점 제699호), 국회입법조사처 (2013).

대한민국 국회(환경노동위원회 수석전문위원), 『자원순환사회전환촉진법안 검토보고서』 (2014.11).

_____, 『자원순환사회 촉진기본법안/자원순환촉진기본법안 검토보고서』 (2014. 2).

_____, 『자원순환형경제사회형성촉진기본법안 검토보고서』 (2005. 2).

_____, 『순환경제사회형성촉진기본법안 검토보고서』 (2003. 6).

_____, 『폐기물관리법 일부개정법률안 심사보고서』 (2006.12).

_____, 『폐기물관리법중개정법률안 심사보고서』 (1995. 7).

새누리당, 『세상을 바꾸는 약속, 책임있는 변화』(제18대 대통령선거 새누리당 정책공약) (2012).

신희덕,『일본 산업폐기물 행정의 실상과 과제(모니터링 분석)』, 한국과학기술정보
　　연구원 (2010).

제18대 대통령직인수위원회,『박근혜정부 국정비전, 국정목표 및 국정과제』(2013).

환경부 자원순환정책과,『'12년 상반기 법령개선 연구회 운영결과 및 향후 추진계
　　획』(2012).

환경부,『자원순환사회 전환 촉진 대책』(2013).

＿＿＿＿,『팜 껍질·임지 잔재 폐기물의 바이오에너지 활용 촉진방안 검토』(2012).

＿＿＿＿,『폐기물의 국가간 이동 관련 법령 및 바젤협약 업무편람』(2008).

4. 언론보도 및 보도자료

"어쨌든 발생하는 폐기물, 어떻게 재활용하느냐 '발상의 전환'" (전자신문, 2014.
　　9.23, 44면)

"국회 계류 자원재활용 법안만 5개, '폐기물 정의'부터 달라 업계 혼란" (전자신문,
　　2014. 4. 3, 17면)

"수도권매립지 연장 갈등.. 인천시민 55% '연장 반대'" (매일경제, 2013. 6.27)

"서울 도심에 방사성폐기물 방치돼 있다" (시사저널 1233호, 2013. 6. 5), (http://
　　www. sisapress.com/news/articleView.html?idxno=60629)

"'매립지연장 중단하라' 집단행동 나설 듯" (SBS, 2013. 5. 8)

"서울시-인천시, 수도권매립지 연장 두고 갈등 심화" (교통방송, 2013. 5. 6)

"매년 9만t 쌓이는 폐기물에… 농촌들녘 신음", (국민일보, 2013. 3.13, 사회 10면)

"쌈무 만들고 난 깨끗한 자투리 연 3억 들여 폐기해야 합니까" (동아일보, 2013.
　　2.25, 종합 1면 및 8면)

"다이옥신 초과 부천 등 3곳 소각장 가동중단" (문화일보, 1997. 6.16)

"자원순환 사회 만들려면", (이종영, 서울경제, 2013.12.10, 39면)

"자원순환 시대로 가야 한다", (정연만, 한국일보, 2013. 9. 5, 29면)

"자원순환사회 전환 촉진법 제정안, 국무회의 통과" (환경부 보도자료, 2014.10)

"미래를 준비하고, 국민행복을 완성하는 '환경복지' 실현" (2013년도 환경부 업무
　　보고 보도자료, 2013. 4)

5. 사전 및 웹사이트

한국유럽학회 유럽연합(EU) 학술용어사전 편찬위원회, 『유럽연합 학술용어사전』,
    높이깊이 (2007)
동아 새국어사전(제5판 10쇄), 두산동아(주) (2014)
민중 엣센스 국어사전(제6판 제6쇄), 민중서림 (2011)
국가 법령정보센터 (http://www.law.go.kr)
국회 의안정보시스템 (http://likms.assembly.go.kr)
네이버 두산백과 (http://terms.naver.com)
다음 국어사전 (http://terms.naver.com)
대한민국 전자관보 (http://gwanbo.korea.go.kr)
이승무, 「폐기물의 정의 문제: 민사법적 폐기물과 사회적 폐기물」 (http://blog.
    daum.net/yjb0802/4379)
한국환경산업기술원 「국가환경산업기술정보시스템」 (http://www. konetic.or.kr)
환경부 (http://www.me.go.kr)

II. 외국문헌

1. 단행본

Barak, Aharon, *PURPOSIVE INTERPRETATION IN LAW (Translated from the
    Hebrew by Sari Bashi)*, Princeton University Press (2005).
Craig, Robin Kundis, *Environmental Law in Context* (3rd ed.), WEST (2012).
U.K. Department for Environment, Food and Rural Affairs, *Guidance on the legal
    definition of waste and its application* (2012).
Dippel, Martin; Garrelmann, Andrea; Kersandt, Peter; Klages, Christoph; Kleve,
    Guido; Krappel, Thomas; Müggenborg, Hans-Jürgen; Schink, Alexander;
    Versteyl, Andrea; Webersinn, Michael; Windelen, Urban, *KrWG -
    Kemmentar zum Kreislaufwirtschaftsgesetz*, Lexxion (2012).
European Commission, *Guidelines on the Interpretation of Key Provisions of Directive
    2008/98/EC on waste* (2012).
Fauchald, Ole Kristian; Hunter, David; Xi, Wang, *Yearbook of International
    Environmental Law 2008*, Oxford University Press (2009).

Ferrey, Steven, *Environmental Law*, Aspen Law & Business (1997).

Fisher, Elizabeth; Lange, Bettina; Scotford, Eloise, *Environmental Law - Text, Cases, and Materials*, Oxford University Press (2013).

Hansmann, Klaus & Sellner, Dieter, *Grundzüge des Umweltrechts*, Erich Schmidt Verlag (2007).

Institute for Prospective Technological Studies, *End Of Waste Criteria*, IPTS (2008).

Kiss, Alexandre & Shelton, Dinah, *International Environmental Law*(3rd ed.), United Nations Environment Programme (2004).

Klausen, Johannes, *Das neue Kreislaufwirtschaftsgesetz*, ecomed Sicherheit (2012).

Krämer, Ludwig, *EU Environmental Law*(7th ed.), Sweet & Maxwell (2012).

Kubasek, Nancy K. & Silverman, Gary S., *Environmental Law*(8th ed.), Pearson (2014).

_____, *Environmental Law*(3rd ed.), Prentice Hall (2000).

Kunig, Philip; Paetow, Stefan; Versteyl, Ludger-Anselm, *Kreislauf- wirtschafts- und Abfallgesetz : Kommentar*, Verlag C. H. Beck München (2003).

McEldowney, John & McEldowney, Sharron, *Environmental Law*, Pearson (2010).

Nash, Jonathan R., *Environmental Law and Policy: The Essentials*, Aspen Publishers (2010).

OECD, *Glossary of Statistical Terms* (2007).

Portney, Paul R., & Stavins, Robert N. ed., *Public Policies for Environmental Protection*(2nd ed.), RFF Press (2000).

Sneddon, Simon, *Environmental Law*, Pearson (2013).

Sunkin, Maurice; Ong, David M; Wight, Robert, *Sourcebook on Environmental Law*(2nd ed.), Cavendish Publishing Ltd. (2001).

Versteyl, Ludger-Anselm; Mann, Thomas; Schomerus, Thomas, *Kreislaufwirts- chaftsgesetz : Kommentar*, Verlag C. H. Beck München (2012).

Villanueva, Alejandro, et. al., *Study on the Selection of Waste Streams for End-of-Waste assessment*, Institute for Prospective Technological Studies (2010).

Koch, Hans-Joachim ed., 『ドイツ環境法 (Umweltrecht, 3.)』, 岡田正則(Okada Masanori) 監譯, 早稻田大學比較法研究所叢書 38 (2012).

北村喜宣, 『環境法』(第2版), 弘文堂 (2013).

高橋信隆, 『環境法講義』, 信山社 (2012).

新美育文·松村弓彦·大塚　直, 『環境法大系』, 商事法務 (2012).
大塚　直, 『環境法』(第3版), 有斐閣 (2010).
大塚　直·北村喜宣, 『環境法ケ-スブク』(第2版), 有斐閣 (2009).
南　博方·大久保　規子, 『要說　環境法』(第4版), 有斐閣 (2009).
佐藤　泉·池田直樹·越智敏裕, 『實務　環境法講義』, 民事法研究會 (2008).
畑　明郎·杉本裕明, 『廢棄物列島·日本』, 世界思想社 (2009).

2. 논문

Abbott, Emily, "When the Plain Meaning of a Statute is not so Plain: The Supreme Court's Interpretation of RCRA's Clarification of the Household Waste Exclusion: City of Chicago v. Environmental Defense Fund", 6 *Villanova Environmental Law Journal* 345 (1995).

Adams, Kate & Israel, Brian D., "Waste in the 21st Century: A Framework for Wiser Management", 17 *New York University Environmental Law Journal* 703 (2008).

Adler, Jonathan H., "Reforming Our Wasteful Hazardous Waste Policy", 17 *New York University Environmental Law Journal* 724 (2008).

Applegate, John S., "The Temporal Dimension of Land Pollution: Another Perspective on Applying the Breaking the Logjam Principles to Waste Management", 17 *New York University Environmental Law Journal* 757 (2008).

Babich, Adam, "Too Much Science in Environmental Law", 28 *Columbia Journal of Environmental Law* 119 (2003).

Bell, Stuart, "Refining the Definition of Waste", 1 *Environmental Law Review* 283 (1999).

Binder, Denise, "Perspectives on Forty Years of Environmental Law", 3 *George Washington Journal of Energy & Environmental Law* 143 (2012).

Bowers, Kate R., "Saying What the Law Isn't: Legislative Delegations of Waiver Authority in Environmental Laws", 34 *Harvard Environmental Law Review* 257 (2010).

Bulkeley, Harriet & Askins, Kye, "Waste interfaces: biodegradable waste, municipal policy and everyday practice", *The Geographical Journal* Vol. 175 No. 4, 251

(2009).

Cheyne, Ilona, "The Definition of Waste in EC Law", *Journal of Environmental Law* 14(1): 61-73 (2002).

Cheyne, Ilona & Purdue, Michael, "Fitting Definition to Purpose: The Search For a Satisfactory Definition of Waste", *Journal of Environmental Law* 7(2): 149-168 (1995).

Davison, Steven G., "EPA's Definition of "Solid Waste" under Subtitle C of the Resource Conservation and Recovery Act: Is EPA adequately protecting human health and the environment while promoting recycling?", 30 *Journal of Land Resources and Environmental Law* 1 (2010).

De Sadeleer, Nicolas, "Liability for Oil Pollution Damage versus Liability for Waste Management: The Polluter Pays Principle at the Rescue of the Victims", *Journal of Environmental Law* 21(2): 299-307 (2009).

Deutz, Pauline & Frostick, Lynne E., "Reconciling policy, practice, and theorisations of waste management", *The Geographical Journal* Vol. 175 No. 4, 247 (2009).

De Wit, Elisa, "Clarifying the Definition of "Waste" in Europe and the United Kingdom", 16 *Natural Resources & Environment* 125 (2001).

Edwards, Vanessa, "A Review of the Court of Justice's Case Law in Relation to Waste and Environmental Impact Assessment: 1992-2011", *Journal of Environmental Law* 25(3), 515-530 (2013).

Farber, Daniel, "Sustainable Consumption and Communities: Bringing the American Way of Life into the Twenty-first Century", 29 *Pace Environmental Law Review* 344 (2011).

Foster Jr., Mark Harrison, "Ash Holes: The Failure to Classify Coal Combustion Residuals as a Hazardous Waste under RCRA and the Burden Borne by a Minority Community in Alabama", 12 *Vermont Journal of Environmental Law* 735 (2011).

Gaba, Jeffrey M., "Rethinking Recycling", 38 *Environmental Law* 1053 (2008).

Getliffe, Kate, "European Waste Law: Has Recent Case Law Impacted upon the Mess?", 4 *Environmental Law Review* 171 (2002).

Gosselink, Paul G., "Solid Waste Update", 40 *Texas Environmental Law Journal* 1 (2009).

Guinn, Linda, "Pollution Prevention and Waste Minimization", 9 *Natural Resources & Environment* 10 (1994).

Keele, Helen, "When Does Waste Cease to be Waste?", 3 *Environmental Law Review* 212 (2001).

Kraft, Joseph, "How to Take Recycling One Step Forward, Two Steps Back: The EPA's Proposal to Revise the Definition of Solid Waste Under RCRA", 18 *Tulane Environmental Law Journal* 385 (2005).

Kutz, Jennifer, "You've Got Waste: The Exponentially Escalating Problem of Hazardous e-Waste", 17 *Villanova Environmental Law Journal* 307 (2006).

Lange, Bettina, "National Environmental Regulation? A Case-Study of Waste Management in England and Germany", *Journal of Environmental Law* 11(1), 59-86 (1999).

Lee, Maria, "Resources, Recycling and Waste", 6 *Environmental Law Review* 49 (2004).

Lown, Jo Jeanne, "Eco-Industrial Development and the Resource Conservation and Recovery Act: Examining the Barrier Presumption", 30 *Boston College Environmental Affairs Law Review* 275 (2003).

Macauley, Molly K. and Walls, Margaret A., "Solid Waste Policy", *Public Policies for Environmental Protection*(2nd Ed.), Resources for the Future, 261-286 (2000).

Madsen, Catherine A., "Feminizing Waste: Waste-Picking as an Empowerment Opportunity for Women and Children in Impoverished Communities", 17 *Colorado Journal of International Environmental Law and Policy* 165 (2006).

Manus, Peter, "Seems Like Old Times For Environmental Law: The Supreme Court's Conservative Turn In 2008-2009", 1 *George Washington Journal of Energy & Environmental Law* 40 (2010).

McCrea, Hannah, "Germany's "Take-Back" Approach to Waste Management: Is There a Legal Basis for Adoption in the United States?", 23 *The Georgetown International Environmental Law Review* 513 (2011).

McIntyre, Owen, "The All-Consuming Definition of 'Waste' and the End of the 'Contaminated Land' Debate?", *Journal of Environmental Law* 17(1): 109-127 (2005).

Moore, Sarah A., "Garbage matters: Concepts in new geographies of waste", *Progress in Human Geography* 36(6), 780-799 (2012).

Nash, Hazel Ann, "The Revised Directive on Waste: Resolving Legislative Tensions in Waste Management?", *Journal of Environmental Law* 21(1): 139-149 (2009).

Nickovich, Jim, "EPA Broadens RCRA Definition of "Hazardous Waste" to Include Mixtures and Derivatives", 31 *Ecology Law Quarterly* 781 (2004).

Pedersen, Ole W., "Environmental Principles and Environmental Justice", 12 *Environmental Law Review* 26 (2010).

Pike, Jeremy, "Waste Not Want Not: An (Even) Wider Definition of 'Waste'", *Journal of Environmental Law* 14(2): 197-208 (2002).

Poli, Sara, "The Definition of Waste: Joined Cases C-304/94 Euro Tombesi and Adino Tombesi, C-330/94 Roberto Santella, C-342/94 Giovanni Muzi and Others, C-224/95 Anselmo Savini", *Review of European Community & International Environmental Law* 7:1, 97-98 (1998).

Pugsley, Arthur, "The Myth of EPA Overregulation", 39 *Ecology Law Quarterly* 475 (2012).

Purdue, Michael, "The Distinction between Using Secondary Raw Materials and the Recovery of Waste: The Directive Definition of Waste", *Journal of Environmental Law* 10(1): 116-145 (1998).

Reynolds, Steven P., "The German Recycling Experiment and Its Lessons for United States Policy", 6 *Villanova Environmental Law Journal* 43 (1995).

Scotford, Eloise, "Trash or Treasure: Policy Tensions in EC Waste Regulation", *Journal of Environmental Law* 19(3): 367-388 (2007).

_____, "The New Waste Directive - Trying to Do it All ... An Early Assessment", 11 *Environmental Law Review* 76 (2009).

Senior, Katherine E., "Safe Air For Everyone v. Meyer: Weeding Through The Resource Conservation and Recovery Act's Definition of "Solid Waste"", 17 *Villanova Environmental Law Journal* 217 (2006).

Smith Ⅱ, John Thomas, "The Solid Waste Definitional Dilemma", 9 *Natural Resources & Environment* 3 (1994).

_____, "The Challenges of Environmentally Sound and Efficient Regulation of Waste-The Need for Enhanced International Understanding", *Journal of Environmental Law* 5:1, 91-107 (1993).

Somers, Michael, "RCRA's New Causation Question: Linking Ubiquitous Wastes to

Specific Defendants", 38 *Boston College Environmental Affairs Law Review* 193 (2011).

Sunstein, Cass R., "Incomensurability and Valuation in Law", 92 *Michigan Law Review* 779 (1994).

_____, "Conflicting Values in Law", 62 *Fordham Law Review* 1661 (1994).

Sweeney, R. Michael, "Reengineering RCRA: The Command Control Requirements of the Waste Disposal Paradigm of Subtitle C and the Act's Objective of Fostering Recycling - Rethinking the Definition of Solid Waste, Again", 6 *Duke Environmental Law & Policy Forum* 1 (1996).

Tromans, Stephen, "EC Waste Law-A Complete Mess?", *Journal of Environmental Law* 13(2): 133-156 (2001).

Waite, Andrew, "Waste and the Waste Hierarchy in Europe", 26 *Natural Resources and Environment* 53 (2012).

_____, "A New Garden of Eden? Stimuli to Enforcement and Compliance in Environmental Law", 24 *Pace Environmental Law Review* 343 (2007).

Wilkinson, David, "Time to Discard the Concept of Waste?", 1 *Environmental Law Review* 172 (1999).

Zellner, Rachel, "Recovering RCRA: How the Ninth Circuit Mischaracterized Burning Agricultural Byproducts as Reuse in Safe Air for Everyone v. Meyer", 29 *Environs: Environmental Law & Policy Journal* 251 (2006).

3. 보고서 및 결정문

Commission of the European Communities, "Communication from theCommission to the Council and the European Parliament on the Interpretative Communication on waste and by-products" (COM(2007) 59 final)

OECD, "OECD Council Decision on the Transfrontier Movements of Hazardous Wastes" (Decision C(88)90(Final))

_____, "OECD Council Decision on the Control of Transfrontier Movements of Waste Destined for Recovery Operations" (Decision C(92)39/FINAL)

OECD Waste Management Policy Group, "Final Guidance Document for Distinguishing Waste from Non-waste" (ENV/EPOC/WMP (98)1/REV1)

4. 웹사이트

Curia (유럽연합 사법재판소(Court of Justice of the European Union) 홈페이지, http://curia.europa.eu)

Juris - Das Rechtsportal (獨逸 법령 포털, www.juris.de)

독일 연방대법원(BGH) 홈페이지 (http//juris.bundesgerichtshof.de)

미국 정부간행물출판국(U.S. Government Publishing Office) 홈페이지 (http://www. gpo.gov/fdsys/)

미국 연방법원 판례 DB (http://law.justia.com)

e-Gov (日本 전자정부 포털, http//law.e-gov.go.jp)

臺灣 環保法規資料中心 (대만 환경보호성, http://law.epa.gov.tw)

Basel Action Network, "Electronics Recycler convicted for Illegal Exports to Developing Countries" (http://www.ban.org/2012 /12/22/electronics-recycler-convicted-for-illegal-exports-to- developing-countries, 2013. 9.29 최종방문)

Zwart, Christiaan, "Waste Not, Want Not: A Practical Guide to "Waste", 2006 (http://www.39essex.com/docs/articles/CZ_Practical_guide_to_waste_EA_ 140906.pdf, 2014.12.27 최종방문)

Abstract

A Study on Legal System for Waste Management
-Focusing on the Concept and Classification of Waste-

Hwang, Gye-Yeong

The establishment of resource circulation society system which restrain the consumption of resources and to reduce the burden on the environment through efficient use of resources and recycling of wastes has become the most important direction of today's waste management policy. In that vein, the shift of waste management policy from 'safe management of waste' to 'circular utilization of resources' is also required, and it is argued that the establishment of legal ground which will fully realize this policy shift is needed.

From this point of view, the objectives of this study are to examine the validity of interpretation of the present 「Waste Management Act」 and to suggest modifications or concrete alternatives to the current legal system, focusing on the definition, scope and classification of waste.

To achieve this purpose, this thesis first examines the history of waste management policy and law, then considers the challenges at hand of waste-related law keeping in mind the characteristics and basic principles of waste management legal system. Next, this study reviews the concept of waste as viewed by the administrative authority and the court, which forms the basis of waste management legal system, and then presents legislative alternatives based on the comparative analysis of overseas legal systems. Thirdly, in relation to the scope of the waste, this thesis examines several important issues, including distinction between wastes and recyclable resources, whether by-products or soil are included in the waste, and whether the concept of 'end of waste' should be introduced in our waste management system, and then reviews the classification system of wastes. Lastly, this study investigates how the waste management legal system can be improved, centering around the enactment of (tentatively named) 「Act for Promotion of the Transition into the Resource Circulation Society」.

Focusing these issues, this thesis is structured as follows.

First, regarding the definition clause of waste in our legal system, according to the Ministry of Environment and the court, when judging whether any specific material or object is waste, both the intention of the material or object's holder and the condition of the material or object are considered at the same time. To ensure the waste-related legal system including 「Waste Management Act」 work properly, the concept of waste should be defined clearly, and to achieve the fundamental objective of waste management law, that is to promote efficient use of resources and to protect environment and human health from the waste-related hazard, the concept of waste should not be interpreted restrictively. To make any judgement on the 'necessity' referred to in the definition clause of waste, firstly, the subjective intention of the owner or holder (of any substance or subject) should be considered. But, if it is not clear, or even it is clear but there isn't any possibility for the substance or object to be used for its original or other useful purposes, it should be considered as waste. Hence, the question whether a given substance or object is waste must be determined in the light of all the circumstances, regarding the aim of the waste law and the need to ensure its effectiveness. In view of lawmaking, there is a need to amend the definition clause so that it can show clearly the requirements or concept-indicators of waste. Considering EU and most European countries, including Germany, United Kingdom, and France, are adopting both the 'subjective' and 'objective' waste concept, integrating both concepts in the definition of waste would be desirable to clarify its legal meaning and scope.

Second, the scope of materials which are considered to be included in the waste, including materials that can be recycled, by-products and contaminated soils, and the classification system of waste have very important meaning in our waste law. Waste should be interpreted to include all objects and materials which have a potential for economic reutilization, all objects and materials which have a commercial value and are collected for recycling, reclamation or reuse. But if certain substances are sure to be reused in the industrial process and other conditions are met, they can be excluded from the scope of waste. Also, the shift of waste management policy to promote the resource circulation society and the development of technology in recycling and reuse of the wastes demand to reform the current notion of the waste and to introduce the new legal concept of 'End of Waste'. And the classification system of wastes should be also revised to reflect the development of waste management policy and technology of waste treatment, including waste recycling, reuse and energy recovery.

Third, as a fundamental way of development of waste-related legal system, through close examination of the legislative examples of Germany, Japan and China, and the draft bills which are under discussion in Korea, it needs to be considered to enact an act for promotion of the transition into the 'Resource Circulation Society' and to revise other related laws with the aim of introducing a new paradigm of development.

Through these analyses, this study reaches a central finding: In the waste-related legal system, both the public interest of protecting human health and environment and the private interest of individual citizens should be considered, and the prevention of the hazard from waste should be harmonized with the promotion of the efficient use of resources. From this point of view, the enactment of (tentatively named) 「Act for Promotion of the Transition into the Resource Circulation Society」 should be considered.

판례 색인

찾아보기

황계영

서울대학교 법과대학 대학원, 법학박사(2010-2015)
University of Wisconsin, School of Law, M.L.I.(1999-2000)
서울대학교 법과대학 대학원, 법학석사(1990-1994)
서울대학교 사법학과(1986-1990)

환경부 원주지방환경청장(2014-)
환경부 기획재정담당관(2012-2014), 정책총괄과장(2011-2012),
    녹색기술경제과장(2010-2011), 규제개혁법무담당관(2009-2010)
駐케냐공화국대사관 환경관(2006-2009)
국무조정실 의료산업발전기획단 과장(2005-2006)
행정고시 36회

폐기물 관리 법제에 관한 연구
- 폐기물의 개념 및 분류를 중심으로 -

초판 인쇄 | 2015년 7월 22일
초판 발행 | 2015년 7월 30일

저   자 | 황계영
발 행 인 | 한정희
발 행 처 | 경인문화사
등록번호 | 제10-18호(1973년 11월 8일)
주   소 | 서울특별시 마포구 마포동 324-3
전   화 | 02-718-4831~2
팩   스 | 02-703-9711
홈페이지 | http://kyungin.mkstudy.com
이 메 일 | kyunginp@chol.com

ISBN 978-89-499-1142-7 93360
값 29,000원